Renascimento do acontecimento

FUNDAÇÃO EDITORA DA UNESP

Presidente do Conselho Curador
Mário Sérgio Vasconcelos

Diretor-Presidente
José Castilho Marques Neto

Editor-Executivo
Jézio Hernani Bomfim Gutierre

Assessor Editorial
João Luís Ceccantini

Conselho Editorial Acadêmico
Alberto Tsuyoshi Ikeda
Áureo Busetto
Célia Aparecida Ferreira Tolentino
Eda Maria Góes
Elisabete Maniglia
Elisabeth Criscuolo Urbinati
Ildeberto Muniz de Almeida
Maria de Lourdes Ortiz Gandini Baldan
Nilson Ghirardello
Vicente Pleitez

Editores-Assistentes
Anderson Nobara
Jorge Pereira Filho
Leandro Rodrigues

François Dosse

Renascimento do acontecimento

Um desafio para o historiador:
entre Esfinge e Fênix

Tradução
Constancia Morel

editora
unesp

© Presses Universitaires de France, 2010
Título original: *Renaissance de l'événement*

Fundação Editora da Unesp (FEU)
Praça da Sé, 108
01001-900 – São Paulo – SP
Tel.: (0xx11) 3242-7171
Fax: (0xx11) 3242-7172
www.editoraunesp.com.br
www.livrariaunesp.com.br
feu@editora.unesp.br

CIP–Brasil. Catalogação na fonte
Sindicato Nacional dos Editores de Livros, RJ

D762r

Dosse, François, 1950-
  Renascimento do acontecimento: um desafio para o historiador: entre
Esfinge e Fênix / François Dosse; [tradução de Constancia Morel]. – São Paulo:
Editora Unesp, 2013.

  Tradução de: Renaissance de l'événement

  ISBN 978-85-393-0390-8

  1. História – Filosofia. 2. Eventos (Filosofia). 3. Historiografia. I. Título.

13-0120.
                          CDD: 901
                          CDU: 930.1

Editora afiliada:

Sumário

Introdução   1

Primeira parte
O acontecimento entre eclipse e fetichismo   15

   I - O acontecimento assimilado por uma cronosofia   17

   II - Contra o fardo da história:
      Nietzsche, o intempestivo   33

   III - O culto do acontecimento autenticado   39

   IV - Péguy: no acontecimento, contra o factual   47

   V - O esquema da explicação causal   55

   VI - O presente é mais do que o instante   83

      A hermenêutica acontecimental [*événementiel*]   92

      O acontecimento entre fenomenologia e história   101

      A psicanálise diante do acontecimento: a heterocronia   106

Segunda parte
O trágico século XX e a redescoberta do acontecimento   125

   I - Rompimentos temporais   127

   II - A insistência sobre a ocorrência do novo   143

   III - Uma arqueologia do acontecimento   157

IV - Uma metafísica do acontecimento   163

V - Uma hermenêutica da narrativa do acontecimento ou uma problemática dos locais de memória   179

VI - Uma hermenêutica crítica   197

VII - O acontecimento revisitado   209

VIII - A renovada história das guerras   225

IX - A tomada da Bastilha em 14 de julho de 1789: estudo de caso   231

Terceira parte
O acontecimento na era das mídias   257

I - O acontecimento-monstro   259

II - O caso do acontecimento Maio 68: uma proliferação de sentidos   279

III - Um construtivismo   291

IV - A parcela das testemunhas   305

V - Temporalidades laminadas   315

Rumo a uma poiética do acontecimento   315

Regime plural de historicidades   322

Conclusão   335

Referências bibliográficas   341

Índice onomástico   355

Introdução

Assistimos ao "retorno" do acontecimento[1] por toda parte. O ressurgimento da coleção "Les journées qui ont fait la France" [Os dias que fizeram a França], da Gallimard, é um dentre os seus vários sintomas. As noções de estrutura, de invariante, de longa duração, de história imóvel estão sendo substituídas pelas de caos organizador, de fractal, de teoria das catástrofes, de emergência, de enação, de mutação, de ruptura... Essa reviravolta não afeta apenas a disciplina História. Ela estende-se a todas as ciências humanas e comprova uma recente preocupação com o que acontece de novo no questionamento atual sobre o acontecimento. Parece oportuno confrontar a noção de acontecimento com as diversas disciplinas para medir sua fecundidade potencial e seu valor heurístico. Como afirmou Michel de Certeau a respeito de Maio 68, "o acontecimento é o que ele se torna", o que provoca uma mudança na abordagem do antes do acontecimento em direção ao seu depois, de suas causas aos seus vestígios. Essa é a grande nova mudança, graças à qual não é mais possível falar de um simples "retorno" do acontecimento no sentido antigo do termo.

Após longo eclipse do acontecimento nas ciências humanas, o "retorno" espetacular do acontecimento ao qual assistimos, na realidade, não tem

---

1 Nesta obra, vertemos *événement* por "acontecimento", conforme a tradução corrente adotada em português e de acordo com a apropriação do conceito pela historiografia brasileira. No entanto, ocasionalmente, utilizamos "evento", seguido da palavra original em francês entre colchetes, quando há referência ao radical latim *eventus*. (N. E.)

quase nada a ver com a concepção restritiva, característica da escola histórica dos metódicos do século XIX. A finalidade dessa investigação é buscar as chaves da compreensão da nova era que atravessamos, a de uma nova relação com a historicidade, marcada pela acontecimentalização [*événementialisation*] do sentido em todas as áreas. Mais que um "retorno", vivenciamos um renascimento ou um retorno da diferença. A publicação, em 2005, sob a direção de um historiador particularmente inovador em sua disciplina, Alain Corbin, de uma obra sobre as grandes datas da História da França, que se tornou logo um *best-seller*, é bastante significativa desse novo entusiasmo pelos acontecimentos.[2] Como pano de fundo dessa publicação, está a excelente ideia de desenterrar um velho e empoeirado manual de história de 1923, destinado aos alunos do primário, de retomar as ilustrações representando as grandes datas da história da França e de submeter esse evangelho nacional às considerações eruditas de cinquentas historiadores contemporâneos. O que resulta do acontecimento? Assistimos a um simples retorno de um acontecimento factual ou ao nascimento de um novo olhar sobre o acontecimento? E, principalmente, já formulamos a pergunta para saber o que é um acontecimento?

Primeiramente, é necessário recorrer aos dicionários para estabelecer como foi constituída a palavra evento [*événement*] durante esse tempo. Seu uso é comprovado desde o século XV e assume um sentido particularmente amplo e vago, pois significa tudo "o que acontece". Ela é derivada, como nos lembra Alain Rey,[3] do latim *evenire* que significa "sair", "obter um resultado", "se produzir", "ocorrer",[4] significando portanto um advento. Para Cícero, por exemplo, seu uso evoca o fim de um processo, seu resultado. Ao mesmo tempo, a palavra evento [*événement*] vem de *eventum* e *eventus*, que designa um fenômeno quando este se reverte em ruptura, mas é raramente usada, exceto no plural, *eventa*: "Talvez ela acrescente uma conotação positiva à ideia de resultado".[5] Diferentemente de hoje em dia, a acepção latina não significa o inesperado, o surgimento do novo. Já encontramos no mundo grego, com a noção de *kairos*, um antecedente à ideia de acontecimento. O *kairos*, entre os gregos, tinha a faculdade de conjugar

---

2 Corbin (org.), *1515 et les grandes dates de l'histoire de France revisitées par les grands historiens d'aujourd'hui.*
3 Rey (org.), *Dictionnaire historique de la langue française*, p.751.
4 No original, "*sortir*", "*avoir un résultat*", "*se produire*" e "*advenir*". (N. E.)
5 Boisset, Aperçu historique sur le mot Événement. In: Boisset; Corno (orgs.), *Que m'arrive-t-il? Littérature et événement*, p.18.

Aion e *Cronos* para permitir a realização de uma ação em uma ocasião oportuna que não conviria deixar passar. A divindade que representava *Kairos* era um efebo com vasta cabeleira, e era preciso aproveitar sua furtiva passagem para agarrá-lo pelos cabelos. O êxito dessa operação permitia agir eficazmente, dominar a situação ao apreendê-la firmemente em seu âmago, provocando uma mudança radical. O termo *kairos* é particularmente difícil de traduzir, nos explica Barbara Cassin, que o vê como a característica da temporalidade sofística.[6] Essa noção introduz simultaneamente a interrupção e a abertura, opondo-se ao *télos*: "O *kairos* é autotélico, contém em si seu próprio objetivo".[7] Ele é essa passagem furtiva, na qual dispensamos a ideia de finalidade, encontrando sua identidade justamente na sua singularidade.

Na acepção vigente no século XVI, o termo acontecimento remete à obtenção de um resultado, um sucesso, um desfecho. Durante muito tempo foi empregado com esse significado, embora pouco a pouco este último torne-se obsoleto. Sieyès já escrevera em 1789: "O público não se enganou. Sempre o ouvimos desaprovar uma medida cujo acontecimento ele era capaz de prever".[8] Em seguida, no século XVII, esse significado desaparece gradualmente, sendo substituído por algo que aconteceu, um fato de certa importância, um pouco excepcional, que quebra uma rotina, significado que se manteve desde então. Mas essa estratificação de significados possibilita vários usos provocando uma simbiose de significados. Assim, Flaubert utiliza esse termo tanto para designar tudo o que se insere numa trama temporal: "Com um tempo igual a esse, não recebo nenhuma visita, e um acontecimento, por menor que seja, não acontece na minha insossa existência, pouco ornada de distrações",[9] como para ressaltar o excepcional: "Hamilcar não fraquejava. Ele contava com um acontecimento, com algo decisivo, extraordinário".[10]

É possível distinguir uma tripla estratificação do termo acontecimento até o francês moderno. Em primeiro lugar, ele está ligado a uma forma de causalidade, seja como garantia de um desfecho, um resultado, seja como estabelecimento das condições de possibilidade de sua realização: "[Meu processo] será julgado finalmente no início do inverno [...]. Não que eu

---

6 Cassin, *L'Effet sophistique*.
7 Ibid., p.467.
8 Sieyès, *Qu'est-ce que le tiers-état?* (1789), p.53, apud Événement. In: Quemada (org.), *Trésor de la langue française. Dictionnaire de la langue du XIXe et du XXe siècle (1789-1960)*.
9 Flaubert, *Correspondance* (1879), p.182.
10 Id., *Salammbô*, p.60.

esteja preocupado com o acontecimento: primeiramente, porque tenho razão, todos os meus advogados me garantiram isso".[11] Esse uso é considerado como um antigo legado do passado, relegado à esfera literária. A segunda acepção estabelece uma relação com um ou vários temas humanos e remete ao que acontece com alguém, assumindo uma dimensão positiva ou negativa, resultando em sintagmas "feliz acontecimento" ou "triste acontecimento". O terceiro significado é a ideia de uma ruptura inesperada no percurso do tempo: "É um incidente dramático: nota-se o parentesco entre 'incidente dramático' e 'desfecho': o desfecho é, sobretudo, uma forma de discordância".[12]

É notória a evolução dessas três formas de definição entre os séculos XVII e XIX ao acompanharmos as sucessivas edições do *Dictionnaire de l'Académie* [Dicionário da Academia]. A edição de 1694 mostra a coexistência dos três significados; pois, nela encontramos "o resultado, o sucesso de algo", mas também "uma aventura notável" e, finalmente, "a surpresa". A edição de 1835 demonstra uma inversão das prioridades. Tudo o que se refere ao desfecho, ao resultado, aparece somente na terceira posição em prol da ideia de ruptura: "A palavra ganha também em neutralidade, limitando-se a dizer 'o que acontece'".[13] Além disso, ao evoluir, o termo se problematiza e se transforma em questão. Aí está todo o interesse da palavra acontecimento que manterá até hoje essa tensão entre dois polos que são constitutivos de sua natureza semântica. A noção remete, na realidade, devido à sua dupla ascendência, tanto à ideia de resultado causal quanto à ideia de inesperado, de surpresa, e Emmanuel Boisset observa corretamente o que constituirá nosso propósito nesse livro: "Hoje em dia, seria difícil reduzir o *acontecimento* a uma definição lexical que não tivesse como finalidade uma reflexão sobre ele".[14]

As ciências humanas, que procuraram se formar em torno da evidência de permanências, de invariantes, ou mesmo de leis, consideraram durante muito tempo o acontecimento como o elemento perturbador, contingente, de frágil significância, que devia se reduzir em nome de um procedimento científico. Esse procedimento foi bem assinalado no artigo dedicado ao acontecimento publicado por Roger Bastide no final dos anos 1960 na

---

11 Pierre Choderlot de Laclos, *Les Liaisons dangereuses* (1782), carta CXIII, apud Boisset, Aperçu historique sur le mot Événement, op. cit., p.23.
12 Boisset, Aperçu historique sur le mot Événement, p.23.
13 Ibid., p.24.
14 Ibid., p.27.

Encyclopedia Universalis. Ele considera que o acontecimento é apreendido como uma dupla postulação, uma tensão entre

> a do homem surpreso pelo seu "advento", traumatizado por ele, ou, ao contrário, que saboreia a especificidade, a particularidade, a novidade; e a [postulação] do erudito que, embora reconhecendo que a duração possa ser apenas uma "série de acontecimentos", está sempre refletindo sobre eles para discernir a lógica de sua sucessão, por trás de sua descontinuidade.[15]

Evidentemente, o sociólogo Roger Bastide ressalta a dimensão fundamentalmente antropocêntrica do que seria um acontecimento cuja definição não pode abranger tudo o que acontece, porque "o acontecimento existe apenas para o homem e pelo homem".[16] Mas esses anos 1960, dominados pela temática de longa duração braudeliana e da estrutura de Lévi-Strauss, levaram Bastide a avaliar a postura erudita como seguimento do objetivo estrutural de Braudel, distante da agitação do acontecimento [*agitation événementielle*] considerada como insignificante. O erudito deve, então, restituir sobretudo a lógica passível de dissolver a singularidade do acontecimento. A dimensão perturbadora de qualquer acontecimento, feliz ou infeliz em relação ao equilíbrio local, leva o homem a querer controlar o caos potencial para poder melhor dominar seu destino. Devido a isso, segundo Roger Bastide, o homem não parou de criar uma ciência dos acontecimentos para controlá-los, e isso desde as sociedades arcaicas. Ele distingue três tipos de ciências com essa finalidade. Nas sociedades arcaicas esse papel é desempenhado pelos variados dispositivos de adivinhação que se baseiam nos fundamentos mitológicos dessas civilizações. Nas sociedades históricas, a partir do povo hebreu com o Antigo Testamento e a Grécia antiga, é a história que desempenha esse papel de controle e de domínio na qualidade de ciência da cronologia organizando a sequência temporal em torno de certo número de referências do acontecimento. Finalmente, na sociedade contemporânea, Bastide observa o surgimento de uma nova disciplina que objetiva projetar-se no futuro para melhor dominar os imprevistos dos acontecimentos. Mas essa sucessão não consegue dominar a ambivalência que continua a marcar a noção do acontecimento entre, por um lado, sua

---

15 Bastide, Évenement. In: *Encyclopedia Universalis*, v.6, p.822-4.
16 Ibid., p.823.

possível pertença a uma lógica temporal permitindo identificar as constantes e, por outro lado, "o que resiste a nossa mente, o que fica irredutivelmente 'opaco'".[17]

Ainda durante os anos 1960, o historiador Edward H.Carr convidava seu auditório de Cambridge para refletir sobre o que é História, começando suas reflexões sobre a questão da relação mantida pelo historiador com o fato, com o acontecimento. Ele iniciava seu relato com uma anedota ao mesmo tempo dramática e que podia parecer anódina ao olhar do historiador: "Em 1850, em Stalybridge Wakes, após uma forte discussão, um vendedor de pães de mel foi pego pela multidão e linchado até morrer. É um fato histórico?".[18] O historiador britânico diz que, *a priori*, ele responderia não, mesmo porque o fato é relatado por uma testemunha ocular, lord George Sanger, em uma biografia pouco conhecida do público, a qual nenhum membro da corporação histórica julgou necessário noticiar. Mas eis que, em 1960, o historiador Kitson Clark o cita em suas conferências Ford em Oxford. "Isso o transforma em fato histórico? Ainda não",[19] responde Carr. O acontecimento, segundo ele, se candidatou a uma possível entrada na história, simplesmente na fila de espera do clube fechado dos fatos históricos. "Até então ele encontra-se esperando por um padrinho e por parceiros."[20] A transformação de um fato em acontecimento histórico passa por um processo de crescimento que depende, de acordo com Carr, dos historiadores profissionais que têm o poder de transformar o que faz parte do anedótico em verdadeiro acontecimento histórico.

Hoje em dia, o acontecimento que está "retornando" é examinado sob uma ótica científica, mas que lhe atribui toda sua eficiência. Transformado em indício ou vestígio significante, o acontecimento é compreendido duplamente, como sugere sua etimologia, como resultado e como começo, como desfecho e como abertura de possíveis. Podemos até dizer que a ideia deleuziana segundo a qual "o possível não preexiste, ele é criado pelo acontecimento"[21] vem se impondo, embora tivéssemos o hábito, até hoje, de privilegiar o antes do acontecimento, a sedimentação causal que parecia suscitar a sua irrupção.

---

17 Ibid., p.824.
18 Carr, *Qu'est-ce que l'histoire?* La Découverte, 1988, p.57.
19 Ibid.
20 Ibid.,p.58.
21 Deleuze; Guattari, Mai 68 n'a pas eu lieu, *Les Nouvelles Littéraires*, p.75-6; retomado por Deleuze, *Deux régimes de fous*, p.216.

O acontecimento-monstro, o acontecimento-mundo que atinge o cerne da Comunidade ou ainda o microacontecimento que perturba a vida cotidiana do indivíduo se afirmam cada vez mais como enigmas irresolutos, de Esfinge que interrogam as capacidades da racionalidade e conseguem demonstrar não a sua inanidade, porém sua incapacidade de saturar o sentido do que intervém como novo, porque fundamentalmente o enigma carregado pelo acontecimento sobrevive ao seu desaparecimento. Raymond Aron já havia alertado para esse resvalo, próprio do século XX, que conduz à acepção do acontecimento moderno como incontrolável: "O termo evento (do latim *eventus*), em compensação, acentuou historicamente o resultado imprevisível e inesperado do que acontece".[22]

Esfinge, o acontecimento é igualmente Fênix que na realidade nunca desaparece. Deixando múltiplos vestígios, ele volta constantemente, com sua presença espectral, para brincar com acontecimentos subsequentes, provocando configurações sempre inéditas. Nesse sentido, poucos são os acontecimentos sobre os quais podemos afirmar que terminaram porque estão ainda suscetíveis de novas atuações. Aliás, o interesse renovado pelos fenômenos singulares garante uma nova centralidade à noção de acontecimento. Tivemos recentemente a oportunidade de estudar uma tendência semelhante que alimenta a moda biográfica.[23] Porque ao se desestruturar, o acontecimento reestrutura o tempo de acordo com novas modalidades. A atenção pelo dizer, pelo relato, pelas impressões, induz à valorização dessa parte subjetiva, essa apreensão pessoal, individualizada do tempo: "Eu digo que ao entrar no movimento de uma narrativa em que estão conjugadas uma personagem e uma trama, o acontecimento perde sua neutralidade impessoal", nos assinala Paul Ricoeur.[24] Alguns se dedicam em procurar um conceito tipo ideal que possa considerar o acontecimento biográfico retomando a relação ternária sugerida por Erving Goffman entre a posição do *ego* que define o sujeito como testemunha-ator do acontecimento, a do referente chamado objetivo do tipo acidente que coloca o sujeito na posição de vítima e a posição da relação com os outros.[25]

Em geral, a literatura tem enfatizado o resultado do novo, o acontecimento como singularidade que quebra o curso regular do tempo. O teatro

---

22 Aron, *Dimensions de la conscience historique*, p.155.
23 Dosse, *Le Pari biographique. Écrire une vie.*
24 Ricoeur, *Soi-même comme un autre*, p.169.
25 Leclerc-Olive, *Le Dire de l'événement (biographique)*, p.59.

elisabetano construiu, desse modo, suas peças, suas encenações e suas tragédias dentro de uma descontinuidade radical do tempo. Os acontecimentos em *Hamlet* devem ser revividos quase em *feedback* para que fiquem atualizados. O tempo de *Macbeth* está inteiramente inserido no cumprimento de uma profecia inicial. Ricardo III seduz a mulher do rei que ele assassinou em uma única cena, como uma forma de condensação do tempo, e na sua adaptação cinematográfica, foi preciso separar em três sequências, colocadas em tempos diferentes. O tempo aí é descontínuo; ele decorre de modo irregular, como uma clepsidra.

Como o afirmou Didier Alexandre:

> O acontecimento pode ser um fenômeno natural, catastrófico ou ínfimo, ou um fenômeno socio-histórico, que afeta a coletividade. Mas enquanto esse acontecimento não se reflete no presente de um sujeito e, portanto, enquanto o sujeito não elabora sua compreensão, ele continua sendo um puro fenômeno.[26]

Mesclando a reflexão das ciências humanas com aquela que podemos obter da criação literária, Didier Alexandre se apoia na obra romanesca de Claude Simon que tem uma base acontecimental [*événementiel*] onipresente. Assim, no seu romance *Le Jardin des plantes* [O jardim das plantas], em grande parte autobiográfico, embora o autor não o admita, Claude Simon reúne, sob forma de fragmentos, vários acontecimentos que o marcaram desde sua infância. Eles são tão diversos e de densidade desigual como a ausência do pai, sua queda num poço ou ainda a morte de sua mãe. Mas existe um acontecimento que se destaca e que domina o conjunto e é reproduzido de diversas maneiras como uma ruminação incontornável: o momento em que o autor acompanha seu coronel, "provavelmente louco, na estrada de Solre-le-Château em Avesnes, no dia 17 de maio de 1940, tendo a certeza que seria morto no segundo seguinte".[27] Esse acontecimento traumático já tinha sido relatado, especialmente nos livros *La Route des Flandres* [A estrada dos Flandres] e *L'Acacia*. Ele é o fio condutor de toda sua obra, desequilibrando a vida do seu autor como um "traumatismo consciente". O fato decorre somente oito dias após a guerra e o inferno de

---

26 Alexandre, Le Parfait de l'événement. In: Alexandre; Frédéric; Parent; Touret (orgs.), *Que se passe-t-il? Événement, sciences humaines et littérature*, p.179.

27 Simon, *Le Jardin des plantes*, p.223.

uma marcha para a morte. No início de maio de 1940, os alemães lançam uma grande ofensiva nas Ardenas: 33 divisões foram apoiadas pela artilharia e pela aviação entre Namur e Sedã, contra as quais o estado maior francês expediu apenas nove divisões, cuja metade era composta de cavalaria ligeira, onde Claude Simon estava alistado. O resultado dessa batalha quase não deixa dúvidas. As tropas francesas foram aniquiladas – ou ficaram prisioneiras – praticamente sem combate. Do batalhão do autor, totalmente cercado, apenas sobreviveram ele e seu coronel, que depois foi abatido.

Essa ocorrência que se abre para o abismo de uma ausência de futuro, de uma morte programada, envolve a natureza de um rompimento instaurador, para Claude Simon, semelhante ao que os médicos chamam de "neurose do pânico", modificando gravemente o psiquismo, o comportamento e principalmente a escrita de Claude Simon, que empregará figuras paradoxais e captará o pânico ao mostrar o caráter sempre contraditório do acontecimento nas metáforas que escapam ao controle humano. Assim como a insurreição anarquista de Barcelona:

> Designar a revolução como uma criança "natimorta" multiplica as cesuras. Claude Simon reúne na representação os dois acontecimentos prototípicos para qualquer humano, o nascimento e a morte – acontecimentos à proporção em que eles sempre fogem do sujeito.[28]

O escritor Jorge Luis Borges insistiu sobre o aspecto da dimensão imanente do acontecimento. Toda a sua obra visa desconstruir a preeminência do eu psicológico que lhe parece desprovido de fundamentos metafísicos e de realidade própria: "O eu não existe. Cada acontecimento da vida é feito de um único elemento e ele se basta".[29] Com Borges, essa valorização do acontecimento em sua dimensão imanente passa pelo questionamento sobre o que é o tempo. A esse respeito, o escritor segue o questionamento de Santo Agostinho quando ele não via outra possibilidade de reflexão senão a partir de um presente íntimo da consciência. Portanto, Borges contesta a concepção tradicional de um tempo concebido como simples sucessão de fatos, e essa refutação é onipresente em sua obra: "Quanto a mim, nego a existência de um tempo único, onde todos os fatos estivessem

---

28 Alexandre, Le parfait de l'événement, p.185.
29 Borges, Autour de l'ultraîsme, Œuvres complètes, t.1, p.856.

sequenciados".[30] Assim, Borges assume a concepção de Heráclito segundo a qual ninguém pode se banhar duas vezes no mesmo rio porque o fluxo do rio não é o mesmo, como o tempo que flutua incessantemente. Perecível e imperecível, o tempo continua em um entremeio enigmático, constantemente questionando, sem que pudéssemos obter dele uma resposta definitiva. Para Borges, o acontecimento é o instante irrompido, indizível que remete à multiplicidade, ao irrompimento plural da individualização. No seu livro *O Aleph*, que é um conjunto infinito, uma esfera que contém um espetáculo vertiginoso, Borges apresenta o escritor como impotente diante dos limites da linguagem para informar o que ele percebe: "O que meus olhos viram foi simultâneo: o que eu transcreverei, sucessivo, porque a linguagem é assim".[31] O enunciado é incapaz de traduzir o visível. Em outro aspecto, o filosófico, toda a obra de Michel Foucault se dedicará a averiguar esse enigma, essa defasagem. Borges extrai daí uma crítica radical das noções tradicionais praticadas pelos historiadores que interpretam o passado como uma simples sucessão ou sob forma de simultaneidade. Ele toma como exemplo dois acontecimentos ocorridos no início de agosto de 1824: quando o capitão Isidoro Suàrez, chefe do regimento dos hussardos do Peru, obteve uma vitória militar, e quando de Quincey publicou uma diatribe em Edimburgo:

> Esses acontecimentos não foram contemporâneos – porém agora eles o são – porque os dois homens estão mortos, o primeiro em Montevidéu, o segundo em Edimburgo, sem terem se conhecido... Todo instante é autônomo.[32]

Tomando suas distâncias diante de um esvaziamento muito radical da noção de acontecimento em prol da estrutura, Philippe Joutard iniciou, em 1986, um colóquio dedicado ao acontecimento que tinha como finalidade articular melhor o tempo curto e o tempo longo: "ressaltar o lugar determinante da historiografia na apreensão da noção de acontecimento é lembrar simultaneamente que todo acontecimento é, de certo modo, uma construção da memória coletiva".[33] Durante esse colóquio, Jean Molino esclareceu,

---

30 Id., Nouvelle réfutation du temps, *Œuvres complètes*, t.1, p.803.
31 Id., L'Aleph, *Œuvres complètes*, t.1, p.662.
32 Id., Nouvelle réfutation du temps, *Œuvres complètes*, t.1, p.805.
33 Philippe Joutard, *L'Événement*, relatos do colóquio de Aix-en-Provence organizado pelo Centro Meridional de História Social, Marselha, Universidade de Provence-J.Lafitte, 1986, p.3.

como semiólogo, sobre a noção de acontecimento que ele opôs à noção de ato ao propor que o acontecimento cria uma dinâmica, uma mudança em relação aos fenômenos estáveis, mas não se encontra sob o controle de um agente, de um ator. Mesmo quando ele é considerado como ato, "ele é considerado como fenômeno, independentemente de suas origens".[34] A esse respeito, Jean Molino observou perspicazmente que a história chamada acontecimental [*événementielle*] não é uma história dos acontecimentos, porém, sobretudo, uma história de atos, de ações. Quanto à distinção entre acontecimento e fato, o ponto de vista semiológico distingue bem o que depende da linguagem natural que remete ao mundo, ou seja, o acontecimento daquilo que é mediado pela linguagem, e o fato, que pertence à metalinguagem: "Um fato é um acontecimento assimilado por meio de uma descrição particular".[35] Mas, como veremos, principalmente entre os filósofos, o uso mais frequente criou uma inversão dos termos, o que não cria um problema muito grande, desde que se conserve a distinção estabelecida entre linguagem-objeto e metalinguagem.

O acontecimento tornou-se recentemente uma incursão privilegiada no universo social recuperado, não a partir de arquétipos redutores, mas de singularidades que podem se destinar a ensinamentos de aplicação mais ampla. É o caso quando Timothy Tackett se refere ao acontecimento da fuga do rei Luís XVI para Varennes como padrão da política do Terror que se seguiu. O acontecimento teve uma importância primordial e, como mostra Timothy Tackett, sobretudo por sua dimensão emotiva que se espalhou amplamente e muito rapidamente: "Foi um acontecimento que provocou tanta emoção que as pessoas logo sentiram a necessidade de compartilhar seus depoimentos e de relatar suas experiências".[36] Portanto, convém compreender o aspecto pessoal de interiorização do acontecimento entre os atores dos diversos componentes da sociedade francesa, porque o prosseguimento da Revolução vai depender de suas representações. O acontecimento é considerado aqui como capaz de alterar a psicologia coletiva da opinião pública. Através dessa demonstração, Timothy Tackett fornece uma lição às interpretações teleológicas predominantes até então e principalmente à leitura feita por François Furet para quem a Revolução carrega o Terror como a nuvem carrega a tempestade. E, ao contrário, a restauração do aspecto

---

34 Molino, L'Événement: de la logique à la sémiologie, ibid., p.252.
35 Gochet, *Esquisse d'une théorie nominaliste de la proposition*, p.93.
36 Tackett, *Le Roi s'enfuit. Varennes et l'origine de la Terreur*.

contingente e acontecimental [*événementielle*] rompe com esse tipo de leitura que atribui apenas uma parte insignificante ao contexto: "A história da fuga do rei nos alerta contra a hipótese de uma causalidade linear bem simples. Ela nos lembra oportunamente o caráter contingente e imprevisível da Revolução".[37] Todo o mérito do relato do acontecimento realizado por Timothy Tackett consiste também em evitar a outra armadilha, inversa, que consiste em estabelecer uma relação de causalidade simples e mecânica entre o acontecimento descrito e seus efeitos. Ele demonstra bem que a fuga em si não provoca de imediato e inevitavelmente o Terror. Na realidade, ainda não existe em 1791 nenhuma Delegação de salvação pública, mas simplesmente, e não casualmente, "esse simples acontecimento, a fuga de Varennes, com todas as suas ramificações, transformara radicalmente o clima social e político da França".[38] Aí também podemos aplicar a concepção deleuziana do acontecimento: "O possível não preexiste, ele é criado pelo acontecimento".[39]

A recente atenção voltada para o vestígio deixado pelo acontecimento e suas mutações sucessivas é absolutamente fundamental e evita o falso dilema depauperado e redutor de ter de escolher entre um acontecer [*événementialité*] supostamente curto e um de longa duração chamado de estrutural. Dentro dessa perspectiva, o acontecimento não é um simples dado que basta coletar e comprovar sua realidade, é uma construção que remete ao conjunto do universo social como matriz da constituição simbólica do sentido. Baseado nisso, Claire Gantet mostrou como o acontecimento é constituído por incisões, de forma não linear, através da memória coletiva que se apossa dele ou o abandona, mas sempre o transforma, a respeito do caso da paz de Westfália de 1648: "Em vez de ser determinada por ele, a memória cria o acontecimento".[40] Esse tratado, que pôs fim à Guerra dos Trinta Anos que durou de 1618 a 1648, foi, desse modo, sucessivamente mantido vivo pela memória de seus atores e de seus relatos até aproximadamente 1730, seguido de uma historiografia acadêmica que assumiu uma memória geracional em extinção. A onda nacionalista alemã resultante do episódio napoleônico, despertada por volta de 1815 por ocasião da queda do Império francês, possui um olhar muito crítico sobre esse tratado de

---

37 Ibid., p.255.
38 Ibid., p.260.
39 Deleuze, *Deux régimes de fous*, p.216.
40 Gantet, *La Paix de Wesphalie (1648). Une histoire sociale, XVII-XVIII siècle*, p.9.

Westfália, acusado de ser o responsável pela fragmentação do Império germânico e de ter dado muita importância ao delírio de grandeza de Luís XIV. Quando a Alemanha foi dividia em República Federativa (RFA) e República Democrática (RDA) após o fim do nazismo, o tratado de Westfália tornou-se, de novo, sua base identitária e finalmente, "numa Europa em busca de uma história específica, o acordo de Westfália foi interpretado por alguns como o primeiro tratado 'europeu' assinado numa Alemanha pacificada".[41]

É essa acessibilidade ao geral por meio da singularidade que iremos examinar nesse ensaio, com o objetivo de tirar o acontecimento de sua insignificância conjecturada pelas ciências humanas, que o consideraram durante muito tempo como o elemento perturbador e, assim, era preciso mantê-lo à distância, ou mesmo reprimi-lo porque ele viria questionar e se revelar como exceção às interpretações pré-fabricadas de leitura do passado. Cabe ao nosso tempo afirmar a força intempestiva do acontecimento na qualidade de manifestação da novidade, apreendido como começo. Isso significa aceitar a incapacidade, a aposta impossível de se confinar atrás de qualquer investigação, por mais minuciosa que ela seja, o sentido do acontecimento que continua irredutível ao seu confinamento no sentido concluso e unilateral. Como afirma Michel de Certeau, o enigma sobrevive, o que não dispensa a investigação, ao contrário, ele exige o abandono dos desgastes da arrogância e o pensamento pronto das explicações prévias e delimitadas. Ao mesmo tempo Esfinge e Fênix, o acontecimento foge, por natureza, a qualquer pretensão redutora.

Agradecimentos

Agradeço imensamente aos que aceitaram a difícil missão de revisar esse texto antes de sua publicação: Daniel Becquemont, Patrick Cingolani, Christian Delacroix, Laurent Martin, Jérôme Porée, Louis Quéré, Guillaume Sibertin-Blanc e Jean-François Sirinelli. Que meu agradecimento fique, aqui, gravado, pois essa ajuda, acompanhada de várias sugestões e correções, foi valiosa. Um agradecimento especial a Jean-François Sirinelli, que me honrou com o convite para participar de sua coleção.

---

41 Ibid., p.11.

Primeira parte
O acontecimento entre eclipse e fetichismo

I
O acontecimento assimilado por uma cronosofia

Na Antiguidade, o jogo do acaso e da necessidade contribuiu para ceder seu lugar ao acontecimento, porém este continuou fortemente ligado ao que os antigos chamavam de Fortuna. Se o historiador, desde a Grécia antiga, privilegia a liberdade humana em todas as suas expressões como parte indeterminada da ação, permanece o fato de que o registro dos deuses e de suas múltiplas manifestações no âmago da vida da cidade é onipresente. Um fatalismo, um destino pretendido pelos deuses domina a História e sua sequência de acontecimentos, e há uma tentativa em adivinhá-lo interrogando as profecias e os oráculos que serviriam de guia para conduzi-lo.

Políbio, que se esforçou em racionalizar a operação historiográfica em torno de um conjunto de causalidades, mostrou a força da Fortuna. Ele acreditava firmemente no exercício de um poder soberano que daria sentido e coerência a todos os acontecimentos históricos. Essa força estava fora do alcance dos humanos: "A Fortuna (*Tychè*) conduziu todos os acontecimentos para uma única direção e obrigou todas as questões humanas a se orientarem para um único e mesmo fim".[1] Uma das principais funções do historiador é, portanto, restaurar esse plano geral, essa coerência supralunar que coloca ordem no caos aparente da fatualidade acontecimental [*factualité événementielle*] sublunar: "O historiador deve fazer de tal maneira que os leitores possam perceber, com um único olhar, os mecanismos usados pela Fortuna para produzir todos os seus efeitos conjuntamente".[2] No entanto, Políbio não se refere exclusivamente ao plano superior e inacessível. Ele critica, inclusive, os historiadores que invocam a Fortuna em todas as circunstâncias.

Em Roma também os deuses espreitam atrás dos acontecimentos humanos e estão onipresentes no destino das populações que não podem escapar às suas manifestações. Para Tito Lívio, próximo às concepções estoicas, o destino, o *fatum*, é a base do funcionamento do universo. Os romanos se sentem incumbidos de uma verdadeira missão legada pelos deuses que seriam os próprios criadores da cidade romana: "O destino exigia, sem dúvida, a fundação da grande cidade e o advento da maior potência do mundo depois da dos deuses".[3]

Na Idade Média, o tempo de Deus determina ainda mais a relação com o tempo, cada acontecimento se insere em um conjunto preexistente e significante. É o clero que fornece a direção da sociedade ocidental, respeitanto, na história, a realização de um plano já determinado por Deus. A trama do acontecimento é simplesmente a epifania progressiva destinada a repetir, em seu esperado momento final, o começo glorioso. Os acontecimentos históricos conquistam seu espaço dentro de uma teleologia muito rígida porque é sacralizada; eles assumem a centralidade de uma teofania. Evidentemente, ao longo dos séculos XIV e XV, o discurso mantido pelo clero sobre o modelo do clérigo regular dos monastérios se seculariza aos poucos, mantendo, porém, essencialmente a marca da Providência, que é o espaço coerente de seu desenrolar.

Eusébio de Cesareia, considerado o pai da história cristã, que viveu de 265 a 341, inaugurou uma história providencialista do acontecimento [*histoire événementielle providentialiste*]. Autor de *Histoire de l'Église* [História da Igreja] e dos *Canons chronologiques de l'histoire universelle* [Cânones cronológicos da história universal], ele se baseia nos fatos autenticados pelos

---

1 Políbio, *Histoires*, I, 4.
2 Ibid.
3 Tito Lívio, *Histoire romaine*, I, 4, 1.

arquivos e pretende demonstrar, através de sua narrativa, a continuidade infalível da força dos ensinamentos de Cristo até sua época, isto é, o curso triunfal de uma Igreja em processo de unificação até o concílio de Niceia em 325. Ele reproduz os primórdios difíceis, as perseguições dos mártires, as múltiplas heresias até a consagração final. Ele não se limita à restituição acontecimental [*événementielle*] dos primórdios do cristianismo, pois tem como aspiração atingir o início do Antigo Testamento. De vocação universalista, a história, segundo Eusébio de Cesareia, se desenrola em torno de sete principais escansões desde suas origens. Ela começa com o nascimento de Abraão por volta de 2016 a.C. e permanece durante sua época. Essa trama do acontecimento está também a serviço do direito na medida em que os mosteiros, em defesa de suas prerrogativas, compilam os cartulários. Em sua maioria, são apenas cópias de cartas sem comentários, porém, às vezes os juristas sentem a necessidade de colocar esses documentos em perspectiva histórica. O aperfeiçoamento de um verdadeiro dossiê jurídico abrangendo a compilação dos cartulários permite a evolução das técnicas de controle da profissão de historiador para uma compreensão melhor dos documentos, exigindo habilidades paleográficas, a necessária discriminação entre os documentos autênticos e os falsos, e também uma classificação segundo o estabelecimento de tabelas cronológicas.

Os acontecimentos históricos escandem então uma eclesiologia, e Gregório de Tours, o bispo merovíngio, que viveu entre 538 e 594, é considerado o "pai da nossa história" nacional, autor de *Histoire des francs* [História dos francos]. Seu principal objetivo é apresentar as etapas de uma sociedade cristã, e não fazer uma história do povo franco, como ele próprio enfatiza, escrevendo que a figura de Cristo constitui sua real motivação, a própria finalidade de sua historiografia. A eclesiologia de Gregório de Tours está organizada em uma triologia temporal que compreende um longo período anterior a Cristo e se estende de Adão e Eva ao cativeiro de Babilônia. Na segunda parte, central, se situa Cristo; a obra consagra a terceira parte a outra figura cristã, São Martinho de Tours, protetor do cargo de bispo de Gregório. Ao longo de seus dez livros, Gregório utiliza uma estrutura simétrica que organiza de maneira complementar os capítulos que tratam de questões profanas e os que têm por objeto a santidade.

A partir da época carolíngia, os bispos, muito ocupados com seus ministérios, são substituídos por monges, e os mosteiros tornam-se os florões da historiografia. A Abadia de Fleury tornou-se assim, no final do século X, o principal centro francês de produção histórica e fez discípulos. Em Cluny, no século XI, Raoul Glaber, após numerosas viagens, decide organizar suas lembranças para reaver o lugar do seu tempo em direção a Jerusalém celeste. Ele desenvolve em cinco livros de suas *Histórias* uma concepção cristã e monástica mundial, correspondente às mentalidades do ano 1000. Ele propõe uma periodização integrada em uma história orientada para a chegada do Anticristo e a volta de Cristo. Trata-se então de esperar, de se preparar e cabe unicamente aos monges dar o exemplo de sabedoria através de seu sacrifício. E como consequência, Glaber apresenta uma história não lógica, porém analógica, estreitamente ligada ao Plano de Deus. Tudo está ordenado em função da quaternidade divina. No entanto, o tempo de Glaber é igualmente o da difícil mutação que se manifesta através de uma série de acontecimentos com efeitos desastrosos, o de desestabilizar a ordem divina, seja a passagem de cometas, as enigmáticas eclipses, a ampliação das epidemias e das fomes ou ainda a multiplicação das heresias e mesmo a presença de Satã que Glaber encontrou três vezes. Para ele, esses acontecimentos mostram sinais evidentes de desajustes que exigem testemunho de penitência, de despojamento e de fazer a escolha pela ascese como os monges. O fato de escrever a história e sua sequência de acontecimentos faz parte dessa aspiração à redenção coletiva para afastar as forças do mal. A finalidade da história da maneira concebida por Glaber é, antes de mais nada, celebrar, a partir de uma concepção bem estreitamente providencialista do tempo humano, a glória de Deus: "O Salvador declarou que até à última hora do último dia, com a ajuda do Espírito Santo, ocorrerão novos acontecimentos em união com seu Pai".[4]

Bem no final da Idade Média surge um gênero histórico que enriquece a narrativa dos acontecimentos, é a crônica que tem como finalidade retratar os valores cavalheirescos. Os cronistas dos séculos XIV e XV consideram os acontecimentos dentro de uma ordem cronológica, embora utilizando a arte retórica para "historiar a matéria" como ressalta Froissart porque ela deve agradar ao público da corte, composto por nobres de guerra em declínio e ávido de proezas que ilustrem seu prestígio social. O cronista será, então, o arauto dos grandes torneios e das descrições de entradas reais e principescas espetaculares nas cidades, assumindo, dessa maneira, uma história profana que contrastava completamente com a história escrita nos claustros. Mas a dominante da narrativa histórica dos acontecimentos continua presa

---

4 Glaber, *Histoires*, I, 2.

ao esquema explicativo da religião, e nada fica a cargo da contingência, do acaso, porque escaparia ao poder divino:

> Diretamente ou não as intervenções de Deus, dos anjos, dos santos, até mesmo dos demônios, proporcionavam diversas explicações possíveis que limitavam consideravelmente as oportunidades de inserir um fato no campo do *casus* fortuito e inexplicável.[5]

A ruptura moderna dos séculos XVI e XVII não atenuou em nada o caráter forçado da teleologia, da finalização de um tempo linear que contém a diversidade do acontecimento em um único suporte de significação: "A história do acontecimento adquire um sentido graças a uma teologia da história".[6] O regime de historicidade é o mesmo e cabe pensar que a tradição exprime melhor o futuro. Esse é o sentido do *Discours de l'histoire universelle* [Discurso da história universal], publicado em 1681 por Bossuet que desenvolve uma filosofia da história para uso do Grande Delfim, filho de Luís XIV. De acordo com Bossuet, assim como para seus antecessores medievais, a história é o fruto da vontade divina e cabe ao historiador relatar esse desígnio providencial. Ele divide seu *Discurso* em três partes. Em primeiro lugar, "as épocas" expõem os doze períodos sucessivos desde a Criação, situada, segundo ele, em 4004 a.C., até o reinado de Carlos Magno. Todas as sequências de acontecimentos levam a marca de Deus, do destino providencial:

> A maioria desses impérios têm uma ligação necessária com a história do povo de Deus. Deus usou os assírios e os babilônicos para castigar esse povo; os persas para restabelecê-lo [...]. Os judeus ficaram até Jesus Cristo sob o poder dos mesmos romanos. Quando eles o ignoraram e o crucificaram, esses mesmos romanos emprestaram suas mãos impensadamente à vingança divina, e exterminaram esse povo ingrato.[7]

Em segundo lugar, seu *Discurso* traz uma parte consagrada à "continuação da religião", a mais longa, contendo 31 capítulos cujo objetivo é mostrar "a religião sempre uniforme, ou melhor, sempre a mesma desde a

---

5 Carozzi; Taviani-Carozzi (orgs.), *Faire l'événement au Moyen Âge*, p.6.
6 Pomian, *L'Ordre du temps*, p.27.
7 Bossuer, *Discours de l'histoire universelle* (1681), terceira parte, cap.1.

origem do mundo: nela, sempre foi admitido o mesmo Deus como autor e o mesmo Cristo como salvador do ser humano".[8] Em terceiro lugar, Bossuet se consagra à história dos "impérios", tentando ressaltar a lei comum da mortalidade, própria das coisas humanas. A sucessão dos impérios também aí é submetida à Providência. Bossuet afirma, assim, a ação onisciente de Deus sobre o desenrolar dos acontecimentos em uma verdadeira teodiceia em que ele, como teólogo, imprime um percurso inflexível à direção seguida pelo passado:

> Desse modo, quatro ou cinco fatos autênticos, e mais claros que a luz do sol, expõem nossa religião tão antiga quanto o mundo. Eles mostram, consequentemente, que ela tem por autor apenas Aquele que fundou o universo, que, tendo tudo em suas mãos, pôde sozinho começar e conduzir um desígnio onde todos os séculos estão inclusos.[9]

Portanto, cabe à realidade do acontecimento sujeitar-se ao esquema providencial e, quando ela parece contradizer sua lógica, é a nossa percepção que deve ser questionada, uma vez que nossas paixões nos confundem.

Mais tarde, no início do século do Iluminismo na Itália do Sul, Giambattista Vico dá continuidade, por conta própria, à visão providencialista porque queria demonstrar através da história e da filosofia a força inatingível da Providência. Esse autodidata recusa a dicotomia em uso que separa a desordem do acontecimento do mundo da racionalidade e da moralidade que se situa do lado da história sagrada. Ele pretende unificar esse suposto dualismo em torno da Providência,[10] que, segundo ele, se divide em duas partes, duas leis que regem o percurso do tempo humano. Vico tenta principalmente agrupar duas temporalidades: tempo cíclico para as artes, as letras e os Estados; tempo cumulativo para as ciências e a erudição:

> Mas ele consegue somente ao fazer apelo à teologia da história que introduz no percurso das coisas humanas mudanças irreversíveis e concede às nações cristãs e ao seu tempo linear e cumulativo uma superioridade sobre as nações pagãs e sobre o tempo cíclico.[11]

---

8   Ibid.
9   Ibid., p.XXXI.
10   Vico, *Principes d'une science nouvelle relative à la nature commune des nations* (1725).
11   Pomian, *L'Ordre du temps*, p.55.

Ele equipara o desenrolar da história ao da sucessão das três idades da humanidade:

> Esboçaremos a história ideal que acompanhou a história das nações: veremos que apesar da variedade e da diversidade de costumes, essa evolução teve uma perfeita uniformidade e percorreu as três etapas pelas quais o mundo passou: a idade dos deuses, a dos heróis e a dos homens.[12]

A época das sociedades patriarcais marcadas pela onipresença dos deuses é sucedida pelas sociedades aristocráticas caracterizadas pela presença dos heróis e finalmente, nasce a sociedade dos homens que é igualmente aquela da ciência e da filosofia. Seu esquema histórico é, portanto, movido por um processo de emancipação, de realização progressiva pontuada por etapas que transpõem o homem da animalidade para a maturidade. A Providência está sempre presente para garantir o sucesso dessa emancipação:

> Como os bárbaros não puderam passar sem ajuda da imaginação para a razão, a autoridade da Providência foi ratificada imediatamente. A Providência ensinava aos pagãos de épocas primitivas a usarem a razão e, no final das contas, a compreenderem realmente Deus.[13]

A filosofia do Iluminismo distancia-se da ideia de um plano divino e inicia um processo de laicização da história, mas retoma para si a ideia de um *télos*, de uma continuidade temporal fortemente adaptada em torno da realização do progresso humano que conduz a uma emancipação progressiva do gênero humano, graças ao triunfo de uma Razão capaz de conquistar mais transparência em cada etapa. Esse otimismo vai dar lugar a uma filosofia da história que marcará todo o século XIX, período habitualmente chamado de século da história.

Essa concepção de uma racionalidade agindo na história que subsume o sentido dos acontecimentos encontra-se muito claramente expressa por Kant na sua obra de 1784.[14] Kant se dedica a encontrar certo número

---

12 Vico, *Principes d'une science nouvelle relative à la nature commune des nations* (1725), p.363.
13 Momigliano, *Problèmes d'historiographie*, p.306.
14 Kant, L'Idée d'une histoire universelle au point de vue cosmopolitique (1784), *La Philosophie de l'histoire*.

de categorias estruturantes de uma ordem histórica que agiria por trás da aparente desordem da contingência do acontecimento:

[A história] poderá revelar aí uma sequência regular e, desse modo, aquilo que nos sujeitos individuais nos surpreende por sua forma confusa e irregular poderá, no entanto, ser conhecido no conjunto da espécie sob o aspecto de um desenvolvimento contínuo, embora lento, de suas disposições originais.[15]

A história é, então, levada adiante, para um futuro através de um princípio de criação, mas a cronosofia kantiana reúne natureza e liberdade e não está sujeita a um princípio mecânico. Ela abre a perspectiva histórica para um progresso que depende da iniciativa humana, de sua liberdade e não de um irrefutável. É o princípio esperança que se situa no horizonte da teleologia kantiana, e é esse princípio, que, em vez de surgir como um obstáculo à ação, constitui sua condição de possibilidade. A história cosmopolítica segundo Kant é concebida como um sistema de corpos celestes, tendo como referência o modelo astronômico. Para essa unidade, a história da humanidade, Kant segue a direção de realização progressiva do direito dos homens. Envolvido por suas paixões na vida, o homem é colocado no caminho da história pela natureza, por Deus ou pela Providência. Na nona e última proposta de sua obra, Kant visa a essência da história como desígnio da natureza, "uma tentativa filosófica para tratar a história universal de acordo com o plano da natureza, que objetiva uma unificação política total da espécie humana, deve ser encarada como possível e mesmo como vantajosa para esse desígnio da natureza".[16] Kant define aqui um horizonte de esperança para o homem que encontra sua justificativa em uma abordagem transcendental, defensora da história concreta e contingente. No entanto, a possibilidade de ser do *nonsense* é a mesma que a do sentido e, em última instância, cabe ao homem decidir, de se curvar ao "desígnio da natureza" ou de descartá-lo. Assim, seu "projeto de paz perpétua" não é garantido, pois depende da ação incerta dos homens e, portanto, da oscilação do acontecer humano [*événementialité humaine*]. Apesar da vinculação com a predominância gradual da Razão, a esperança dentro da perspectiva

---

15 Ibid., p.26.
16 Ibid., p.43.

kantiana significa que sempre pode acontecer algo que permita ao sentido se sobrepor ao *nonsense*.

Com Hegel é diferente, ele retomou parcialmente a herança kantiana, substituindo seu horizonte de esperança por um curso dialético organizado sobre a superação das contradições, mas as inconstâncias da contingência dependem fortemente de uma Razão que se efetua inexoravelmente à custa de alguns ardis para superar a desordem aparente. O percurso dialético resultante dessa filosofia da história pressupõe uma visão unitária do Espírito através de suas múltiplas concretizações. A matéria história, com seu séquito de acontecimentos lhe proporciona um lugar privilegiado de inserção e de realização. Partindo do postulado segundo o qual o real é racional, o espírito do mundo atua sobre uma extensão cuja realização independe dos atores. Qualquer momento histórico, qualquer acontecimento passa por uma contradição interna que lhe dá um caráter singular ao mesmo tempo que prepara a superação potencial em um novo momento. É esse trabalho da contradição endógena junto ao sistema que é tido como motor da história pois é a partir daí que se origina o próprio processo histórico. O Espírito ou a Razão se serve dessas configurações singulares para alcançar seu desígnio:

> O Espírito particular de um povo pode decair, desaparecer, mas ele constitui uma etapa na trajetória geral do Espírito do Mundo e esse não pode desaparecer. Portanto, o Espírito de um Povo é o Espírito universal na figura particular que lhe é subordinada, mas que ele deve endossar à proporção em que ele existe, porque com a existência surge igualmente a particularidade.[17]

Os homens acreditam que fazem sua própria história, mas ela corre inadvertidamente à sua revelia, seguindo a famosa ideia dos possíveis ardis da Razão: "Podemos chamar *ardil da Razão* o fato que ela permite às paixões de agirem no seu lugar, sendo o único meio pelo qual ela passa à existência, experimentando perdas e sofrendo danos".[18] Cada ator pensa que realiza suas paixões, embora ele apenas cumpra, independente dele, um destino muito mais amplo que o envolve: "Todo indivíduo é uma malha cega dentro da cadeia da necessidade absoluta em que o mundo é formado".[19]

---

17 Hegel, *La Raison dans l'histoire. Introduction à la philosophie de l'histoire (1822-1830)*, p.82.
18 Ibid., p.129.
19 Hegel, Conférence d'Iéna, apud d'Hondt, *Hegel, philosophe de l'histoire vivante*, p.206.

Pode acontecer que um acontecimento encarne esse Espírito atuante na História e, quando o mal ataca com paixão e triunfa com sua parcela de violências, o cumprimento da Razão não é afetado por muito tempo: "Os indivíduos desaparecem diante da substancialidade do conjunto, que forma os indivíduos dos quais que necessita. Os indivíduos não impedem que aconteça o que tem de acontecer".[20] O resultado é uma concepção muito determinista da história para a qual todo acontecimento está indissoluvelmente ligado à sua causa e na qual a contingência se torna insignificante.

Existem evidentemente leituras de Hegel que deixam espaço para a contingência,[21] mas somos obrigados a admitir que o Hegel que prevaleceu durante muito tempo na França foi aquele transmitido por Alexandre Kojève, o qual insistiu sobre o peso atuante do *télos* na trajetória da História. Essa filosofia da história pagou um preço alto pela eliminação do significado do acontecer e da narrativa [*de l'événementialité et de la narrativité*], sobre a qual Ricoeur discorda: "Essa equação da efetivação da presença marca a abolição da narrativa na consideração pensante da história".[22] Hegel não atribui real significado aos vestígios do passado. Ele dissolve em vez de resolver "o problema da *relação* do passado histórico com o presente".[23] A tentação hegeliana se choca sobretudo com a impossível mediação total em um mundo fundamentalmente pluralizado.

A ideia de progresso é levada ao paroxismo na cronosofia hegeliana. O critério que permite situar cada civilização em sua escala de etapas de realização do Espírito é o grau de conquista da liberdade subjetiva, e é desse modo que Hegel define sobretudo a história universal distinguindo cinco etapas que permitem ir da infância (o Extremo Oriente) até à velhice (o mundo germânico), passando por fases intermediárias. Em seguida, ele reduz esses períodos em quatro em seu livro *Lições sobre a filosofia da história*. E se seguem os mundos oriental, grego, romano e germânico:

> Portanto, no sistema hegeliano, é o conceito de povo universal-histórico que permite a reconciliação do caráter unilinear da história universal com a diversidade antropológica-geográfica.[24]

---

20 Id., *La Raison dans l'histoire*, p.82.
21 Mabille, *Hegel, l'épreuve de la contingence*; ver também Lardic, La contingence chez Hegel, *Hegel, Comment le sens commun comprend la philosophie*.
22 Ricoeur, *Temps et Récit* (1985), p.360.
23 Ibid.
24 Pomian, *L'Ordre du temps*, p.136.

Marx retoma o essencial dessa visão teleológica da história quando considera que a trajetória da humanidade leva a uma sociedade transparente e igualitária passando de estágio em estágio. Evidentemente, o esquema é diferente e, em nome do materialismo histórico, Marx e Engels persistem no peso dos modos de produção e das relações sociais de produção na passagem de um estágio a outro dessa história: "O que os homens são, coincide com a sua produção, tanto com o que eles produzem quanto o modo como eles produzem".[25] A alienação que até então fora valorizada como obstáculo ao desenvolvimento do ser genérico do homem, torna-se um simples derivado das relações sociais. Marx critica a autonomia dada à esfera ideológica pela tradição filosófica. Evidentemene, durante muito tempo foi feita uma leitura muito economicista dessas posições marxistas utilizadas dentro de uma perspectiva muito reducionista. Não podemos esquecer que, para Marx, havia uma pertinência da *práxis* política e de suas representações, o que o levou a dar uma atenção ao estudo de um certo número de acontecimentos restituídos minuciosamente a sua singularidade como casos concretos. Desse modo, Marx se entrega a uma análise concreta de uma situação concreta do golpe de Estado de Luís-Napoleão Bonaparte.[26] Nesse estudo, ele apreende a contingência do acontecimento em sua integralidade, que ele descreve com detalhes durante seu desenrolar. Evidentemente, seu relato é amplamente dominado pela correlação estabelecida entre os interesses de classe e as lutas políticas partidárias, mas Marx assinala também possíveis discrepâncias como a de uma aristocracia financeira que repudiara a luta parlamentar travada por um partido da ordem que deveria, portanto, representar seus interesses: "também, a burguesia industrial com seu fanatismo de ordem, estava descontente com as brigas contínuas entre o partido da ordem parlamentar e o poder executivo".[27] Marx vê em Bonaparte alguém que se opõe à burguesia apoiado nos camponeses e no povo das cidades. Sua leitura da sociedade francesa nas suas relações com o político se mostra singularmente mais complexa do que a vulgata economicista e sua teoria do simples reflexo da superestrutura em relação à infraestrutura. No entanto – Marx explica isso muito bem na carta enviada a Wedemeyer em 5 de março de 1852 –, ele considera que sua contribuição terá sido ressaltar que a luta de classes no capitalismo deve resultar na ditadura do proletariado, ela

---

25 Marx; Engels, *L'Idéologie allemande* (1846), p.46.
26 Marx, *Le 18 Brumaire de Louis Bonaparte* (1851).
27 Ibid., p.105.

própria um período de transição para o estabelecimento de uma sociedade sem classes. Toda a sua leitura da história e de sua trama acontecimental [*événementielle*] está inserida na teleologia histórica, orientada por uma escatologia revolucionária. Essa passagem de Marx pelo acontecimento em sua singularidade, por meio da concretude histórica, depende, portanto, apenas de uma exceção dentro de uma filosofia da história que continua fundamentalmente marcada por sua dimensão profética. Existe, e o *Manifesto do Partido Comunista* de 1848 a exprime sem rodeios, uma linha diretriz de inteligibilidade que leva a humanidade para um alargamento das trocas, para uma liberação das forças produtivas e que ajuda a sair do estado de pré--história por meio de etapas, e das quais o comunismo parece ser o estágio derradeiro, depois de atravessar o feudalismo e o capitalismo. No entanto, é necessário levar em conta a dinâmica instaurada pelo *Manifesto* e a atmosfera da qual esse texto foi vítima. Devido a isso, Claude Lefort se dedica a uma nova leitura, localizando uma forma de naturalização da história que se situa no plano da imanência:

> O *Manifesto* lançado no mundo todo não se dirige, apesar das aparências, a ninguém. O discurso se desenrola no puro elemento da generalidade. Ele não é feito para convencer; ele exibe uma verdade que está nas próprias coisas, na sua evolução.[28]

Todo o século XIX fora marcado por uma concepção linear e teleológica do tempo, entre os historiadores. Encontramos essa teologia da história entre os românticos do início do século, mas continua ainda bastante pregnante no final do século à época da capacitação da profissão de historiador entre os historiadores metódicos. Victor Cousin exerce, então, um verdadeiro magistério intelectual e torna-se o transmissor das teses hegelianas sobre a história. Ele encarna essa simbiose entre filosofia e história, almejada pela nova geração de historiadores românticos, e seu curso na Sorbonne é muito concorrido, com afluência análoga aos espetáculos. Taine chega a escrever "que era preciso se precipitar como uma ida à Ópera".[29] Na perspectiva definida por Victor Cousin, os historiadores românticos consideram a história como o desenrolar inexorável de um plano movido por uma Razão desconhecida pela razão dos atores. Isso não exclui a narrativa dos

---

28 Lefort, Relecture du Manifeste Communinste, *Essais sur le politique XIXe -XXe siècles*, p.184.
29 Taine, *Les Philosophes classiques du XIXe siècle en France*, p.97.

acontecimentos, desde que eles encarnem essa trajetória histórica e assim se insiram no percurso teleológico.

Victor Cousin compreende que os historiadores se interessem pelos grandes homens, desde que eles não anulem aquilo que eles representam: o povo, o espírito de uma época, o ser profundo que eles encarnam, caso contrário, "um grande homem seria um insulto para a humanidade".[30] O grande homem é pré-construído e chega no palco da história para encarnar uma ideia dentro de uma perspectiva teleológica, de acordo com o esquema hegeliano retomado por Cousin: "Um grande homem [...] vem para representar uma ideia, determinada ideia e não uma outra, que tenha força e valha a pena ser representada, nem antes, nem depois".[31] O fatalismo subjacente dessa concepção é o de uma lei inexorável da história que transcende seus atores e funciona à sua revelia. Um destino, chamado antigamente de Providência, fortuna, orienta seus passos e o sinal do grande homem é seu próprio sucesso, sua capacidade em encarnar o destino do povo do qual ele é o porta-voz em um determinado momento. A esse respeito, Cousin afirma claramente que é conveniente distinguir o indivíduo do grande homem, que só existe por sua capacidade em encarnar o espírito do seu tempo, cristalizando nele tudo que até então se encontrava em estado de latência. A glória resultante é incontestável, na medida em que ela é um julgamento da humanidade, também subordinada ao *télos*. O século XIX carrega essencialmente essa concepção enquanto século da história fortemente movido por uma cronosofia. Segundo Cousin, o historiador está autorizado a deixar de lado o aspecto biográfico dos grandes homens, pois esse aspecto não foi retido, nem admirado pela humanidade. A intencionalidade dos atores é irrelevante e somente os fatos certificados, os comportamentos públicos são dignos de atenção.

Na sequência dos estudos de Victor Cousin, ao longo desses anos, surge uma história-ciência com Quinet, Guizot, Thierry, Taine ou Michelet, que mantém-se, contudo, ligada ao modelo artístico da literatura. Mesmo com um modelo extraído do romance histórico de Walter Scott, Augustin Thierry, leitor apaixonado de *Ivanhoé*, é adepto de uma leitura da história que ele julga como científica. Ele erige inclusive um motor do processo histórico, com o que considera ser a guerra das raças. A matriz desse discurso

---

30 Cousin, *Introduction à l'histoire de la philosophie* (1828). In: Gauchet, *Philosophie des sociences historiques*, p.206.
31 Ibid., p.267.

histórico, dividido entre sua vocação científica e sua vocação artística, é a edificação da consciência nacional que confere aos historiadores um magistério de primeira importância durante todo o século XIX. A esse respeito, Augustin Thierry realiza uma mudança radical, que redireciona o olhar do historiador – focado até então exclusivamente nas elites do poder – para as massas, o povo, o terceiro estado que se vê investido de toda sua importância. O resultado desta inversão é uma história vista de baixo, verdadeiro contraponto em relação à antiga glorificação dos heróis:

> A história da França, tal como nos foi relatada pelos escritores modernos, não é a verdadeira história do país, a história nacional, a história popular [...]. Falta-nos a história dos cidadãos, a história das ideias, a história do povo [...]. Há muito eles nos precederam, para nos proporcionar uma ampla estrada, esses servos fugidios da gleba, que levantaram, há 700 anos, os muros e a civilização das antigas cidades gaulesas.[32]

Michelet realiza uma verdadeira transferência de sacralidade, e ele vive a história mais como uma aventura do que como um ofício, é uma vocação espiritual e uma capacidade de fazer reviver e de encontrar o sentido da vida para justificar os mortos. Como para grande parte de historiadores de sua geração, a França substituiu Deus como encarnação de uma lei transcendente: "É a você que pedirei socorro, meu nobre país; é você que deve tomar o lugar de Deus que foge de nós".[33] Michelet celebra a França e com ela, o povo francês. Este último é uma dessas abstrações personificadas que movimentam sua narrativa histórica. Em 1846 ele chega a escrever um livro ao qual dá o título *Le Peuple* [O povo] e assinala em sua dedicatória a Edgar Quinet: "Esse livro é mais do que um livro; sou eu mesmo". O povo representa para ele, como bem observou Roland Barthes, o papel de pedra filosofal, de substância-chave, de fundamento ontológico da história, e Michelet tenta lhe devolver a existência graças à história, fazendo falar os mudos, dando a palavra aos sem-vozes.

Um pouco antes do término da sua grande obra, ele escreveu em 1866:

> "A humanidade se faz", isso significa [...] que as massas fazem tudo e os grandes nomes fazem pouca coisa, que os pretensos deuses, os titãs

---

32 Thierry, Lettre sur l'histoire de France; e a primeira carta (1820) em Gauchet, *Philosophie des sciences historiques*, p.73.
33 Michelet, *Journal*, t.1, 7 ago. 1831, p.83.

(quase sempre, anões), somente se enganam sobre seu tamanho ao se apoiarem fraudulentamente nos ombros do bom gigante, o Povo... Durante trinta e cinco anos, durante o imenso trabalho com a minha *História da França*, fui de época em época, sempre com esse espírito.[34]

Essa posição elucida a ideia feita por Michelet sobre a Revolução Francesa, que é também para ele uma encarnação do espírito, e de maneira alguma poderia ser dividida em clãs. Ela mantém, de uma extremidade a outra, uma unidade movida pelo mesmo espírito e não pode se deter nem em Mirabeau, nem em Danton, nem em Robespierre. Daí a briga entre Michelet e Quinet, o primeiro não suportando ver o segundo incriminando, em 1865, Robespierre como o responsável por enveredar a revolução pelos caminhos da tirania, anunciando previamente a chegada de Bonaparte ao poder. Nessa Revolução, é o povo que ocupa o lugar de herói, e Michelet pretende, assim, acabar com a historiografia aristocrática:

> Até aqui, toda a história da Revolução era essencialmente monárquica (tanto para Luís XVI, quanto para Robespierre). Essa é a primeira republicana, a que rompeu com os ídolos e com os deuses. Da primeira à última página, ela tem um único herói: o povo.[35]

A escola metódica que acompanhou e rompeu com a estilística romântica compartilha com seus antecessores a mesma crença em uma história linear, progressiva e progressista contribuindo inexoravelmente para o progresso do gênero humano. Isso fica bem claro inclusive no termo reivindicado por essa escola, não positivista, porque ela não tem nenhum vínculo com Auguste Comte, mas "positiva". Desse modo, Gabriel Monod define seu programa manifesto no primeiro número da *Revue historique* em 1876. Já o título desse editorial é significativo da filosofia da história implícita que o guia: "*Du progrès des études historiques en France depuis le XVIᵉ siècle*" [Do progresso dos estudos históricos na França a partir do século XVI]. De acordo com essa nova escola histórica que afirma categoricamente sua vocação científica, o historiador trabalha a serviço do progresso do gênero humano. A marcha para o progresso se desdobra como um acúmulo progressivo do trabalho

---

34 Ibid., t.3 (1972), p.335; citado por Gérard, Le grand homme et la conception de l'histoire au XIXᵉ siècle, *Romantisme*, n.100, p.42.

35 Michelet, *Histoire de la Révolution*, p.1149.

científico realizado pela comunidade dos historiadores profissionais. Monod reproduz o percurso da historiografia do século XVI até 1876, restaurando todas as etapas do progresso constante, com momentos de aceleração; seu otimismo se exprime claramente nas capacidades de investigação que se tornaram muito superiores ao que eram nos séculos anteriores: "Nosso século é o século da história. Graças aos progressos das ciências e dos métodos científicos, a história possui hoje em dia fabulosos meios de investigação".[36] Em todo século XIX, os historiadores se apoiaram no convicto sentimento de um presente superior ao passado e de inteira confiança no futuro que só poderia ser ainda melhor. Esse sentimento amplamente compartilhado

> permite estabelecer uma hierarquia dos acontecimentos, privilegiando aqueles que acreditamos ser passíveis de mudanças irreversíveis. Ele orienta a triagem realizada entre os candidatos ao papel de atores da história: os únicos que a criam são os agentes do progresso.[37]

Com a mudança vindo da esfera política, são os acontecimentos políticos que serão privilegiados e considerados os acontecimentos por excelência. Esse otimismo encontra-se exemplificado na filosofia de Auguste Comte que concebe a história da humanidade como a sucessão de três estados distintos que conduzem inevitavelmente ao reino da idade positiva, a da Razão. Como observa o sociólogo Patrick Cingolani, Auguste Comte elabora uma filosofia que se insere sequencialmente no progresso do Iluminismo e no acontecimento revolucionário de 1789, mas "o subordinando decididamente à *ordem*. Ora, é isso o positivismo".[38] Todo o esforço do positivismo resume-se em conter a força disruptiva do acontecimento para pacificá-lo dentro de uma ordem estabelecida. Auguste Comte participa, assim, ativamente, desse constante esforço dos republicanos do século XIX para tornar a modernidade uma tradição, liquidando, desse modo, o acontecimento republicano para melhor assentar as instituições republicanas: "A república sociocrática de Comte é uma república no sentido compreendido por Platão, um regime, uma *Politeia*, e nesse sentido, trata-se de instituir totalmente os homens em uma nova constituição".[39]

---

36 Monod, Du progrès des études historiques en France depuis le XVIᵉ siècle, *Revue Historique*, n.1.
37 Pomian, *L'Ordre du temps*, p.71.
38 Cingolani, *La République, les sociologues et la question politique*, p.18.
39 Ibid., p.42.

II
Contra o fardo da história:
Nietzsche, o intempestivo

Ao contrário de qualquer cronosofia, de qualquer teleologia, Nietzsche enfatiza o caráter sempre novo da irrupção do acontecimento. Em oposição a uma época que se apegou à razão triunfante da história ocidental, Nietzsche denuncia uma Razão que prepara o leito do despotismo de Estado. Evidentemente, a unidade alemã é obtida, mas à custa da construção de um Estado forte e militarizado, o Estado prussiano. Nietzsche escreve então suas *Considérations inactuelles* [Considerações intempestivas] (1873-1874) sobre os perigos desse dispositivo explosivo que é a história e se mostra particularmente mordaz em relação às pretensões da escola histórica alemã, segura de seus métodos de erudição. Desmitificando a narrativa linear do progresso a partir da ruptura moderna do Iluminismo, Nietzsche contrapõe a primazia das descontinuidades: "Para nós, a história é uma teologia camuflada".[1]

Nietzsche procura livrar a humanidade desse fardo que pesa sobre seus ombros e que a impede de avançar. Longe de ser o defensor da memória,

---

1 Nietzsche, *Considérations inactuelles* (1873-1874), t.2, p.327.

Nietzsche preconiza o esquecimento: "É possível viver quase sem lembrança e viver feliz, como os animais. Mas é impossível viver sem esquecer".[2] A genealogia nietzschiana, livre da submissão ao imperativo da verdade, se desenrola em outra abordagem, diferente daquela da temporalidade e do acontecimento [de l'événementialité]. Ela é o inverso, em todos os pontos, da abordagem platônica, opondo o uso destruidor da realidade à reminiscência/reconhecimento; o uso da irrealização e dissociativo das identidades à tradição; e à história-conhecimento, a destituição da verdade: "A genealogia é a história como carnaval organizado".[3] Sem se prender ao binarismo entre uma posição favorável à história e sua desaprovação, Nietzsche distingue três formas de uso da historicidade: monumental, antiquada e crítica. Se ele atribui incontestavelmente uma prevalência a essa última dimensão, no entanto, julga que cada um desses usos têm suas virtudes e suas restrições, e torna-se conveniente mudar a posologia, denunciando o caráter até então hegemônico dos usos ao mesmo tempo monumental e antiquado.

A busca da verdade dos acontecimentos é duplamente inacessível segundo Nietzsche. De um lado, as verdades estão envoltas em metáforas, metonímias, antropomorfismos, de tal modo que pensamos que elas são estáveis, simples valores de troca dos quais esquecemos o valor de uso. A genealogia nietzschiana procura valorizar o espaço do sinal a ser reencontrado, revelado sob a espessura do discurso unitário da metafísica. O sentido não é manifesto, ele tem de ser descoberto sob a opacidade do texto, sempre contestado. Após um trabalho inicial de desconstrução das máscaras carnavalescas, apresentadas como expressão da realidade, cabe ao genealogista reconstruir as cadeias significantes a partir das descontinuidades, dos sintomas, das faltas, segundo a lógica da suspeita. O procedimento genealógico privilegia, de fato, o outro lado do dizer, a face oculta dos significados. Ao trabalho ascético dos historiadores, que classificam seus arquivos e fichas, Nietzsche opõe a felicidade inocente dos animais pacíficos que perambulam pelos campos:

> Observe o rebanho que pasta a sua frente: ele não sabe o que é ontem, nem o que é hoje, ele salta, pasta, descansa, rumina, salta novamente, e assim, de manhã à noite e dia após dia, intimamente ligado ao seu prazer e desprazer do instante.[4]

---

2 Ibid., p.207.
3 Foucault, Nietzsche, la généalogie, l'histoire, *Hommage à Hyppolite*, p.168.
4 Nietzsche, *Considérations inactuelles* (1873-1874), p.95.

Para Nietzsche, o historiador, sobrecarregado pelo passado, parece um ruminante condenado aos mesmos alimentos e incapaz de conceber uma outra coisa. Segundo ele, o acontecimento está à frente de qualquer coisa. Na concepção nietzschiana, o acontecimento tem um valor que pode ser decisivo. Ele é considerado como um deslumbramento, uma revelação, um facho de luz:

> É verdade que, somente quando o homem pensa, medita, compara, separa, ele limita esse elemento não histórico, é somente quando um raio luminoso surge no interior dessa nuvem envolvente, é somente quando ele é bem forte para utilizar o passado em prol da vida e para refazer a história com os antigos acontecimentos, que o homem torna-se homem: muita história, no entanto, mata o homem, e sem esse invólucro de não historicidade, ele nunca teria começado e tampouco ousado começar a ser.[5]

O acontecimento pode tirar o homem da história, fazê-lo perder as estribeiras e recolocá-lo no caminho da criatividade. O adorador da história continua fundamentalmente conservador, tradicionalista, devoto do passado e de suas velharias, condenado a ficar remoendo um mundo mofado:

> Tudo o que é pequeno, limitado, mofado, decrépito recebe sua dignidade e sua intangibilidade próprias do fato que a alma conservadora e adoradora do homem tradicionalista se transfere para esses objetos e os transforma em ninho protetor.[6]

Nietzsche defende uma concepção do acontecimento que privilegia sua força eruptiva e que exige dos indivíduos que eles encontrem aí a fonte de uma vontade afirmativa. Portanto, essa capacidade afirmativa é, segundo Nietzsche, o próprio ser ao qual toda humanidade deve aspirar. Quanto ao tema do eterno retorno, ele não é o retorno do mesmo, o repisamento condenado por Nietzsche. Somente as diferenças voltam, logo, o retorno é o retorno do outro, da diferença. O tempo induzido por esse conceito do eterno retorno não é absolutamente um tempo cíclico, mas um tempo sempre aberto para as evoluções inéditas e diferentes, evoluções-ativas, dando lugar à força de desestabilização da multiplicidade dos acontecimentos em

---

5 Ibid., p.99.
6 Ibid., p.109.

sua própria singularidade. A interpretação dada por Deleuze a essa doutrina nietzschiana está completamente desvinculada do sentido dado até então. Sobre a ideia dominante segundo a qual tudo o que é produzido tem um retorno conforme os movimentos cíclicos, Deleuze vê no eterno retorno a resultante de uma seleção dos fortes, uma eliminação dos fracos. Esse retorno eterno é consequência de um pensamento ético enquanto síntese prática: "Ela faz do querer algo inteiro [...] ela faz do querer uma criação, ela efetua a equação querer = criar".[7] Somente as diferenças voltam e, portanto, o retorno não é o retorno do mesmo, mas do outro.

Nietzsche é contrário a qualquer absolutização dos valores fora do seu historicismo. O significado dos fenômenos não é algo intrínseco [*en-soi*], porém correlacionado com os diversos pontos de vista que os sustentam, com as forças ativas que constituem sua dinâmica. É esse efeito de forças que a filosofia deve encontrar naquilo que Deleuze qualifica como "sintomatologia" ou de "semiologia".[8] Essa reavaliação do sentido não leva Nietzsche a se refugiar na hermenêutica para reencontrar um suposto sentido original perdido, oculto, rasurado. O sentido, na acepção nietzschiana, não depende de um recurso a ser revisitado, de um reservatório, mas de um efeito produzido do qual é preciso descobrir as leis de produção. A história de um fenômeno é, antes de tudo, a história das forças que se apossam dele e modificam seu significado. Nietzsche desenvolve uma verdadeira filosofia da vontade obtida das configurações diversas de relações de forças flutuantes. Essa vontade é vontade de poder e prova ser o elemento diferencial da força, dando destaque à força afirmativa, e ao "sim".

Nietzsche se apresenta como o anti-Hegel, o antidialético. Nietzsche opõe à cultura do ressentimento e da culpabilidade do cristianismo, o indivíduo soberano, livre da moral de costumes; "o homem que pode prometer".[9] Ele distingue aí uma forma superior de responsabilidade. Ele visa igualmente desconstruir a teleologia histórica hegeliana. Tudo deve partir da afirmação que encontra sua essência na diferença. Não é possível entender realmente as teses nietzschianas se não tivermos em mente contra quem elas são dirigidas. O polo da reatividade está oposto ao polo da atividade, da vontade de poder ser. Isso pode levar até a figura do super-homem demonstrada no livro IV de *Zaratustra*. As instrumentalizações totalitárias ou simplesmente

---

7 Deleuze, *Nietzsche et la philosophie*, p.78.
8 Ibid., p.3.
9 Nietzsche, *La Généalogie de la moral*, t.2.

conservadoras das teses de Nietzsche recaem sobre o contrassenso na interpretação do significado do super-homem que, em Nietzsche, não está absolutamente ligado à exaltação do poder sobre outrem. A afirmação é para Nietzsche o próprio ser para o qual a humanidade deve se dirigir. Ela se desenvolve, não com a negatividade, mas com seu próprio caráter afirmativo. Ela depende do puro acaso:

> *Por acaso*, aí está a mais antiga nobreza do mundo, eu a devolvi a todas as coisas, eu as livrei da servidão da finalidade... Eu encontrei em todas as coisas essa certeza bem-aventurada, ou seja, que elas preferem dançar sobre os pés do acaso [...] Minha palavra é: deixai vir a mim o acaso, ele é inocente como uma criança.[10]

O que Nietzsche considera como necessidade é o resultado de uma simples combinação do acaso. Este último deve ser considerado como único; é o acontecimento que se produz num simples arremesso de dados. Ao contrário, os maus jogadores têm necessidade de vários arremessos de dados para medir sua sorte, presumindo-se uma repetição dos lances posteriores e alegando possíveis causalidades em nome do que Nietzsche qualifica como "teia de aranha" da razão. A crítica nietzschiana, no entanto, continuou pouco ouvida no século da história, o século XIX, ao longo do qual triunfaram conjuntamente o historicismo alemão e a chamada história historicizante na França.

---

10 Nietzsche, *Ainsi parlait Zarathoustra* (1885), terceira parte, "Avant le lever du soleil" e "Dur le mont des Oliviers".

III
O culto do acontecimento autenticado

O Renascimento dos séculos XV e XVI representou uma etapa decisiva, zelosa em autenticar a veracidade do acontecimento passado, porque este se tornara objeto de desafios maiores entre os vários poderes que disputavam certo número de prebendas vitais. Os humanistas lançaram as bases de um método crítico das fontes, e o grande acontecimento, decisivo para a reviravolta da noção de verdade, ocorre quando Lorenzo Valla consegue estabelecer a falsificação da Doação de Constantino. Esse documento, crucial na partilha entre a autoridade papal e imperial, estabelecia que o imperador Constantino teria dado ao papa Silvestre a possessão de Roma e da Itália e aceitaria a autoridade temporal do Vaticano sobre o Ocidente cristão. O texto tornou-se a pedra angular do método crítico. Filólogo, Valla dedicou sua obra à preparação de uma gramática histórica da língua latina, começando por volta de 1440 a crítica da Doação de Constantino, enquanto estava na corte do rei de Nápoles, Afonso de Aragão, e desfrutava da proteção desse príncipe. Percebe-se a importância da ruptura realizada por Valla quando se sabe que, na Idade Média, a verdade era estabelecida de acordo com a autoridade que a detinha. Portanto, Valla contestou a autoridade suprema, a do Papa, ao demonstrar essa falsa doação. A transgressão foi tão perigosa que seu estudo foi publicado apenas após sua morte, em 1517.

Valla recusou a tese oficial do Vaticano baseando-se na crítica erudita da fonte histórica. Primeiramente, ele contesta essa aceitação da autoridade temporal com os princípios dos Evangelhos. Mas Valla não se limita a esse ilogismo. A ruptura historiográfica que ele provoca, modificando radicalmente o regime de verdade na História, possui não só os meios para comprovar a falsificação da escrita, assim como a audácia de atacar um texto sagrado autenticado pelo Papa. Valla, graças ao excelente conhecimento da civilização e da língua latinas, identifica os vários erros linguísticos, os "barbarismos" do falsário e os múltiplos anacronismos históricos. Assim, Constantino é apresentado como um rei coroado com ouro e pedrarias, vestido com trajes escarlates, enquanto os imperadores estavam penteados com faixas brancas. Evidentemente, já havia na Idade Média uma distinção entre os textos autênticos e os apócrifos, mas a erudição humanista atribui um outro significado a essa distinção: "Os historiadores da Idade Média não criticavam os testemunhos; eles pesavam as testemunhas".[1] Ora, Valla, ao atacar a autoridade mais eminente, substitui a autencidade fundamentada na posição de poder pela autoridade fundamentada na verdade, na averiguação, no conhecimento. Dessa maneira, ele abre um vasto campo de investigação, graças a esse novo *equalizador de validade* que não mais protege os arquivos que, até então, permaneciam à sombra da hierarquia das autoridades e que escapavam ao debate público. Os textos os tornam iguais diante da lei e ficam todos sujeitos similarmente ao parecer crítico.

Esse estudo científico de um documento textual confrontado ao contexto histórico apócrifo tornara-se uma antecipação essencial à eclosão erudita futura. Esse tipo de escrita da história, que chamaremos de história-antiquada, desenvolve e codifica as regras dessa crítica das fontes do século XVII. O local dessa inovação se situa, sobretudo, na congregação beneditina de Saint-Maur. Pode-se afirmar que surge uma nova disciplina com a publicação de *La Diplomatique* de Jean Mabillon em 1681. A primeira regra destinada à história é a busca da verdade: "Como o amor à justiça é a primeira qualidade de um juiz, do mesmo modo a primeira qualidade de um historiador é o amor e a busca da verdade das coisas passadas".[2] A história

---

1 Guenée, *Histoire et culture historique dans l'Occident médiéval*, p.134.
2 Mabillon, *Brèves réflexions sur quelques règles de l'histoire* (1673-1677), p.104.

Renascimento do acontecimento

com Mabillon objetiva seus métodos a tal ponto que Momigliano qualifica o trabalho dos "antiquados" como uma verdadeira revolução do método histórico. A deontologia da verdade que move os progressos de erudição passa pelo trabalho da prova, pela identificação e utilização dos documentos originais. É dentro desse âmbito que Mabillon estabelece, contrariamente ao período medieval, a superioridade da pluralidade dos depoimentos sobre a longevidade e o grau hierárquico das testemunhas.

Essa nova disciplina que constitui *La Diplomatique* tem como função ajudar a formular, com o máximo de transparência possível, regras que possam distinguir e classificar as antigas cartas, de julgar os títulos antigos. O estudo erudito se atém ao conteúdo do documento, mas permanece atento também aos suportes materiais usados: o tipo de tinta, as folhas dos pergaminhos, o grafismo das letras, as chancelas, as fórmulas... Em prol da *Diplomatique*, Mabillon insere a história no rol das disciplinas de conhecimentos e assinala, assim, a diferença com a literatura de onde vem o gênero histórico, em nome de regras rígidas em conformidade com a visão do grupo arquivista. Como declara o historiador Marc Bloch: "Nesse ano de 1681, foi definitivamente fundada a crítica dos documentos de arquivo".[3]

Com o século XIX, o gênero histórico se profissionaliza realmente, munindo-se de um método com suas regras, seus ritos, modos particulares de entronização e de reconhecimento. O acontecimento propriamente é o objeto específico da investigação histórica incumbida de sua veracidade. Os historiadores da época metódica se consideram cientistas rigorosos, e rompem radicalmente com a literatura. O bom historiador é reconhecível pelo seu árduo trabalho, sua modéstia e seus critérios incontestáveis do julgamento científico. Ele rejeita categoricamente o que os dois grandes mestres da ciência histórica da Sorbonne do final do século XIX, Charles-Victor Langlois e Charles Seignobos, chamam de "retórica ou falsas aparências" ou "os micróbios literários" que poluem o discurso histórico erudito. É imperativo um modo de escrita que apague os vestígios da estética literária em prol de uma estilística quase anônima que tenha, sobretudo, valor pedagógico. Essa escola, reunida em torno da *Revue Historique* criada em 1876, define a função histórica através da instauração metódica dos fatos e privilegia a recuperação da realidade do acontecimento. É o momento de uma espécie de fetichismo do acontecimento enquanto externalidade do que acontece.

---

3 Bloch, *Apologie pour l'histoire* (1941), p.77.

No texto manifesto da escola metódica, publicado no primeiro número da *Revue Historique*, Gabriel Monod mostra o itinerário do modelo duplo da história profissional: por um lado, o da Alemanha, capaz de organizar um ensino universitário eficaz, e por outro lado, o da tradição erudita francesa a partir dos trabalhos dos beneditinos: "Foi a Alemanha que contribuiu para a parte mais árdua do trabalho histórico do nosso século [...]. Podemos comparar a Alemanha a um vasto laboratório histórico".[4] Monod acrescenta que seria errado considerar os alemães como eruditos desprovidos de ideias gerais, contudo, diferentemente dos franceses:

> não são fantasias literárias, inventadas em algum momento por capricho e por encanto da imaginação; não são sistemas e teorias feitas para agradar pela bela aparência e pela sua estrutura artística; são ideias gerais de caráter científico.[5]

A disciplina histórica que adquire sua autonomia no plano universitário deve pensar seu desenvolvimento separadamente da literatura, da mesma maneira que ela deve igualmente se distanciar da filosofia que se coloca ao mesmo tempo em um grau específico. Ela é concebida por essa escola como uma ciência do singular, do contingente. Langlois e Seignobos escrevem juntos as regras do método no livro destinado aos estudantes que pretendem ser professores de história, a famosa *Introdução aos estudos históricos*, publicada em 1898. Eles recuperam a inspiração erudita e seu cuidado em criticar as fontes, a autenticidade da verdade segundo os procedimentos do conhecimento histórico que não passa de um conhecimento indiretamente contrário às ciências experimentais:

> Primeiramene, observa-se o documento. Ele está exatamente como foi produzido? Não foi danificado desde então? Procura-se saber como ele foi fabricado para restaurar, caso preciso, seu teor original e para determinar sua proveniência. Esse primeiro grupo de pesquisas prévias, que se concentra na escrita, na língua, nas formas, nas fontes etc. constitui a área particular da CRÍTICA EXTERNA ou crítica de erudição. Em seguida, se produz a CRÍTICA INTERNA: ela trabalha, através de raciocínios por analogia cujas principais são oriundas da psicologia geral, para acessar os

---

4 Monod, *Du progrès des études historiques en France depuis le XVIᵉ siècle*, p.36-8.
5 Ibid.

estados psicológicos pelos quais o autor passou. Sabendo o que o autor do documento disse, pergunta-se: 1) o que ele quis dizer; 2) se ele acreditava no que dizia; 3) se ele tinha razão em acreditar no que acreditava.[6]

Essa propensão em praticar um olhar crítico sobre os arquivos vai ser tornar a característica da corporação histórica emergente, e cujos procedimentos de exposição dos fatos devem estar sujeitos a um tratamento científico para que "toda afirmação fosse acompanhada de provas, de referências às fontes e de citações".[7]

O historiador terá, então, seu papel limitado ao controle da veracidade dos eventos relatados graças às suas fontes documentárias. Sua missão acaba assim que tenha verificada sua autencidade e o dossiê estudado é dado definitivamente por encerrado. Nesse século XIX, surge um historicista que se destaca, Fustel de Coulanges. Suas posições são tão radicais que se tornou um exemplo tipo, como observou François Hartog.[8] Uma violenta polêmica o opôs ao líder da escola metódica Gabriel Monod em 1887 sobre as questões de método. Fustel contesta as teses germanistas, apoiadas por Monod e, na sua polêmica, manifesta um verdadeiro culto idólatra do documento, comparando o historiador ao químico:

> É preciso chegar a um consenso sobre a análise. Muitos falam sobre ela, mas poucos a praticam. Ela é, tanto em história como em química, uma operação delicada. Ela deve, através um estudo minucioso de cada detalhe, tirar de um texto tudo o que consta dele; ela não deve incluir nada que aí não esteja mencionado.[9]

O trabalho de discriminação consiste em isolar, aprimorar, decompor o texto. Fustel reduz a leitura e a interpretação do historiador a uma simples recuperação do documento como verdade: "Não há necessidade em dizer que a verdade histórica se encontra apenas nos documentos".[10] Logo, o historiador deve se limitar a explicitar o significado de cada uma das palavras,

---

6 Langlois; Seignobos, *Introduction aux études historiques*, p.45-7.

7 Monod; Fagniez, Avant-propos, *Revue Historique*, n.1; retomado na *Revue Historique*, n.518, p.296.

8 Hartog, *Le XIXe siècle et l'histoire. Le cas Fustel de Coulanges*.

9 Coulanges, *De l'analyse des textes historiques* (1887), retomado por Hartog, *Le XIXe siècle et l'histoire: le cas Fustel de Coulanges*, p.351-2.

10 Ibid., p.349.

como um filólogo. Todos os comprometimentos subjetivos do historiador têm de ser eliminados, pois o método adotado tem de ser rigorosamente indutivo e o historiador deve deixar de lado suas hipóteses para se colocar inteiramente a serviço do texto, anulando-se por completo. Fustel mostra-se defensor de um historicismo absoluto, livre de qualquer contaminação de hipóteses externas ao documento histórico: "O melhor historiador é aquele que se atém bem próximo aos textos, que os interpreta com maior justeza; que só escreve e pensa de acordo com eles".[11] Fustel de Coulanges deixou-se envolver totalmente por um verdadeiro fetichismo do fato, do documento enquanto tal.

A determinação dos fatos é, com efeito, uma etapa primordial da atividade histórica e subtende-se que uma das competências exigidas para a profissão seja a da verificação dos fatos relatados. Ela corresponde ao que Paul Ricoeur considera como sendo o primeiro estágio da operação historiográfica, qualificado de documentário; ela submete-se a uma epistemologia popperiana da falsificação, da possível verificação dos enunciados antecipados pelo historiador. Essa intenção de veracidade está no interior da perspectiva histórica e, com ela, da vontade em responder à questão relativa ao acontecimento passado. Logo, uma das principais preocupações do historiador é a administração da prova, mas, ao mesmo tempo, como declara Antoine Prost: "Dizer 'Marignan, 1515, é um fato', é exatamente não dizer nada. Sobretudo, sob essa forma, é uma data, não um fato".[12] Com essa afirmação, Antoine Prost pensa romper com uma epistemologia clássica na história que consiste em separar dois tempos da operação historiográfica: o do estabelecimento factual com sua explicação, para em seguida se dedicar à argumentação: "Os fatos históricos são sempre extraídos das argumentações, que são muitas vezes a origem de sua construção".[13] O que é determinante para Prost é a administração da prova para um historiador cujo objetivo é dizer a verdade da realidade passada, e isso o leva a diferenciar vários regimes de verdade. O primeiro se refere ao encadeamento narrativo a partir da sucessão de acontecimentos. Segundo Antoine Prost, esse modo de explicação pode "atingir graus elevados de certeza".[14] No entanto, temos de ser cautelosos, pois esse uso clássico da sucessão como

---

11 Coulanges, *La Monarchie franque*, p.33.
12 Prost, Argumentation historique et argumentation judiciaire, *Enquête*, n.2; Fornel; Passeron (orgs.), *L'Argumentation: preuve et persuasion*, p.31.
13 Prost, C'est un fait, *Raison Présente*, n.157, p.22.
14 Ibid., p.24.

causa satisfaz uma ilusão de certeza que não vem tanto da ausência de lacunas documentárias como do método empregado, consistindo em ver como causa do acontecimento o que se situa logo antes. A essa base apresentada como particularmente sólida, Prost acrescenta outros regimes de verdade mais precários, menos confiáveis. É o caso, por exemplo, da prova por "concordância de tempo". Nesse campo, mesmo se utilizamos dados estatísticos abundantes, o relacionamento dos fenômenos heterogêneos uns com os outros, como curvas de evolução dos preços, curvas de produção do trigo e da população, são apenas correlações e não verdadeiras causas. Sobre isso, Prost distingue dois eixos de administração da prova: o diacrônico da narrativa, quando o historiador explica tudo ao narrar, e o eixo sincrônico, que consiste em fazer o quadro de um momento: "É a *Zusammenhang* dos Alemães, o fato de que as coisas se 'mantenham juntas' e que elas façam sentido devido a essa solidariedade".[15]

O historiador, em busca da verificação factual, participa do *éthos* científico como o define Gilles-Gaston Granger. Mas a verificação no campo histórico se choca com um paradoxo, porque, no campo habitual do científico, "verificar um fato, para a ciência, é encontrar na *intuição* – em última instância – um *abstrato* expresso no *enunciado*".[16] Ora, o historiador não pode achar uma impressão que não exista mais e da qual ele tenha que restituir o sentido e a singularidade. O que faz da história um caso-limite da atividade científica:

> Científica, de fato, pelos procedimentos de verificação por ela adotados, as restrições de expressão que ela se impõe, as modalidades de explicação das sequências dos fatos das quais ela se serve. Mas, devido mesmo à singularidade e à impossível repetição desses fatos, ela os visa essencialmente – pelo menos enquanto pura História – não para propor modelos abstratos, mas com a perspectiva de *restaurar a presença*.[17]

Certamente, temos de admitir que esse horizonte da restauração total do passado continua um mito e que o historiador constrói por falta de modelos explicativos semiabstratos pouco acessíveis. A esse respeito, Granger distingue o fato-acontecimento pontual do fato complexo. Ele faz a divisão

---

15 Prost, Argumentation historique et argumentation judiciaire, p.40.
16 Granger, *La Vérification*.
17 Ibid., p.181.

entre o trabalho de simples verificação factual da data e da realidade de um acontecimento passado como o de saber se Condorcet de fato deixou seu refúgio da rua dos Fossoyeurs na manhã do 6 Germinal ano II. Um tal estabelecimento factual pressupõe a mobilização de um certo número de depoimentos para comprovar o fato em questão e reconstruir as circunstâncias que presidiram o fracasso de Condorcet que não pode ser recebido por seus amigos Stuard em Fontenay-aux-Roses. Em compensação, existe um outro tipo de relação com o acontecimento que mobiliza seus vestígios e induz um outro tipo de problema de investigação quando o historiador tenta compreender como Condorcet morreu em 25 de março de 1794, ligado a um contexto mais amplo dos últimos meses do Terror:

> Da verificação histórica de um fato complexo, diremos apenas que ela exige exatamente a constituição do fato como conjunto de acontecimentos e como "imagem". Introduzimos aqui essa palavra no sentido absolutamente técnico. Compreendemos por *imagem* histórica de um fato passado mais ou menos complexo uma *representação* desse fato *desde que ela pertença a uma experiência humana concreta*.[18]

---

18 Ibid., p.185.

IV
Péguy: no acontecimento, contra o factual

Na virada do século XX, Charles Péguy critica veementemente as certezas da escola histórica dominante na França, a dos historiadores metódicos: Seignobos, Langlois, Lavisse e outros Taine ou Monod, que asseveram, naquele momento, um ensino nacional importante e cujos postulados metodológicos para autenticar a veracidade do acontecimento acabamos de invocar. Portanto, também Péguy é estimulado interiormente pelo acontecimento: em primeiro lugar o caso Dreyfus,[1] em seguida a guerra de 1914, conflito no qual morreu. Mas o acontecimento, segundo Péguy, não é neutro; ele exige um comprometimento total do indivíduo. O acontecimento em questão fica rodeado de mistério. Fonte de complexidade e de perplexidade, ele foge a qualquer avaliação redutora de qualquer que seja o

---

1 Referência ao julgamento de Alfred Dreyfus, capitão do Exército francês condenado por traição pelo Conselho de Guerra em 1894, sob a acusação de fornecer documentos secretos aos alemães. Os esforços do militar para provar sua inocência provocaram um amplo debate na sociedade francesa, que se dividiu entre os favoráveis à revisão da pena e seus opositores. Em 1906, um novo julgamento reconheceu a inocência de Dreyfus. (N. E.)

método. Por conseguinte, a veemência da polêmica contra os profissionais da história da época, os historiadores "historizantes" segundo a qualificação depreciativa pela qual serão conhecidos na escola dos *Annales*. Insistindo na força criativa e propulsora do acontecimento, Péguy critica severamente as pretensões dos historiadores e seu cientificismo. Ele os incrimina como demolidores objetivando a desvitalização da história, retirando-lhe toda vida ao esgotar a dimensão da memória. De tanto desestimular o passado, os historiadores possuem, segundo ele, uma aparência desolada: "Entre eles, por falta de imaginação e de intuição, restou apenas um passado morto".[2] Em vez de restituir vida ao que passou, eles conseguiram apenas "uma petrificação da vida".[3]

Essa estigmatização da história erudita estimula Péguy a uma oposição, palavra por palavra, entre história e memória. A primeira se situa do lado da morte, enquanto a segunda, a memória, está decididamente do lado da vida e de sua transmissão. O envelhecimento é tudo e dentro de tudo, segundo Péguy, que define seu processo como a capacidade de passar de uma geração a outra, de um tempo a outro. Ora, "o envelhecimento é essencialmente uma operação de memória".[4] Baseando-se em Bergson, Péguy atribui à dimensão da memória a possibilidade de encarnar a profundeza do ser humano:

> Nesse sentido, não há nada que se oponha mais e que seja mais estranho à memória do que a história; e também nada que se oponha mais e que seja mais estranho à história do que a memória.[5]

A esse respeito, Michelet representa para Péguy um historiador excepcional, o próprio "gênio" da história, pressionado entre sua função assumida de historiador, que o leva a codificar, classificar e privilegiar a inscrição, e sua pulsão de vida, que o leva a superar as limitações de sua profissão para dar livre curso às emoções, às aspirações metafísicas, ao desejo de ressurreição do passado:

---

2 Bédarida, Histoire et mémoire chez Péguy, *Vingtième siècle*, n.73, p.103.
3 Péguy, À nos amis, à nos abonnés (1909), *Œuvres en prose complètes*, p.1311.
4 Id., *Clio*, p.228.
5 Ibid.

Estimulado subitamente por um dos maiores gênios que o mundo já teve, ele extravasa de repente, faz uma obra, e então, ele encontra-se na memória e no envelhecimento. Ele sente-se, então, liberado. Quando ele segue seu tempo, ele é apenas historiador. Quando segue seu gênio ele é promovido à memorialista e cronista.[6]

Baseando-se ainda em Bergson, Péguy opõe a abordagem longitudinal da história à dimensão fundamentalmente vertical da memória, a única capaz de ir à contracorrente do tempo. Segundo Péguy, somente a memória seria verdadeiramente capaz de ter acesso ao acontecimento:

> A história consiste essencialmente em *passar ao longo* do acontecimento. A memória consiste essencialmente, estando dentro do acontecimento, antes de tudo, em não sair dele, em permanecer nele, e ir rumo às suas origens.[7]

Memória e História formam, portanto, um par de ângulo reto, delimitando na abscissa um eixo paralelo ao acontecimento, enquanto ordenada, a memória fica central e axial porque ela "penetra, mergulha e averigua o acontecimento".[8] Passando ao largo das linhas de frente, a história, como um general engalanado para melhor dissimular sua onipotência, simplesmente não percebe o acontecimento e o deixa passar.

O exemplo epônimo dessa cisão entre história e memória faz parte de um passado recente, o do caso Dreyfus. Péguy denuncia o recuo dos historiadores profissionais em relação ao "Caso", armazenando-o em um passado definitivamente concluído, enquanto curam as feridas do passado. Em vez disso, a memória continua a viver esse caso, transmitir seu significado, investigar seu segredo e estimular um protesto contra os responsáveis políticos que terão conseguido prematuramente transformar os cidadãos ativos em historiadores passivos: "Eles nos fizeram perder *o gosto* pelo caso Dreyfus".[9]

A segunda crítica endereçada por Péguy à escola dos historiadores metódicos é o culto excessivo ao documento:

---

6 Ibid., p.229-30.
7 Ibid., p.230.
8 Ibid., p.231.
9 Ibid., p.256.

Langlois e Seignobos dizem no início de seu livro que a história se faz com documentos. É um modo bem grosseiro de falar [...]. A história também se faz *contra* documentos. Ela se faz, inclusive, principalmente, contra o documento.[10]

Evidentemente, sabemos, hoje, que Seignobos foi um pouco caricaturado enquanto fetichista do documento, mas é verdade que as realizações dessa escola, mais do que seus princípios, mostram uma prioridade absoluta atribuída à fatualidade [*factualité*] e uma mitigação da parte interpretativa do historiador constantemente adiada para um segundo tempo que nunca chega. Péguy compartilha com a escola histórica seu vínculo com a administração da prova documental, a qual ele opõe uma abordagem hermenêutica sobretudo preocupada em buscar o sentido. O historiador, segundo Péguy, não deve reduzir seu papel ao de um filólogo obrigado a pensar apenas na escrita do documento. Ele deve, ao contrário, superá-lo continuamente para extrair novos significados:

> Péguy não somente amplia ao extremo – de maneira nova e extremamente pessoal – o conceito de *fontes*, mas coloca em primeiro plano a dupla operação que o historiador deve realizar: *compreensão* máxima do elemento documental, *interpretação* do passado dando-lhe sua plena dimensão e seu pleno sentido.[11]

Em terceiro lugar, Péguy censura a pretensão excessiva dos historiadores que desejam se elevar em figura divina do Julgamento final, em encarnar a figura do progresso da espécie humana. O cientificismo que eles carregam é sua pobre bagagem que eles pretendem sobrepor a uma verdadeira reflexão sobre o Ser: "O historiador moderno tornou-se um Deus; ele próprio se considera, semi-inconscientemente, semicomplacentemente, um Deus".[12] Atrás dessa pretensão em representar a modernidade, a ciência esconde o desejo de convencer, de impor sua religião como substituta de Deus sob o disfarce do rigor científico. Mas, ao querer se livrar de Deus e tomar o seu lugar, fica-se preso em sua própria crença: "Na medida em que,

---

10 Ibid., p.195.
11 Bédarida, Histoire et mémoire chez Péguy, op. cit. p.104.
12 Péguy, Zangwill (1904), *Œuvres en prose complètes*, p.1418-9.

sob o pretexto da cientificidade, a relação com a alteridade é eliminada [...], ficamos expostos ao retorno dessa alteridade de maneira modificada".[13]

O acontecimento contém um segredo, uma lacuna, uma falta, um não dito que fugiria ao olhar que se limitasse ao explícito, ao manifesto, ao visível. A pseudo-modernidade apreendida como religião se constrói em torno de um esquecimento fundamental, sobre o qual se baseia a ciência histórica, "um passo falso sobre o qual se baseia o método".[14] Ocupando o lugar de Deus, o historiador pretende, assim, implantar seu tribunal, o de uma justiça da posteridade, responsável pela classificação das questões: "Longa busca temporal, busca perpetuamente decepcionante, sempre inexata e singular justiça, justiça da história, justiça da posteridade".[15]

Com base na história acontecimental [*événementielle*] da escola metódica que se afirma puramente positiva, científica, Peguy censura, portanto, uma mitologia que deixa escapar o próprio movimento impulsionado pelo acontecimento e pelas gerações que o acompanharam. Ernest Lavisse e sua escola tiveram por consequência o enrijecimento do acontecimento para que ele pudesse servir de pedra angular ao edifício político de um poder, o de Estado-nação republicano, em busca de unidade nacional:

> A "tirania do fato", o acontecimento não questionado e por essa razão "divinizado", "imortalizado" – "inflexível" até fazer da história uma *cadeia* de acontecimentos, ou seja, um tempo morto e imóvel, isso sob o olhar onisciente do historiador – trabalhando assim – e é aí que a crítica de Péguy, segundo nossa opinião, vai muito longe – para legitimar o poder local.[16]

Essa religião do poder progride disfarçada sob o fetichismo da ficha. A escrita histórica, não reconhecida como arte, reduz-se à composição de uma carrada de fichas: "Aqui estão as minhas fichas, Péguy, elas estavam todas prontas... Fiz muitas fichas sobre todo mundo",[17] ironiza Péguy, que alfineta, dessa maneira, a prática de toda a corporação, o lugar de sua transmissão, a Sorbonne, e seu líder incontestável que circula por todas as

---

13 Rey, *Colère de Péguy*, p.19.
14 Ibid., p.21.
15 Péguy, *Clio*, p.167.
16 Chantre, Péguy, révolution et histoire, *Bulletin d'Informations et de Recherches*, n.71, p.146.
17 Péguy, *Clio*, p.140.

esferas do poder, Lavisse: "demolidor senil", "simultaneamente impotente e onipotente, e mesmo prepotente".[18]

Para Péguy, o verdadeiro historiador, é aquele que restitui vida ao acontecimento e onde encontra-se o "gênio" de Michelet, ao invés de torná-lo inflexível até matá-lo, transformando-o em uma múmia: "Para Péguy, não é o historiador que "mantém" o acontecimento, mas o acontecimento que "mantém" o historiador, que fala através dele".[19] Dentro de uma reversão espetacular, Péguy situa inclusive o acontecimento como revelador de sua verdade posteriormente a sua comemoração. Assim, a propósito da Revolução Francesa:

> A Festa da Federação não foi a primeira comemoração, o primeiro aniversário da Queda da Bastilha. Foi a tomada da Bastilha a primeira Festa da Federação, uma Federação que precedeu o acontecimento.[20]

Confrontado ao recrudescimento dos perigos no início do século XX, Péguy reage aos acontecimentos que ocasionam o aumento da tensão internacional. Desse modo, após o "golpe de Tanger" em 31 de março de 1905 e a queda do ministério Delcassé no dia 6 de junho de 1905, ele publica *Notre Patrie* [Nossa Pátria] que Benoît Chantre considera como um texto-manifesto em sua relação com a história e o acontecimento. A data de 6 de junho de 1905 nunca foi mencionada, mas é a data de um acontecimento-disparador de sua intervenção: "Foi uma revelação", "um sobressalto", "Trata-se de uma "suspensão" do acontecimento, no sentido do *epochè* de Husserl".[21] Essa abordagem tenta evitar o erro comum dos historiadores em encadear os fatos, o que provoca o nivelamento dos acontecimentos. Ao contrário, Péguy tenta diferenciar os ritmos e os tipos de acontecimentos de natureza diferente. O "sobressalto" seria consequência da visita que o rei da Espanha, Afonso XIII fez em Paris em maio de 1905, acontecimento que simbolizava o poder da soberania quando ela está ligada ao poder do povo. Isso vai suscitar em Péguy, historiador-memorialista, uma expressão de ordem poética que consegue combinar três memórias segmentadas: mecânica, orgânica e cósmica.

---

18 Péguy, Restait M. Lavisse (1901), *Œuvres en prose complètes*, t.3, op. cit., p.384 e 390.
19 Chantre, Péguy, révolution et histoire, op. cit.
20 Péguy, *Clio*, p.114-5.
21 Chantre, Péguy, révolution et histoire, op. cit., p.154.

Simultaneamente intervenção súbita e esclarecedora, o acontecimento é também – e ao mesmo tempo – retomada memorial: "Na pouco clara manhã do mês de junho último soubemos instantaneamente que a *Kaiserliche*, a ameaça alemã, pairava sobre nós".[22] Quando se trata de abordar esse acontecimento, Péguy não se comporta como os historiadores da escola de Lavisse. Ele o aborda de maneira tortuosa, ele "manipula a historicidade do fato"[23] através de muitas digressões. O trabalho de memória proposto por Péguy é efetuado em três tempos: o da rememoração do passado muito recente, o mais afastado que vai exumar a humilhação de 1870, para finalmente chegar a um terceiro nível, mais essencial, no qual, ao se livrar dos fatos, o leitor atinge a percepção da essência da comunidade dentro de uma perspectiva bergsoniana:

> O que as pessoas se transmitiam, não era a notícia, era apenas a confirmação, para cada uma delas, de uma notícia vinda do interior; o conhecimento dessa realidade se espalhava nas proximidades: mas ela se espalhava bem de um a outro como uma contágio de vida interior, de conhecimento interior, de reconhecimento, quase de reminiscência platônica.[24]

---

22 Péguy, Notre patrie (1905), *Œuvres en prose complètes*, p.86.
23 Thiers, Charles Péguy: la révélation du 6 juin 1905, *Revue 1900*, n.19, p.43-52.
24 Péguy, Notre patrie (1905), *Œuvres en prose complètes*, p.60.

V
O esquema da explicação causal

Desde Políbio, no século II a.C., a história se identificou quase sempre à uma pesquisa causal. Políbio tinha como objetivo compreender porque passara pela experiência trágica da guerra e da deportação. Nascido na Grécia, na pequena cidade da Arcádia, Megalopólis, sob dominação macedônica, Políbio faz parte do grupo dos notáveis aqueus que o Senado romano decidira deportar para Roma para submeter definitivamente essa região ao Império romano. Em Roma, na qualidade de estrangeiro e vencido, Políbio tenta compreender os fundamentos dessa dominação. Sua enorme obra, as *Histoires* [Histórias], da qual dois terços desapareceram, é movida por essa questão central: "Como e graças a qual governo o Estado romano pôde, fato sem precedente, estender sua dominação a quase toda a terra habitada e isso em menos de 53 anos?"[1] Para responder a essa questão, Políbio parecia ser a pessoa certa, porque ele próprio encontrava-se em situação de dupla pertença devido a sua posição transversal entre a civilização grega decadente,

---

1 Políbio, *Histoires*, I, 1, prefácio.

da qual ele era oriundo, e a civilização romana em expansão, à qual ele acabara de aderir até tornar-se um defensor ardoroso de seus valores. Esse itinerário faz de Políbio um caso singular, bem colocado para observar e analisar a evolução do seu tempo, a partir desse espaço intermediário, na junção de dois mundos. Sua experiência pessoal, os depoimentos que ele recolhe tornam-se igualmente fontes de sua história.

Mais do que ninguém, Políbio refletiu sobre os problemas de método, de ordenação do material histórico, embora devamos evitar o anacronismo de lhe aplicar os critérios modernos da ciência histórica, porque sua narrativa histórica mantém-se sob a predominância da *diké* (justiça). Segundo Políbio, a história deve resolver uma equação e fornecer os elementos de explicação, hierarquizar as causas do fenômeno observado e evitar ser apenas uma simples pintura externa ou uma pura enumeração de peripécias. A história ganha, então, em inteligibilidade o que ela perde em emoção, o método apodíctico preconizado subordina tudo à demonstração de acordo com um sistema de provas hierarquizadas. Políbio apresenta a explicação causal como primordial. Ela constitui mesmo a mais necessária condição para a explicação histórica, a tal ponto que ele dedica o livro III de suas *Histórias* a uma verdadeira teoria geral das causas.[2]

A propósito do acontecimento constituído pelas guerras púnicas, de acordo com Políbio, sempre houve confusão sobre as causas do começo desse confronto. Para acabar com essa confusão, Políbio dissocia três termos que devem permanecer numa relação de sucessão: as causas, os pretextos e o começo da guerra. Políbio considera que as causas são a consequência de operações mentais que precedem a ação. Ele defende, sobre esse plano, uma concepção intelectualista e psicologizante, recusando o fato que os fenômenos de ordem física ou material pudessem ser considerados como causas. Ao contrário dos fenômenos naturais, as causas dependem da imaginação criativa, da razão e de uma vontade intimamente subordinada ao entendimento:

> Chamo de causas aquilo que provoca nossas escolhas e nossas discussões, isto é, as disposições morais, as intenções bem como as reflexões que elas suscitam em nós e através das quais acabamos por tomar resoluções e formar projetos.[3]

---

2 Pédech, *La méthode historique de Polybe*.
3 Políbio, *Histoires*, III, 6.

Sua teoria, que implica dissociar três momentos na explicação, faz que ele dissocie na análise concreta do fenômeno de guerra três momentos da análise: o do estudo das considerações que provocaram a tomada das armas; o do exame das motivações e razões invocadas pelos beligerantes; e finalmente a apresentação das causas ocasionais da guerra. A busca causal é utilizada por Políbio para sair da contingência. Ela visa o universal condensando uma narrativa articulada em torno de um número limitado de princípios motores, como o princípio imanente da constituição romana ou o princípio, transcendente, da Fortuna. Esse quadro unitário permite a detecção de coerências dentro de uma multiplicidade que parece informe e o estabelecimento tanto de continuidades quanto de concordâncias de tempo.

O século XVIII, século do Iluminismo, assiste à proliferação de estudos de ordem histórica realizados por filósofos que vão reduzir continuamente a singularidade do acontecimento [*événementielle*] ao abrigo das leis de vocação universal. Essa busca é propícia para reativar a busca causal no interior da passagem histórica. Historiadores se tornam filósofos como Montesquieu que tem como modelo as ciências da natureza, as ciências experimentais. Ele pensa conseguir formular leis gerais tão rigorosas quanto a física mecânica e permanece adepto de um estrito determinismo histórico:

> Várias coisas governam os homens: o clima, a religião, as leis, as máximas do governo, os exemplos das coisas passadas, os costumes, as maneiras, resultando na formação de um espírito geral. Na medida em que, em cada nação, uma das causas age com mais força, as outras lhe cedem proporcionalmente. A natureza e o clima dominam quase sempre sozinhos os selvagens; as maneiras governam os chineses; as leis tirânicas, o Japão; os costumes davam outrora o tom a Esparta; as máximas do governo e os costumes antigos dão o tom a Roma.[4]

Em busca das leis imanentes das sociedades humanas, Montesquieu elabora *O espírito das leis* para organizar a diversidade fenomenal apresentada ao observador em número limitado de tipos. Essa tipologia deve permitir, de acordo com Montesquieu, a inteligibilidade da história da humanidade. A partir de dois critérios que são o modo de exercício do poder e o princípio do qual todo governo lança mão para se perpetuar, ele distingue três tipos de regimes políticos: o despotismo que se baseia

---

4 Montesquieu, *De l'esprit des Lois* (1748), XIX, 4.

no temor, o medo generalizado; a República cuja dinâmica é a virtude; e a monarquia fundamentada na honra. Além do mérito de Montesquieu em ter laicizado o sistema causal colocando-o na esfera jurídica, ele representou essa ambição de redução do real em um grande sistema movido por esquemas de causalidade.

Voltaire produz igualmente obras históricas visando tornar a trama acontecimental [*événementielle*] inteligível e causal. Além de *Considerações sobre a história* ou *O século de Luís XIV*, sua grande obra histórica é o *Ensaio sobre os costumes* na qual ele pretende refazer todo o percurso da humanidade a partir de Carlos Magno até Luís XIII, integrando todos os povos do mundo e todas as ordens de fenômenos. Do mesmo modo que Montesquieu, Voltaire considera que certo número de causalidades atua na história e, portanto, é necessário sair do caos do acontecimento [*événementialiste*]. Segundo ele, três fatores influenciam o espírito dos homens: o clima, o governo e o meio. É no encontro desses três elementos que estaria a solução do enigma do mundo. Logo, caberia ao novo historiador privilegiar o que constitui a unidade do gênero humano e abandonar as singularidades e outros detalhes que obstruem o território do historiador:

> Você gostaria finalmente de superar o desgosto causado pela História moderna, desde a decadência do Império romano, e de restituir uma ideia geral das nações que habitam e que devastam a terra. Você procura nessa imensidão apenas o que merece ser conhecido por você; o espírito, os costumes, os hábitos das nações principais, baseados em fatos que não podem ser ignorados.[5]

Essa totalidade em que Voltaire tenta integrar todas as civilizações permite-lhe esboçar o percurso dos progressos do espírito humano. O Iluminismo do Ocidente ilumina a marcha das civilizações plurais rumo a um mundo melhor. Dentro dessa perspectiva, Voltaire manifesta apenas desprezo pela contingência acontecimental [*événementielle*] que tem um peso inferior ao espírito que insufla a história. Somente o sentido conta e não a desordem dos fatos:

> Temos grande cuidado em dizer em que dia se deu uma batalha, e temos razão. Tratados são impressos, descreve-se a pompa de um

---

5 Voltaire, *Essai sur les mœurs* (1756).

coroamento, a cerimônia de nomeação de um cardeal, e mesmo a investidura de um embaixador, não esquecendo seu mordomo nem seu lacaio. É bom que haja arquivo de tudo e que possamos consultá-lo caso haja necessidade; e hoje em dia folheio todos os livros grossos como se fossem dicionários. Mas depois de ter lido três ou quatro mil descrições de batalhas, e o teor de algumas centenas de tratados, achei que não tinha me instruído em quase nada. Apenas fiquei sabendo dos acontecimentos.[6]

Esse horizonte teleológico, que é igualmente uma fé cientista, é levado ao seu paroxismo no século XVIII por Condorcet no seu livro *Esquisse d'um tableau historique des progrès de l'esprit humain* [Esboço de um quadro histórico dos progressos do espírito humano]. Condorcet reproduz nessa obra o combate da ciência contra o obscurantismo e define o horizonte de uma espécie humana livre de suas correntes, caminhando com resolução para a felicidade coletiva. Subjacente a essa visão otimista e continuísta, Condorcet concede um lugar importante às capacidades de uma "matemática social" e ao cálculo de probabilidades que ela possibilita, para realçar as coerências da história.[7] O desdobramento dessa matemática social exige uma abordagem reducionista e causal. Condorcet pressupõe, de um lado, que todo mundo age de acordo com o que se crê, que essa crença pode ficar reduzida aos motivos de crença e que esses, por sua vez, ficam reduzidos às probabilidades: "Ele deixa fora de seus cálculos um enorme resíduo, toda a complexidade social e psicológica das escolhas".[8] Para Condorcet, o tempo da história é completamente coberto pelo movimento de progressão em direção à utopia que, para ele, constitui a décima época para qual está orientado todo o progresso contínuo da humanidade. Essa progressão em direção ao ponto final da história segundo as leis do aperfeiçoamento esclarece, naturalmente, toda a trama do acontecimento [*événementielle*] de acordo com a ordem inexorável da narrativa histórica que fundamenta sua unidade, mas ao mesmo tempo, para Condorcet "até a véspera da "décima época", até os acontecimentos que tornam inevitável seu advento nenhum fato possui seu verdadeiro sentido.[9] É esse derradeiro acontecimento que traz a luz retrospectiva para ordenar o passado segundo a ordem da Razão, mas ele intervém apenas na décima etapa aberta, de acordo com Condorcet,

---

6 Voltaire, Nouvelles considérations sur l'histoire (1744), *Oeuvres historiques*, p.46.
7 Condorcet, *Mathématique et société* (1785).
8 Certeau, *Histoire et psychanalyse entre science et fiction*, p.80.
9 Baczko, *Lumières de l'utopie*, p.197.

pela Revolução Francesa que constitui seu início: "Por conseguinte, o lugar privilegiado dado aos momentos e períodos de aceleração histórica no discurso histórico, assim como aos acontecimentos que os traduzem".[10]

Se a disciplina histórica se empenha ardentemente na aventura científica durante todo o século XIX, alguns repelem fortemente o acontecimento, considerando inclusive o fato de evitar o caos acontecimental [*événementiel*] caso se pretenda adotar uma abordagem científica. É o momento em que Taine leva ao extremo a lógica da analogia da historicidade com as ciências da natureza:

> Que os fatos sejam físicos ou morais, isso não importa; eles têm sempre causas; há causas para a ambição, para a coragem, para a veracidade, como para a digestão, para o movimento muscular, para o calor animal. O vício e a virtude são produtos tais como o vitríolo e o açúcar.[11]

O clima naturalista, importante no desenvolvimento das ciências experimentais, sob o estímulo de Marcellin Berthelot e das descobertas de Claude Bernard, influenciou muito o discurso histórico, confirmando a ideia de que é a busca causal que define seu critério exclusivo de cientificidade. Mesmo se os excessos de Taine o condenam à marginalidade quando ele declara que ele se encontra diante de seu tema como historiador como se estivesse diante da metamorfose de um inseto, a preocupação da época é de encerrar o real dentro de uma soma de determinações rigorosas.

Essa perspectiva se traduz, no plano filosófico, no projeto positivista de Auguste Comte de uma árvore do conhecimento bem estruturada e hierarquizada que pretende atribuir à história um objetivo científico na pesquisa das leis que presidem o desenvolvimento social da espécie humana. Discípulo de Auguste Comte, Louis Bourdeau defende uma história-ciência como "ciência dos desenvolvimentos da razão".[12] Adepto da *história total*, ele preconiza a remoção dos estudos históricos para os fenômenos de massa, considerados como os mais profundos, abandonando a parte acontecimental [*événementielle*] da história:

---

10 Ibid., p.199.
11 Taine, Histoire de la littérature anglaise, t.1, p.XV.
12 Bourdeau, *L'Histoire et les Historiens. Essai critique sur l'histoire comme une science positive*, p.5.

No fundo de cada acontecimento, sem excluir os mais célebres, há uma irremediável mesquinhez. Para quem atenta para a ordem geral e a sequência completa dos fatos, nenhum acidente particular me parece digno de estudo. São, no oceano das coisas humanas, flutuações de ondas que desaparecem uma sobre a outra.[13]

Encontramos aqui, na obra de Bourdeau, a metáfora mais utilizada mais tarde por Fernand Braudel para mostrar a insignificância do acontecimento restituído à condição de espuma. É dentro desse contexto que uma série de historiadores, alguns marginais ao plano institucional, reivindicam uma importante ambição científica para a história. Charles Mortet, administrador da biblioteca Sainte-Geneviève, publica em 1894 *La Science de l'histoire* [A ciência da história] objetivando determinar as tendências naturais da evolução social. Com maior repercussão, Paul Lacombe, membro dos círculos positivistas, publica no mesmo ano *De l'histoire considérée comme science* [Da história considerada como ciência]. Neste livro, ele defende uma sobre-determinação do econômico e rejeita radicalmente o fato único como não científico e pertencendo unicamente à erudição que ele opõe à abordagem científica.

Mas é, sobretudo, a sociologia durkheimiana que vai transformar profundamente as orientações históricas em torno da construção de uma física social, de uma sociedade considerada como uma coisa na qual cabe ao cientista encontrar os sistemas de causalidade. Essa sociologia dominante no final do século XIX e no início do XX multiplica suas propostas de atividades junto aos geógrafos, historiadores, psicólogos em torno do conceito de causalidade social. Os princípios epistemológicos dessa sociologia pretendem ser ela a única a representar a Ciência Social. Eles baseiam-se, em primeiro lugar, no objetivismo do método em nome do qual os cientistas se consideram livres dos seus *a priori*, em segundo lugar na realidade do objeto e, finalmente, na independência da explicação que permite reduzir o fato social à sua causalidade sociológica como a única eficiente.

Incentivado por esse ambiente favorável e por alguns sinais estimulantes, o sociólogo durkheimiano François Simiand lança seu famoso desafio aos historiadores em 1903 na revista de Henri Berr, a *Revue de Synthèse Historique,* com seu artigo particularmente polêmico: "Método histórico e ciências sociais". Ele denuncia, neste artigo, uma história que não tem

---

13 Ibid., p.122.

nada de científica, simples procedimento de conhecimentos reduzido à descrição de fenômenos contingentes, ocasionais, enquanto a sociologia pode ter acesso aos fenômenos iteráveis, regulares, estáveis e deduzir daí a existência de leis. Simiand denuncia, sobretudo, os três ídolos da tribo histórica, o ídolo político, "isto é, o estudo dominante, ou pelo menos a preocupação perpétua da história política, dos fatos políticos, das guerras etc., que chega a dar a esses acontecimentos uma importância exagerada",[14] assim como o ídolo individual ou "o hábito inveterado de conceber a história como uma história dos *indivíduos* e não como um estudo dos *fatos,* hábito que ainda leva comumente a ordenar as pesquisas e os trabalhos em torno de um homem, e não em torno de uma instituição, de um fenômeno social, da criação de uma relação",[15] finalmente o ídolo cronológico, "isto é, o hábito de se perder nos estudos de origens".[16] Simiand espera com isso reunir, na sociologia, um certo número de historiadores inovadores, preocupados em substituir à prática empírica um método crítico voltado para a pesquisa causal e elaborada somente por sociólogos. Essa polêmica contra os três ídolos da tribo dos historiadores se baseia nas posições do filósofo britânico do século XVII, Francis Bacon, do qual Simiand retoma o termo de ídolo. Bacon, célebre fundador do empirismo anglo-saxão, construiu, na realidade, uma verdadeira doutrina dos ídolos no livro *Novum organum*.[17] Para ter um conhecimento científico que seja capaz de descobrir as leis da natureza, o observador científico deve partir em busca das causas dos fenômenos evidenciando o maior número de comparações e de exclusões. O cientista deve pôr à prova suas hipóteses, suas intuições, sua subjetividade e se sujeitar às próprias leis da natureza que lhe indicam o caminho a ser seguido para conseguir identificar, nele, os mecanismos das causas e dos efeitos. Francis Bacon se mostra forte defensor da abordagem nomológica que define a cientificidade por sua capacidade em identificar os fenômenos iteráveis, as invariantes e não legítima da abordagem científica os acontecimentos enquanto singularidades, variáveis inconstantes das leis científicas. Ele preconiza a eliminação radical dos acontecimentos que não dependem da ordem das regularidades previsíveis. Tudo deve depender de um presente eterno no qual os fatos se repetem sem nenhuma surpresa conforme

---

14 Simiand, Méthode historique et sciences sociales, *Revue de Synthèse Historique*, n.16, extraído dos *Annales*, p.117.
15 Ibid.
16 Ibid.
17 Bacon, *Novum organum* (1620).

a norma da lei enfatizada pelo cientista de acordo com o novo *organum* do conhecimento. Francis Bacon preconiza inclusive um completo procedimento de decomposição da singularidade sugerindo separar qualquer forma de narrativa até atingir a constituição de um quadro das compatibilidades. Para isso, o cientista deve eliminar seus ídolos que são anteparos que o impedem de ter acesso ao mundo da visibilidade do universo natural. Ele deve se livrar dessas falsas imagens que constituem seus ídolos, verdadeira cortina de fumaça que lhe oculta o acesso ao saber/poder verdadeiro. De acordo com Bacon, o acontecimento, em sua singularidade, é o mais enganador dos ídolos e é fonte de construção mitológica, por essa razão, o cientista deve se desviar dele para construir um conhecimento objetivo à base de uma série temporal que assume as qualidades de homogeneidade de um puro espaço de representação. A epistemologia baconiana de uma ordem mecânica cientista conhece assim um segundo impulso no início do século XX com sua retomada pela ciência social durkheimiana que submete fundamentalmente imaginação e enredamento a uma busca de regularidades, a uma evidenciação de contornos perfeitos, excluindo o impreciso, o contingente em prol unicamente das invariantes.

O modelo nacional representado por Lavisse vai se fragmentar, se decompor. E o que determina sobretudo esse declínio progressivo é o confronto, na década de 1920, com circunstâncias históricas completamente novas. A França recuperou a posse da Alsácia e da Lorena, e a Grande Guerra mostrou a que ponto a história das guerras pode levar à barbárie, provocando um derramamento de sangue humano sem precedentes com mais de oito milhões de mortos, do qual a Europa terá dificuldade em se recuperar, sem contar a quantidade de inválidos, feridos e dos intoxicados por gás. Além disso, o historiador compete com novas ciências sociais que se desenvolvem como ciências-irmãs, mas que poderiam pretender abranger a história, anexá-la em um discurso menos ideológico e mais científico. É justamente o projeto explícito de uma sociologia durkheimiana subjugante. Para conseguir sua autonomia em relação à filosofia e andar com suas próprias pernas, a sociologia preconiza uma estratégia dinâmica de alianças com as outras disciplinas em torno de conceitos mais científicos. Convictos de algumas posições como a de Durkheim em Bordeaux, de Halbwachs e Gurvitch em Estraburgo, de Marcel Mauss no Collège de France ou ainda de Célestin Bouglé na Sorbonne, os sociólogos fundam o *Ano sociológico em 1897* que se torna um instrumento de conquista. Eles acreditam que podem se tornar a ciência-encruzilhada [*science-carrefour*], que abrangeria uma história que se teria tornado mais inteligente: "Desde o momento em que ela compara, a história torna-se indistinta da sociologia".[18] Esse desafio dos sociólogos lançado aos historiadores e os submetendo a um questionamento radical sobre sua identidade, é anterior à guerra. A geografia desfrutando igualmente de um crescente prestígio poderia atrair para si os historiadores. Ela conseguiu formar, em torno de Vidal de la Blache, uma escola sólida, conhecida por suas consistentes monografias regionais que têm o mérito de se fixarem no presente. O prestígio da escola vidaliana deve-se a minuciosas pesquisas de campo, a sua capacidade de reduzir suas fontes documentais para compreender melhor a diversidade regional. Portanto, a geografia humana surge como uma ciência-encruzilhada [*sciense-carrefour*], atando um tempo longo, a antropologia, os estudos filológicos, geológicos, e dignificando novas fontes, como as ferramentas materiais do trabalho humano. Ela preconiza igualmente certos conceitos operacionais como o do gênero de vida, de meios.

Logo, a renovação e a realização do verdadeiro cartel pluridisciplinar virão dos historiadores, mas dessa vez em prol da história. Da universidade-vitrine de Estraburgo, dois historiadores, Lucien Febvre e Marc Bloch, fundam a revista *Annales d'histoire économique et sociale* [Anais de história econômica e social] em 1929. A comissão de direção é simbólica dessa captação, dessa vez bem-sucedida, das ciências sociais irmãs. Ao lado dos dois diretores historiadores, nota-se a presença do geógrafo vidaliano Albert Demangeon, o sociólogo durkheimiano Maurice Halbwachs, o economista Charles Rist, o cientista político André Siegfried. O preço pago por esse êxito, que vai logo transformar a revista em escola, é o alinhamento da história no programa durkeimiano retomado por conta dos historiadores certamente adaptado a sua disciplina. Os *Anais* adotam, então, um tom bastante polêmico contra a história demasiadamente acontecimental [*événementialiste*], que trata de fetiche o próprio fato e que é qualificada como história historicizante. Charles Seignobos, figura de proa dessa escola, é particularmente demonizado, ridicularizado por Lucien Febvre em relatórios mordazes:

> Começo com a *História da Rússia:* czares insignificantes, saídos do *Ubu Rei*; tragédias de palácios; ministros dilapidadores; burocratas-papagaios; decretos autoritários sob discrição... Não, isso não é história.

---

18 Durkheim, Prefácio, *L'Année Sociologique*, n.1, 1898, p.II.

A História é o que eu não encontro nessa *História da Rússia*, que devido a isto, nasce morta.[19]

Seguindo com atraso a injunção de Simiand, os *Anais* eliminam toda dimensão política da história que é praticamente inexistente na revista. Ao contrário, o campo econômico e social toma o lugar da dimensão econômica. "História política" e "história do acontecimento [*histoire événementielle*]" são denominações polêmicas que os *Anais* quase sempre utilizam para estigmatizar a história no moldes dos metódicos. Ainda em 1946, Lucien Febvre hostiliza a "história diplomática em si" a propósito da publicação do livro do historiador Roubaud *La Paix armée: 1871-1914* [A paz armada]:

> Esse livro é exatamente o oposto do que, para nós dos *Anais*, faz um bom livro de história contemporânea [...]. Geografia, nada [...]. Economia, nada [...]. Hipnotizar-se e querer hipnotizar o leitor com os "móbiles dos governos" que não passam de curiosidades; fingir que as verdadeiras causas, as causas profundas, as causas mundiais não existem, flagrantes e certeiras [...] É fazer uma aposta. Uma má aposta [...]. Antes de 1940, era possível dizer, sacudindo os ombros: infração contra o espírito. Após 1940, devemos dizer: infração contra a França. Não, não queremos mais isso.[20]

Nem por isso os *Anais* não se esquivam dos fatos, dos acontecimentos, mas os principais acontecimentos para essa revista que terá bastante influência, são de uma outra natureza, não mais política, porém econômica. Lucien Febvre lamenta que a economia não tenha uma papel maior no livro dirigido por Henri Hauser, *L'Histoire diplomatique de l'Europe (1871-1914)* [A história diplomática na Europa].[21] Para Febvre, os fatos de ordem econômica que afetam os problemas de minerais, de oportunidades comerciais, de créditos industriais são cada vez mais importantes na política externa dos Estados e representam essa obscura e constante pressão da economia

---

19 Febvre, Pour une synthèse contre l'histoire-tableau. Une histoire de la Russie moderne. Politique d'abord?, *Revue de Synthèse*, n.VII; reproduzido em id., *Combats pour l'histoire*, p.70-4.

20 Id., Contre l'histoire diplomatique en soi. Histoire ou politique? Deux méditations: 1930, 1945, *Annales, économies, sociétés, civilisations*, v.I; reproduzido em id., *Combats pour l'histoire*, p.61-9.

21 Ver id., Histoire ou politique? Un problème d'orientation, *Revue de Synthèse*, n.I, incluído em id., *Combats pour l'Histoire*.

sobre a política, as forças ocultas que negligenciam os historiadores da diplomacia. Ele recrimina uma história que se preocupa apenas com a esfera político-diplomática, coma psicologia dos grandes personagens e com o jogo diplomático. Mas, para ele, os motivos dessas evoluções podem ser geográficos, econômicos, sociais ou intelectuais e ele denuncia essa perpétua abstração de uma política estrangeira que flutua acima das realidades concretas dos países.

Os textos polêmicos de Febvre dos anos 1930 contra Seignobos vão contribuir fortemente para o estabelecimento de uma descontinuidade entre o período que precede a criação dos *Anais* e o posterior. Anteriormente, Seignobos aparece como representante típico da história "do acontecimento" [*histoire "événementielle"*] a ser rejeitada. Os dois textos de referência a favor da crítica de Seignobos feita por Lucien Febvre são: "Entre a história de tese e a história-manual. Dois recentes esboços de história na França: M. Benda, M. Seignobos"[22] e "A favor da síntese contra a história-imagem. Uma história da Rússia moderna. Política, antes de tudo?".[23] Em sua correspondência com o mentor dos *Anais,* o grande historiador belga Henri Pirenne, Lucien Febvre expressa veementemente sua rejeição por uma certa história, sua "estupefação" diante do livro "pré-histórico" do "pobre Seignobos": "Que *Marseillaise* da impotência, e que pobreza", escreve a Pirenne em 1933. Febvre quer denunciar não somente uma concepção da história que ele repudia completamente, mas também a influência institucional de Seignobos, principalmente no ensino secundário.

Esses dois textos são um verdadeiro repertório de temas críticos e polêmicos contra os metódicos e a história "tradicionalista": redução da história ao acontecimento, história-imagem e "sistema da facilidade", ignorância das realidades geográficas, econômicas, da vida material e das ciências; das artes e das letras, falta de abertura para o presente, anacronismo das falsas continuidades, passividade diante dos documentos, responsabilidade dos metódicos no descrédito da história, falta de explicação, recusa da história comparada, recusa do método estatístico, recusa das hipóteses e de questionamentos...

---

22 Febvre, Entre l'histoire à thèse et l'histoire manuel: deux esquisses récentes d'histoire de France: M. Benda, M. Seignobos, *Revue de Synthèse*, n.V; reproduzido em id., *Combats pour l'histoire*, p.80-98.

23 Id., Pour la synthèse contre l'histoire-tableau. Une histoire politique de la Russie moderne. Politique d'abord?, *Revue de Synthèse*, n.VII; reproduzido em id., *Combats pour l'histoire*, p.70-4.

Renascimento do acontecimento

Para os *Anais*, a história deve tornar-se uma ciência social para não ficar isolada no campo científico. A estratégia disciplinar e profissional de Bloch e Febvre está subordinada a esse objetivo intelectual. É desse modo que "social" torna-se o nome genérico para designar essa história nova. A história com os *Anais* torna-se o depositário do social da mesma forma que a história dos metódicos foi para o nacional porque o social tornou-se a entrada mais eficaz para reconciliar a história com a vida, remetendo-a ao terreno das realidades, para que fique de acordo com as evoluções das ciências.

Ao mesmo tempo, tanto Marc Bloch quanto Lucien Febvre consideram que a história, ao se atribuir os fatos como objeto, faz que os acontecimentos humanos não resultem das ciências da natureza e a história, por conseguinte, não pode se apresentar como uma ciência nomotética, provedora de leis. Para Marc Bloch, o bom historiador assemelha-se "ao ogro da lenda. Ele sabe que a sua caça encontra-se onde ele fareja a carne humana".[24] Por seu lado, Lucien Febvre considera "os homens, único objeto da história [...], sempre assimilados no âmbito das sociedades".[25] Marc Bloch se refere a isso na *Apologia para a história:*

> Tomemos cuidado ao postular, entre as ciências da natureza e a ciência dos homens, qualquer paralelismo falsamente geométrico [...] as dificuldades da história são ainda de outra essência, isto é, diferente das ciências da natureza. Porque, como matéria, ela tem precisamente, em última instância, as consciências humanas.[26]

Embora tendo assimilado o paradigma durkheimiano que visa encontrar acima do caos dos comportamentos humanos e da variedade das civilizações, leis de valor geral, Marc Bloch e Lucien Febvre parecem às vezes bem próximos de outra corrente da sociologia, bloqueada em sua introdução na França pelo triunfo, sem precedentes, do durkheimismo, a da sociologia *compreensiva* alemã de Wilhelm Dilthey ou Max Weber cujo objeto é as ciências do espírito, ou seja, a ação humana munida de sentido – o que a distingue das ciências da natureza. Para Bloch e Febvre, a história pode ser útil à vida através da *compreensão* que ela possibilita.

---

24 Bloch, *Apologie pour l'histoire ou Métier d'historien* (1949), p.4.
25 Febvre, *Combats pour l'histoire*, p.20-1.
26 Bloch, op. cit., p.163.

Mas as referências à sociologia durkheimiana e ao combate da história-ciência conduzido pela *Revue de Synthèse* continuam, de qualquer maneira, muito marcantes para que os fundadores dos *Anais* adotem um dualismo do tipo "ciências do espírito" – "ciências da natureza". Eles defendem a unidade viva da ciência, sem, para isso, precisar esmagar a especificidade da história, o que é também um modo de defender uma unidade das ciências da natureza e das ciências sociais. Abel Rey, em 1931, expressara bem esse *monismo epistemológico*. Segundo ele, as ciências históricas, psicológicas e sociais podem pleitear, "superando-as, uma racionalidade, uma exatidão de outra ordem, mas de igual natureza aquela que encontramos no estudo da matéria".[27]

Para que o acontecimento histórico seja inteligível, é conveniente, segundo Lucien Febvre e Marc Bloch se situar anteriormente a ele, tomar distância em relação à sua realização visível para procurar sua explicação. Eles defendem o papel das hipóteses, das teorias, das abstrações na história contra o que eles consideram como o empirismo dos metódicos, contra o "positivismo mal compreendido". O que é também um modo de defender as generalizações controladas e de não se fechar no estudo do único e do individual. O historiador como qualquer outro cientista não "perambula por acaso através do passado", ele tem sempre em mente um problema para resolver, uma hipótese de trabalho para ser verificada. A história é "uma ciência que cria problemas".[28]

Neste processo de elucidação do significado do acontecimento, Marc Bloch e Lucien Febvre rejeitam a divisão que os metódicos introduziram entre dois momentos do trabalho do historiador: estabelecer os fatos e depois solucioná-los, porque essa divisão não leva em consideração a prática efetiva do historiador. Essa "história-problema" como tentativa de análise se opõe à história automática dos metódicos, registro passivo e ilusão de reprodução do passado. Os fatos não são dados, eles são construídos pelo historiador. Para Febvre, é preciso abandonar esse "realismo ingênuo de um Ranke imaginando que é possível conhecer os fatos em si".[29] Deve-se deixar um espaço à imaginação construtiva no trabalho do historiador. Esse

---

27 Rey, Une opposition de tendances dans la science des temps modernes, *Revue de Synthèse*, n.II, p.123.
28 Febvre, Pour une histoire dirigée. Les recherches collectives et l'avenir de l'histoire, *Revue de Synthèse*, n.XI, 1936; reproduzido em id., *Combats pour l'histoire*, p.60.
29 Ibid., p.58.

Renascimento do acontecimento

tema de construção do objeto, dos fatos, torna-se um dos principais temas polêmicos dos *Anais* contra os metódicos:

> Naquele tempo, os historiadores tinham um respeito pueril e fervoroso pelo "fato". Tinham a convicção, ingênua e comovente, de que o cientista era um homem que, ao colocar o olho no seu microscópio, abarcava logo uma grande quantidade de fatos. Fatos que lhe foram fornecidos, fatos que foram fabricados, segundo ele, por uma Providência indulgente, fatos esses que precisavam apenas ser gravados [...]. Os fatos históricos, mesmo os mais humildes, é o historiador que lhes dá vida. Os fatos, esses fatos diante dos quais nos vemos obrigados a nos curvar com devoção, sabemos que são abstrações – e que, para avaliá-los, é preciso recorrer aos mais diversos depoimentos, e algumas vezes aos mais contraditórios – entre os quais, temos que fazer necessariamente nossa escolha. De modo que, essa coleção de fatos que nos são frequentemente apresentados como fatos brutos que fariam parte automaticamente de uma história transcrita no momento exato em que ocorrem os fatos – sabemos que essa história possui sua própria história – e que é a história dos progressos do conhecimento e da consciência dos historiadores. Se bem que, para aceitar a lição dos fatos, tenhamos o direito de solicitar que sejamos associados primeiramente ao trabalho crítico que preparou o desencadeamento desses fatos na mente daqueles que os aventou. E igualmente, se o historiador não apresenta problemas, ou se, ao tê-los, ele não formule hipóteses com o fim de resolvê-los – no que compete à profissão, à técnica, ao esforço científico, tenho boas razões para dizer que ele está atrasado em relação ao menos experiente dos nossos camponeses: porque esses sabem que não podem jogar seus animais no primeiro pasto que aparece diante deles, para que eles pastem tranquilamente: eles os agrupam, os amarram em estacas, e ali eles pastam. E eles conhecem a razão de tal gesto.[30]

Segundo Marc Bloch e Lucien Febvre, as categorias, as noções, as classificações utilizadas pelos historiadores e suas hipóteses devem se moldar na experiência. Quando ele trata da questão da nomenclatura, Marc Bloch observa que o historiador não dispõe de linguagem formalizada como as ciências exatas e ele é obrigado a utilizar a linguagem comum para encontrar

---

30 Febvre, Vivre l'histoire. Propos d'initiation, conferência proferida em 1941, *Mélanges d'histoire sociale*, III, 1943; reproduzida em id., *Combats pour l'histoire*, 22-3.

os termos, as aproximações para justificar as "fluidas realidades sociais". Ao abordar o problema da periodização e das divisões cronológicas, ele especifica, neste sentido, que é preciso estar sempre de acordo com a natureza do fenômeno considerado e que cada fenômeno tem sua periodização específica. Existe aí um aspecto *indutivo* na elaboração das categorias e das teorias. Como observa Marc Bloch, uma ciência não se define apenas por seu objeto, mas por seus métodos e suas técnicas.

Marc Bloch faz uma análise crítica da tese metódica da história como conhecimento indireto no livro *Apologie pour l'histoire* [Apologia da história], isto é, como conhecimento relatado por outros observadores que não sejam o historiador. Primeiramente, ele mostra que não existe apenas o conhecimento do passado que seja indireto, uma boa parte dos conhecimentos das disciplinas do presente – ele cita a economia – provém de "coisas vistas por outrem". Mais ainda, reduzir todo conhecimento do passado a um conhecimento indireto é válido sobretudo para um conhecimento dos acontecimentos, dos atos, propósitos e atitudes de alguns personagens, isto é, para a história segundo os metódicos. O conhecimento do passado nem sempre é indireto, os vestígios materiais colocam o historiador na mesma situação do geólogo ou do físico. Não há nesse caso intervenção de outro observador, fora o historiador. Marc Bloch julga assim reunir o conhecimento histórico aos outros conhecimentos científicos. Essas observações lhe permitem insistir sobre o papel dos depoimentos não escritos, esses "verdadeiros indícios, em suma, no sentido jurídico da palavra", que possibilitam "um acesso direto" ao passado.[31] De acordo com Marc Bloch, foi a obsessão da narrativa e do acontecimento dos historiadores metódicos que os desviou da arqueologia e que os encadeou em uma "observação eternamente dependente". Aliás, Marc Bloch não concede aos documentos materiais o privilégio de serem considerados em primeira mão. Ele cita também uma característica de linguagem, uma regra de direito, um rito como exemplos de realidades, de resíduos de experiências apreendidos sem intermediários.

Depois dessa crítica, Bloch procura definir as particularidades da observação histórica. Ela é sobretudo um conhecimento através de *vestígios,* afirma corroborando Simiand – a mesma definição vinda de Seignobos é ignorada. A noção de *vestígio* serve para designar tudo o que um fenômeno deixou para trás pela impossibilidade de sua interpretação. Mas, os

---

31 Bloch, Une introduction à la recherche historique, *Annales d'histoire économique et sociale*, VIII, p.51.

historiadores não são livres porque o passado é seu "tirano" e as lacunas, para certos períodos, são irremediáveis. No entanto, o historiador não fica completamente desarmado para estudar alguns fenômenos coletivos se dispuser de relatos de testemunhas. Entre os depoimentos, Bloch privilegia não os voluntários, destinados à informação dos leitores que eram os documentos escritos retidos pelos metódicos, porém as "testemunhas involuntárias": moeda, inscrições, cartas comerciais etc. o que permite ao historiador não se impregnar dos preconceitos e das miopias dos contemporâneos. Lucien Febvre desenvolve a mesma ideia:

> A história se faz com documentos escritos, sem dúvida. Quando existentes. Mas ela pode se fazer e deve ser feita, sem documentos escritos quando inexistentes. Com tudo o que a engenhosidade do historiador pode utilizar para fabricar seu mel, na falta das flores usuais. Logo, com palavras. Com sinais. Com paisagens e telhas. Com as formas do campo e das ervas daninhas. Com eclipses da lua e correias de atrelagem. Com avaliações de pedras por geólogos e análises de espadas de metal por químicos. Com uma palavra, com tudo que, inerente ao homem, depende do homem, serve ao homem, exprime o homem, significa a presença, a atividade, os gostos e as maneiras de ser do homem. Uma parte, e a mais apaixonante sem dúvida de nosso trabalho de historiador, não consiste no esforço constante de fazer falar as coisas mudas, fazer com que digam o que elas próprias não dizem sobre os homens, sobre as sociedades que as produziram – e constituir finalmente entre elas essa vasta rede de solidariedades e de ajuda mútua que suprem a ausência do documento escrito?[32]

O historiador procura menos informações factuais [*factuelles*] no estudo desses testemunhos involuntários do que materiais para estudar os modos de viver ou de pensar peculiares das épocas em que eles foram produzidos. Essa capacidade do historiador em fazer falar, mesmo contra sua vontade, essas fontes, dependem da direção dada à investigação histórica, do questionamento histórico que deve permanecer maleável e aberto a todas as surpresas. Graças a essa noção de depoimentos involuntários, o registro documental da história torna-se quase infinito.

---

32 Febvre, Vers une autre histoire, *Revue de Métaphysique et de Morale*, v.58, n.3-4, reproduzido em id., *Combats pour l'histoire*, p.428.

Para Marc Bloch, a autêntica contribuição da história ao conhecimento científico geral é o surgimento de um método racional de crítica aplicado ao testemunho humano. O método crítico faz parte das glórias mais certas da história porque ele abriu aos homens "um novo caminho em direção ao verdadeiro e, por conseguinte, ao justo".[33] Do verdadeiro ao justo: foi preciso esse longo desvio pela defesa da legitimidade intelectual da história para garantir sua capacidade em guiar a ação. Em razão de ser uma técnica da verdade, a história pode ser uma técnica da conduta justa. A história em ação é também uma história em favor da ação. Uma história que é a favor dos *Anais,* por definição, uma história social.

Os seguidores de Bloch e Febvre reivindicaram seu pertencimento a uma herança, a uma filiação histórica por detrás da insígnia dos *Anais.* Eles deram predominância ao elo indefectível que os ligava aos fundadores. No entanto, um bom número de inflexões em relação ao paradigma inicial se desenvolveram segundo as novas configurações de alianças com outras ciências sociais. Principalmente, a preocupação em construir uma ciência da mudança, bem como a preocupação inicial de esclarecer as questões do presente, foram cada vez mais minimizadas. No período pós-guerra, de fato, começa um novo período que se caracteriza, sobretudo, por uma evolução em direção a uma história cada vez mais imóvel. Ela rompe com a concepção da primeira geração de uma história-ciência da mudança.

O desafio mais radical para os historiadores foi lançado por Claude Lévi-Strauss a partir de 1949 em um artigo – "História e etnologia" – que teve uma repercussão tardia quando foi reproduzido em 1958, em plena onda estruturalista.[34] Lévi-Strauss atribui à antropologia social uma vocação hegemônica, da mesma maneira que fizera François Simiand em 1903 em relação à sociologia durkheimiana. Para ele, o historiador está condenado ao empirismo, ao observável, incapaz de estabelecer um modelo, logo, de ter acesso às estruturas profundas da sociedade. Ao contrário, a antropologia se situa do lado do conceitual e tem acesso, a partir do material etnográfico, às expressões inconscientes da vida social, ao mesmo tempo que a história fica reduzida à observação de suas manifestações conscientes. A antropologia realizaria, então, um progresso do particular ao geral, do contingente ao necessário. Lévi-Strauss, incentivado por sua descoberta de uma invariante

---

33 Bloch, *Apologie pour l'histoire,* p.155.
34 Lévi-Strauss, Histoire et ethnologie (1949); reproduzido em *Anthropologie structurale,* t.1, p.3-33.

que transcende as diferenças civilizacionais, a da proibição do incesto, espera, assim, atribuir à antropologia estrutural a função de ciência social única, realizando, através disto, o antigo desejo de Durkheim.

Ele vai ainda mais longe quando julga, por ocasião da sua aula inaugural no Collège de França, a antropologia capaz de superar a divisão entre ciências da natureza e ciências humanas. A antropologia "não se cansa por esperar em acordar entre as ciências naturais no dia do julgamento final",[35] declara Lévi-Strauss que admite, portanto, um horizonte de cientificidade na sua antropologia social, que seria o das ciências da natureza, das ciências neuronais que serviriam de infraestruturas essenciais para compreender os fenômenos societais e simbólicos:

> A emergência da cultura continuará a ser um mistério para o homem enquanto ele não conseguir determinar, no plano biológico, as modificações de estrutura e de funcionamento do cérebro.[36]

Nessa aventura científica subjugadora, qual seria o status da historicidade e da fatualidade? Condenada ao campo do consciente, a abordagem histórica mantém-se tributária do nível mais pobre, sob o ponto de vista de Lévi-Strauss, das ciências do homem que ambicionam o acesso ao inconsciente das práticas sociais: "A consciência é inimiga secreta das ciências do homem".[37] Evidentemente, Lévi-Strauss não despreza esse campo incontornável da matéria singular do acontecimento e o valoriza até em suas críticas formuladas contra os partidários do paradigma funcionalista, mas, para o homem de ciência, não passa de um ponto de partida, a partir do qual ele deve elaborar seu programa científico, evitando o contingente para alcançar o que é necessário.

Como tal, o acontecimento é aleatório, fora das relações de causalidade, ele pode acontecer aqui como em outro lugar. Insignificante para as leis estruturais, ele é remetido ao estágio anedótico pela antropologia estrutural: "Uma pesquisa inteiramente voltada para as estruturas começa a se inclinar diante do poder e da inanidade do acontecimento".[38] As variações temporais

---

35 Lévi-Strauss, Leçon inaugurale au Collège de France, 5 jan. 1960; reproduzido em *Anthropologie structurale*, t.2, p.27.

36 Ibid., p.24.

37 Lévi-Strauss, Critères scientifiques dans les disciplines sociales et humaines, *Revue Internationale des Sciences Sociales,* v.16, n.4, p.583.

38 Id., *Mythologiques. Du miel aux cendres,* p.408.

são consideradas como um risco pelo programa estruturalista porque qualquer acontecimento pode contradizer ou invalidar um modelo científico. Ele representa o elemento importuno para os códigos estabelecidos das estruturas que são máquinas para suprimir o tempo. Lévi-Strauss distingue dois tipos de temporalidade, a das sociedades chamadas quentes, ocidentais, que seguem as mudanças conforme um princípio termodinâmico muito dispendioso no consumo de energia, pois é determinado pelas diferenças de temperatura, e as sociedades frias, que dependem de máquinas mecânicas que utilizam ao infinito a energia inicial, do mesmo modo que um relógio:

> Essas sociedades que poderíamos chamar de frias, porque seu ambiente interno fica próximo ao zero da temperatura histórica, se distinguem [...] das sociedades quentes, surgidas em vários partes do mundo e como consequência da revolução neolítica.[39]

As sociedades frias são as únicas que podemos transformar em modelos submetendo-as, assim, ao olhar científico. No final da sua aventura mitológica, Lévi-Strauss radicaliza sua posição na fase final da sua pesquisa. A ordem do tempo revelado pelos mitos não é somente o tempo reencontrado, proustiano, ele é o "tempo suprimido"; "levada ao seu extremo, a análise dos mitos atinge um nível onde a história se anula".[40]

Fernand Braudel responde a esse desafio particularmente radical em um artigo que age como um manifesto.[41] Ele opõe a Claude Lévi-Strauss a herança de Marc Bloch e de Lucien Febvre, seus mestres, mas ele exige mais, e inova ao se desviar das principais orientações dos anos 1930 para deter a ofensiva estruturalista que consiste em criar uma ciência de comunicação afastada de qualquer lógica histórica e contextual em torno de uma antropologia detentora de conhecimentos da fonologia de Jakobson e dos matemáticos modernos do grupo Bourbaki. Braudel tenta a mesma estratégia de captação que seus antecessores. A antropologia tem como objeto privilegiado as sociedades frias do tempo imóvel dos indígenas Nambikwara ou Bororo afastados da modernidade; Fernand Braudel opõe-lhe igualmente a longa duração histórica como linguagem comum a todas as

---

39 Id., *Anthropologie structurale*, t.2, p.40.
40 Id., *L'Homme nu*, p.542.
41 Braudel, Histoire et sciences sociales: la longue durée, *Annales*, n.4, p.725-53; reproduzido em *Écrits pour l'histoire*.

Renascimento do acontecimento

ciências sociais, em torno da figura tutelar do historiador. A duração é estrutura, segundo Braudel, mas também estrutura observável. Fernand Braudel opõe ainda uma construção temporal que ele pluraliza, como já o fizera em sua tese,[42] uma temporalidade em três estágios. O tempo é qualitativo e cada um dos planos da arquitetura braudeliana recebe um local específico. No sótão, na despensa, encontra-se a história puramente acontecimental [*événementielle*] do indivíduo, do político; no primeiro andar, encontra-se a história do tempo conjuntural, cíclico, decenal da economia; e finalmente, no térreo, a longa duração do tempo geográfico. Incontestavelmente, é essa última que detém o *status* privilegiado. Ela é o embasamento, o essencial, diante da escória acontecimental [*événementielle*]. Fernand Braudel quis confinar o acontecimento à sua curta duração. Ele denunciava a "fumaça excessiva", afirmando que "a ciência social tem quase horror do acontecimento". Não sem razão. O tempo curto é a duração mais variável e a mais enganosa.[43] Completamente oposta, a longa duração, alçada como causalidade estrutural, apresentava-se como infraestrutura cujo núcleo se situava na geohistória de ritmo geológico, removendo gradualmente a dimensão humana da história.

Apesar do sucesso da explanação braudeliana, os historiadores continuarão excluídos, nos anos 1960, da galáxia intelectual mais interessada nos progressos dos linguistas, dos antropólogos e dos psicanalistas, que garantirão o sucesso do paradigma estruturalista. No entanto, os historiadores dos *Anais* vão ter a desforra no início da década de 1970. Será então a sua idade de ouro. As publicações de antropologia histórica conhecem um sucesso espetacular junto ao público. Essa recuperação e adaptação ao discurso histórico do estruturalismo é orquestrada principalmente pela nova direção da revista dos *Anais*. Braudel de fato, em 1969, tem como sucessor uma geração mais jovem de historiadores (André Burguière, Marc Ferro, Jacques Le Goff, Emmanuel Le Roy Ladurie e Jacques Revel), que abandona os horizontes da história econômica em prol de uma história mais voltada para o estudo das mentalidades e da antropologia histórica.

Em 1971, essa nova equipe publica um número especial da revista dedicada à "História e Estrutura",[44] que traduz claramente essa almejada reconciliação entre esses dois polos que eram tidos como antinômicos,

---

42 Braudel, *La Méditerranée et le monde méditerranéen à l'époque de Philippe II.*
43 Id., Histoire et sciences sociales: la longue durée, p.746.
44 *Annales*, n.3-4, maio-ago. 1971.

como o casamento do fogo com a água. André Burguière, que apresenta o número, defende para os historiadores o programa de um estruturalismo aberto, bem mitigado, capaz de demonstrar que os historiadores não se contentam em perceber o nível notório da realidade, como dizia Lévi--Strauss em 1958, mas se indagam igualmente sobre o sentido oculto, sobre o inconsciente das práticas coletivas, do mesmo modo que os antropólogos. Portanto, o estruturalismo defendido pelos *Anais* em 1971, é um estruturalismo a favor dos historiadores. André Burguière declara em alto e bom tom essa posição, parafraseando Jean Jaurès: "Um pouco de estruturalismo afasta a história, muito estruturalismo a traz de volta".[45] Os antropólogos lançaram o desafio aos historiadores, mas o acordo cordial parece notório nesse início da década de 1970, graças à antropologização do discurso histórico. Os historiadores mergulham nas delícias de uma história das permanências e a historiografia privilegia, por sua vez, a figura do Outro em relação à imagem reconfortante do mesmo. O Outro, a diferença, que haviam sido até então pesquisados nos Trópicos pelos antropólogos, tornam-se objetos da busca histórica, dessa vez sob o peso do passado temporal no interior da civilização ocidental. Os historiadores dos *Anais*, preconizando uma história estruturalizada, querem conseguir essa federação das ciências humanas que aspirava realizar em prol dos sociólogos Émile Durkheim, atraindo o modelo estrutural, e fazendo da história uma disciplina nomotética e não mais idiográfica, uma ciência das necessidades e não mais da contingência.

O primeiro efeito dessa fecundação estrutural do discurso histórico é a desaceleração da temporalidade que se torna quase estacionária. O acontecimental [*événementiel*] é rejeitado, considerado como oriundo do epifenômeno ou da novela, para orientar-se exclusivamente sobre o que se repete, sobre o que se reproduz. A abordagem da temporalidade privilegia mais os longos trechos imóveis e quando Emmanuel Le Roy Ladurie sucede Braudel no Collège de France, ele intitula sua aula inaugural: "A história imóvel".[46] O historiador, de acordo com Le Roy Ladurie, faz estruturalismo conscientemente, ou sem o saber, como *Monsieur Jourdain:*

> Por quase meio século, de Marc Bloch a Pierre Goubert, os melhores historiadores franceses, sistematicamente sistematizadores, fizeram

---

45 Burguière, Histoire et Structure, p.VII.
46 Ladurie, L'Histoire immobile, aula inaugural no Collège de France, 30 nov. 1973; reproduzido em *Le Territoire de l'historien*, t.2, p.7-34.

estruturalismo sabendo o que estavam fazendo, ou às vezes, sem saber, mas muito frequentemente sem que isso fosse sabido.[47]

Acentuando mais ainda a desaceleração temporal operada por Braudel e evitando mais radicalmente qualquer forma de acontecimento, Le Roy Ladurie não fala mais de história quase imóvel, mas de história imóvel:

> A Escola [dos Anais] é a própria imagem das sociedades que ela estuda: lenta. Ela define sua própria duração ao longo prazo de nosso século [...] ela revela uma notável indiferença aos fenômenos que acontecem na superfície.[48]

Le Roy afirma durante essa ocasião solene a admiração que ele sente pelos métodos estruturalistas aplicados às regras de parentesco e às mitologias do Novo Mundo por Lévi-Strauss. A nova tarefa do historiador não é mais a de se concentrar nas acelerações e mutações da história, mas nos agentes da reprodução que possibilitam a repetição igual aos equilíbrios existentes. É desse modo que os agentes microbianos surgem na antecena como explicativos, reais fatores decisivos de estabilização do ecossistema. É "mais profundamente ainda nos fatos biológicos, muito mais do que na luta de classes, que se deve procurar o motor da história maciça, pelo menos durante o período que estou estudando".[49] O homem fica, então, descentralizado, e adquire a ilusão da mudança. Tudo o que deriva das grandes rupturas da história deve-se, portanto, ser minimizado em prol das grandes tendências (*trends*), mesmo se oriundas de uma história sem os homens. Le Roy Ladurie termina sua aula inaugural com uma nota otimista em relação à disciplina histórica que ele pensa ser de novo subjugadora:

> A História, que durante décadas fora desfavorecida, a Cinderela das Ciências Sociais, recupera agora o lugar eminente que lhe é de direito [...]. Ela simplesmente passou para o outro lado do espelho para perseguir o Outro em vez do Mesmo.[50]

---

47 Ibid., p.11.
48 Ibid., p.14.
49 Ibid., p.9.
50 Ibid., p.34.

Essa busca causal, estimulada pela mobilização de um aparelho estatístico cada vez mais sofisticado, perdurou durante o século XX. Os historiadores franceses ficaram, então, nas décadas de 1950 e 1960, particularmente entusiasmados com o programa esboçado por Ernest Labrousse, de uma história econômica e social capaz de explicar a suscitação do novo, do acontecimento dentro de um rigoroso esquema causal. Por ocasião do centenário da Revolução de 1848, Labrousse afirma:

> As revoluções acontecem à revelia dos revolucionários [...]. Primeiro elemento explicativo da explosão revolucionária: é um estado de tensão econômica. Tensão econômica, em 1789, em 1830, em 1848; sem dúvida os fatores são diferentes sob vários aspectos; no entanto, eles continuam, no fundo, muito próximos [...] A crise desperta, intensifica, coliga, sincroniza todos os descontentamentos. Falaram, a respeito dos recentes distúrbios, de um misterioso "chefe de orquestra". O chefe de orquestra, em 1848, e por ocasião das duas revoluções anteriores, não é outro senão o ritmo cíclico, ritmo decenal da produção, identificado há muito tempo pela ciência econômica, de Marx a Aftalion e a Simiand.[51]

A perspectiva de Labrousse continua sendo a do esclarecimento do político acontecimental [*événementiel politique*] e sobretudo a da Revolução Francesa, o que é criticado, aliás, por Braudel em seu artigo de 1958:

> Sua comunicação no Congresso Internacional de Paris, em 1948, *Comment naissent les révolutions?* [Como nascem as revoluções?] tenta ligar, dessa vez, um pateticismo econômico de breve duração (novo estilo) a um pateticismo político (estilo muito antigo), o das jornadas revolucionárias. Estamos de volta ao tempo breve, e até o pescoço.[52]

Inicialmente economista, Labrousse se converte à história com seu livro *La crise de l'économie française à la fin de l'Ancien Régime et au début de la Révolution* [A crise econômica francesa no final do Antigo Regime e no início da Revolução] e inicia os historiadores na economia. Ele tenta traduzir e tornar acessível aos historiadores profissionais os conhecimentos de economista adquiridos ao longo de sua formação. Essa arte de tradutor de

---

51 Labrousse, *Comment naissent les révolutons*.
52 Braudel, Histoire et sciences sociales: la longue durée, p.50.

conceitos de uma disciplina a outra explica a reação estrondosa que ele obtém rapidamente junto aos historiadores, mas isso explica-se também pela centralidade da Revolução Francesa no bojo da historiografia francesa. Seu objetivo é integrar, a longo prazo, o estudo das estruturas dentro de sua evolução e o estudo acontecimental [*événementielle*] dentro do mesmo conjunto, com a finalidade de explicar a ruptura revolucionária de maneira científica. Sua pesquisa sobre a evolução dos preços e dos rendimentos permitiu-lhe evidenciar a promoção da classe burguesa sobre a base da prosperidade do século XVIII, sem escamotear as questões de conjuntura que provocam essas crises de subsistência essenciais para a compreensão dos movimentos sociais. Ao correlacionar a tomada da Bastilha na metade de julho de 1789 ao "auge" dos preços do pão, Labrousse pensa encontrar na trama acontecimental [*événementielle*] um fator decisivo de explicação. Seu modelo pareceu tão eficiente que exerceu um verdadeiro fascínio sobre mais de duas gerações de estudantes para as quais Labrousse constituiu uma forte magistratura ainda mais por ser nesse lugar legítimo que é a Sorbonne. Além dessa cátedra do Instituto de História Econômica e Social da Sorbonne que ele ocupou durante um quarto de século, entre 1945 e 1967, acrescentam-se suas funções de diretor de estudos na IV seção do EPHE e seu papel eminente nas comissões de recrutamento do CNRS. No início da década de 1970, Pierre Chaunu considera que

> toda escola histórica francesa é labroussiana [...]. O pensamento de Labrousse está tão incorporado em nossa prática da história, tratamento do material e conceitualização do discurso, que esquecemos sua origem: ela tornou-se indistinguível graças ao seu êxito.[53]

O modelo labroussiano volta a distinguir os fenômenos de repetição para discernir as causalidades subjacentes: "A repetição tem aqui mais valor humano do que acidental. Em história econômica, diferentemente do observado em outras partes da história, tudo o que é importante é repetido".[54]

Essa ambição da explicação causal, de uma racionalidade atuante, pode dar lugar a uma outra lógica que é a do provável, a do possível e a do

---

53 Chaunu, Conjonctures, structures, systèmes de civilisation, *Conjuncture économique, structures sociales. Hommage à Ernest Labrousse*, p.21-2.

54 Labrousse, *La crise de l'économie française à la fin de l'Ancien Régime et au début de la Révolution* (1944), p.171-2.

virtual.[55] Isso é válido evidentemente para o historiador, mas também para qualquer ciência humana confrontada ao enigma do acontecimento para o estabelecimento de um modelo explicativo. É preciso, então, partir das virtualidades, isto é, do que não aconteceu, para estabelecer o que aconteceu efetivamente. As três noções valorizadas são: o provável, o possível e o virtual, que não devem ser opostas "ao *real*, mas ao *atual*".[56]

O virtual precisa da imaginação do pesquisador e, nesse plano, a literatura pode se revelar um grande ensinamento heurístico para as ciências humanas. As novelas de Borges demonstram isso pelo uso de uma pseudo-virtualidade.[57] O que interessa ao seu herói, Pierre Ménard, autor de *Quijote*, é reconstruir sem copiar a obra-prima de Cervantes partindo do princípio que o *Quijote* que ele escreveu não se origina no inevitável, mas no contingente, de outros possíveis que convém revisitar:

> Borges, mestre humorista, finge encontrar o traço distintivo em poucas linhas de *Quijote* lidas como escritas por Pierre Ménard, comparadas às linhas absolutamente idênticas, mas lidas como escritas por Cervantes, o precursor.[58]

O desejo de um âmbito de plena virtualidade substituindo a atualidade e impondo-se como realidade está na novela "As ruínas circulares" na qual o desígnio do herói é imaginar um homem: "Ele queria imaginá-lo com uma integridade minuciosa e submetê-lo à realidade".[59] Após tentativas infrutíferas e caóticas, ele consegue criar realmente seu fantasma, dar-lhe vida dentro de sua vida onírica mas, por uma inversão dialética, "com alívio, com humilhação, com terror, ele compreendeu que ele também era uma aparência, que um outro o estava imaginando".[60]

Esse universo da virtualidade constitui um hábito entre os cientistas, e o matemático, por exemplo, fez dela seu próprio campo, mas, como observa Gaston-Granger, o historiador parece, ao contrário, se movimentar no terreno da efetividade e da atualidade: "Logo, existe aparentemente um paradoxo da história que tende a reconstituir o *passado* como *atualidade*

---

55 Ver Granger, *Le Probable, le possible et le virtuel.*
56 Ibid., p.11.
57 Ver Borges, *Le Jardin aux sentiers qui bifurquent* (1941); reproduzido em *Fictions.*
58 Granger, *Le Probable, le possible et le virtuel*, p.78.
59 Borges, *Fictions*, p.80.
60 Ibid., p.86.

concreta".[61] Essa visão dá ao historiador uma dupla tarefa que consiste em reunir uma re-criação do real que não existe mais, cuja atualidade é um passado e garantir uma explicação desse real que não é mais atual. Por sua primeira finalidade, a da recriação, "a história torna-se, no limite, uma das artes literárias"[62] e, ao mesmo tempo, ela se torna obra de conhecimento científico quando ela consegue mostrar como a atualidade que ela descreve "emerge de um sistema de acontecimentos *virtuais*".[63] A concepção do acaso, segundo Cournot, preside, de acordo com Gaston-Granger, a qualificação do acontecimento como correspondente da aplicação de uma certa concepção dos elos de causalidade, de modelos virtuais necessários para descrever e explicar os acontecimentos: "Para Cournot, o sistema dos fatos *virtuais* estabelecidos pelo raciocínio se realiza desse modo estatiscamente na atualidade dos acontecimentos".[64] Essa concepção de Cournot resulta em uma postura crítica diante da habitual subordinação praticada dos fatos uns em relação aos outros.

---

61 Granger, *Le Probable, le possible et le virtuel*, p.124.
62 Ibid., p.125.
63 Ibid., p.126.
64 Ibid., p.175.

VI
O presente é mais do que o instante

A dimensão íntima de apropriação do acontecimento defendida por Charles Péguy corresponde a uma concepção muito mais antiga do que a de Santo Agostinho. São bem conhecidas suas teses do livro XI das *Confissões* quando ele se indagava: "O que é o tempo?". Questionamento interior, mais que isso, íntimo, Agostinho declara que tem a impressão de saber a resposta, mas não saberia explicá-la, caso a pergunta lhe fosse feita. Partindo desse paradoxo assim como da aporia que consiste em medir o que não é, Agostinho se volta para o presente, um presente amplo que abrange as coisas passadas e a expectativa das coisas futuras: "O presente do passado é a memória, o presente do presente é a visão, o presente do futuro é a expectativa".[1] Logo, para Santo Agostinho, o futuro e o passado só existem em relação ao presente. A passagem realizada pelo historiador é a de um movimento que o leva do futuro no passado pelo presente. Esse trânsito efetuado em um espaço singular compassado por espaços de tempo resulta em uma nova aporia

---

1 Santo Agostinho, *Les Confessions* (397-401), p.269.

porque o tempo não tem espaço próprio e Agostinho percebe bem o problema. Ele desdobra, então, a consciência do tempo humano distinguindo a relação que privilegia a relação íntima com o tempo que ele qualifica de *intensio* e que vai desempenhar o papel de substituto do tempo cosmológico e que ele denomina de *distensio animi*: "Eu vejo então que o tempo é uma distorção. Mas eu vejo realmente? Ou eu acredito ver o que vejo?".[2]

A maneira como Agostinho concebe o tempo partindo do presente é também de grande atualidade, como ressalta o filósofo Jean-Toussaint Desanti:

> Parece-me que a situação "ontológica", enfrentada outrora por Agostinho, está ainda viva e preocupante. Para nós, também, o que se encontra mais próximo de nós, é ao mesmo tempo o mais distante. E o "tempo" nos ensina a indecifrável unidade dessa distância e dessa proximidade.[3]

Dessa abordagem resulta que o acontecimento é o que exprime a alma humana, a interioridade do homem. O segundo ensinamento agostiniano é que o passado nunca desaparece realmente, porque ele continua trabalhando o presente em um futuro do passado que vem atingir o indivíduo em sua mais viva atualidade. Portanto, tudo acontece entre a primeira impressão sobre o caráter dilatado do tempo, diverso do tempo concebido na sua exterioridade, e a capacidade do homem em encontrar intensidades que façam sentido. Assim, Agostinho tomou como objeto de reflexão, "acontecimentos de sua vida, de suas rupturas, de suas rejeições, de suas hesitações, de seus prazeres, de seus tormentos... Ele procurou a linguagem capaz de conduzi-lo à apropriação de sua vida difundida".[4]

Embora o mundo secularizado da modernidade não tenha mais como acontecimento absoluto e fundador a ideia da criação e da encarnação como foi o caso para Agostinho, a dramaturgia por ele desenvolvida nas *Confissões*, a do imperativo em acolher a *distinsio animi*, ou seja, a alteridade, o outro, mesmo que fugindo de sua lógica dispersiva para melhor realizar as potencialidades do *extensio*, da expectativa criativa, essa tensão continua muito atual. A maneira de pensar essa aporia consiste em partir

---

2 Ibid., cap. XXIII, p.273.
3 Desanti, *Réflexions sur le temps*, p.23-4.
4 Ibid., p.47.

da travessia experiencial e portanto, desse modo triplo de ser do presente como presente, como passado e como futuro.

A resultante presentificação da história tem como efeito uma experimentação moderna da historicidade. Ela envolve uma redefinição da acontecimentalidade [*événementialité*] como abordagem de uma multiplicidade de possíveis, de situações virtuais, potenciais, e não mais como algo consumado dentro de sua imutabilidade. O movimento se apossou do tempo presente até modificar a relação moderna com o passado. A leitura histórica do acontecimento não é mais redutível ao acontecimento estudado, à sua acontecimentalidade [*événementialité*], mas considerada em seu vestígio, situada em uma cadeia fatual, conectada a outros momentos, a outras questões diferentes daquelas em que surgiu. Qualquer discurso sobre um acontecimento veicula, conota uma série de acontecimentos anteriores, o que dá total importância à trama discursiva que os religa dentro de um enredamento.

Essa história que parte das preocupações presentes, não compromete apenas a abertura de um novo período, o mais próximo abrindo-se ao olhar do historiador. Ela é também uma história diferente que se procura na ruptura com o tempo único e linear, e que pluraliza os modos de racionalidade. É a demonstração feita pelo historiador Henri-Irénée Marrou, grande especialista de Santo Agostinho, quando ele ressalta uma equação que interioriza a relação presente na abordagem do passado para definir a operação histórica:

> Por essa imagem, quero simplesmente destacar o fato que, assim como na matemática a grandeza da relação é outra coisa do que cada um dos termos postos em relação, da mesma forma a história *é* a relação, a conjunção, estabelecida, por iniciativa do historiador, entre dois planos da humanidade, o passado vivido pelos homens antepassados, o presente onde se desenvolve o esforço de recuperação do passado em prol do homem, e dos homens de depois.[5]

O programa fenomenológico das variações imaginativas e da redução eidética de Husserl concede também ao acontecimento uma espessura temporal que religa as três dimensões temporais do passado e do futuro através do presente. Husserl distingue três tipos de fenômenos que o tempo

---

5 Marrou, *De la connaissance historique*, p.36-7.

exibe: os objetos transcendentes que ocupam um lugar no tempo objetivo; os modos de aparição desses objetos nas fases da consciência temporal; e finalmente, o fluxo pelo qual o tempo passa continuamente através do qual Husserl identifica seu fio condutor que não é outro senão o sujeito. É o fluxo absoluto da consciência que é considerado como constitutivo do tempo, fugindo, desse modo, à temporalização, como base.

O acontecimento, nessa acepção, excede também sua acontecimentalidade [*événementialité*]. Husserl recomenda a seus ouvintes, desde o início de suas *Lições para uma fenomenologia da consciência íntima do tempo*,[6] afastar "o tempo objetivo", embora o conservando na reserva. Ao interromper qualquer posição transcendental, Husserl procura assim chamar a atenção para a pura imanência do fenômeno temporal. A fenomenologia husserliana inova ao ressaltar um fenômeno qualificado de "retenção", lembrança primária, espécie de impressão "associada a uma modificação imediata que a constitui já em passado".[7] Associa-se a essa primeira impressão, igualmente de forma espontânea, segundo Husserl, uma "prontidão, expectativa", um "futuro vão" que ele qualifica de "protensão". Assim, Husserl não limita o "agora" a um simples instante fugidio mas o insere no meio de uma intencionalidade longitudinal segundo a qual ele é simultaneamente a retenção do que acaba de se produzir e a protensão da fase seguinte. Por essa razão, ele restitui à expressão "agora", que designa o presente, seu duplo significado de uma manutenção e de uma abertura: "É essa intencionalidade longitudinal e não objetivante que garante a própria continuidade da duração e preserva o mesmo no outro".[8]

A fenomenologia do tempo, através dos seus pressupostos, supera, portanto, a simples acontecimentalidade [*événementialité*] já que Husserl quer saber como a "relembrança" permite uma presentificação do passado e como essa representação pode continuar fiel ao seu objeto. Essa implicação da relembrança na unidade do tempo vivido deve integrar a dimensão das intenções de expectativa contidas na própria lembrança: "O presente é ao mesmo tempo aquilo que vivemos e aquilo que realiza as antecipações de um passado rememorado... Nesse sentido, o presente é a efetuação do futuro rememorado".[9] Igualmente nesse sentido, o passado é fluxo de

---

6　Husserl, *Leçons pour une phénoménologie de la conscience intime du temps* (1905).
7　Desanti, op. cit., p.110.
8　Ricoeur, *Temps et Récit*, t.3, p.53-4.
9　Ibid., p.68.

vivências que estão todas no presente, porque o tempo não é mais considerado como uma linha contínua e externa, porém como uma rede de intencionalidades. Logo, o tempo não pode ser senão objetivo, segundo Husserl, mas ele tem, no entanto, uma realidade objetiva. O tempo como o mundo estão, para a consciência, sempre já-lá: "O próprio tempo deve ser finalmente considerado em três níveis: tempo objetivo (nível um), tempo objetivado dos tempo-objetos (nível dois), tempo imanente (nível três)".[10] Para representar esses fenômenos de protensão e retenção, Husserl recorre ao exemplo de um som que transcorre e desenvolve suas diferentes modulações ao longo do tempo. Os modos de captação temporais do objeto-som serão a expectativa (protensão), a atenção (presentificação) e a lembrança chamada de primária (retenção).

Essa abordagem fenomenológica concebe o acontecimento como irredutível, como assinala a revista *Epokhè*.[11] Dentro dessa perspectiva husserliana, é possível definir o acontecimento-advento como um "ponto--origem em eclosão que exige o homem inteiro, o acontecimento nos atinge abalando o fundo do mundo onde se encontra nossa sustentação e o horizonte do mundo sob o qual temos um significado".[12] Irredutível, em seu significado trivial, o acontecimento é o que não pode ser reduzido, porque ele possui somente sua própria marca, sempre aquém ou além de todas as formas de determinismo. O acontecimento é aquilo que remete a um verdadeiro reencontro com a alteridade, a um outro dinamismo, a uma primeira vez, à imanência de uma recepção plena e inteira: "O vivido ou melhor, o viver do acontecimento tem como única modalidade histórica a subtaneidade explosiva da "primeira vez".[13] É a iluminação em um céu carregado, anunciador de um mundo possível: "É precisamente esse acontecimento que Husserl reconheceu na impressão originária, e ele, o filósofo da consciência, lucidamente, deduziu da produção da consciência".[14] O acontecimento-advento possui um alcance existencial. Ele não pode ser nem previsto a partir de qualquer determinação externa, nem saturado de sentido, na sequência; ele continua sendo o inatingível:

---

10 Ibid., p.81.
11 *Epokhè*, n.3, L'irréductible.
12 Maldiney, L'irréductible, p.30.
13 Ibid., p.39.
14 Ibid., p.40.

O acontecimento é o irredutível da existência. Não porque seja um fato, uma estrutura ou um projeto confinados em si. Mas porque, como a existência e com ela, não existesinal de identificação que lhe permita uma explicação sobre o modo do *na qualidade de*. Ele é irredutível *por ele mesmo*.[15]

O filósofo Henri Bergson, na mesma época que Husserl, abriu um novo caminho, não fenomenológico, porém que concede a mesma preeminência ao presente e ao excesso da simples acontecimentalidade [*événementialité*] do acontecimento. Bergson não concorda com Husserl em um ponto capital que é o status dado à consciência imputada com a noção de intencionalidade (a consciência como consciência *de* algo) uma absoluta prevalência como fonte suprema de todas as manifestações da experiência: da percepção à lógica. Bergson evita essa preeminência do *ego* considerando que a consciência não é a consciência *de* algo, mas ela *é* algo, entre muitas outras coisas. Bergson, sobre esse ponto, introduz uma significativa ruptura com a tradição filosófica que situa a luz do lado da consciência, a única capaz de tirar as coisas do mundo da opacidade, "um pouco como se a intencionalidade da consciência fosse um raio de uma lâmpada elétrica [...] Para Bergson, é exatamente o oposto. São as coisas que são brilhantes por elas próprias, sem nada para iluminá-las".[16]

Rompendo com as teses do historicismo alemão de Ranke, e com as da escola histórica francesa de Langlois, Seignobos e Lavisse, Bergson antecipa uma concepção do tempo altamente inovadora porque ela é baseada na concepção de um passado "contemporâneo" do presente que ele foi. Em decorrência disso, o passado nunca desaparece realmente e persiste no presente do qual ele é inseparável. Há o paradoxo da contemporaneidade do passado que retém a encarnação da lembrança dentro de uma imagem-lembrança que não pode se projetar dentro do seu próprio presente, do qual é contemporâneo, mas somente em função do novo presente que o retém como passado. Bergson rompe com a linearidade da cronologia, ao sugerir uma lógica que não seja simplesmente consecutiva, enredando passado e presente graças à tomada em consideração do desdobramento do presente: "Ele se desdobra a todo instante, em seu próprio jorro, em dois jatos simétricos, um cai no passado enquanto o outro é lançado para

---

15 Ibid., p.49.
16 Deleuze, *L'Image-mouvement. Cinéma 1*, p.89.

o futuro".[17] Bergson se aproxima aqui da concepção freudiana de uma heterocronia, de um novelo no qual o inconsciente age sobre o presente a partir de lembranças-imagens preservadas na memória.

Em seu livro *Durée et Simultanéité* [Duração e Simultaneidade],[18] Bergson antecipa a ideia de um múltiplo puro que recapitularia todas as hipóteses de um pluralismo generalizado como de um pluralismo restrito e resultaria em um único tempo simultaneamente universal e impessoal. A filosofia da vida definida por Bergson transcende os limites do mecanismo para potencializar as virtualidades que estão se atualizando segundo a pulsão do impulso vital que procede por dissociação: "A atualização tem como regras, não mais a semelhança e a limitação, mas a diferença ou a divergência, e a criação".[19] O que importa é o ato em ação, o processo em andamento, inovando e liberando futuros: "Há *mais* em um movimento do que nas posições sucessivas atribuídas ao móbile, *mais* em um futuro do que nas formas cruzadas sucessivamente".[20] Nesse processo que é a própria vida em seu impulso, conjugam-se ao mesmo tempo a matéria que representa o polo da necessidade e a consciência que é o polo da liberdade. Esse avanço em direção à criatividade passa por um método subtrativo. A consciência não é adicionada ao mundo nem joga suas redes para capturá-lo; ela é o próprio mundo por subtração. Temos aqui uma definição da consciência não como feixe luminoso que acrescenta, mas ao contrário, como algo de menos, que subtrai.

Insatisfeito com as soluções da metafísica moderna kantiana, Bergson pensa construir uma outra metafísica que não mais postule uma ruptura de princípios entre a consciência e o mundo. Concentrando-se em tudo o que se move, em tudo que tenha um movimento, em um outro dinamismo, essa metafísica constrói seu projeto: "Despertemos a crisálida. Devolvamos ao movimento sua mobilidade, à mudança sua fluência, ao tempo sua duração".[21] Desse modo, Bergson constrói uma filosofia do movimento, do acontecimento, da desestratificação que concede à ressurreição do novo, à modificação do passado no presente e do presente na nossa visão do passado, uma importância capital que alicerça o caráter aporético de querer circunscrever o passado em explicações definitivas:

---

17 Bergson, *L'Énergie spirituelle*, p.131.
18 Id., *Durée et Simultanéité*.
19 Deleuze, *Le Bergsonisme*, p.100.
20 Bergson, *L'Évolution créative*, p.315.
21 Id., *La Pensée et le Mouvant* (1938), p.9.

As origens históricas do presente, naquilo que ele tem de mais importante, não poderiam ser completamente elucidadas, porque só conseguiríamos reconstituí-las em sua integralidade, se o passado pudesse ser expresso pelos contemporâneos em função de um futuro que seria, por isso mesmo, imprevisível.[22]

O movimento é a própria realidade, assimilada a partir de uma intuição que pode ir contra a propensão do intelectual, do filósofo de fazer da permanência, da imobilidade, um elemento inatingível do real, um absoluto. O erro de perspectiva que fazemos quando "raciocinamos sobre o movimento como se fosse feito de imobilidades"[23] nos faz lembrar do paradoxo de Zênon de Eleia que, confundindo o movimento com o espaço percorrido, afirma que jamais Aquiles alcançará a tartaruga que ele persegue porque, saindo depois dela do ponto de partida, quando ele chegar ao ponto alcançado pela tartaruga, essa já terá percorrido um novo espaço. O lugar por excelência de compreensão do movimento não é o espaço, mas a vida interior. Ora, para essa, a duração não se limita ao antes e ao depois simplesmente justapostos. Bergson tranquiliza seus ouvintes e leitores preocupados em perderem o autocontrole diante dessa concepção. Longe de querer desconstruir tudo, ele afirma poder ganhar em termos de substancialidade de um mundo mais durável quando ele é percebido em seu movimento imanente:

> Se a mudança é real e mesmo constitutiva da realidade, devemos considerar o passado de outra maneira, diferente da que estamos habituados a enfrentá-lo através da filosofia e da linguagem. Temos tendência em representar nosso passado como inexistente.[24]

O passado torna-se assim uma controvérsia em razão de sua ligação com o presente através da memória. Bergson distingue na realidade dois tipos de memória referindo-se a uma memória-hábito que depende da parte sensório-motora do corpo e uma memória pura, coextensiva da consciência na sua relação com a duração. O dinamismo dessa última, para Bergson, depende de uma relativa autonomia em relação ao suporte corporal. Em

---

22 Ibid., p.18.
23 Ibid., p.161.
24 Ibid., p.167.

seu livro *Matière et Mémoire* [Matéria e Memória],[25] Bergson demonstra que o passado sobrevive de duas formas distintas: 1) nos mecanismos motores; 2) nas lembranças independentes. Ele chega até a considerar que seria possível representar duas memórias teoricamente independentes. A dinâmica inerente à memória-pura viria de uma combinação entre três elementos: dois em posição oposta, a lembrança pura de um lado e a percepção do outro, cuja relação se efetua graças à mediação da lembrança-imagem.

A percepção assim concebida implementa um cone invertido. Em sua extremidade opera-se o ver presente que mobiliza uma espessura sempre mais larga do cone de acordo com suas necessidades e de seu mergulho nas profundezas do passado. Logo, não existe ruptura entre passado e presente, mas intrincamento dos dois devido aos interesses pragmáticos do presente: "Nosso presente cai no passado quando cessamos de atribuir-lhe um interesse atual. Tanto para o presente dos indivíduos quanto para o das nações".[26] Portanto existe conservação do passado no presente: "Acontece, em casos excepcionais, que a atenção abdique de repente do interesse que ela tinha pela vida: imediatamente, como por encanto, o passado volta a ser presente".[27] Isso se refere à indivisibilidade da mudança que explica que o passado possa unificar-se ao presente: "Sem essa sobrevivência do passado no presente, não haveria duração, mas somente instantaneidade".[28]

A metafísica bergsoniana procura também reatar com "a experiência integral".[29] Ela expressa essa experiência inclusive na sua dimensão experimental. Ela pode apreender, contrariamente à metafísica da tradição, a imprevisibilidade e logo, o acontecimento-advento. O caráter inacessível desse último é devido sobretudo à contestação da ideia de sucessividade. Bergson realiza desse modo uma crítica radical da lógica retrospectiva segundo a qual um acontecimento é primeiramente projetado, depois compilado, e finalmente passado, findo. Convém, ao contrário, entender as lógicas temporais por elas mesmas, tanto como fontes de experiência quanto em suas maleabilidades em função dos usos do presente. O vetor dessa abordagem sendo constituído pelo que surge como novidade, o acontecimento tem aí um lugar central.

---

25 Bergson, *Matière et Mémoire*.
26 Id., *La pensée et le Mouvant*, p.169.
27 Ibid., p.170.
28 Ibid., p.201.
29 Ibid., p.227.

Dentro dessa perspectiva, o acontecimento "é originariamente presente como *passado*, isto é, sua presença é necessariamente retrospectiva, e somente dentro dessa dimensão prospectiva: ele abre possíveis".[30] Ora, o caráter enigmático, inacessível, do acontecimento sobrevive aos esforços explicativos do historiador. Imprevisível, o acontecimento é também inexplicável, pelo menos na visão de uma série de análise que lhe dá um outro sentido por estar baseada na vontade de restituir seu contexto de emergência:

> Como não ver que, se o acontecimento se explica sempre, posteriormente, por um ou outro acontecimento antecedente, um acontecimento completamente diferente seria também tão bem explicado, nas mesmas circunstâncias, por antecedentes escolhidos diferentemente – que estou dizendo? Pelos mesmos antecedentes destacados de outra maneira, distribuídos de outra maneira, percebidos de outra maneira, finalmente pela atenção retrospectiva.[31]

O passado nunca acaba totalmente; ele também não é abolido do presente porque a lembrança acompanha a percepção como sua sombra ou seu espectro, instituindo uma continuidade de aparecer entre o passado e o presente da qual Bergson ressalta o caráter "co-originário".[32] Logo, pensar em termos de sucessão não é apropriado:

> Que o tempo implique a sucessão, eu admito. Mas que a sucessão se apresente primeiramente à nossa consciência como a distinção entre um "antes" e um "depois" justapostos, com isso não posso concordar.[33]

A hermenêutica acontecimental [*événementiel*]

Com exceção de Deleuze que assumirá a perspectiva bergsoniana, será a solução fenomenológica, a de Husserl, que predominará fortemente na história da filosofia e será, inclusive, radicalizada por Heidegger. Este último

---

30 Romano, *Il y a*, p.133.
31 Bergson, *La Pensée et le Mouvant (1938)*, p.1343.
32 Romano, *Il y a*, p.134.
33 Bergson, *La Pensée et le Mouvant*, p.1384.

Renascimento do acontecimento

pensa o próprio "sujeito" como tempo. O tempo, para Heidegger, não deve ser procurado na exterioridade, mas em nós mesmos, nesse ente que ele designa como *Dasein*:

> O *Dasein* é cada vez "meu" – no sentido em que ele se define de maneira constitutiva como um "eu sou" – não é portanto simplesmente *no* tempo entendido como aquele onde ocorrem os acontecimentos do mundo, é o tempo que é, ao contrário, a *modalidade* própria de seu ser.[34]

Portanto, para Heidegger não há distinção possível entre um tempo no seu curso específico e as modalidades da consciência do tempo, mas um só e único processo de temporalização.

Desse modo, Heidegger pensa escapar, como Husserl, das diversas formas de psicologização do tempo e evitar igualmente a aporia, da subjetivação do tempo, resultante da fenomenologia husserliana. Heidegger, com sua noção do ser-aí, de *Dasein*, que não designa nem um objeto nem um sujeito, mas "o *lugar* onde a questão do ser surge, o lugar da manifestação",[35] abre para uma fenomenologia hermenêutica. De fato, a opacificação que existe no encontro do fenômeno, o esquecimento da questão do ser, justificam o desvio hermenêutico. Essa necessária explicitação consegue ir mais fundo visando o terreno ontológico sobre o qual se apoiam as ciências do espírito. Heidegger acrescenta, na realidade, um terceiro nível de temporalidade que não depende nem do tempo da preocupação, nem da temporalidade originária, mas "aquele da própria temporalidade onde o *Dasein*, dentro do projeto resolvido em direção da possível impossibilidade de sua existência, é repelido para seu ser-repelido",[36] esse nível temporal dispõe de uma posição institucional diante dos outros dois níveis.

A inversão operada por Heidegger em relação a Husserl consiste em afirmar que não é o *Dasein* que temporaliza o tempo, mas a temporalidade que temporaliza o *Dasein*, que não depende nem da interioridade subjetiva e tampouco da exterioridade do mundo. Com isso, Heidegger se libera também da concepção que ele considera como muito psicologizante da noção do "compreender" de Dilthey: "Em sua obra *Sein und Zeit* [Ser e Tempo], a questão da compreensão está completamente desligada do problema da

---

34 Dastur, *Heidegger et la question du temps*, p.19.
35 Ricoeur, *Du texte à l'action*, p.89.
36 Romano, *L'Événement et le Temps*, p.136.

comunicação com outrem".[37] Heidegger substitui à questão da relação com o outro, que corre o risco de redobrar a noção de subjetividade, a noção ser-no-mundo: "Ao *mundanizar* desse modo o compreender, Heidegger o despsicologiza".[38] Esse deslocamento fundamental orienta a filosofia de Heidegger para a linguagem, sem que essa fosse essa sua intenção. De fato, a tríade heideggeriana: situação-compreensão-interpretação, parte da sustentação de qualquer sistema linguístico para tornar possível o compreender concebido como capacidade de orientação. Apenas em terceiro lugar aparece a noção de interpretação, porque antes da exegese dos textos "vem a exegese das coisas".[39] E é somente no final desse triplo movimento do pensamento que se apresenta a questão da linguagem como articulação secundária. No entanto, Heidegger escapa da primazia concedida ao sujeito pela tradição metafísica? Se considerarmos que ele consegue liberar a temporalidade de sua relação com o sujeito da ontologia tradicional, "ele não a liberta, contudo, absolutamente de seu enraizamento no sujeito em sua acepção fundamental – ontológica".[40] Heidegger reataria assim com um horizonte metafísico de um pensamento do tempo como subjetivo e da subjetividade como tempo que data de Santo Agostinho. A hermenêutica heideggeriana conduziria, então, a uma aporia semelhante a de Santo Agostinho, que é a de apenas pensar o tempo no plano íntimo do fato da exclusão de princípios de sua dimensão cosmológica.

De uma aporia a outra, no entanto, o resultado é uma certa progressão, e o pensamento de Heidegger sobre o tempo histórico permite um certo número de avanços fecundos. Ele oferece três prolongamentos para a reflexão sobre a temporalidade. Em primeiro lugar, Heidegger considera a questão do tempo como totalidade envolta na estrutura fundadora da *Inquietação*. Em segundo lugar, ele liga as três dimensões do tempo – passado, presente, futuro – em uma unidade *ek-stática*, dentro de um processo comum de exteriorização. Em terceiro lugar, "o desenrolar dessa unidade ek-stática revela, por sua vez, uma constituição que chamaríamos de laminada do tempo, uma *hierarquização*, equiparável à temporalização, que exige denominações diferentes: *temporalidade, historialidade, intratemporalidade*".[41]

---

37 Ricoeur, *Du texte à l'action*, p.90.
38 Ibid., p.91.
39 Ibid., p.92.
40 Romano, *L'Évenement et le Temps*, p.143.
41 Ricoeur, *Temps et Récit*, t.3, op. cit., p.116.

Renascimento do acontecimento

Através dessa noção da Preocupação (Sorge), Heidegger concedera uma prevalência à dimensão do futuro sobre as outras relações com o tempo. Heidegger pensa assim esquivar-se de dois obstáculos do pensamento histórico: por um lado, o de considerar os fenômenos históricos imediatamente como fenômenos pertecentes à esfera pública e, por outro lado, o de separar o passado de seu futuro, reduzindo assim a história a uma simples retrospecção. Heidegger insiste, ao contrário, sobre a noção de herança transmitida que o permite entrever "como qualquer retrocesso procede de uma resolução essencialmente voltada para o antes".[42] A hermenêutica heideggeriana, com o conceito de repetição, possibilita uma reabertura das potencialidades, dos possíveis não revelados ou reprimidos do passado, em direção ao por-vir:

> Portanto, é *sucedendo ao* modo do *retorno* a si que a resolução antecipatória torna *presente* o ente que vem ao seu encontro no mundo ambiente: é esse fenômeno unitário de um futuro que se torna presente tendo sido o que Heidegger chama de *temporalidade*.[43]

Um dos principais interesses da hermenêutica heideggeriana para pensar nosso sujeito é que ela acolhe o acontecimento e concebe até mesmo a questão do ser como acontecimental [*événementiel*]. Essa contribuição na dissociação do ser e do ente foi bem destacada por Levinas que entendeu ser essa a principal contribuição de *Ser e Tempo*:

> O existencialismo é sentir e pensar a existência – o ser-verbo-como acontecimento [...] Em suma, na filosofia existencialista, não há mais cópulas. As cópulas traduzindo o próprio acontecimento do ser.[44]

Ora, como o ser não se reduz ao ente, o acontecimento não se reduz a sua acontecimentalidade [*événementialité*] e seu sentido excede em todos os sentidos o que é comprovado. A compreensão, a descoberta de um sentido se assimila, portanto, ao próprio acontecimento de revelação do ser no *Dasein*:

---

42 Ibid., p.136.
43 Dastur, *Heidegger et la question du temps*, p.69.
44 Levinas, *Les Imprévus de l'histoire*, p.112-3.

A compreensão não indica nenhum comportamento teórico de um sujeito em relação a um objeto, nenhum conhecimento no sentido clássico: ela é um modo do existir, uma maneira de ser, o acontecimento fundamental da transcendência do *Dasein*.[45]

A ontologia heideggeriana concebe, desse modo, a existência e a verdade, à maneira da compreensão, como acontecimentos que acontecem ao ser-aí. Com sua noção de *Ereignis*, Heidegger designa as condições de possibilidade do ser como acontecimento: "*Ereignis* não designa o acontecimento, mas o que causa o acontecimento".[46] Ao mesmo tempo, Heidegger esvazia de qualquer forma de subjetividade a compreensão do acontecimento intramundano. A consciência não dá nenhuma informação sobre os acontecimentos do mundo. A compreensão do acontecimento é anônima. Ela vem de "Alguém" indefinido. Heidegger, que desse modo conseguiu escapar de um pensamento substancial do sujeito e sair das armadilhas da metafísica tradicional, chega, no entanto, a um paradoxo, porque o *Dasein* só é acessível a partir de uma concepção que reduz o acontecimento "rebaixado por isso mesmo à condição de mero fato cujo modo de ser é a efetividade".[47] Na ontologia heideggeriana, essa redução do acontecimento é o corolário da redução da multiplicidade dos acontecimentos em um só: o existir no sentido transitivo: "Nenhum outro acontecimento sobrevém ao *Dasein* a não ser ele próprio".[48]

Mas, Heidegger, por sua vez, chega a uma aporética da temporalidade, porque ele não encontra as mediações adequadas para pensar juntamente o tempo cosmológico e o tempo íntimo, em termos heideggerianos, o tempo vulgar do cotidiano das ciências e o tempo íntimo do *Dasein*. Aliás, para Heidegger, a hipóstase do ser com esse ser que se autonomiza e passa a ser história ao se retirar e ao se revelar ao mesmo tempo, tem como efeito a errância do homem: "Se a origem de todo esquecimento é a afirmação do ser, é na verdade o homem que esquece, e ao esquecer, esse esquecimento cai na essência. Somente o homem erra. O ser não erra".[49] As metáforas empregadas por Heidegger são, a esse respeito, esclarecedoras: o homem é o pastor do ser, o testemunho do ser. Ele fica, então, reduzido a representar

---

45 Romano, *L'Évenement et le monde*, p.22.
46 Fédier, *Regarder voir*, p.117.
47 Romano, *L'Évenement et le monde*, p.183.
48 Ibid.
49 Haar, *Heidegger et l'essence de l'homme*, p.191.

os figurantes numa postura puramente passiva, de impotência. Do mesmo modo que a via curta da hermenêutica heideggeriana não consegue percorrer o caminho oposto à epistemologia, a assimetria radicalizada entre o ser e o homem tampouco permite remontar da ontologia à ética, que continua sendo o horizonte bloqueado de Heidegger.

Para superar esses impasses do programa heideggeriano, o filósofo Claude Romano desenvolve um amplo projeto para pensar o acontecimento. Ele descreve seu programa como o de uma hermenêutica acontecimental [*événementiel*]. Partindo do princípio bergsoniano segundo o qual é preciso recuperar a mobilidade, ele vê no acontecimento a expressão do movimento no estado puro. Sua profunda reflexão permite grandes avanços que evitam restringir, reduzir o acontecimento à sua mera acontecimentalidade [*événementialité*], porque ele coloca em relação estreita o acontecimento que ocorre e o que denomina de "o ocorrente", ou seja, "a primazia dos modos diversificados de subjetivação com relação ao sujeito no sentido clássico".[50]

Pensar o acontecimento, antes de mais nada, constitui um desafio delicado a ser enfrentado porque, quando queremos estar mais perto do que aconteceu, encontramo-nos absorvidos pelo mundo das coisas e esquecemos da fenomenalidade do acontecimento. Romano não considera, no entanto, o programa fenomenológico como encerrado e superado pela hermenêutica. Ao contrário, ele concebe seu projeto hermenêutico como o prolongamento lógico da fenomenologia. Em que condição é possível falar de um acontecimento como propriamente um fenômeno? Romano distingue dois tipos de acontecimento: por um lado os acontecimentos não atribuíveis a um suporte ôntico que ele chama de "fatos intramundanos" do tipo: está chovendo, o raio, a chegada do trem na estação... muitos acontecimentos que não atingem ninguém em particular. Por outro lado, existem os acontecimentos atribuíveis a título pessoal "cujo sujeito de atribuição é inequivocamente determinável".[51] O importante, portanto, é que o acontecimento em questão intervenha por alguém, o ocorrente.

Essa distinção justifica a diferença de natureza entre o acontecimento e o fato. Tanto o fato remete à coisa objetivável, quanto o acontecimento no sentido acontecimental [*événementiel*] é "sempre *dirigido*, de modo que *aquele a quem ele ocorre está, ele próprio, implicado naquilo que lhe acontece*".[52]

---

50 Romano, *L'Évenement et le monde*, p.2.
51 Ibid., p.40.
52 Ibid., p.44.

Resulta dessa concepção que o acontecimento não pode nunca ser plenamente objetivado, porque ele se presta apenas a uma observação parcial e tendenciosa, envolvendo aquele que o compreende no próprio ato da compreensão. Podemos falar a esse propósito de um "realismo hermenêutico" de Romano, cuja ideia central é de demonstrar que a realidade do acontecimento é indissociável de sua interpretação.[53] Essa indissociabilidade cria, aliás, a relação estreitamente complementar da fenomenologia e da hermenêutica na obra de Romano.

Um acontecimento somente é um acontecimento em relação a alguém:

> Primeiramente, não existe um fato objetivo que, num segundo tempo, transtornaria meus possíveis: o acontecimento não é nada além dessa reconfiguração impessoal dos meus possíveis e do mundo que ocorre em um fato e através dela, ele abre uma brecha dentro da sua própria aventura.[54]

Essa concepção opta pela multiplicidade, pela valorização das singularidades, uma vez que o acontecimento é concebido e vivido de maneira única e insubstituível. Desse modo, o anúncio de uma doença, de uma morte próxima motiva uma reação totalmente pessoal do indivíduo atingido em sua carne. O acontecimento surge como detentor de um mundo, de um campo de possíveis que possibilita explicações. O sentido do acontecimento ultrapassa em todos os aspectos sua acontecimentalidade [*événementialité*] e oscila em função do mundo de sentido, do qual ele é detentor. Desse modo, o raio passará a ser a expressão da cólera de Zeus, dentro da perspectiva mitológica da Grécia antiga, a um fenômeno do encontro atmosférico dentro do discurso metereológico moderno: "Logo, sempre é no interior do mundo, inserido na estrutura causal, que o acontecimento pode surgir com o sentido que é o seu".[55]

No entanto, um verdadeiro acontecimento no sentido acontecimental [*événementiel*] não se reduz ao seu contexto de emergência. É aí que as tentativas redutoras de explicações causalistas, contextualistas fracassam, porque elas se encontram confrontadas a uma aporia na medida em que:

---

53 Greisch, L'Herméneutique événementiale, *Critique*, n.648, p.421.
54 Romano, *L'Événement et le monde*, p.45.
55 Ibid., p.50.

Renascimento do acontecimento

o acontecimento no sentido acontecimental [événementiel], na realidade, é aquele que esclarece seu próprio contexto e não recebe absolutamente seu sentido dele: ele não é a consequência, explicável sob o aspecto de possíveis preexistentes, mas ele reconfigura possíveis que o precedem e significa, para o ocorrente, o advento de um novo mundo.[56]

Portanto, a distinção é radical entre um conceito acontecimental [*événementiel*] reservado aos fatos intramundanos e um conceito acontecimental [*événementiel*] que se priva de qualquer sentido prévio. O acontecimento é inatingível por definição, porque ele é puro começo, surgimento que "se ab-solve de toda causalidade antecedente".[57] Não que ele venha de lugar nenhum, de nenhum horizonte, o acontecimento – como o fato – possui causas, mas essas o explicam apenas como fato e não como acontecimento no sentido acontecimental [*événementiel*]. Assim, o encontro entre dois indivíduos pode ser lembrado como fato, em determinada data, em determinado lugar, por uma ou outra razão, mas o que ele produz em cada um dos dois protagonistas não consegue ser alcançado por essa mera constituição acontecimental [*événementiel*]: "Do acontecimento, apenas uma coisa podemos dizer, que ele é a sua própria causa, isto é, a rigor, ele não tem causa".[58] O acontecimento, ele mesmo é sua própria origem, o que leva Romano a avaliar sua hermenêutica de acontecimental [*événementiel*]. Nesse aspecto, ele toma a direção contrária à abordagem clássica dos historiadores quando eles tentam elucidar o sentido, explicar o acontecimento através do contexto. É, ao contrário, o acontecimento que, através de sua capacidade em romper com a estrutura causal, esclarece seu próprio contexto.

Portanto, o acontecimento transporta com ele seu próprio horizonte de inteligibilidade e ao fazê-lo pode modificar totalmente o possível, abrindo-se assim para um mundo novo. Dentro dessa perspectiva, o acontecimento não seria resultante da história, mas seu desafio, sua interrogação enigmática e nunca resolvida, sua esfinge desestabilizadora. Podemos seguir aqui Romano, quando se trata de uma história linear, estritamente causal e teleológica, de uma cronosofia contida na própria ideia de irrupção do radicalmente novo. Mas não é mais o caso hoje em dia da escrita histórica. Romano incrimina a concepção um pouco ultrapassada, da disciplina

---

56 Ibid., p.55.
57 Ibid., p.58.
58 Ibid., p.59.

histórica. Para enfatizar que sua concepção do acontecimento é um desafio à história, Romano chega mesmo a considerar que o acontecimento, ao contrário do fato intramundano, não é datável: "Ele não se insere *no* tempo, ele *abre* o tempo ou o temporaliza".[59] Se o acontecimento não for predeterminado por uma causalidade que o anuncie, ele tampouco se efetiva no presente que ele excede.

Por sua capacidade em abrir-se para o mundo, o acontecimento é inteiramente voltado para o devir, para o futuro, a partir da brecha que ele forma entre passado e futuro: "Parece que os acontecimentos são mais vastos que o momento em que ocorrem e não conseguem manter-se aí totalmente inteiros", escreve Proust.[60] Assim, o encontro, no sentido acontecimental [*événementiel*], diferentemente do fato, não pode ser verdadeiramente datado, mas, entretanto, pode significar uma transformação radical do mundo para ambas partes. O sentido de um encontro importante ou de uma decisão fundamental é revelado apenas posteriormente: "Ninguém faz a história, não a vemos, da mesma maneira que não vemos a grama crescer".[61] Quando conseguimos alcançar a realização do acontecimento, ele já ocorreu como a grama do seu jardim. Esse atraso, essa diferença temporal, essa "*différance*" como Derrida a chamava, no sentido de diferir, não é uma característica suplementar do acontecimento, ele é sua própria natureza.

Essa hermenêutica acontecimental [*événementiel*] é primeiramente uma fenomenologia à proporção em que o acontecimento é entendido como fenômeno fundamental, absoluto: "Seu surgimento é sua própria medida".[62] Em segundo lugar, ela privilegia o papel do ocorrente, que é aquele a quem sobrevem o acontecimento, o que subentende seu envolvimento no que lhe acontece enquanto ser de experiência. O que é primordial no ocorrente é sua competência no processo de subjetivação: "A humanidade do homem signifca abertura para os acontecimentos que lhe permite compreendê-los e compreender a si mesmo, a partir deles como ocorrente".[63] Finalmente, Romano constrói uma hermenêutica da temporalidade, identificando suas modalidades, as maneiras que o ocorrente dispõe para habitar o tempo. Ele chegou ao ápice da construção dessa hermenêutica do acontecimento ao revelar a capacidade de esclarecimento

---

59 Ibid., p.64-5.
60 Proust, *À la recherche du temps perdu*, p.902.
61 Pasternak, citado em exergo por Simon, *L'Herbe*.
62 Romano, *L'Événement et le monde*, p.70.
63 Ibid., p.75.

dessa abordagem em termos de compreensão e de elucidação. Mas ele tropeçou também em uma aporia na medida em que não considera as dimensões de linguagem e discursivas da identificação e da interpretação do acontecimento. Aliás, Romano reduz o campo de operatividade do poder heurístico da hermenêutica à única dimensão da ipseidade individual ao privilegiar exclusivamente a figura de "ocorrente". Falta, assim, a dimensão de historiação do acontecimento e a articulação necessária entre o individual e o coletivo, convertendo o horizonte propriamente histórico em ângulo morto de sua abordagem.

O acontecimento entre fenomenologia e história

Além de Romano, outros também exploraram esse caminho de uma fenomenologia do acontecimento. Jocelyn Benoist ou Jean-Luc Marion vão na mesma direção, examinando o acontecimento enquanto "dado" fenomenológico.[64] Marion insiste sobre o paradoxo segundo o qual o acontecimento, devido, a suas modalidades de doação, interrompe o mundo no qual ele se insere ao invés de se conciliar com seu contexto. Ele também define o acontecimento como um inatingível, um imprevisível que surpreende por sua capacidade de renovação e de ruptura. O acontecimento, segundo Marion, não tem uma razão definida; ele depende da expectativa ou da lembrança, mas ele não pode ser provocado, produzido. Os fenômenos determinados que são os acontecimentos "aparecem e se mostram ainda mais compreensíveis porque se esquivam, ao mesmo tempo, da influência da causa e da condição de efeito. Quanto menos eles se inserem na causalidade, mais eles se mostram e se tornam inteligíveis como tais".[65]

Se existe uma preeminência entre as causalidades do acontecimento e seus efeitos, ela se situa nesse segundo nível, porque o conhecimento do acontecimento começa por seus efeitos. O acontecimento supera a medida. Ele excede qualquer forma de atribuição causal. Evidentemente, é possível colocá-lo em correlação com o feixe de causalidades, mas "essa superabundância proíbe justamente que uma causa lhe seja atribuída".[66] Desse modo,

---

64 Ver Marion, *Étant donné*; e Jocelyn Benoist, Qu'est-ce qui est donné? La pensée et l'événement, *Archives de philosophie*, n.59, p.629-57.

65 Marion, *Étant donné*, p.229.

66 Ibid., p.237.

as causas que levaram à eclosão da Primeira Guerra Mundial são múltiplas e de naturezas diversas, econômicas, políticas, diplomáticas, culturais, mas continuam impotentes para dominar o acontecimento que lhes foge. Acontece o mesmo no plano de um acontecimento individual. Marcel Proust é quem melhor traduz, no seu livro *Em busca do tempo perdido*, a primazia da individualização no significado do que pode ser um acontecimento:

> No momento em que engoli as migalhas do bolo e elas tocaram o meu palato, eu estremeci, atento ao que se passava de extraordinário comigo. Um prazer delicioso me invadiu, isolado, sem noção de sua causa. Imediatamente, as vicissitudes da vida tornaram-se indiferentes, seus desastres inofensivos, sua brevidade ilusória, da mesma maneira como o amor opera, inundando-me de uma essência preciosa, ou melhor, essa essência não estava em mim, ela era eu.[67]

Dessa liberação do acontecimento de suas cadeias causais, Marion tira alguns ensinamentos sobre a natureza do acontecimento. Podemos, então, afirmar que ele se caracteriza por ser irrepetível. Ele se estabelece como um excedente, mesmo dispondo de antecedentes, e finalmente ele abre os possíveis através de sua própria ocorrência; começa assim uma nova série.

Jocelyn Benoist insiste igualmente sobre o caráter originário da acontecimentalidade [*événementialité*] no fenômeno da doação: "Primeiramente, há essa acontecimentalidade [*événementialité*] que é a do sensível e é sobre esse solo e somente sobre ele que podemos desenvolver nossas atividades de formação categorial".[68] Rompendo com uma concepção reificante do dado, Benoist o define como puro surgimento do acontecimento enquanto tal: "O que é dado? Justamente os acontecimentos".[69] Todas as coisas do mundo são referentes a sua acontecimentalidade [*événementialité*]; ela é primeira, possui princípios e é isenta de qualquer conteúdo prévio, fora do intramundano:

> Esses acontecimentos, como tais, não são nenhum "conteúdo" [...] O acontecimento é algo onde não existe "Mundo". Essa falta de mundo que

---

67 Proust, *À la recherche du temps perdu*, p.45.
68 Benoist, Qu'est-ce qui est donné? La pensée et l'événement, p.639.
69 Ibid., p.645.

está no mesmo plano do próprio mundo e que forma a própria trama cotidiana.[70]

Jocelyn Benoist, que compartilha com Marion seus pressupostos fenomenológicos, no entanto, se diferencia um pouco dele no que se refere ao uso do acontecimento como erupção do excepcional. Ele não vê nenhuma razão para restringir o campo de definição do acontecimento, em alguns casos espetaculares, como o da Ressurreição ou da Revolução Francesa para a história da humanidade, ou do nascimento e da morte no que se refere à história do indivíduo:

> Se levarmos a sério o tema do acontecimento, isto é, se reconhecermos, como tentei sugerir, a acontecimentalidade [*événementialité*] integral e "normal" de real, o valor dessa referência para o acontecimento enquanto acontecimento excepcional desaparece.[71]

Os critérios de exceção nesse campo, como seus usos, dependem apenas da mundanidade. Tudo se transforma em acontecimento. A tarefa da filosofia resulta em restituir a acontecimentalidade [*événementialité*] constitutiva às coisas, isto é, em tirá-la do esquecimento, o que não significa absolutamente nivelar as coisas ao seu contexto, mas elevá-las ao texto do próprio mundo.

Essa perspectiva fenomenológica é muito fecunda, mas resulta em uma aporia porque ela postula, como vimos com Romano, a desvinculação com o intramundano, do acontecimento de sua efetividade. A partir daí, essa corrente filosófica ergue um muro intransponível entre o olhar fenomenológico, de um lado, e a investigação histórica, do outro. Ela impede qualquer transversalidade, qualquer complementaridade, invalidando não uma corrente de historiadores, uma escola particular, mas a abordagem histórica, como sendo ela própria incapaz de ir ao essencial, estando condenada à superficialidade das coisas. Aliás, ao situar a acontecimentalidade [*événementialité*] unicamente na dimensão pessoal, subjetiva, íntima, essa corrente fenomenológica se afasta do outro polo, cosmológico, coletivo, histórico ou universalizante de abordagem do acontecimento: portanto, não somente fica invalidado o olhar do historiador, mas também o de Aristóteles, de Kant...

---

70 Ibid., p.646.
71 Ibid., p.655.

Quer seja Romano, Marion ou Benoist, nenhum deles se preocupa em articular os registros histórico e fenomenológico. Muito ao contrário, eles tentam absolutizar a diferença de natureza que separa os dois olhares. O que é lamentável, principalmente porque suas reflexões são repletas de ensinamentos para o historiador que se encontra confrontado ao intramundano e que não corresponde em nada à caricatura feita por esses fenomenólogos. Aliás, a filósofa Marlène Zarader lamenta essa ausência de articulação. Também fenomenóloga, ela considera com razão que falta fazer um segundo trabalho, indispensável, que consiste em voltar da acontecimentalidade [*événementialité*] do início até ao fenômeno particular que é o acontecimento na outra extremidade da cadeia: "Se voltarmos à origem de qualquer fenomenalidade sem termos os meios conceituais para tornar a descer até aos fenômenos (e, nesse caso, descer um pouco mais rico), cumprimos apenas uma parte do trabalho".[72] Essa tomada de posição tem o mérito de formular a questão da relação da acontecimentalidade [*événementialité*] tal como admitida pelos fenomenólogos com a história que continua ausente de suas investigações:

> Que relação nosso acontecimento – o acontecimento submetido ao sentido fenomenológico... – mantém com os acontecimentos do mundo, principalmente com os acontecimentos históricos, e igualmente com o acontecimento como tal, que interessa também, não importando o que pensamos, ao historiador ou ao sociólogo?[73]

Como uma filosofia, que se declara filosofia do acontecimento, poderia se desinteressar pelo acontecimento histórico? Portanto, é o que ela faz suavemente, e é o que reduz consideravelmente o alcance de suas observações. Essa corrente abre seu sulco na única coerência da fenomenologia, abandonando a empiria, a pluralidade dos acontecimentos reais, abstendo-se de qualquer interrogação sobre as renovações da historiografia. A deslegitimação do discurso histórico praticada pelos fenomenólogos se faz, portanto, em nome de uma visão da história totalmente obsoleta, e temos o direito de esperar outra coisa dos filósofos que se dizem atentos ao acontecimento no que ele oferece de novo. Sozinha nessa corrente, Marlène Zarader se indaga sobre o que os historiadores entendem por acontecimento e

---

72 Zarader, L'Événement entre phénoménologie et histoire, *Tijdschrift voor Filosofie*, n.2, p.287-321.
73 Ibid.

chama a atenção, embora superficialmente, para as renovações incentivadas pelos historiadores profissionais – Pierre Nora, Reinhart Koselleck, Michel de Certeau principalmente – que romperam com a concepção fatualista do historismo do século XIX.

Esses fenomenólogos poderiam assim facilmente perceber, ao abrirem suas janelas disciplinares, que o historiadores tinham propensão em colocar o acontecimento no centro de sua operação de conhecimento enquanto enigma flutuante, superando suas condições de emergência, enquanto singularidade, abrindo um mundo novo não redutível a suas explicações, fonte de descontinuidades e ponto de cristalização lançando um futuro do passado. Ao descrever a operação histórica confrontada com o acontecimento, Marlène Zarader devolve a diferença feita pelo historiador entre o acontecimento vivido pelos atores e o acontecimento interpretado por ele ou por sua comunidade científica. Além disso, ela decompõe o trabalho histórico em acontecimento de três camadas, que são: levar em consideração a atitude natural que é a dos atores da história; em seguida, a atitude fenomenológica que consiste em descrever o acontecimento, seu desenrolar, "descrito como *fenômeno*, sem conjecturar em nada seu ser".[74] E finalmente, a atitude hermenêutica quando o historiador quer *qualificar* esse acontecimento, situar como ele encerra um período ou abre um novo.

Essas observações pressupõem, ao historiador, que ele transborde seu estudo para um antes e para um depois: "Assim, ao transpô-lo, ele faz seu trabalho, que consiste em tecer ou tecer mais uma vez a trama do significado".[75] Portanto, o historiador encontra-se também confrontado com o inatingível, ao "sem fim", ao irredutível. Aliás, de acordo com Marlène Zarader, não foi um filósofo, nem um historiador, mas um escritor, Maurice Blanchot, quem melhor compreendeu esse caráter irredutível do acontecimento, qualificado por ele como sendo "a outra noite": Blanchot "descreve essa experiência dentro de sua própria irredutibilidade".[76] É impossível pensar o acontecimento fora do olhar fenomenológico porque o acontecimento tem apenas legitimidade "fenomenal", e levá-lo a sério implica considerar sua ocorrência, como ocorrência, na sua própria descrição ligada ao ocorrente. Mas, ao mesmo tempo devemos advertir os filósofos do risco de se instalarem atrás da cesura que eles praticam, que ao atribuir

---

74 Ibid.
75 Ibid.
76 Zarader, *L'Être et le neutre*, p.75.

ao acontecimento uma consistência ontológica os conduz a desrealizar o acontecimento, cortando o processo histórico e o processo das ciências humanas em geral.

A psicanálise diante do acontecimento: a heterocronia

O acontecimento concebido como travessia experimental concreta é, na realidade, um dos objetos familiares da psicanálise. O acontecimento enquanto irredutível resiste, se rebela e persiste apesar de todos os processos de rejeição. Ele se revela sobretudo no indivíduo quando ele não tem escolha, impondo-se como absoluta imposição que interrompe o curso do tempo individual. Isso corresponde especialmente a "todas as experiências negativas: o mal, a morte, o sofrimento, as tragédias da história. Dessas experiências não resulta apenas a retomada da ordem de uma presença possível, elas colocam em risco essa ordem e a invalidam".[77] A interrogação sobre o sofrimento psíquico é o campo específico da psicanálise que se consagrou ao acontecimento, especialmente sob a forma de acontecimento traumático, como seu objeto principal de interrogação. Rompendo com uma abordagem puramente continuísta e linear tal como a psicologia poderia representá-la, a psicanálise introduz fragmentação, heterogeneidade no funcionamento da psique humana confrontada ao acontecimento, nos embates entre interioridade e exterioridade. Freud usa duas palavras para designar o acontecimento, *Ereignis* e *Erlebnis*, e quase sempre o acontecimento está ligado ao traumatismo. Quando ele formula a teoria da sedução em 1895, ele coloca no centro da busca analítica o ato suposto de sedução paterna como terreno propício à neurose histérica. Logo depois, Freud passará dessa concepção que se refere à acontecimentalidade [*événementialité*] real e rejeitada do acontecimento concreto que seria preciso trazer à superfície da consciência, a uma abordagem completamente diferente que atribui apenas uma dimensão fantasmagórica à teoria da sedução. Segundo Jean--Pierre Chartier, a causa da mudança de sua teoria é um drama pessoal, um acontecimento traumático sofrido pelo próprio Freud:

---

77 Ibid., p.83.

Devemos a teoria e a prática analíticas a um acontecimento dramático vivido por Freud, em 23 de outubro de 1896. A morte de seu pai é a origem de sua autoanálise que o levará a abandonar a teoria da sedução.[78]

Por conseguinte, uma concepção segundo a qual a verdade fatual é, a esse ponto, uma construção do afeto, fatalmente tecida na ficção a ponto de não poder discriminar o verdadeiro do falso. Mas Freud nem por isso desiste de encontrar um núcleo de verdade acontecimental [*événementielle*], uma espécie de *primum movens* da psicopatologia, "como mostram seus esforços para convencer o Homem dos lobos da realidade da cena primitiva que ele teria assistido".[79]

O impossível acesso à verdade acontecimental [*événementielle*] do acontecimento esquecido desloca a escuta para as vicissitudes dos efeitos do acontecimento na memória individual. O problema não é portanto distinguir o verdadeiro do falso, porque, para o sujeito, o falso pode ter tanto senão mais eficácia do que o verdadeiro. Evidentemente, Freud continuará fascinado pela ideia do retorno possível do acontecimento, como podemos observar pelo impacto que lhe causou a narrativa de ficção de Jensen, *Gradiva*, personagem de pura fantasia de Norbert Hanold que na realidade é a mesma pessoa que Zoé, personagem real da vida concreta de Hanold.[80] Freud vê aí a concretização de seu sonho na fusão entre realidade e fantasia. Ele parece, esquecendo que se trata de uma ficção, realizar seu mito, que é o de ter acesso ao acontecimento inicial.

Confrontado ao fenômeno histérico, Freud começa a pesquisar as origens da trama acontecimental [*événementielle*] efetiva. Atento aos seus pacientes, ele dá crédito ao que dizem e questiona especialmente as práticas de sedução paterna para explicar o surgimento das neuroses. Mas, bem rapidamente, Freud abandona esse caminho, como prova sua correspondência com Fliess. Ele o informa ter abandonado sua hipótese porque, julgando a frequência dessas acusações de sedução, seria preciso postular uma generalização dessas práticas perversas, o que lhe parece absolutamente impensável. Sobretudo, ele desistiu dessa hipótese a partir "da convicção de que não existe no inconsciente nenhum "índice de realidade" de tal maneira

---

78 Chartier, Événement. In: Mijolla (org.), *Dictionnaire international de psychanalyse*, p.558.
79 Ibid., p.559.
80 Freud, *Délires et rêves dans la Gradiva de Jensen* (1907). Ver Backès-Clément, La stratégie du langage, *Littérature*, n.3.

que é impossível distinguir a verdade da ficção investida de afeto".[81] Bem mais tarde, ele escreve nesse mesmo sentido: "Os sintomas neuróticos não se prendiam diretamente aos acontecimentos reais, mas aos fantasmas [...] A realidade psíquica tinha muito mais importância do que a material".[82]

Em 1978, Michel de Certeau, ao redigir sua nota sobre "Psicanálise e história" para a obra de caráter enciclopédico, dirigida por Jacques Le Goff, *La Nouvelle Histoire* [A nova História], opõe duas estratégias do tempo: a da historiografia construída a partir do rompimento entre o passado e o presente, postulando uma diferença primordial que induz a uma preocupação de objetivação daquilo que não é mais. Diante dessa preocupação de inteligibilidade passando pelo distanciamento, a estratégia da memória passa pelo esquecimento, mas de maneira ativa, como resistência ao passado, do seu retorno sem conhecimento, para evitar que a morte não se apodere e não persiga o vivo:

> Portanto, a psicanálise e a historiografia têm duas maneiras diferentes de distribuir o *espaço da memória*. Elas pensam diferentemente a relação do passado e do presente. A primeira reconhece um *dentro* do outro; a segunda coloca um *ao lado* do outro.[83]

Essa distinção, útil para evitar as formas de confusão, de transferência brusca de um conceito de uma disciplina a outra, tem que ser, no entanto, reconsiderada, sobretudo atualmente que é possível medir a importância do trabalho de memória na própria operação historiográfica.

Por um lado, o historiador pôde desnaturalizar sua relação com o acontecimento ao perceber que ele era justamente o resultado de seus vestígios e, por outro lado, o psicanalista teve que romper com uma análise muito estrutural para encontrar a dinâmica inerente aos fenômenos mnésicos ao reportá-los ao seu meio ambiente externo. No entanto, é bem verdade que o objeto da psicanálise, o inconsciente, ignora o tempo, como constatou Freud. O inconsciente, na realidade, correlaciona os acontecimentos passados, as projeções fantasiosas com o presente sobre um mesmo plano de imanência. Quanto ao psicanalista, ele tem que realizar um certo número

---

81 Freud, carta a Fliess, 21 set. 1897. In: *Naissance de la psychanalyse. Lettres à Wilhelm Fliess. Notes et Plans (1897-1902)*, p.191.

82 Freud, *Ma vie et la psychanalyse* (1925), p.52-3.

83 Certeau, Histoire et psychanalyse. In: Le Goff (org.), *La Nouvelle Histoire*, p.447-87 ; reproduzido em Certeau, *Histoire et psychanalyse entre science et fiction*, p.99.

de alterações. Confrontado, como o historiador, à falta, à ausência de uma realidade finda, de um acontecimento passado e enterrado, ele deve se decidir em não poder garantir a ressurreição, a não poder atingir sua verdade acontecimental [*événementielle*], e deslocar sua investigação para a eficácia de seus vestígios, para suas manifestações sintomáticas. Para o psicanalista, o acontecimento torna-se o inatingível, o irredutível, o que ficou bem explícito por Lacan, ao afirmar: "o Real é o impossível". Podemos mesmo considerar que o sonho da psicanálise nos seus primórdios era de extrair o acontecimento traumático de sua realidade. Mas, aos poucos, essa perspectiva foi abandonada em prol da atenção à efetividade das reelaborações sucessivas dos acontecimentos vividos.

A partir dessa mudança fundamental, o acontecimento no discurso psicanalítico se reveste de uma duplicidade que lhe é própria; ele foi e continua sendo ao mesmo tempo inacessível. Não somente é impossível devolvê-lo, salvo como "ficção investida de afeto", como ele tem na cura analítica, um status duplo:

> entre o discurso de um – paciente – e do outro – analista; entre o discurso de quem sofre e o daquele que escuta; de quem viveu o acontecimento e não se lembra mais, e de quem procura devolver sua natureza exata. Nesse terreno mentiroso, o analista tem como tarefa identificar a verdade; o paciente, por seu lado, tem como tarefa exibir a ficção investida de afeto: duplo testemunho da acontecimentalidade [*événementialité*], mas igualmente, *status* duplo.[84]

Seja o paciente que relembra ou o analista que reconstrói, o tratamento analítico se move em direção à coerência de uma narrativa tecida de vestígios mnésicos. Catherine Backès-Clément retoma como título em sua contribuição ao número da revista *Communications*, consagrado ao acontecimento, o intuito provocador e exato de Lacan, para quem "o acontecimento é dado como desaparecido" em psicanálise. Mas é exatamente esse desaparecimento que cria sua onipresença, sua disseminação na memória individual. É ela que fundamenta a psicanálise assim como a história enquanto disciplina heterológica que instaura uma perda, uma ausência, e que se constrói na sua relação com a alteridade, sediando o acontecimento

---

84 Backès-Clément, L'Événement: porté disparu, *Communications*, n.18, p.147.

vindouro. O real aí está irremediavelmente em posição de ausente, "por toda parte *presumido* e por toda parte *ausente*".[85]

Através de seu trâmite na trama temporal que se situa entre o acontecimento traumático e o presente, a cura analítica se atribui como objetivo paradoxal, mudar o passado.[86] Missão evidentemente impossível, ainda mais para o historiador, para sempre cortado do passado por uma ruptura temporal intransponível entre as gerações vivas e desaparecidas. Da mesma maneira que o tratamento pressupõe o ato do terapeuta, o historiador se vê confrontado com o "fazer história", com uma construção ativa. Diante do legado memorial, o historiógrafo não está diante de uma atitude passiva de simples reprodução, de exumação da narrativa das origens, do acontecimento fundador. Essas mudanças e reconfigurações remetem a um trabalho: "Seu trabalho é, portanto, um acontecimento. Porque ele não repete, ele tem como finalidade converter a história-lenda em história-trabalho".[87] As duas estratégias empregadas para o conhecimento da perda, para se dizer a ausência e significar a dívida se desenrolam entre presente e passado através de procedimentos distintos.

De um lado, a historiografia ambiciona salvar o esquecimento das positividades perdidas; ela visa transportar os conteúdos para o texto ocultando a ausência das figuras às quais ela tenta dar o máximo de presença, enganando assim a morte, "ela faz *como* se ela estivesse lá, obstinada em construir o verossímil e preencher as lacunas".[88] A historiografia rasura, portanto, seu relação com o tempo mesmo quando implanta seu próprio discurso no presente. Ao contrário, o romance freudiano se situa do lado da escrita, colocando no centro de sua preocupação explícita uma relação de visibilidade de sua relação com o tempo como lugar de inscrição das modalidades da pertença e da desapropriação. Feita essa distinção, resta ainda uma analogia fundamental das duas abordagens, do olhar psicanalítico e do olhar historiográfico, que têm em comum realizar mudanças e não verificações. A esse respeito, é possível opor o momento de recuperação da história-memória presumida na linearidade de uma filiação genealógica à emergência de um novo regime de historicidade tal como podemos concebê-lo atualmente, apoiando-o na problemática freudiana, na qual Certeau se inspira ao ver

---

85 Certeau, *La Faiblesse de croire*, p.198.
86 Ver Stein, *L'Enfant imaginaire*.
87 Certeau, *L'Écriture de l'histoire*, p.292, nota 23.
88 Ibid., p.331.

nela a possibilidade de pensar a estranheza quando ela é marcada por vestígios e estratificações de sentido em um mesmo lugar.

Vinculando o acontecimento concebido como causa em psicoterapia e a perspectiva histórica dessa concepção, Gladys Swain distingue três etapas, três figuras sucessivas do efeito-acontecimento.[89] No período pré-freudiano ao longo do qual afirma-se que o acontecimento traumático é puramente externo e toma o lugar e posição do sujeito, presencia-se uma concepção psiquiátrica e psicanalítica segundo a qual o acontecimento se insere profundamente no sujeito em uma área onde ele se encontra repelido em uma estrutura interna secreta que influencia inconscientemente seu comportamento. Finalmente, com o período contemporâneo começaria um período durante o qual reapareceria o acontecimento-revelação, porém como formação contingente de um roteiro, cujo encontro iria liberar as potencialidades do sujeito: "De um acontecimento-*sujeição externo*, passa-se para um acontecimento-*revelador do interior*".[90] Para ilustrar a primeira etapa, pré-freudiana, Gladys Swain toma o exemplo de um conto de Balzac, "Adeus", que conta a loucura que se apoderou da heroína, Stéphanie de Vaudières, quando ela assistiu, durante a travessia pelo Beresina, simultaneamente a morte de seu marido, decapitado diante de seus olhos por um gelo arrastado pelo rio e se perdeu de seu amante, que ela somente reencontrará muito mais tarde em um hospício, ao ficar louca. O acontecimento se apoderou dela ao ponto de ocupar o lugar de sua alma, que desapareceu em prol da loucura. Quando torna a achar seu amante, que ela não reconhece mais, haverá uma recomposição do acontecimento traumático. Então, a heroína renasce nela própria ao recuperar suas lembranças, reconhece seu amante e morre imediatamente, em um último adeus.

Mais tarde, Charcot, nos anos 1885, correlaciona uma forma de determinismo subjetivo que é acrescentado ao trama externo e que é denotado graças a uma investigação objetiva do corpo do paciente. Charcot ressalta assim a impossível impressão direta do exterior sobre o interior do indivíduo: "O importante, não é o acontecimento ao qual o sujeito está confinado, mas o que ele faz deste acontecimento.[91] Freud tirará todos os ensinamentos dessa descoberta e os sistematizará para fundamentar sua prática

---

89 Ver Swain, De la marque de l'événement à la rencontre intérieure. Images populaires et conceptions savantes en psychopathologie. In: Guyotat; Fédida (orgs.), *Événément et psychopathologie*.

90 Ibid., p.56.

91 Ibid., p.59.

psicanalítica, a partir de 1893, em relação às paralisias orgânicas e histéricas. Portanto, o sujeito não é eliminado pelo acontecimento, ele entra em uma relação de interiorização com esse último, de várias consequências físicas e psíquicas, que vai agir no tempo à sua revelia. Freud, em relação a Charcot, vai, no entanto, descobrir a importância e a eficácia da tomada de consciência: "É o mecanismo da *ab-reação* [...] o que *libera* é sempre *o reviver*".[92]

A partir de um consenso atual sobre o modelo estrutural da psicose tal como foi formulado por Lacan e segundo o qual, a partir de uma "exclusão do nome do pai", o sujeito sofreria de um problema de acesso ao simbólico, assiste-se atualmente ao retorno de uma problemática do acontecimento--detonador como revelador da estrutura subjacente. Depois de um momento de latência, as circunstâncias podem causar o ressurgimento de carências subjetivas:

> É exatamente aqui que ressurge o acontecimento, como *momento de verdade de uma história e de uma vida*. Acontecimento muito pesado, portanto, de um gênero extremamente particular: um acontecimento--*espelho*, encenação fortuita das condições que tornam impossível ao sujeito continuar a viver ao lado da brecha que o aloja.[93]

O acontecimento não é mais necessariamente o acontecimento monstro como o da travessia pelo Beresina; ele pode ser absolutamente anódino, mas repercutir fortemente no sujeito. Jean-Claude Maleval cita o caso de uma moça que, depois de fazer as provas de exame de laboratorista, vai à casa de uma amiga para telefonar para sua mãe. Essa última não sendo encontrada, a moça entra numa crise de angústia muito intensa: ela sai à rua, se esfaqueia na barriga, e a polícia tem que levá-la às pressas para o hospital psiquiátrico.[94] A respeito da duração do fenômeno de latência, Marcel Czermak conta uma história reveladora, a de um garotinho de 3 anos que, vendo um dia um homem chegar (ele voltava da prisão), pergunta:

> – Quem é esse? Ele mesmo responde: – É seu pai, no que ele retruca: – Um pai não cai do céu. Vinte anos mais tarde, esse menino, que por sua vez tornou-se pai, ao fazer seu serviço militar entre os paraquedistas,

---

92 Ibid., p.63.
93 Ibid., p.64.
94 Ver Maleval, Du déclenchement des psychoses, *L'Information Psychiatrique*, n.7, p.903.

faz seu primeito salto. Ao chegar em terra, desencadeia "um acesso de delírio" e exclama: – Eu sou Deus.[95]

Esse fenômeno de latência nos revela a importância, no campo da psique, do acontecimento subsequente, que induz uma concepção irrompida da temporalidade, o que o psicanalista André Green qualifica de "heterocronia".[96] O acontecimento, portanto, ingressa em um tempo que não é mais o da sucessão cronológica ordenada segundo o esquema clássico do passado, presente, futuro: "Ora, essa eclosão do tempo é realmente o resultado de um trabalho inconsciente".[97] Nesse campo também, encontramos a contribuição decisiva de Lacan, não que ele tenha inventado a noção do só-depois [*après-coup*], mas, na sua luta contra qualquer forma de genetismo, ele enfatizou sua importância decisiva, fundando uma especificidade da causalidade psíquica em psicanálise. Desde 1895, Freud expôs pela primeira vez sua teoria do só-depois [*après-coup*], em seguida no livro *A interpretação dos sonhos*, ele nos mostra um inconsciente que pode seguir adiante, projetando-se para um futuro feito presente ou retrocedendo, para o passado. Com seu estudo sobre *Psicopatologia da vida cotidiana*, Freud traz à tona o inconsciente: "Aqui, nenhuma regressão de nenhuma espécie é invocada. Suspensão da referência diacrônica em benefício da extensão do registro sincrônico, introduzindo a heterogeneidade do significante".[98] O só-depois [*après-coup*] torna-se um fenômeno importante de transferência no tratamento analítico, segundo o qual o sentido não está somente ligado ao único acontecimento, mas à maneira como esse acontecimento está inserido no tempo segundo múltiplos remanejamentos, segundo os imprevistos do "trabalho da lembrança". A noção do só-depois [*après-coup*] é compreendida em primeiro lugar como um fenômeno que intervém ulteriormente e que vem dar uma inteligibilidade nova ao passado, mas ele se define também como um suplemento de sentido que floresce apenas mais tarde como forma de causalidade diferida.

Esse suplemento pode ser comparado com uma abordagem de hermenêutica histórica que considera também que a distância do tempo não é forçosamente uma desvantagem para conhecer o passado, mas que,

---

95 Czermak, Sur le déclechement des psychoses, *Ornicar*, n.9, p.15.
96 Green, *La Diachronie en psychanalyse*; Id., *Le Temps éclaté*.
97 Id., *Le Temps éclaté*, p.12.
98 Ibid., p.25.

pelo contrário, pode ser um recurso para conhecer melhor o passado. O mesmo acontece na psicanálise. Desse modo, podemos comparar o que escreve Green sobre esse suplemento de sentido com o que Gadamer diz: "A progressão do sentido admite, então, uma volta que acresce retroativamente o conteúdo que ele tinha inicialmente e uma escolha "fixando" uma entre as diversas possibilidades",[99] escreve, por um lado, o psicanalista. A interpretação histórica ambiciona investir uma intermediação que fique entre a familiaridade que sentimos com o mundo ambiental e a estranheza que representa o mundo que perdemos. A descontinuidade que opõe nosso presente ao passado torna-se então um trunfo para desenvolver uma nova consciência historiográfica: "Logo, a distância temporal não é um obstáculo a ser vencido [...]. O importante, na realidade, é ver na distância temporal uma possibilidade positiva e produtiva dada à compreensão",[100] escreve, por outro lado, o hermeneuta.

O sentido é, então, concebido como produção processual afetando tanto o advir, a ser inventado, quanto a interioridade, a partir do momento que o futuro do passado é concebido. A pluralização dos regimes de historicidade, recentemente substituída por uma visão linear do tempo histórico conforme as diversas formas de "cronosofias",[101] concilia-se com o envolvimento de Freud com a "heterocronia" do psiquismo humano. A noção de regimes de historicidade,[102] na interseção do vivido e do conceito, da psicanálise e da história, pode abranger a pluralidade cujas comunidades humanas vivem sua relação com o tempo e pensaram as diversas rupturas do tempo a partir de um certo número de invariantes, de categorias transcendentais.[103]

Esse só-depois [après-coup], para Freud, passa pela lembrança, que é concebida como a "transdutora" do acontecimento, tanto mais que a partir do seu artigo sobre "Remémoration, répétition, perlaboration", Freud constata que seus pacientes tendem a uma compulsão à repetição no lugar de um trabalho de rememoração. A concepção da verdade a ser atingida fica alterada, duplicada, e desse modo, Freud distingue uma verdade material e uma verdade histórica, essa última sendo mais conjectural. É uma

---

99 Ibid., p.50.
100 Gadamer, *Vérité et méthode*, p.137.
101 Pomian, *L'Ordre du temps*, p.26.
102 Hartog; Lenclud, Régimes d'historicité. In: Dutu; Dodille (orgs.), *L'État des lieux en sciences sociales*, p.18-38.
103 Ver Hartog, Sur la notion d'historicité. In: Delacroix; Dosse; Garcia (orgs.), *Historicités*, p.133-49.

perspectiva definitivamente perdida como Freud mostra em seu livro *Moïse et la religion monothéiste*:

> Nessa proporção, a verdade buscada e postulada é ilusória pois ela não reflete as condições existentes no momento do registro e que se perderam para sempre, sem possibilidade de reconstituição [...] Em compensação, a reativação dos traços restabelece uma volta deformada em relação ao que era há um certo momento e sua forma original se torna inacessível, porém os vestígios retocados permanecem. Dentro dessa perspectiva, ela é verdade.[104]

O acontecimento age somente tardiamente e sua verdade é eficaz apenas no só-depois [*après-coup*]: "o tempo do acontecimento não é o mesmo tempo do significado". O significado está inserido no processo temporal no qual o passado não desapareceu, porém torna-se fonte de invenção da mesma maneira que o devir. No trabalho começado pelo tratamento, o conhecimento almejado é um re-conhecimento, onde a psicanálise se assemelha a uma hermenêutica com duplo referencial, constituído ao mesmo tempo pela realidade externa e interna. Essa ação retardada do acontecimento como significado foi evidenciada por Lacan, justificando-a pela análise da estrutura dos tempos gramaticais. Desse modo, o acontecimento real seria indicado pelo imperfeito: "'Ele estava lá' contém a mesma duplicidade em que se fixa: *um instante mais tarde, a bomba explodia*", que, por falta do contexto, não permite deduzir se o acontecimento ocorreu ou não".[105] O tempo gramatical do tempo de latência e do retorno do repelido seria o futuro do presente composto: "Efeito de retroversão pelo qual o sujeito em cada etapa torna a ficar como antes e se manifesta: ele terá sido – apenas no futuro do presente composto.[106]

O tempo individual e o tempo coletivo possuem estrutura fundamentalmente laminada e imbricam acontecimentos ocorridos em momentos muito diferentes. Freud tomou Roma como exemplo dessas diversas camadas temporais imbricadas.[107] Ele utiliza Roma como metáfora da memória, enquanto fonte identitária do indivíduo e concreção de vários momentos, a

---

104 Green, *Le Temps éclaté*, p.43.
105 Lacan, *Écrits*, p.678.
106 Ibid., p.808.
107 Freud, *Malaise dans la civilisation*.

forma possível de imaginar a cidade de Roma tendo justaposto as diversas etapas constitutivas de seu desenvolvimento:

> Isso significaria que sobre o Paladino, os palácios imperiais e o *septizonium* se ergueriam sempre a sua altura inicial, que as ameias do castelo Saint-Ange estariam ainda decoradas por belas estátuas antes do cerco dos godos [...] no lugar do palácio Caffarelli que não haveria necessidade de demolir por isso, erguer-se-ia de novo o templo de Júpiter Capitolino, não somente sob a forma definitiva contemplada pelos Romanos do Império, mas também sob a forma etrusca primitiva.[108]

Da mesma maneira que a memória presume o esquecimento, a cidade para existir presume a demolição para construir de novo. Esse entrelaçamento das temporalidades pensadas por Freud torna-se fonte de reflexão que resulta na pluralização das temporalidades, a justaposição de regimes de historicidade diferentes entrelaçados em um mesmo presente. Essa diversidade lembra a necessidade histórica da demolição para toda sociedade. Essa prática não é uma inovação que data da modernidade, pois o monge Suger não teve dúvida em destruir a basílica carolíngia de Saint-Denis no século XII. No século XVI, Francisco I livrou-se, sem demonstrar nenhum arrependimento, do castelo de seus antepassados para mandar construir o Louvre. Evidentemente, a modernidade deu ao fenômeno uma visibilidade e um ritmo espetacular, bem conhecido a partir de Haussmann. Temos que procurar um justo equilíbrio entre demolição e conservação, da mesma maneira que Freud nos mostra que a memória é sempre um equilíbrio precário entre a pressão das lembranças no presente e sua ilusória exclusão.

O acontecimento que se encontra mais frequentemente no centro da investigação psicanalítica é o chamado acontecimento traumático, assim definido por Freud: "Os traumatismos são acontecimentos interessando o corpo do sujeito ou são percepções, sobretudo percepções visuais ou auditivas, logo acontecimentos vividos ou impressões".[109] Esse acontecimento sofre transformações inerentes à sua passagem do processo temporal segundo um esquema ajustado por Freud na seguinte sucessão: "traumatismo precoce, defesa, latência, explosão da neurose, retorno parcial do

---

108 Ibid., p.12.
109 Freud, *Moïse et le monotheïsme*, p.102.

recalcado".[110] A utilização do termo trauma subtende um choque violento, uma fratura com sequelas potenciais de lesões psíquicas no sujeito. Laplanche e Pontalis o definem assim:

> Acontecimento da vida do sujeito que se define por sua intensidade, a incapacidade na qual se encontra o sujeito em dar-lhe uma resposta adequada, o transtorno e os efeitos patogênicos duradouros que ele provoca na organização psíquica.[111]

Freud, ao observar as características da neurose traumática, insiste no fato que o elemento patogênico é um "acontecimento vivido que, em curto espaço de tempo, traz para a vida psíquica um grau elevado de excitação, tornando sua supressão ou sua assimilação pelas vias normais uma tarefa impossível, o que provoca longos distúrbios na utilização da energia".[112]

A reação de defesa em relação ao trauma provoca a repulsa e suscita uma amnésia aparente que se mantém, no entanto, reservadamente, porque o acontecimento pode ressurgir, diferente em um só-depois [après-coup].

O indivíduo em seu percurso fica exposto a traumas tanto no plano individual quanto no coletivo, a acontecimentos históricos traumatizantes, e é o caso em situação de guerra, o que relaciona o tipo de questionamento do psicanalista ao do historiador, à articulação da dimensão individual e coletiva:

> A atenção dos psiquiatras militares sempre foi voltada para a etio-patogenia das neuroses de guerra, e em particular para a questão dos papéis respectivos do acontecimento traumatizante e da predisposição individual nas síndromes.[113]

Segundo os estudos estatísticos franceses realizados sobre as guerras da Indochina e da Algéria entre 1945 e 1962: 75 a 80% dos casos de neurose traumática confirmada tinham predisposições antes da vivência da guerra.

Mas o acontecimento principal a ser observado não é o acontecimento histórico porque suas lembranças são marcadas pela sedimentação de toda a

---

110 Ibid., p.109.
111 Laplanche; Pontalis, *Vocabulaire de la psychanalyse*, p.499.
112 Freud, *Introduction à la psychanalyse* (1916-1917), p.298.
113 Grocq, Événement et personnalité dans les névroses traumatiques de guerre. In: Guyotat; Fédida (orgs.), *Événement et Psychopathologie*, op. cit., p.111.

existência ulterior. Alguns profissionais, como o doutor Louis Crocq, do Centro de Pesquisa do Serviço de Saúde das Forças Armadas, rebate essa forma de diluição do acontecimento traumático na sua brutalidade. Denunciando o que ele qualifica de "ilusão retrospectiva do clínico",[114] ele considera que é preciso reabilitar o acontecimento enquanto tal com suas características de violência, urgência e de exceção, pois "porque suspeitar da anterioridade de uma neurose latente em alguém até então sem sintomas?".[115] É verdade que Freud, que realizara uma transferência da realidade acontecimental [*événementielle*] do acontecimento traumático para seu vestígio psíquico, direcionou-se um pouco para essa questão a partir da experiência da Primeira Guerra Mundial entre 1914 e 1918, insistindo, dessa vez, de novo, sobre o caráter de exterioridade do choque do acontecimento traumático sobre uma personalidade sã.[116] Freud começa então a defender os soldados acusados pela hierarquia militar de alta traição e a explicar como esses soldados passam por um período de confusão mental devido a vivência da guerra que eles sofrem como trauma.

A reflexão sobre a experiência de violência extrema continuou a ser desenvolvida referente aos traumas sofridos pelos sobreviventes do Holocausto e aos numerosos massacres de massa sofridos em várias partes do mundo. Um certo número de psicanalistas se indagaram sobre os fenômenos psíquicos que provocaram essas violências extremas. É o caso, entre outros, de Marie-Odile Godard[117] que participou de várias Missões humanitárias e de pesquisa no Ruanda e no Cambodja. Ela tem como objetivo investigar os processos de metabolização da realidade externa em um incorpóreo na psique individual. Para mostrar com clareza essa importância do acontecimento externo, ela retoma a metáfora de Serge Viderman segundo a qual a pérola se formou a partir de um grão de areia e, para ela, o grão de areia em psicanálise não é outro senão o acontecimento. Quando a incorporação do acontecimento se mostra progressiva, ela evita o trauma, mas se o acontecimento surpreende pela violência e não é assimilável, resulta numa situação patogênica. Primo Levi evoca seus sonhos e os de seus companheiros, são sonhos sobre comida:

---

114 Ibid., p.118.
115 Ibid.
116 Freud, *Au-délà du principe de plaisir.*
117 Godard, *Rêves et traumatismes ou la longue nuit des rescapés.*

Eles sonham que estão comendo. É um sonho coletivo. É um sonho impiedoso, aquele que criou o mito de Tântalo sabia de alguma coisa sobre isso. Não somente eles veem os alimentos como os sentem em suas mãos, distintos e concretos, e distinguem o seu cheiro rico e violento.[118]

Esse tipo de sonho, repetitivo, insuportável e ao mesmo tempo banal como expressão de realização de um desejo, é também um sonho característico do campo de concentração, no qual "tudo converge para a extinção do acontecimento".[119]

Tendo como objeto de observação o genocídio dos Tutsis pelos Hutus que, em cem dias, fez mais de um milhão de mortos, Marie-Odile Godard distingue entre os sobreviventes um outro tipo de sonho que obstrui os mecanismos de incorporação da realidade externa. Nesse caso, não existe nem transferência nem condensação do simbolismo: "Os sonhos traumáticos reproduzem perfeitamente o que aconteceu".[120] Assim, uma terapeuta que trabalha no Ruanda para a Associação das Viúvas do Genocídio de Abril (Avega), Jeanne Mukamusoni, relata a Marie-Odile Godard o sonho de uma de suas pacientes: "Ela vê os Interahamwe (milícias) nitidamente, ela sente os homens puxando e segurando suas pernas. Ela sente o gosto do esperma em sua boca".[121] Após o genocídio, essa mulher viveu quase normalmente, exceto pela ausência de seu marido assassinado pelos Hutus: "O elemento detonador foi uma palavra a mais. Um jornalista ocidental pediu-lhe que fizesse o relato. Sem dúvida, como todas as vezes, ela relatou sua história, mas diferentemente das outras vezes, ela voltou no tempo, ela ficou no tempo do acontecimento".[122] Uma das características desse tipo de sonho é o caráter imóvel do acontecimento traumático que permanece como se o tempo não tivesse permitido relativizar o ferimento, as testemunhas chegando mesmo a falar daquilo que sonharam como uma realidade efetiva e não como um fantasma. A fronteira entre o real e o sonho se dissipa neste caso onde o sonho se transforma em vetor direto da relação com o acontecimento externo, se transformando em guardião do passado em seu radicalismo insuportável. O passado traumático adere então ao presente.

---

118 Levi, *Si c'est un homme* (1947), p.65.
119 Godard, Événement et psychanalyse. In: Delacroix; Dosse; Garcia (orgs.), *Historicités*, p.233.
120 Ibid.
121 Ibid.
122 Ibid.

Podemos afirmar que o tempo não passa, o que afirma um outro sobrevivente do genocídio judeu, o escritor Imre Kertesz:

> Aconteceu tudo: era como se todos esses acontecimentos que começavam a se apagar, que pareciam verdadeiramente inimagináveis e ao que me parecia, eles não podiam mais reconstituir em sua integralidade, tivessem acontecido, não seguindo o andamento normal dos minutos, horas, dias, semanas e meses, mas quase todos ao mesmo tempo, uma espécie de turbilhão, de vertigem único.[123]

O trauma é tanto que o mecanismo de repulsa fica bloqueado, o que Marie-Odile Godard chama de "o fundo do horror", que reaparece sem transformação, idêntico. O tempo dos sobreviventes geralmente fica bloqueado no momento do trauma e, como diz Kertész, como não há meio de esquecer, eles vivem mesmo para lembrar:

> Como um disco arranhado, é aí que fica bloqueado o pensamento, proibindo a ocorrência de reflexões, sentimentos, afetos, impedindo as ligações entre o antes e o depois, entre os seres mortos e aqueles que sobreviveram.[124]

Esse reconhecimento do trauma, juntamente com a reavaliação do acontecimento tanto no campo da psicanálise como no campo da história corolária, é cada vez mais central, com as indagações passíveis de serem feitas numa sociedade essencialmente pacificada sobre o caráter desumano dos excessos cometidos durante os conflitos militares e seus efeitos tanto sobre as vítimas quanto sobre seus carrascos: "A noção de traumatismo se estabelece como lugar comum do mundo contemporâneo".[125] Quando uma violência extrema é deflagrada sob forma de atentado ou de catástrofe natural, os poderes públicos têm o costume de mobilizar uma multidão de psicólogos, de psicossociólogos, de psiquiatras para evitar, na medida do possível, efeitos traumatizantes entre os sobrevivente e testemunhas. No entanto, o que se tornou uma prática comum, até

---

123 Kertesz, *Être sans destin*, p.352.
124 Godard, *Événement et psychanalyse*, p.237.
125 Rechtman; Fassin, *L'Empire du traumatisme. Enquête sur la condition de victime*, p.11.

pouco tempo era algo não cogitado: "O traumatismo não era nem mesmo admitido".[126]

Didier Fassin e Richard Rechtman mostram em seus trabalhos que a noção de traumatismo não pertence unicamente ao léxico do psicanalista ou do psiquiatra, mas que ele "constitui uma nova linguagem do acontecimento".[127] Ele pertence fundamentalmente a um construtivismo social realizado pela mobilização de autores específicos ligados à preservação da saúde mental. No entanto, é possível aplicar esse conceito de origem psicanalítica à história? A atenção renovada às vítimas, sejam elas escravos, deportados, colonizados, sobreviventes, sinistrados ou refugiados, abre um vasto campo de investigação e de verificação da ideia de latência pela qual o traumatizado só manifestará seu trauma ao se ver confrontado a um novo perigo que irá provocar o surgimento de suas lembranças reprimidas, definindo um estado qualificado pelos especialistas de estado de estresse pós-traumático. Portanto, essa concepção corresponde perfeitamente ao modo como Walter Benjamin define o trabalho do historiador: "Fazer trabalho de historiador não significa saber como as coisas realmente aconteceram. Significa apreender uma lembrança, tal como ela surgiu no instante do perigo".[128]

Portanto, o trauma já existe, anterior à ocorrência do acontecimento. O psiquiatra americano Robert Spitzer, querendo dar um embasamento mais científico à psiquiatria, propôs a adoção pela associação americana de psiquiatria de uma nova classificação, em 1974, segundo a qual o acontecimento torna-se o agente etiológico exclusivo de todos os distúrbios pós-traumáticos".[129] O trauma se encontra, portanto, na interseção do choque entre um indivíduo comum e um acontecimento fora do comum. Com essa abordagem, é portanto o acontecimento que cria a patologia, que é seu verdadeiro detonador. O sucesso conhecido por essa concepção do trauma traduz uma nova concepção do tempo, da relação com o passado, da dívida na qual a psicologia do indivíduo constitui o nó sensível e central do espaço coletivo.[130]

---

126 Ibid., p.15.
127 Ibid., p.18.
128 Benjamin, apud Rechtman; Fassin, *L'Empire du traumatisme*, p.30.
129 Ibid., p.130.
130 Ver Prestini, La Notion d'événement: une nouvelle perspective en sciences humaines et sociales?, *Pensée Plueirelle*, n.13.

A escrita histórica, ao modo da psicanálise, reveste-se de um valor performático. Ela contribui na edificação de um "túmulo para a morte,[131] no duplo sentido de honrar o passado e, ao mesmo tempo, colocando-o no seu lugar, de encontrar-lhe um lugar no mundo presente dos vivos. Ambas práticas dependem do que Freud qualifica como sendo o "trabalho do luto", absolutamente indispensável para re-abrir o presente para novos possíveis. A história seria esse discurso em torno de "uma presença que falta",[132] instauradora de uma ruptura irreversível porque esse ter-sido está ausente para sempre e torna impossível qualquer abordagem que consiste em encontrar a voz dos vivos do passado: "Uma literatura se fabrica a partir de impressões definitivamente mudas, o que aconteceu não voltará mais e a voz se perde para sempre".[133] Essa fronteira estabelecida pela historiografia é sempre frágil. Ela visa ratificar um limite intransponível, reprimindo as crenças de várias civilizações sobre a proximidade entre mortos e vivos e significando a impossível ruptura do vínculo com o passado. Simultaneamente trabalho da morte e trabalho contra a morte, a escrita histórica se firma como um lugar encontrado para a sepultura. Esse gesto escritural têm um duplo caráter. Ele é uma forma de exorcismo por seu papel de enterro: a escrita histórica "exorciza a morte ao introduzi-la em seu discurso"[134] e, ao mesmo tempo, ela exerce, nesse nível, uma função simbolizadora. Certeau considera, então, uma relação dinâmica entre esses dois lugares que são o lugar do morto e o lugar do leitor enquanto ato performático. Essa performance, incumbida de encontrar através da linguagem uma prática que possa dar lugar ao seu outro, no passado, tem relação com a prática do tratamento analítico.

Ao definir o objeto do discurso místico, Certeau o situa em torno da questão do corpo que é o seu espaço enigmático. Esse centro corporal se encontra modificado na dependência de como nos situamos em um dos três polos que são, de um lado, o dos discursos simbólicos que procuram o sentido em torno da questão do verdadeiro, das práticas sociais, atento ao conteúdo da comunicação em relação ao lugar de sociabilidade e finalmente, o polo acontecimental [*événementiel*] que remete à "surpresa de dores, prazeres ou percepções que instauram uma temporalidade".[135]

---

131 Certeau, *L'Écriture de l'histoire*, p.119.
132 Id., *L'Absent de l'histoire*, p.9.
133 Ibid., p.11.
134 Certeau, *L'Écriture de l'histoire*, p.118.
135 Id., *La Fable mystique* (1987), p.108-9.

Na terceira parte de a *A memória, a história, o esquecimento*, consagrada à ontologia da história, em que somos seres de memória e de história, Ricoeur atribui um lugar importante às teses de Certeau quando esse define a escrita da história como equivalente escritural da sepultura, como um ato que transforma em presença interior a ausência física do objeto perdido pelo fato de enterrá-lo. Essa metamorfose da morte transformada em discurso parece considerar a própria função do gênero histórico em sua vocação ontológica em tornar presente o ausente da história. A ausência, como observa Ricoeur, não é mais, portanto, um estado fixo, mas o resultado de um trabalho, o do historiador, que transforma sua experiência em verdadeira máquina de produzir intervalo, de criar a heterologia. Ricoeur retoma a análise de Certeau do que é a condição histórica e a define como a transição de um simples lugar a um verdadeiro ato: "Desse modo, uma relação dinâmica é instituída entre os dois lugares, o da morte e o do leitor. A sepultura-lugar torna-se sepultura-ato".[136] Essa mutação ocorre em dois níveis. Em primeiro lugar, a escrita funciona como rito de sepultamento e, em segundo lugar, por sua função simbolizadora, a escrita permite a uma sociedade se situar ao se dar um passado significante. Ricoeur estabelece, então, no plano coletivo, uma equivalência da perlaboração no plano psicanalítico. Essa conversão escritural, ao exercer um papel performático, atribui ao leitor um lugar que torna um "dever-fazer" e abre para uma relação interiorizada entre presente e passado.

No momento em que se desenrolava, pelo lado filosófico, um programa fenomenológico de tratamento do acontecimento, os historiadores profissionais foram sobretudo receptivos ao modelo científico da física mecânica e consideravam que a sua participação na ciência passava pela revelação de ordem hierarquizada de causalidades para acabar com o enigma que constituía, para eles, a desordem acontecimental [*événementielle*]. Além da busca da verdade que leva o gênero histórico a se dissociar da ficção, os historiadores, desde a Antiguidade, se dedicam à procura de explicação do caos, a uma tentativa de uma explicação ordenada para decifrar o enigma que constitui o acontecimento. Eles ambicionam reduzir a porção enigmática dos acontecimentos ocorridos para reintegrá-los nos âmbitos de inteligibilidade nos quais eles possam encontrar um lugar quase natural.

---

136 Ricoeur, *La Mémoire, l'histoire, l'oubli*, p.478.

Segunda parte
O trágico século XX e a redescoberta do acontecimento

I
Rompimentos temporais

O otimismo próprio da filosofia da história do século XIX, assim como as esperanças de controle pelas causas da desordem acontecimental [*événementiel*], foi fortemente abalados pelo trágico século XX e seu séquito de dramas. Houve necessidade em abandonar essas pretensões sem ceder no plano da capacidade da Razão. Tornou-se imperativo um outro modo de pensar diante da falência de um certo número de interpretações preestabelecidas. Primeiramente, todo um grupo de intelectuais judeus vão insistir em certo número de mudanças, que tornaram-se necessárias devido ao novo momento histórico proveniente do primeiro conflito mundial. Em seguida, atrasados, os historiadores por sua vez saem de sua "embriaguez estatística".

Assim, segundo Hannah Arendt, que teve de fugir da barbárie nazista, o acontecimento é antes de tudo um começo, uma descontinuidade que interroga criando seu próprio rastro no tempo. Ela chega a opor dois modos de epistemologia. Ao contrário das ciências que são ligadas aos fenômenos iterativos, ela considera a história como sendo uma disciplina idiográfica (ciência das singularidades), tendo como objeto aquilo que só ocorre uma vez. Hannah Arendt julga de maneira muito crítica a propensão dos historiadores em confinar os acontecimentos no interior de cadeias causais que pretendem dispor de seu significado:

> A causalidade é uma categoria taõ enganosa quanto estranha no âmbito das ciências históricas. Não somente o sentido real de qualquer acontecimento sempre transcende as "causas" passadas a ele atribuídas (lembremos apenas da absurda disparidade entre as "causas" e os "efeitos" da primeira guerra mundial) mas, além disso, esse passado só emerge em favor do acontecimento [...] O acontecimento elucida seu próprio passado; e não pode nunca ser deduzido dele.[1]

O acontecimento nos revela subitamente algo escondido no passado que vem à tona para mudar o trajeto. Logo, ele seria ao mesmo tempo que começo, a conclusão desse começo obscuro até o rompimento temporal que ele encarna. O historiador em busca de sistemas de causalidades ignora, de acordo com Hannah Arendt, sua própria vocação que é a de considerar a novidade inerente a cada acontecimento.

Herdeira da filiação fenomenológica de Husserl, Hannah Arendt insiste no fato de que tudo muda com o surgimento do acontecimento, tanto no campo da vida privada quanto no campo da história coletiva. Qualquer que seja o horizonte de expectativa de um ou outro acontecimento, esse surge com intensidade impossível de se prever, porque com ele tudo muda; a configuração não é mais a mesma: "Cada acontecimento revela um panorama inesperado de ações, de paixões e de novas potencialidades cujo conjunto ultrapassa a soma total de todas as vontades e a significação de todas as origens".[2] A própria filosofia de Hannah Arendt pode ser qualificada de filosofia do acontecimento; para ela, o conceito de começo é absolutamente primordial à proporção que remete à esfera do agir e através dela, ele constitui a própria essência da liberdade humana: "O fato era óbvio para o pensamento grego, como mostra a palavra *archè* que significa simultaneamente começo e princípio".[3]

---

1 Arendt, Compréhension et politique, *Partisan Review,* v.2, jul.-ago. 1953; reproduzido na *Esprit,* jun. 1980, p.75.
2 Ibid., p.76.
3 Ibid., p.77.

Renascimento do acontecimento

Por sua capacidade em percorrer e pensar filosoficamente as questões principais da comunidade, Arendt encarnou esse princípio do começo, deixando-se interpelar pelo acontecimento e não hesitando, em nenhum momento, em contestar seus postulados teóricos iniciais sofrendo o impacto da novidade. Fora dos âmbitos instituídos, Arendt oferece de fato um caminho exemplar para a liberdade com a qual sempre expressou suas convicções. Fugindo do nazismo e sendo acolhida pelos Estados Unidos, não obstante continuou crítica em relação aos excessos da democracia americana. Militante da causa judia, ela não suporta a maneira com a qual a criação de Israel deixa de lado a questão palestina e expressa publicamente seu desapontamento diante da sociedade israelense quando fora encarregada de acompanhar o processo Eichmann para o *New Yorker* em 1961. "Passageira do navio do século XX" como a qualifica Hans Jonas, ela enfrenta as tempestades por estar firmemente ancorada na tradição filosófica.

Seu mestre interior continua sendo o acontecimento, o que a obriga a aumentar as exigências da dimensão política específica em épocas onde a descrença tem tendência em se fechar nela mesma ou voltar às raízes, à tradição como compensação às esperanças desfeitas do amanhã desencantado: "A curva descrita pela atividade do pensamento deve permanecer ligada ao acontecimento como o círculo continua ligado ao seu núcleo".[4] Essa "jovem que vem do estrangeiro" dá uma lição não de otimismo simplório, mas de lucidez. A fidelidade de seus compromissos é garantia de verdade, comprovação de posições completamente dedicadas ao esclarecimento do presente: "O que confere uma unidade ao seu pensamento é o amor compreendido por ela como elo que nos une aos outros" – *Amor mundi*.[5]

Arendt carregar a o fardo de sua época graças a essa adequação estudada entre uma atividade filosófica oriunda da atitude puramente contemplativa e a comprovação de uma vida singular em um determinado momento. Sua controversa posição em *Little Rock* em 1957 revela essa preocupação em não se deixar influenciar por compromissos teóricos justos cujos efeitos concretos seriam, contudo, muitas vezes, ignorados: "O que eu faria se fosse uma mãe negra? O que eu faria se fosse uma mãe branca

---

4 Arendt, Action and the Poursuit of Happiness, *Politische Ordnung und Menschliche Existenz: Festgabe für Eric Voeglin*, p.2, citado por Habib (org.), *Pense l'événement*, p.7.

5 Young-Bruehl, *Hannah Arendt*, p.427.

no Sul?".[6] Além da força de um destino interrompido incorporado em uma ação, Arendt ajuda a pensar o mal, que se tornou a tarefa principal de seu pensamento político. A partir do choque traumático de Auschwitz, ela se distancia da noção de "mal radical" de Kant para substituí-la por sua tese sobre a "banalidade do mal" sobre o processo Eichmann.

A atividade política como meio de imortalização possui, segundo Hannah Arendt, um duplo aspecto: ela é de uma grandeza que seria conveniente não recusar, apesar de sua vaidade, mas ela é, ao mesmo tempo, como toda atividade humana, fundamentalmente ilusória. O registro da ação é o verdadeiro revelador do homem enquanto começo de algo no mundo e pressupõe uma distinção rigorosa entre o domínio privado e o domínio público. Essa "antropologia filosófica", conforme os termos de Paul Ricoeur, se desenrola segundo uma inserção da ação na história marcada pela fragilidade das questões humanas. O acontecimento traz em si uma forte carga de emoção, que constitui uma boa parte de sua capacidade de comoção: "A ausência de emoção não determina a racionalidade e não pode reforçá-la [...] O que se opõe ao 'emocional', não é de maneira alguma o 'racional' qualquer que seja o significado do termo, porém a insensibilidade".[7] Sobre essa trajetória da experiência temporal, Arendt insiste em superar a ideia de futilidade para melhor se ligar à noção de fragilidade e, ao mesmo tempo, de manutenção da esperança em torno da exaltação diante de qualquer novo começo que encontra sua expressão máxima na frase do Evangelho anunciando a boa nova: "Uma criança nasceu entre nós".[8]

Walter Benjamin, amigo de Hannah Arendt, a quem ela dedicou um poema de despedida intitulado "W.B." ao saber de sua morte, tornou-se igualmente um pensador do acontecimento na sua força total de irrupção. Ele é também um recurso cada vez mais presente na desconstrução do *télos*, do questionamento da ilusão de um sentido preestabelecido da história, na valorização de um presente e de um tempo dilacerado, articulado em torno de um pensamento do acontecimento: "O tempo histórico é infinito em todas as direções, e não preenchido a todo instante".[9] Escrever a história é constitutivo do presente de sua escrita, e segundo Benjamin, o historiador

---

6 Arendt, A Reply to Critics, *Dissent*, p.179, citado por Young-Bruehl, *Hannah Arendt*, p.403.
7 Arendt, *Du mensonge à la violence*, p.173.
8 Id., *La Condition de l'homme moderne* (1958), p.278.
9 Benjamin, *Origine du drame baroque allemand* (1928), p.255-6.

deve encontrar a parcela de novidade, de esperança e de utopia inerente ao presente da época que ele relata.

Essa concepção que privilegia a descontinuidade, o vestígio e suas metamorfoses de sentido é reforçada, hoje em dia, pela importância crescente de uma concepção menos teleológica e mais messsiânica da temporalidade que vem da tradição judaica oriunda do trauma da Primeira Guerra mundial. É exatamente o que mostra Stéphane Mosès, recentemente desaparecido. Uma visão descontinuísta da história provem, na realidade, de três pensadores que são Franz Rosenzweig, Walter Benjamin e Gershom Scholem que transformam a paisagem de ruínas resultante da grande guerra, em razão para esperar uma utopia possível, acima dos artifícios da Razão. A dilaceração histórica que eles atravessaram tornou-se fonte não de um mero desencanto, mas de uma nova esperança. O messianismo judeu inerente a esses três pensadores relançou entre as duas guerras a ideia de uma utopia através da Redenção. O pensamento do tempo abriu-se, então, para um possível futuro totalmente diferente do presente enquanto irrupção do novo.

Baseando-se na tradição talmúdica, Franz Rosenzweig, Walter Benjamin e Gershom Scholem propõem considerar cada instante do tempo, cada acontecimento como sendo seu anjo particular, sua qualidade própria, não redutível e fonte de virtualidades messiânicas insubstituíveis. Cada presente, portanto, deve ser concebido como único e não a simples realização daquilo que precede e o anúncio daquilo que ocorrerá. Encontramos aqui a centralidade dada ao presente por Santo Agostinho na Idade Média. Trata-se, para esses três pensadores, de explicar a "ideia do tempo de hoje".[10]

Esse novo pensamento do tempo provém da última catástrofe e cria uma unidade de concepção entre esses três autores que contestam frontalmente a ideia de um progresso contínuo, a de relações mecânicas de causalidade ou de uma totalidade de excesso. Por isso, o tempo remete à experiência de sua travessia e se qualifica. Uma das principais características da contribuição desses três autores é a de passar de um tempo da necessidade para um *tempo dos possíveis*. O questionamento da célebre dialética entre passado, presente e futuro não compromete, entretanto, a esperança em um futuro diferente e melhor. Essa se reorganiza em torno da categoria da Redenção:

---

10 Mosès, *L'Ange de l'histoire*, p.21.

Nesse modelo de tempo aleatório, aberto a qualquer momento à irrupção imprevisível do novo, a realização iminente do ideal volta a ser pensável como uma das possibilidades oferecidas pela insondável complexidade dos processos históricos.[11]

O messianismo judeu parecia mais bem preparado para pensar a catástrofe de 1914-1918, prelúdio de outras catástrofes do trágico século XX, do que outros pensamentos. Longe de se desviar da história, ele examina sua parte secreta passível de trazer novas esperanças para o próprio interior das dilacerações próprias da história.

O autor da *Étoile de la Rédemption* [Estrela da Redenção], Rosenzweig encara o ocidente e sua história pelo seu reverso, em torno do conceito da dissimulação.[12] Rosenzweig, que combateu no exército alemão nos Balcãs, afirma nesse livro que "é da angústia diante da morte que vem todo conhecimento.[13] Ele afirma o valor relativo de um lugar e de um tempo da verdade que não se impõe do exterior de uma experiência humana. Ele é fundamentalmente o "aqui e agora" da relação do homem com o mundo. A partir dessa noção de interiorização de sua própria tradição é que Rosenzweig estabelece uma distinção, uma dissimetria entre a tradição cristã, considerada por ele como voltada para o exterior, enquanto o judaísmo é voltado para o interior, e mantém aí sua vocação que é a de se identificar com ele próprio, ao contrário do cristianismo que tem como missão ir em direção ao mundo. A história do povo judeu se modificou ao contato com o Ocidente cristão. Rosenzweig distingue um "judaísmo de dentro" marcado por sua fidelidade a sua vocação religiosa e um "judaísmo de fora" que é o da maioria dos judeus europeus integrados à sociedade ocidental. A oposição da história e da religião encontra sua forma concluída em Rosenzweig no livro *L'Étoile de la Rédemption*. Por um lado, o sistema totalizante da história à maneira do sistema hegeliano no qual o homem é tomado como mero objeto e instrumentalizado como tal e por outro lado, a Revelação como acontecimento graças ao qual o homem desperta como sujeito singular, reconciliado com sua natureza original. De acordo com Rosenzweig, o esquema hegeliano não é errado, é mais do que plenamente realizado até

---

11 Ibid., p.24.
12 Ver o belo trabalho de Ricoeur, La figure dans l'*Étoile de la Rédemption*, de Rosenzweig, *Esprit*, dez. 1988; reproduzido em *Lectures 3*, p.63-81.
13 Mosès, *L'Ange de l'histoire*, p.37.

ao horror, enquanto que por sua experiência específica do tempo sagrado, o povo judeu "vive uma história paralela", uma outra história.[14] O povo judeu se insere no processo histórico a partir de uma posição metahistórica em nome de sua singularidade que designa o conceito de eleição que o impede de assimilar-se a qualquer que seja a forma de nacionalismo.

A categoria de Redenção é tida por Mosès como a principal categoria de Rosenzweig. Ela é concebida como uma categoria da experiência coletiva e "vivida no modo de *espera*. De fato, o mundo nos surge como fundamentalmente inacabado".[15] Ao contrário da categoria da utopia que encontra elementos de construção a partir de nosso espaço presente de experiência, a categoria da Redenção intervém como ressurgimento do totalmene novo, dentro de uma absoluta imprevisibilidade:

> Por oposição à experiência cristã da Redenção como presença que se revela progressivamente na história, o judaísmo visa a Redenção como um além sem dimensão comum com a ordem visível do tempo histórico. Para pensar a Redenção, o judaísmo deverá, então, de um certo modo, *suspender o tempo*, elevar-se da diacronia à sincronia, da ordem histórica à ordem simbólica. Porque na ordem do símbolo, isto é, na intemporalidade do rito, o futuro pode ser antecipado, assim como o passado pode ser representado de novo.[16]

Rosezweig destaca, portanto, essa dupla temporalidade de todas as sociedades religiosas que vêm duplicar o andamento natural do tempo por um tempo simbólico, o das festas e dos ritos que acrescentam seu adicional de alma ao decorrer monótono do ritmo calendárico estabelecendo, assim, uma estabilidade mínima à fuga do tempo. O presente se reveste de um dupla natureza em função de sua posição no tempo histórico ou no tempo simbólico. Rosenzweig distingue na realidade "o hoje que não é uma passarela para o amanhã" que se situa no eixo linear do tempo, religando o instante passado com o instante vindouro e "o outro hoje, que é um trampolim para a eternidade", que ele qualifica como "*presente-trampolim*", momento singular do tempo, cujo claro-escuro falta ser decifrado.

---

14 Ibid., p.64.
15 Ibid., p.75.
16 Ibid., p.85-6.

A respeito do acontecimento, Walter Benjamin tornou-se o principal pensador, uma referência essencial dentro da disciplina histórica, para pensar um tempo dilacerado, não linear, largamente inspirado por uma paradigma estético. Sua concepção descontinuísta da historicidade, privilegiando o caráter irredutível do acontecimento, conduz também a um questionamento da visão teleológica de uma Razão histórica realizando-se segundo um eixo orientado. A partir de uma temporalidade descontínua, o sentido se revela em um trabalho hermenêutico fortemente dependente da instância do presente que se encontra em situação prevalente, realmente característico do passado. É apenas só-depois [*après-coup*], no vestígio, que é possível recuperar o sentido que não seja um *a priori*: "O modelo estético da história questiona os postulados de base do historicismo: continuidade do tempo histórico, causalidade regendo a sequência dos acontecimentos do passado em direção ao presente e do presente em direção ao futuro.

Qualquer acontecimento é, segundo Benjamin, um choque, um trauma na sua irreversibilidade. A tradição, ao incorporar os acontecimentos numa lógica contínua, tende a apagar as asperezas e a adotá-las. Uma data em si não é nada, senão um dado vazio que é preciso preencher: "É preciso animá-lo com a ajuda de um saber que não é conhecimento, mas reconhecimento e rememoração e que, de certa maneira, se denomina memória".[17] Escrever a história equivale, então, "a dar uma fisionomia às datas".[18] A principal contribuição de Benjamin quanto à definição de um novo regime de historicidade está em sua maneira de não considerar a relação entre passado e presente como uma mera relação de sucessividade. O passado torna-se contemporâneo do presente, porque ele se constitui ao mesmo tempo que o presente: "Passado e presente se *sobrepõem* e não se justapõem. Eles são simultâneos e não contíguos".[19] Portanto, a história não é uma relação de causa e efeito pois o passado sempre volta para frequentar o espaço dos vivos. É sobre o modo da recriminação que o sentido tenta se exprimir no presente e necessita possuir a arte do presente, que é a arte do contratempo. O historiador tem o poder de dar seu nome mantido em segredo para experiências humanas abortadas. Ele tem o poder significante de nomear e portanto, ele escreve para salvar os nomes do esquecimento. Essa abordagem criacionista da história implica o questionamento da

---

17 Proust, *L'Histoire à contretemps*, p.29.
18 Benjamin, *Charles Baudelaire, un poète lyrique à l'apogée du capitalisme*, p.216.
19 Proust, *L'Histoire à contretemps*, p.36.

Renascimento do acontecimento

distância estabelecida pela maioria das tradições historiográficas entre um passado morto e o historiador incumbido de objetivá-lo. Ao contrário, a história tem que ser recriada e o historiador é o mediador, o transmissor dessa recriação. Essa é realizada no trabalho do hermeneuta que lê o real como uma escrita cujo sentido muda no decorrer do tempo em função de suas diversas fases de atualização. O objeto da história é, portanto, construção para sempre reaberta por sua escrita. A história é principalmente acontecimental [événementielité] enquanto inserção no presente que lhe confere uma atualidade sempre nova, por estar situada em uma configuração singular.

Benjamin já se opunha ao historicismo como transposição de um modelo extraído da causalidade mecânica no qual a causa de um efeito é procurada na posição de imediata anterioridade na cadeia temporal. Benjamin substituía esse modelo cientista "um modelo hermenêutico, tendendo para a interpretação dos acontecimentos, isto é, para a elucidação de seus sentidos".[20] A dupla polarização, para Benjamin, do presente diante do passado e do futuro não é simétrica. A utopia, para Benjamin, é uma função da memória. Em sua última filosofia da história, ele qualifica essa relação utópica com o passado de rememoração: "categoria central do "tempo de hoje", a rememoração difere da memória involuntária, pois é um ato de consciência".[21] Como tal, essa rememoração voluntária não se limita à mera vocação; ela age, transforma. É esse encontro constante entre memória e utopia que caracteriza, segundo Benjamin, a experiência religiosa judia tal qual revelada pela leitura da Torá. Através dessa rememoração, Benjamin define a operação historiográfica: "A história não é apenas uma ciência, ela também é uma forma de rememoração. O que a ciência constatou, a rememoração pode modificar".[22]

Para Benjamin, a finalidade atribuída à história por Ranke com sua obsessão em relatar como as coisas realmente aconteceram, tornou-se o mais poderos narcótico do século. Ao contrário, é em termos de intensidades que Benjamin pensa, julgando "descobrir na análise do pequeno momento singular o cristal do acontecimento total".[23] permitindo tornar visível o caráter indestrutível da vida em tudo. O último trabalho de Benjamin, várias

---

20 Mosès, *L'Ange de l'histoire*.
21 Ibid., p.175.
22 Benjamin, *Paris, capitale du XIXe. Siècle* (1937), p.489.
23 Ibid., p.477.

vezes revisado e publicado postumamente, é consagrado à história.[24] Ele defende a indeterminação daquilo que fará a importância de um acontecimento e que justifica a ausência de hierarquização por parte do memorialista na relação daquilo que ele conhece: "O memorialista, que relata os acontecimentos sem distinção entre os grandes e os pequenos, faz jus a essa verdade: que nada daquilo que nunca aconteceu é perdido para a história".[25] Em suas últimas reflexões, Benjamin reafirma intensamente sua crítica contra o continuísmo causal praticado pelos historiadores tradicionais e contra eles, adota o caráter indefinido da temporalidade e o possível embate de numerosos acontecimentos com séculos de distância que podem dar a um acontecimento anterior um novo sentido:

> O historicismo se contenta em estabelecer um vínculo causal entre diversos momentos da história. Mas nenhuma realidade, de fato, torna-se, por ser simplesmente uma causa, um fato histórico. Ela assim se torna, postumamente, sob a ação de acontecimentos que podem estar separados dela por milênios. O historiador que parte daí, cessa de desfiar a sequência dos acontecimentos como um rosário. Ele percebe a constelação que sua própria época forma com determinada época anterior. Ele cria assim um conceito do presente como "presentemente", no qual estão registrados fragmentos do tempo messiânico.[26]

A tradicional busca pelas origens do historiador erra seu alvo quando se limita ao objetivo definido por Ranke de reconstituir exatamente como as coisas aconteceram: "A origem não emerge dos fatos constatados, mas ela atinge sua pré e pós-história".[27] Benjamin contesta igualmente a noção de uma absoluta fatalidade causal explicativa e religa esse modo de pensamento à implantação no Ocidente de uma cultura cristã do pecado original e de sua culpabilidade: A fatalidade é a enteléquia do decurso dos acontecimentos no campo da culpa".[28] Reabrir o campo do agir humano e da liberdade passa, portanto, pela preocupação de evitar a asfixia das cadeias causais ao sair do modo de assimilação do tempo humano para o tempo mecânico:

---

24 Benjamin, Sur le concept d'histoire. In: *Œuvres III*, p.427-43.
25 Ibid., p.429.
26 Ibid. p.442-3.
27 Benjamin, *Origine du drame baroque allemand*, p.44.
28 Ibid., p.138.

Não há nenhum acontecimento empírico pensável que tenha uma relação necessária com o momento determinado em que ele se produz. O tempo, para aquilo que acontece empiricamente, é apenas uma forma mas, e é o mais importante, uma forma não preenchida. O acontecimento preenche a natureza formal do tempo na qual ele não se situa.[29]

Benjamin retoma nessa época o conceito kantiano de "forma" para designar o tempo que nunca é preenchido pelo acontecimento. O tempo histórico não pode se limitar à efetividade empírica; ele depende de uma dimensão metafísica. Um acontecimento no sentido histórico é, segundo Benjamin, algo de fundamentalmente indeterminado. O tempo histórico é um tempo não preenchido, embora juntando-se em certos momentos singulares ao tempo trágico encarnado por alguns heróis da história: "Benjamin introduz uma distinção no meio do tempo histórico: não preenchido (a regra) e preenchido (a exceção: o trágico)".[30] O tempo histórico pode, portanto, ser "preenchido" pelo tempo trágico; ele é então denominado o "tempo do *Trauerspiel*" por Benjamin, mas isso pressupõe que não haja causalismo determinista já que a temporalidade em Benjamin é desmembrada e intervém em vários níveis.

De acordo com Benjamin, a história se faz, como observaram os psicanalistas, no só-depois [*après-coup*], no futuro do presente composto. Esse passado volta e toma o espaço dos vivos, e é sobre o modo da recriminação que o sentido tenta se exprimir no presente e necessita possuir a arte do presente, que é uma arte do *contratempo*:

> Porque é preciso, primeiramente, seguir a linha do tempo, acompanhá-la até à sua dolorosa eclosão final e, chegado o último momento, sair de sua longa paciência e de sua grande desconfiança, atacar e arrancar do tempo outras possibilidades, entreabrir uma porta.[31]

O historiador tem a possibilidade de dar seu nome mantido em segredo às experiências humanas abortadas. Ele detém o poder significante de nomear e ele escreve, assim, para salvar os nomes do esquecimento: "A narrativa histórica não salva os nomes, ela dá os nomes que salvam".[32]

---

29 Ibid., p.256.
30 Sagnol, *Tragique et tristesse*. Benjamin, *Archéologie de la modernité*, p.51.
31 Proust, *L'Histoire à contretemps*, p.169.
32 Ibid., p.232.

Gershom Scholem passou também pela guerra de 1914-1918, um acontecimento fundador e traumático. Em 1918, ele decide abandonar a matemática para se dedicar ao estudo da mística judaica. Uma vez confrontado aos mistérios da Cabala, ele sente a necessidade de passar através do muro da historicidade para realizar o necessário trabalho hermenêutico de decifração:

> Ele nunca pensou que fosse possível (como a ortodoxia judia) negligenciar a dimensão histórica dos textos místicos para atingir imediatamente seu sentido metafísico; mas ele não aceitou mais os postulados da escola positivista.[33]

Para Scholem, a ideia do messianismo é rapidamente assimilada à experiência do fracasso. Ele decide abandonar a Europa e se instala em território palestino a partir de 1923. É nesse lugar altamente conflituoso que ele elabora sua grande obra de síntese, *Para compreender o messianismo judeu*, publicado em 1958. Ele alega o caráter aporético do messianismo judeu que se afirma apenas ao se realizar, mas logo que se realiza, ele é sua própria negação: "A tensão messiânica do povo judeu sempre o fez viver na expectativa de uma mudança radical da vida terrena, e assim que ela se prenunciava, lhe parecia logo ilusória".[34] Verdadeira aspiração ao impossível, ela é a origem de uma experiência temporal fundamentalmente voltada para a perspectiva de expectativa, de uma expectativa jamais preenchida. Scholem distingue duas formas de messianismo judeu. Uma tendênca restauradora oposta a uma tendência utópica, essa tensão resultaria da própria Criação que compreenderia elementos de uma arqueologia à medida em que o mundo seria a expressão de um projeto da divindade, mas ao mesmo tempo ela é escatologia enquanto verdade no futuro. A partir daí, "há demasiadas imposições (ou de sentidos) no início da história para que ela seja absolutamente imprevisível; mas não o bastante para que ela seja inteiramente determinada".[35] Scholem desenvolve sua tese central em torno da dissociação que ele realiza entre a ideia de Redenção e a de progresso histórico. Scholem está totalmente de acordo com Benjamin e com Rosenzweig no que se refere à crítica radicalizada da ideia de progresso. Para ele,

---

33 Mosès, *L'Ange de l'histoire*, p.187.
34 Ibid., p.189.
35 Ibid., p.195.

e para os outros dois pensadores judeus, o tempo do messianismo ignora a noção de causalidade e a Redenção não é de modo algum a resultante do momento anterior. Os encadeamentos históricos são ao mesmo tempo aleatórios e continuam fundamentalmente abertos para o futuro. Eles se abrem para múltiplos campos de possíveis revelados ou não: "Cada instante do tempo histórico poderia, portanto, ser concebido como uma bifurcação de onde partem várias vias".[36] Esses três pensadores judeus tiveram, graças a uma época de crise, o mérito de mostrar uma outra concepção do tempo, um tempo que se tornou imprevisível, valorizando por isso mesmo uma história dos possíveis mais do que uma história das necessidades e voltando a dar ao acontecimento todo seu valor intempestivo.

Sob o ponto de vista da análise da linguagem da fé, Jean Ladrière mostra igualmente a importância do conceito de acontecimento enquanto advento de um novo mundo, de um novo estado das coisas:

> A noção de acontecimento tenta exprimir a facticidade do fato. O acontecimento é a ocorrência, na trama dos processos que constituem o mundo e sua história, de um novo estado de coisas. Ele é simultaneamente transição e surgimento, abrangendo assim a continuidade e a descontinuidade.[37]

Portanto, existe ao mesmo tempo o mundo antigo e o novo no meio da transição de um estado a outro, mas o verdadeiro acontecimento pertence antes de tudo a uma pulsação instauradora através da qual uma produção se apresenta. Ladrière acrescenta a essa primeira característica, da novidade, uma outra, a da unidade através da qual o acontecimento se singulariza enquanto ocorrência. Nesse sentido, se há elementos que se reproduzem, eles não são a reprodução do mesmo, mas sempre em configurações diferentes que dão a cada instante um significado que nunca é idêntico ao precedente: "O essencial do acontecimento, é o surgimento de novas determinações; razão pela qual a noção de acontecimento remete à de emergência".[38] Ora, essa emergência de qualidade nova se cria em sua diferença com o que veio antes e leva em si sua própria e nova determinação. A terceira característica alegada por Ladrière é a irreversibilidade do

---

36 Ibid., p.201.
37 Ladrière, *L'Articulation du sens*, p.297.
38 Ibid., p.299.

acontecimento. Ele reúne aqui as análises de Jankelevitch: "O irreversível não é um caráter do tempo entre outros caracteres, ele *é* a própria Temporalidade do tempo".[39] Do seu lado, Jankelevitch insiste no fato que ninguém pode reviver o mesmo acontecimento e recusa, portanto, a ideia de possíveis reproduções do mesmo:

> Não podemos nos banhar duas vezes no mesmo rio, dizia Heráclito. Mas, isso ainda não basta! Aquele que se banha duas vezes em seguida não é mais o mesmo homem: de um banho a outro, o banhista mudou tanto quanto o rio.[40]

Dentro de uma perspectiva fenomenológica, Françoise Dastur dirige toda sua reflexão sobre o acontecimento enquanto surgimento do novo. Ela sugere inclusive elaborar às avessas uma tradição filosófica platônica que sempre privilegiou a invariância da essência, uma fenomenologia do acontecimento enquanto surpresa.[41] A redução eidética inerente a Husserl não autoriza absolutamente, na opinião de Françoise Dastur, o afastamento da esfera do sensível nem o abandono dos fenômenos incertos para substitui-los por objetos estáveis. O que Husserl propõe, é o próprio processo do advento do sujeito e do mundo enquanto invisível desse mundo, parte inclusa e não perceptível no próprio visível.[42] Portanto, Françoise Dastur se indaga, o que é o acontecimento?

> Talvez possamos caracterizá-lo logo como algo inesperado, algo que sobre-vem e vem assim *sobre* nós imprevistamente, algo que "cai em cima" de nós, o acidente literalmente.[43]

Não somente há o inesperado no acontecimento, mas há também o excesso porque o acontecimento sai do leito do escoamento do fluxo temporal habitual. Ele introduz a cesura, a descontinuidade entre um antes e um depois. O acontecimento descontrola o tempo, abrindo-se a um outro

---

39 Jankelevitch, *L'Irréversible et la nostalgie*, p.5.
40 Ibid., p.48.
41 Dastur, Pour une phénoménologie de l'événement: l'attente et la surprise, *Études Phénoménologiques*.
42 Merleau-Ponty, *Le Visible et l'invisible*.
43 Dastur, Pour une phénoménologie de l'événement: l'attente et la surprise, *Études Phénoménologiques*, p.64.

diferente, designado como *ekstase* por Heidegger ou como *diacronia* por Levinas, nunca coincidindo com ele mesmo. O acontecimento é portanto considerado como uma desordem que não é chamada a se integrar no mundo tal como ele é, porque "ele se produz menos no mundo do que permite ao próprio mundo de se abrir nele".[44]

Podemos então conjugar um pensamento do acontecimento que comandaria as temáticas existenciais e uma abordagem fenomenológica, considerando que essas duas correntes filosóficas são frequentemene apresentadas como antinômicas. A noção de "transpassamento" de Maldiney segundo a qual a fenomenologia tem por objeto essencialmente a capacidade paradoxal de expectativa da surpresa, essa receptividade e capacidade de sofrer e suportar, torna-se um conector essencial "no sentido em que se trata de uma atividade, imanente da prova".[45] Logo, não haveria pensamento possível do acontecimento se não fosse ao mesmo tempo pensamento da fenomenalidade.

---

44 Ibid., p.65.
45 Ibid., p.73.

II
A insistência sobre a ocorrência do novo

A falha da abordagem fenomenológica e da filosofia do acontecimento, geralmente, é a de considerar o acontecimento como histórico. Com o mesmo objetivo de mostrar a intervenção do acontecimento como surgimento do novo, os historiadores sugerem ficar mais perto dos atores, se comunicar com eles, criá-los. É o caso de Arlette Farge que insiste, dentro de uma perspectiva certauliana, sobre o papel do historiador que constrói, que fixa o acontecimento, designando-o a partir de restos e fragmentos de arquivos. O historiador gosta do acontecimento, ela declara "seu gosto por ele é proporcional à sua inquietação pelo "silêncio das fontes"; geralmente, ele procura (logo, acha) o que é evidente e significante a partir de suas próprias hipóteses de trabalho".[1] Arlette Farge vai ao encalço do acontecimento em seu ínfimo, nos restos de palavras transcritas e transmitidas pelos arquivos. Desviando-se dos caminhos obscuros voltados para "os grandes acontecimentos", ela muda de hierarquia e reúne, no nível mais baixo, a

---

[1] Farge, *Des lieux pour l'histoire*, p.84.

vida ao mesmo tempo ordinária e singular dos anônimos da história. É a partir dessa falsa banalidade que ela confere uma atenção particular ao que provém da trama existencial. Restos de palavras arrancadas dos relatórios dos escrivães fazem acontecimento porque elas são esboços da coerência do heterogêneo e é possível ler nelas as identidades sociais. O historiador deve então compor com esses fragmentos dissonantes, contraditórios, não polir uma narrativa homogênea e saturando de termos muito uniformes o que acontece na pluralidade:

> Inútil procurar no arquivo o que poderia conciliar os contrários, porque o acontecimento histórico se mantém também no arrebatamento de singularidades tão contraditórias quanto sutis e às vezes intempestivas.[2]

Mesmo no plano do minúsculo, o acontecimento é também surpresa e surgimento do novo, criando diferenças. Pedra angular do acontecimento, a narrativa que o relata é indissociável dele. Uma das vocações do historiador é considerar isso, mencionando, dando-lhe um sentido, um significado. É um trabalho de ordenação do caos incompleto dos arquivos, mas o historiador não deve também se submeter a tanta ordem que sufoca a força propulsiva do acontecimento: "Identificar o acontecimento, isso é história: para ela, é preciso estar disposto a se surpreender, se contrariar, se contradizer".[3] O historiador compila e seleciona um certo número de acontecimentos, mas, ao mesmo tempo que ele isola o acontecimento, ele o mergulha de novo no que Pierre Retat chama de "o inferno da consecução".[4] O acontecimento é então rebaixado à condição de elemento serial de uma sequência contínua que elimina as asperezas. Ele corre o risco simplesmente de desaparecer como mero elo que passa de um instante a outro seguindo um simples esquema causal segundo o qual, o que precede determina imediatamente o que se segue. O acontecimento tratado pelo historiador deve ceder ao que fez dele sua singularidade, sua irregularidade, e os historiadores devem se deixar surpreender, devem aceitar a revisão de suas interpretações, suas hipóteses e devem se deixar levar pela força eruptiva do acontecimento que deve remodelar o campo de investigação e as questões que lhe são inerentes.

---

2 Farge, *Le Goût de l'archive*, p.105.

3 Id., Penser et définir l'événement en histoire. Approche des situations et des acteurs sociaux. In: Bensa, Fassin (orgs.), *Terrain*, n.38, *Les sciences sociales face à l'événement*, mar. 2002, p.71.

4 Retat, *Le Dernier Règne. Chronique de la France de Louis XVI, 1774-1789*, p.15.

Renascimento do acontecimento

Existe uma corrente historiográfica que se deixou interpelar pelo acontecimento ao escolher justamente uma micro escala, é a escola italiana da *micro-storia*. Quando Giovanni Levi escreve a história de um exorcista no povoado de Santena no Piemonte no século XVII, ele abandona os grandes acontecimentos marcantes desse século. A história das evoluções do poder nesse povoado toma um outro rumo:

> Ela se insere em acontecimentos minúsculos: a fomentação das compras e vendas de terra, o movimento incessante, porém de mais difícil alcance, do crédito; o destino coletivo dos conjuntos familiares.[5]

O historiador pode chegar, através de suas pesquisas de arquivo, à abordagem fenomenóloga ao enfatizar a parte de devir, de futuro inerente a qualquer acontecimento e a propensão da maioria de seus colegas em esquecer o que um acontecimento passado pode conter de visão prospectiva, seu futuro do presente composto, sua virtualidade, a expectativa imperativa dos atores sociais daquilo que deve ocorrer no momento de sua ação. Todo acontecimento possui uma espessura temporal que une conjuntamente o espaço de experiência, seu passado e sua perspectiva de espera: "Nenhum acontecimento pode ser amputado daquilo que o faz relembrar, e nem daquilo que ele pode eventualmente antecipar".[6] O acontecimento é inseparável de sua carga emocional, de seus impactos sobre o corpo: "Independentemente de sua natureza, o acontecimento se fabrica, se desloca e se realiza no vasto campo das emoções".[7] Os modos de percepção, de apropriação dos acontecimentos pelos indivíduos não se reportam apenas à sua inteligibilidade, mas aos afetos, entre os muitos sentimentos possíveis de paixão, temor ou indiferença com os quais os atores podem reagir ao que lhes acontece. Esse campo emocional, de difícil reaquisição, porque plural e lábil, quase sempre ignorado, relegado pela corporação histórica como cortina de fumaça e soma de considerações medíocres, pobre de ensinamentos, se mostra ao contrário como uma entrada privilegiada. "Podemos até adiantar que é ele que move o acontecimento e o estabelece como fenômeno histórico".[8]

---

5 Revel, L'Histoire au ras de sol. In: Levi, *Le pouvoir au village*, p.XXI-XXII.
6 Farge, Penser et définir l'événement en histoire. Approche des situations et des acteurs sociaux, p.72.
7 Ibid., p.73.
8 Ibid., p.74.

Encontramos essa mesma atenção no surgimento do novo na própria definição de Michel Winock do que é um acontecimento.[9] Ele insiste na realidade sobre a parcela de imprevisibilidade do acontecimento histórico: "O previsível, por definição, não produz acontecimento".[10] Essa parcela de surpresa é considerada inclusive como um dos quatro critérios fundamentais para definir o acontecimento. A partir desse elemento é possível detectar o que fará a grandeza do acontecimento, sua capacidade em transformar o mundo onde surgiu. Uma outra característica do acontecimento seria sua intensidade que remete à quantidade de pessoas afetadas. Acrescenta-se aí sua repercussão, sua onda de propagação: "É comum dizer que sem a grande imprensa nunca teria havido o caso Dreyfus".[11] Por último, de maneira bastante clássica, Winock invoca, como última variável que especifica o acontecimento, a questão de suas consequências, tanto por suas capacidades destrutivas quanto pelas criativas. Nesse último propósito, acrescentaremos os vestígios memoriais do acontecimento como parte integrante do acontecimento, assim como um certo número de grandes inovações cuja relevância será notada apenas só-depois [après-coup], como a descoberta da imprensa, as descobertas pasteurianas ou ainda a pílula anticoncepcional de Pinkus.

Mas antes, Winock enfatiza, com razão, o fato de que não há leis em história e que não é possível confinar um acontecimento dentro de um quadro explicativo unívoco. A esse respeito, dois exemplos bem conhecidos demonstram a força da imprevisibilidade, do acaso e da fraqueza dos esquemas explicativos preestabelecidos. Primeiramente, a tese de Paul Bois publicada em 1960[12] que mostra que um mesmo acontecimento, a revolta dos chouans em plena Revolução Francesa, dividiu o departamento da Sarthe em dois campos radicalmente opostos entre a parte oeste que, transformada em epicentro da revolta, permanecerá um grande reduto do conservadorismo e o sudeste do departamento que ficará fiel a seus compromissos republicanos. Poderíamos tentar invocar uma clivagem entre as estruturas sociais para explicar tamanha diferença de comportamento político. No entanto, um estudo do próprio acontecimento da revolta dos chouans nos informa que nada tinha sido ainda decidido em 1789. Aqueles

---

9 Winock, Qu'est-ce qu'un événement?, *L'Histoire*, n.268, p.32-7.
10 Ibid., p.34.
11 Ibid., p.35.
12 Bois, *Les Paysans de l'Ouest*.

Renascimento do acontecimento

que se tornarão chouans, como provam os cadernos de reclamações, não são nada favoráveis aos nobres e aos padres como eles se tornarão. Evidentemente, é preciso considerar o fato de que o sudeste do departamento é uma parte mais pobre que logo se solidarizou com os republicanos das cidades. Logo, essa divisão não vem de lugar nenhum, mas é essencialmente o acontecimento matricial de 1793 que a provoca. Essa ausência de um total determinismo é também observada por Jean-Clément Martin a propósito da revolta dos chouans. A convenção decreta em 1793 o recrutamento em massa de 300 mil homens para combater nas fronteiras, suscitando diversas revoltas em várias regiões da França. O que especifica a revolta da Vendeia é sua eficácia, sua capacidade em resistir à pressão do poder parisiense. Mais uma vez, a parte da contingência é primordial porque antes dessa guerra não existia nenhum tipo de determinismo que preparasse a Vendeia a ser o símbolo da Contrarrevolução.

No limite da história e da antropologia, Nathan Wachtel em sua obra principal, *La Vision des vaincus* [A Visão dos vencidos], começava seu estudo de confrontação dos dois sistemas de pensamento que era a cultura Inca e a cultura espanhola dos conquistadores pelo choque causado pela chegada dos brancos e a derrota dos Índios, na primeira parte, intitulada "Acontecimentos: o traumatismo da conquista",[13] antes de desenvolver sua pesquisa em um estudo das estruturas, e em seguida com as revoltas dos indígenas:

> No início, um choque brutal, a Conquista. Essa provoca um traumatismo coletivo cujos efeitos persistem até hoje [...] O sistema inca desapareceu, mas as estruturas parciais sobrevivem de seus destroços, para que se perpetue a lógica do antigo sistema, embora alterada.[14]

Nathan Wachtel tem clara consciência que esses acontecimentos que tomaram muitas formas em cada indivíduo, caíram inelutavelmente no esquecimento, mas que o historiador, mesmo sabendo que não poderá proceder à ressurreição do passado, deve ir à procura de alguns desses fragmentos perdidos e compensar "ao nível da análise abstrata, esse sabor imediato do acontecimento que quase irremediavelmente perdemos".[15]

---

13 Watchel, *La Vision des vaincus. Les Indiens du Pérou devant la conquête espagnole 1530-1570*.
14 Ibid., p.305.
15 Ibid., p.306.

A abordagem etnológica negou durante muito tempo a pertinência do acontecimento porque o etnólogo tinha tendência em valorizar o que diz respeito aos ritos e comportamentos coletivos que se repetem assim como as invariantes que singularizam determinadas civilizações. Em busca de leis constitutivas do gênero humano, o etnólogo clássico considera o acontecimento como o elemento perturbador a ser mantido à distância. A antropologia, estimulada por suas conquistas, pôde até constituir invariantes transculturais de valor universal como a proibição do incesto ressaltada por Lévi-Strauss como regra geral da troca. A antropologia em sua fase estruturalista privilegiou unilateralmente as permanências, com o sonho não simulado de acessar os espaços mentais. Para singularizar uma cultura particular, o antropólogo tem, portanto, tendência ou de fundir o novo trazido pelo surgimento do acontecimento no antigo mundo e seus fenômenos reguladores, ou de reduzir a novidade como vetor perpetuando o antigo mundo. É o propósito das análises do antropólogo Marshall Sahlins que procurara reconciliar como não antinômica a abordagem histórica e a do etnólogo ao considerar a pluralidade da relação com a temporalidade. Sahlins sugere uma nova noção, a dos regimes de historicidade, como evocadora da maneira como uma sociedade, uma cultura singular vive sua relação com a historicidade. Desse modo, ele escapa do dilema desgastante que separa as sociedades quentes em movimento e as sociedades frias encerradas em sua reprodução:

> Um acontecimento não é simplesmente algo que acontece por si, mesmo que como tal, ele tenha suas próprias razões de ser, fora de qualquer estrutura simbólica determinada. Um acontecimento torna-se acontecimento quando ele é interpretado. Ele somente adquire uma importância histórica se ele estiver adequado à estrutura cultural, e assimilado através dela.[16]

Sahlins foi um dos raros antropólogos que se abriu para a história e para o acontecimento e que afirmou que não basta detectar as estruturas rígidas, pois há uma conjuntura da estrutura e uma estrutura da conjuntura. Ele propõe, para reforçar suas teses, tirar ensinamentos epistemológicos de algumas observações de campo, como as que podemos fazer a partir da experiência vivida pelo novo governador Sir George Grey, que chegou em

---

16 Sahlins, Des îles dans l'histoire, *Hautes Etudes*, n.1989, p.13.

Renascimento do acontecimento

1844 nas ilhas polinésias e se viu confrontado à revolta dos Maori. Para esse novo responsável, a compreensão dos conflitos passa pela adoção de conhecimento dos mitos indígenas. Ele percebe então que o passado mítico atua plenamente nas questões conflitantes do presente, porque para os Maori "o futuro está atrás deles".[17] Logo, existe historicidade, e até mesmo violentos acontecimentos de guerra entre polinésios, mas esses acontecimentos não estão cortados do passado; eles carregam neles todo um passado mitológico: "Embora, para acabar, o mito cósmico se encontre no "acontecimento diário". Nesse ponto de vista, o acontecimento *é* mito".[18] O acontecimento difere aqui da maneira como ele é concebido no Ocidente, já que ele não é considerado como a irrupção da novidade, mas como a reprodução do mesmo, "segundo a ordem recebida da estrutura como idêntica ao acontecimento original".[19] No entanto, Sahlins não se contenta em demonstrar a predominância da estrutura, e revela a complexidade própria da confrontação entre dois modos, dois regimes de historicidade, entre outros, com as famosas aventuras do capitão Cook. Os polinésios convertem o capitão inglês James Cook em deus dos homens e da fertilidade. Cook admite essa condição e torna-se uma divindade com o nome de Cook-Lono. Em 14 de fevereiro de 1779 ele é sacrificado e torna-se o *maná* da sociedade havaiana:

> Desse modo, Cook torna-se um poderoso mito político havaiano. Da chegada de Cook, decodificada pelos havaianos como a volta de Lono, decorre uma série de trocas entre acontecimento e sistema, história e estrutura, presente e passado, com sua sequência de equívocos.[20]

Sahlins sugere desse modo interpor, entre estrutura e acontecimento, a ideia de uma "estrutura da conjuntura".[21]

A intrusão dos europeus no jogo das relações entre o povo havaino e seus líderes introduzirá novas formas de conflitos não previsíveis até então nas estruturas tradicionais. A primeira relação do povo com a tripulação de Cook foi a de muitas ofertas de transações materiais, e muito além, uma vez que as havaianas abordaram sexualmente a tripulação de Cook que

---

17 Ibid., p.65.
18 Hartog, *Régimes d'historicité,* p.43.
19 Sahlins, Des îles dans l'histoire, p.68.
20 Hartog, *Régimes d'historicité,* p.47.
21 Sahlins, Des îles dans l'histoire, p.14.

correspondia positivamente, apesar das proibições. Do ponto de vista dos havaianos, era "seu modo de "achar um senhor": relações hipergâmicas que criariam laços de parentesco – e de direitos – com os poderes de cima".[22] De fato, os acontecimentos são, sempre, ocorrências superinterpretadas segundo as modalidades variáveis, e Sahlins relembra que, para alguns, o que é concebido como um acontecimento capital, para outros, pode não passar de um simples convite para almoçar. O antropólogo contrapõe a esse respeito o materialismo, para o qual o significado resulta das propriedades objetivadas do acontecimento e o idealismo para o qual o acontecimento é mera consequência da ordem do significado, negligenciando o peso das realidades.

Enquanto procurava conciliar acontecimento e estrutura em um âmbito fundamentalmente diacrônico, Sahlins deduz ainda que o acontecimento é um não acontecimento, mas alguns etnólogos contestam essa interpretação, como Nicholas Thomas, que constata, ao contrário, que o primeiro contato de Cook com os indígenas foi vivido por esses últimos como um não acontecimento, não causando nenhum transtorno significativo. Em compensação, o acontecimento vai surgir tardiamente, com os mecanismos próprios da colonização e seu séquito de missões e de trocas comerciais. Thomas se indaga então por quanto tempo o mal-entendido durou. Ele insiste sobretudo sobre o fato de que Cook encarna a colonização com o conjunto de mudanças, analisadas minuciosamente para perceber melhor os fenômenos de interação, as estratégias de confronto, o que teria possibilitado a liberação da abordagem da estrutura e de potencializar a força transformadora do acontecimento.[23]

Essa história havaiana revela sobretudo a força eruptiva do acontecimento do *first contact* enquanto "distúrbio da inteligibilidade que manifesta a perplexidade dos olhares trocados".[24] O acontecimento é caracterizado ao mesmo tempo pela evidência da ruptura que ele traz em si com o passado e pela incerteza quanto ao seu significado. Essa crítica do peso da estrutura em antropologia leva certos etnólogos a valorizar os fenômenos históricos e com eles o lugar do acontecimento. Esses orientam sua disciplina, a antropologia, para uma visão orientada pela preocupação de tornar mais inteligível o agir humano. Isso os leva a deslocar o projetor do passado para o futuro

---

22 Ibid., p.144.
23 Ver Thomas, *Hors du temps. Histoire et évolutionnisme dans le discours antthropologique*.
24 Bensa; Fassin, *Les sciences sociales face à l'événement*, p.12.

à proporção em que o que importa para o ator não é tanto o passado como seu devir, o espectro dos possíveis. É o que acontece com Alban Bensa que dissipa as incertezas do sonho de exotismo nutridas pela percepção de outrem, o não ocidental compreendido como um Outro diferente. Ele lembra a fixação societária necessária a uma abordagem da alteridade que não deve abandonar o embasamento do terreno e da investigação concreta. A antropologia não está assim tão afastada quanto pensávamos na época estruturalista da abordagem histórica. Ela depende de fontes singulares e deve explicar mais para compreender melhor, mas a partir de casos singulares. Ela depende, então, de uma ciência do particular, embora acreditássemos que pertencia a uma disciplina fundada nas generalizações e nas permanências imutáveis. Como o historiador, o antropólogo deve seguir de perto os atores, seu dizer, seu comportamento e progredir em generalidade a partir de uma abordagem decididamente indutiva. Recusando a ideia de sociedades sem histórias a partir de sua prática de campo (Bensa é um frequentador assíduo da população kanak da Nova Caledônia), ele lembra aos seus colegas etnólogos a dimensão sempre histórica das relações sociais. Qualquer sociedade deve ser considerada em sua dimensão temporal e não pode se resumir a uma simples justaposição de funções ou de estruturas formais. Portanto, a antropologia praticou durante muito tempo, com intuito de encontrar leis, a "negação da história" e continuou muitas vezes cega aos processos de mudança, às inovações, à faculdade inovadora das sociedades observadas. Nesse ângulo morto, muitas vezes foi acrescentada a "negação do autor" em prol da lógica das estruturas. Bensa substitui o antropologismo, que ele considera como uma forma de exotismo, por uma antropologia crítica que cessa de desrealizar o social e visa a construção de uma antropologia pragmática.

A atenção nova nas ciências modernas dada às noções de caos, de irreversibilidade, de fractal permitiu romper com o determinismo evolucionista e entrar em uma nova forma de temporalidade que privilegia o acontecimento. Esse contexto geral nos afasta do tempo em que Braudel caçava "vagalumes", o refugo evenemencial [*événementielle*] que ele remetia ao plano da insignificância. A atualidade política responde sobre esse plano, como um eco, à atualidade científica pela radicalidade das descontinuidades factuais que tornam caduco qualquer confinamento no interior de uma descrição sob forma exclusiva da estrutura. A própria ideia de processo contingente exclui a explicação e leva a seguir a trama acontecimental [*événementielle*]: "Cada sequência sendo ao mesmo tempo prolongamento e reinvenção".[25] O tempo torna-se o fio condutor sobre o qual é construída a narração do novo. Essa ligação entre a nova objetividade científica e o registro narrativo permite sair do objetivismo de uma motivação que religava a causalidade e seu efeito a uma relação de equivalência reversível:

> Com a noção de atrativo caótico, por exemplo, a questão não é mais de opor determinismo e imprevisibilidade, mas de tentar entender porque uma evolução é imprevisível.[26]

A esse respeito, Isabelle Stengers começou uma investigação sobre os limites do previsível, do certo e do incerto que poderia se prolongar, para o historiador, com uma pesquisa sobre os sentidos impossíveis. Essa nova temporalidade, oriunda das reflexões sobre as descobertas da física quântica e sobre as estruturas dissipativas de Prigogine, tem como intuito estabelecer um vínculo orgânico entre a flecha do tempo e sua dimensão humana:

> O movimento como o concebemos hoje em dia dá uma espessura ao instante e o articula para o devir. Cada "estado" instantâneo é memória de um passado que só permite definir um futuro limitado, reduzido ao horizonte temporal intrínseco.[27]

A física quântica, desde suas primeiras teorizações, as de Bohr, Sommerfeld ou Einstein, atribuiu ao acontecimento no seu componente aleatório, um papel nodal. A abordagem quântica permite minimizar os esquemas deterministas ao conceber o acontecimento como algo que poderia não ter acontecido, recolocando-o no campo dos possíveis, procurando assim de que modo ele é detentor de sentido. Até então, a física mecânica era baseada no princípio da razão suficiente em nome da qual estabelecia-se uma relação intangível e reversível entre causa e efeito, mas a instabilidade constatada pela física quântica desconstrói essa relação e re-abre sobre a pertinência do acontecimento como elemento perturbador desses quadros invariantes: "Em cada caso, o acontecimento cria uma diferença entre o passado e o futuro que a razão suficiente definia como equivalentes".[28] A física quân-

---

25 Stengers, *L'Invention des sciences modernes*, p.85.
26 Prigogine; Stengers, *Entre le temps et l'éternité*, p.180.
27 Ibid., p.192.
28 Ibid., p.176.

tica adota a abordagem fenomenológica segundo a qual o acontecimento é ao mesmo tempo a resultante de um passado do qual ele não pode ser deduzido e abre para um devir histórico incerto que garantirá um sentido incerto. O acontecimento do mundo quântico não está nem numa posição de exterioridade nem de interioridade; ele é a sua própria interface: "A física pré-relativista baseava-se totalmente na representação coisificada do Real".[29] Isso implicou em privilegiar sistematicamente os fenômenos invariantes, estáticos, em detrimento das dinâmicas, que Bergson tão bem assimilou. O físico Bernard d'Espagnat avalia essa reconversão observando que a ciência não pode mais ignorar, como ela fazia, a categoria dos acontecimentos não reproduzíveis: "Não mais a regularidade, mas o arrebatamento. Não mais a astronomia, mas a cosmogonia".[30]

Quando Edgar Morin apresenta o número da revista *Communications* no *"L'Événement"* em 1972, ele se apoia sobre a evolução das ciências para sustentar sua tese do "Retorno do acontecimento".[31] Ele apresenta aí o universo, devido ao seu caráter singular e fenomenal, como um acontecimento, constatando uma conjunção das observações provenientes da microfísica e da astromacrofísica que evidenciam dados próprios ao acontecimento como a importância da atualização, da improbabilidade, da descontinuidade, da acidentalidade, assim que características até então excluídas do continente científico e que a partir daí se situam no próprio interior da mais moderna teoria científica. No plano da biologia, os progressos da genética permitem constatar também a onipresença do acontecimento que não atua apenas no campo das mutações entre espécies, mas também, no plano do indivíduo, tanto sobre o genótipo quanto sobre o fenótipo: "A vida nos é apresentada não somente como fenômeno fatualizado, mas também como sistema fatualizado onde surge o imprevisto".[32] A esse respeito, Edgar Morin atribui à história uma posição fundamental enquanto disciplina capaz de dar sentido à trama acontecimental [*événementielle*]: "Ela é a ciência mais apta para assimilar a dialética do sistema e do acontecimento".[33] Após uma longa fase durante a qual os historiadores foram abusivamente fatualistas, eles trocaram o acontecimento pela estrutura, pensando que ganhariam seu distintivo de cientistas. Mas, Edgar Morin os adverte contra essa tentação

---

29 D'Espagnat, L'Événement et la physique, *Communications,* n.18, p.116.
30 Ibid., p.118.
31 Morin, Le Retour de l'événement, *Communications,* n.18, p.6-20.
32 Ibid., p.11.
33 Ibid., p.13.

de ignorar sua vocação, que se revelaria ainda mais incongruente pelo fato de todas as disciplinas das ciências duras redescobrirem o caráter histórico de seu objeto: "Essa tendência, impulsionada ao extremo, corre o risco de autodestruir a própria história ao destruir o acontecimento".[34]

Além disso, e em qualquer outra filiação, a solidariedade entre o tempo das coisas e o dos seres situa nossa relação contemporânea com a temporalidade bastante próxima da concepção agostiniana, depois husserliana. Santo Agostinho tentara, na realidade, fornecer uma resposta ao enigma do tempo a partir de um acontecimento importante que ele vivenciou, o da queda do Império romano sob a ofensiva inexorável dos "bárbaros". O próprio Agostinho morreu em 430 na sede de Bône (Annaba), onde ele era bispo, cidade sitiada pelos vândalos. No cruzamento de duas tradições, a filiação do pensamento grego, com suas incidências neoplatônicas, e a filiação cristã, para santo Agostinho, há um começo absoluto, que é a Criação do mundo à partir do qual o tempo decola. De acordo com Agostinho, somente o presente existe enquanto religado ao passado do presente e ao futuro do presente. Logo, ele considera o instante como detentor de uma intensidade particular, fragmentado entre dois sentidos direcionais:

> Se acompanharmos o movimento de Santo Agostinho, que é algo maravilhoso, encontramos nossa concepção atual do universo. Eu sou fascinado, eu disse, pelo *quantum-temps* de Planck: há um grão de tempo [...] O que é maravilhoso, é que o instante existe, somente ele existe e ele permite compreender a entrada possível na eternidade. Esse instante onde o tempo não passa mais, mas se dilata. A eternidade não é uma infinidade de tempo, mas um instante.[35]

Essa inserção do tempo vivido na definição do tempo dá também ao presente um lugar preeminente como momento da relembrança e realização das antecipações rememoradas. Ela permite pensar a unidade temporal. O acontecimento é criador de atores e herdeiros que falam em seu nome, interessados em realizar a propagação das ideias ou inovações trazidas pela descontinuidade que ele cauciona: "Para seus herdeiros, o acontecimento faz diferença entre o passado e o futuro".[36] Esse vínculo constitutivo entre

---

34 Ibid., p.13.
35 Chaunu; Dosse, *L'instant éclaté*. Entretiens, p.180.
36 Stengers, Seminário d'*EspacesTemps*, 10 jan. 1994.

o acontecimento e seus herdeiros abre o devir da ruptura acontecimental [*événementielle*] para uma indeterminação original de seu alcance que não é mais *a priori*, mas o que farão os atores que propagarão a onda de choque. Logo, o acontecimento cauciona uma temporalidade nova para os atores e suscita novas práticas. Foi a proliferação das práticas que permitiram a afloração que permitirá dimensionar o alcance do acontecimento que eles encarnam. A causa não preexiste aos seus efeitos, ao contrário, são os efeitos do acontecimento que lhe darão, que lhe constituirão uma condição indefinidamente proliferativa e, se for o caso, de causa.

III
Uma arqueologia do acontecimento

A provincialização da razão ocidental com a descolonização e a descoberta da irredutibilidade da resistência de outras lógicas colocou fortemente em crise qualquer forma de teleologia histórica europeia-centralizada. Essa tomada de consciência se acrescenta ao traumatismo sofrido durante a segunda guerra mundial com a vitória da barbárie nazista no cerne da cultura europeia e a descoberta da dimensão do Holocausto. A esse trauma, é preciso acrescentar o término das ilusões perdidas na transformação radical do mundo capitalista em comunismo com as descobertas cada vez mais aterrorizantes do que se esconde atrás da cortina de ferro, da realidade totalitária que tomou lugar das esperanças revolucionárias. Michel Foucault tira daí o ensinamento em filosofia que "devemos repartir de zero".[1] Um certo olhar ingênuo em direção à exaltação do progresso contínuo da liberdade e da lucidez humana não é mais possível. À visão de um futuro mais feliz,

---

1 Foucault, Die Folter, das ist die Vernunft, *Literaturmagazin*, n.8, 1977.

substituiu-se a abordagem dos tópicos de mudanças parciais das quais é preciso redefinir os limites do possível.

1956 com seu séquito de desilusões, de Budapeste à Alexandria, passando por Alger, interrompeu na França os cantos da Liberação: "1956 [...] nos levou a não sermos mais obrigados a esperar alguma coisa".[2] Com base no questionamento da escatologia revolucionária, Foucault fica à espreita, sensível ao acontecimento que aparece, e cujo sentido não é mais concebido como o simples desenrolar, a epifania de algo já-lá.

Foucault defende uma concepção do acontecimento liberada do invólucro teleológico, como surgimento da novidade, como começo absoluto dentro da linhagem de toda filiação da escola epistemológica francesa, a de Bachelard, Canguilhem e da genealogia nietzschiana. A partir dessa tradição, ele preconiza uma abordagem descontinuísta do tempo, privilegiando as cesuras radicais que ele chama temporariamente de *épistèmé* (termo que abandonará após seu livro *As palavras e as coisas*):

> Devemos esquecer tudo o que permitia o jogo reconfortante dos reconhecimentos. Saber, mesmo na ordem histórica, não significa "encontrar", e muito menos "nos encontrar". A história será "efetiva" à medida que ela introduzirá o descontínuo no nosso próprio ser. Ela dividirá nossos sentimentos, ela dramatizará nossos instintos; ela multiplicará nosso corpo e o oporá a ele mesmo... Porque o saber não é feito para compreender, ele é feito para resolver.[3]

A perspectiva definida é aquela de um agir "resolver", de uma pragmática do pensamento em função da acontecimentalização [*événementialité*].

Seguindo Nietzsche, Foucault substitui a busca das origens temporais e a busca de causalidades por um positivismo crítico procurando identificar as descontinuidades graças a um descritivo das potencialidades materiais. Em segundo lugar, Foucault procura identificar a singularidade dos acontecimentos fora de suas finalidades declaradas. Finalmente, a acontecimentalização [*événementialisation*] e o caos sublunar permitem minimizar a figura do sujeito consciente e sua ilusão de controle do tempo: "A história efetiva provoca o ressurgimento do acontecimento no que ele tem de único

---

2 Foucault, *Océaniques*.

3 Id., Nietzsche, la généalogie, l'histoire, *Hommage à Hyppolite*; reproduzido em *Dits et écrits*, t.2, p.147-8.

Renascimento do acontecimento

e de agir".[4] Foucault opõe a história tradicional a uma abordagem moderna pós-nietzschiana que ele sugere:

> Essa inverte a relação estabelecida entre a irrupção do acontecimento e a necessidade contínua. Existe toda uma tradição da história (teológica ou racionalista) que tende a diluir o acontecimento singular em uma continuidade ideal.[5]

Dentro de uma perspectiva de inspiração nietzschiana, a história-síntese total é uma ilusão porque "uma possível tarefa implica que seja questionado tudo o que pertence ao tempo, tudo que se formou nele [...] de modo que apareça a *fissura* sem cronologia e sem história de onde provem o tempo.[6]

Durante uma conferência proferida no Japão em 9 de outubro de 1970, Foucault insiste novamente sobre essa mutação que valoriza o acontecimento: "As duas noções fundamentais da história realizada atualmente não são mais o tempo e o passado, mas a *mudança* e o acontecimento".[7] Que tipo de acontecimento, para Foucault? Nele, é possível distinguir duas fases: a que vai até a publicação do seu livro *As palavras e as coisas* em 1966; trata-se então do impacto de grandes plataformas sincrônicas, de grandes estruturas chamadas de *épistèmés*, que surgem e desaparecem de maneira enigmática, cortadas de suas raízes. São os grandes impactos discursivos, rupturas decisivas, os questionamentos feitos por Foucault no livro *As palavras e as coisas*, fazendo-se seguir pelo *épistèmés* do Renascimento até o século XVI, que corresponde a uma repetição da natureza sobre ela mesma; o da Idade clássica do século XVII, que é a idade do julgamento e da prova comparatista; e finalmente, da Idade moderna, o dos séculos XVIII-XIX, no decorrer dos quais são admitidas três transcendentais: a vida, a linguagem, o trabalho.

Depois de 1968, com seu livro *A arqueologia do saber*, ele continua a tratar dos acontecimentos discursivos, porém dentro de uma história geral concebida como "um espaço de dispersão". O termo de arqueologia remete aqui à sua etimologia grega que significa "começo". Trata-se ainda de descontinuidades, mas dessa vez no interior de séries heterogêneas que constituem

---

4 Id., Nietzsche, la généalogie, l'histoire, *Hommage à Hyppolite*, p.161.
5 Id., *Dits et écrits*, t.2, p.148.
6 Id., *Les Mots et les choses*, p.343.
7 Id., Revenir à l'histoire, *Paideia*, n.11; reproduzido em *Dits et écrits*, t.2, p.277.

159

o que os historiadores da escola dos *Annales* chamam de "história serial", na qual os acontecimentos são tópicos e seus efeitos limitados a sua série de pertencimento. A história serial define seu objeto ao identificar séries de documentos homogêneos e o historiador revela, então, acontecimentos que não teriam surgido sem ele. O acontecimento não é mais constituído por aquilo que é visível e explicável, porque se trata de desenterrar camadas mais profundas de acontecimentos: "Há outros acontecimentos que são acontecimentos invisíveis, imperceptíveis para os contemporâneos".[8] Foucault cita o exemplo da quantidade de vitaminas ingerida pelas populações europeias que observa um progresso espetacular. É um "acontecimento prodigiosamente importante"[9] para a história do consumo, da saúde, da longevidade, e bem mais importante do que uma mudança de regime político devido a seus efeitos. Essa abordagem serial tem duas consequências. Em primeiro lugar, ela permite uma multiplicação, uma pluralização das descontinuidades históricas, logo, dos acontecimentos que as suscitam. Em segundo lugar, ela induz as temporalidades diferenciais, uma desordem de temporalidades múltiplas, cada uma detentora de um certo tipo de acontecimentos.

Mesmo que Foucault concentre toda sua atenção nas formações discursivas, nem por isso ele segue os métodos linguísticos de descrição da língua. A via que ele define, a da arqueologia, apresenta-se como uma terceira via possível entre as técnicas da formalização linguística: a semiótica, de um lado, e a interpretação filosófica, a hermenêutica, de outro lado. A via arqueológica fica também a meio caminho entre o estruturalismo, do qual ela é a moldura teórica, e o materialismo histórico. Deleuze aplica em Foucault o julgamento musical dado ao universo de Webern: "Ele criou uma nova dimensão, que poderíamos chamar de dimensão diagonal".[10]

Foucault não admite nenhuma redução e, para escapar dessa, seu pensamento se situa sistematicamente em linhas fronteiriças, nos limites, nos interstícios entre os gêneros. O conceito central da *Arqueologia do saber*, o discurso, se situa entre a estrutura e o acontecimento; ele contém as regras da língua que constituem o objeto privilegiado do linguista, mas não se confina aí, pois ele abrange igualmente o que é dito. O discurso, no sentido de Foucault, significa ao mesmo tempo a dimensão estrutural e

---

8 Foucault, *Dits et écrits*, t.2, p.277.
9 Ibid., p.278.
10 Deleuze, *Un nouvel archiviste*, p.48.

Renascimento do acontecimento

acontecimental [*événementielle*]: "Ora campo geral de todos os enunciados, ora grupo individualizado de enunciados, ora prática ajustada considerando um certo número de enunciados".[11] Foucault ocupa uma posição de tensão constante à proporção em que ele recusa tanto o encerramento do discurso nele mesmo quanto sua elucidação pelos elementos externos à linguagem.

O discurso não remetendo a uma outra ordem das coisas, Foucault destaca o conceito de prática discursiva que permite contornar a noção de sinal. Sob a superfície discursiva, mas partindo dela, Foucault representa os discursos por seus outros aspectos, para apreender outras organizações possíveis. Sob o jogo das aparências, Foucault pensa descrever as regras específicas às práticas discursivas ao desfazer os vínculos entre as palavras e as coisas, evitando se referir ao contexto circunstancial no qual se desenrola o discurso. Desse ponto de vista, o horizonte foucaltiano continua no interior da esfera discursiva. A arqueologia não tem como função definir os pensamentos ou representações sob os discursos, "mas os próprios discursos, esses discursos enquanto práticas obedientes às regras".[12] Trata-se de identificar os diversos *status*, localizações, posições ocupadas por aquele que mantém um discurso cujo significado se refere a um ponto particular do espaço. Foucault faz exatamente a pergunta do locutor: Quem fala? Quem, entre todos os indivíduos falantes, consegue manter esse tipo de linguagem? Quem é o titular?".[13] Assim, o conhecimento médico não funciona de qualquer maneira e não se refere somente à lógica interna. O *status* do médico comporta critérios de competência. O ato médico vale para aquele que o realiza, por sua qualidade socialmente reconhecida, por seu lugar na instituição. Professor ou clínico geral, interno ou externo, doutor ou agente de saúde: cada condição corresponde à assimilação de um saber ou *savoir-faire* particular dentro de uma hierarquia médica que é também uma hierarquia social: "A palavra médica não pode vir de qualquer um".[14] A prática discursiva se situa no interior das práticas não discursivas que devem portanto ser integradas no campo do estudo da arqueologia.

É possível, nessas condições, pensar o acontecimento e confiná-lo na sua expressão? O acontecimento excede à sua discursividade. Foucault, após a *Arqueologia do saber*, inclina sua orientação para um programa

---

11 Foucault, *L'Archéologie du savoir*, p.106.
12 Ibid., p.182-3.
13 Ibid., p.68.
14 Ibid., p.69.

genealógico que privilegia o nível discursivo com *A Ordem do discurso*, que é sua aula inaugural no Collège de France. Ele exibe o problema de uma problematização da vida, do crime, da loucura graças ao exame das condições de validade do conhecimento. Trata-se, portanto, de "restituir ao discurso seu caráter de acontecimento"[15] segundo as relações de descontinuidades: "Os discursos devem ser tratados como práticas descontínuas".[16] A esse respeito, Foucault se apresenta como um positivista feliz e isso a partir da *Arqueologia do saber*, com o propósito de explorar o que é o embasamento enunciativo para ele próprio, em sua positividade e sua efetividade:

> Se, ao substituir a análise da escassez pela pesquisa das totalidades, a descrição das relações de exterioridade sob o tema do fundamento transcendental, a análise dos acúmulos em busca das origens, é ser um positivista, então, sou um positivista feliz.[17]

Portanto, o objeto de estudo de Foucault é o acontecimento enquanto acontecimento discursivo, e sua relação com os outros campos de formação social, com sua fixação, com sua função. Em 1984, no seu texto "O que é o Iluminismo?", Foucault define seu pensamento como genealógico em sua finalidade e arqueológico em seu método, e não transcendental, isto é, não procurando se liberar das estruturas universais de qualquer conhecimento, mas "de tratar os discursos que articulam o que pensamos, dizemos e fazemos como acontecimentos históricos".[18]

---

15 Foucault, *L'Ordre du discours*, p.53.
16 Ibid., p.55.
17 Foucault, *L'Archéologie du savoir*, p.164-5.
18 Id., *Dits et écrits*, t.4, p.574.

IV
Uma metafísica do acontecimento

Dentro de uma perspectiva semelhante a de Foucault, Deleuze e Guattari também valorizam no acontecimento o que ocorre de novo, o que traz uma descontinuidade prometendo uma nova atmosfera, um novo mundo. Da mesma maneira, esse gesto tem suas raízes em um agente histórico similar, o trauma da Segunda Guerra mundial que uns e outros atravessaram muito jovens para aí terem seu lugar. Sua resistência à barbárie ocorre em um outro momento e podemos, inclusive, considerar a hipótese que a revolta deles poderia ser entendida como um efeito defasado da catástrofe que aquele acontecimento representou para o Ocidente e seus valores com a vitória do nazismo. Criar novos conceitos é um imperativo absoluto: o traumatismo da barbárie nazista obriga a retomar, com novos custos, as tarefas do pensamento. Pensar requer ser digno de um acontecimento vivenciado muito cedo para, nele, ter tido uma participação ativa. Ele se encontra até no interior da abordagem da história do cinema que Deleuze retoma de André Bazin.[1]

---

1 Dosse, *Gilles Deleuze, Félix Guattari. Biographie croisée.*

A filosofia não deve sair desarmada da travessia da tragédia histórica. Bem pelo contrário, ela não deve renunciar a sua função: "Não há razão para acreditar que não podemos mais pensar após Auschwitz, e que somos todos responsáveis pelo nazismo".[2] Mas permanece um sentimento formulado com exaltação por Primo Levi, "a vergonha de ser um homem". Cada um é, não responsável, mas aviltado pelo nazismo:

> É realmente uma catástrofe, mas a catástrofe está, uma vez que a sociedade dos irmãos ou dos amigos passou por tamanha provação, na impossibilidade de se olharem, um para o outro, ou para si mesmo, sem um "cansaço", talvez uma desconfiança.[3]

Não podemos ter após Auschwitz a ingenuidade dos gregos. Há a exigência de uma outra metafísica para que se restabeleça a relação com o caos para criar forças vitais e não mortíferas: "Esse sentimento de vergonha é um dos mais poderosos desígnios da filosofia. Não somos responsáveis pelas vítimas, mas diante das vítimas".[4]

Essa transformação do pensamento que se tornou imperiosa é intensamente vivida por Deleuze, como prova sua correspondência com Dionys Mascolo.[5] Após a publicação do livro de Mascolo *Autour d'um effort de mémoire* [Em torno de um esforço de memória], em 1987, Deleuze escreveu para cumprimentá-lo por ter tão fortemente renovado as relações entre o pensamento e a vida. Ele aproveita a ocasião para questionar sua afirmação de que "uma desordem de tal dimensão da sensibilidade geral não seria necessária para o acesso a novas disposições de pensamento".[6] Deleuze pressente que Mascolo guarda um segredo com ele. Mascolo responde-lhe que esse aparente segredo "no fundo, talvez, não seja outro senão o de um pensamento que desconfia do pensamento. O que não deixa de vir acompanhado de uma angústia".[7] Não há intenção de segredo, Mascolo acrescenta, mas dessa angústia nasce a base de amizades possíveis.

---

2 Deleuze; Guattari, *Qu'est-ce que la philosophie?*, p.102.
3 Ibid.
4 Ibid., p.103.
5 Correspondance Dionys Mascolo-Gilles Deleuze, *Lignes*, n.33; reproduzido em *Deux régimes de fous*, p.305-10.
6 Mascolo, *Autour d'un effort de mémoire*, p.20.
7 Id., *Régime de fous*, p.306.

Evitar a abjeção exige experimentar conceitos criados: "Pensar, é experimentar, mas a experimentação, é sempre o que está se fazendo".[8] Essencialmente filosófica, a experimentação não pode se prevalecer de qualquer território passado, presente ou futuro:

> Nunca me identifiquei com aqueles que dizem que devemos ultrapassar a filosofia. Enquanto houver necessidade de se criar conceitos, haverá filosofia, pois é sua definição. E eles são criados em função dos problemas. E os problemas evoluem [...] Fazer filosofia, é criar novos conceitos com base nos problemas que enfrentamos atualmente. O último aspecto seria: o que é a evolução dos problemas? As forças históricas, sociais, mas também uma evolução do pensamento fazem com que os problemas nem sempre sejam os mesmos e nem do mesmo modo. Existe uma história do pensamento que não se reduz a um jogo de influências. Há uma evolução do pensamento que continua misterioso.[9]

Deleuze chega a distinguir nitidamente, dentro de uma perspectiva nietzschiana, a noção de história e a de evolução:

> Cada vez mais fiquei sensível à possível distinção entre a evolução e a história. Nietzsche dizia que nada de importante se faz sem uma "porção não histórica" [...] Nietzsche fala daquilo que se faz, do próprio acontecimento ou do devenir. O que a história capta do acontecimento, é sua efetuação nos estados das coisas, mas o acontecimento na sua evolução foge à história.[10]

Assim, em relação ao acontecimento de Maio 68 vivido fervorosamente por Deleuze e Guattari, eles distinguem o que se refere à sua acontecimentalidade [*événementialité*], às suas causas, às suas consequências, ao discurso efetivo e às decisões de seus autores e a uma outra dimensão, mais essencial, que é a do "devir-revolucionário" daqueles que foram marcados pelo surgimento desse acontecimento.

A inspiração nietzschiana foi acrescida, no final do ano 1970, da influência de Foucault que estabelece uma distinção entre o antigo e o atual: "Em

---

8 Deleuze; Guattari, *Qu'est-ce que la philosophie?*, p.106.
9 Deleuze, *L'Abécédaire de Gilles Deleuze* (1988).
10 Id., *Pourparlers*, p.230-1.

qualquer dispositivo, devemos desfazer as linhas do passado recente e as do futuro próximo: a parte do antigo e a do atual, a parte da história e a do devir".[11] Mas, como todos os mecanismos binários ajustados por Deleuze e Guattari: espaço liso/estriado, desterritorialização/reterritorialização, fluxo/estatismo, rizomas/árvores, máquina de guerra/aparelhos de captura..., o par história/devir não deve ser pensado como dois polos alternativos em situação de exterioridade recíproca. Se Deleuze chega a afirmar que os devires escapam à história, é para enfatizar, assim, a indeterminação inerente ao futuro. Baseando-se nas linhas não traçadas do futuro, Deleuze evidencia os limites dos esquemas de explicação mecânica que religam o presente esclarecido ao que aconteceu anteriormente. Ele reconhece uma determinação contextual das condições históricas que regem a manifestação do acontecimento, mas essas condições não desempenham o papel de causalidade já que a afirmação, por definição minoritária, do devir necessita se afastar dessas condições para se desligar delas e construir o novo, o inédito, o criativo:

> A história designa somente o conjunto das condições, por mais recentes que sejam, das quais é preciso afastar-se para "tornar-se", isto é, criar algo de novo. É exatamente isso que Nietzsche chama de Intempestivo. Maio 68 foi a manifestação, a irrupção de um devir em estado puro.[12]

Portanto, as condições históricas são afetadas por um valor negativo, porque elas representam um limite para a expressão do poder de ser, ao *Conatus* de Spinoza. Deleuze e Guattari têm como objetivo escapar do monocausalismo e do determinismo rigoroso. Eles praticam a pluralização das modalidades de resposta à questão que eles formulam em *Mille Plateaux* [Mil Platôs]: "O que aconteceu?",[13] e antecipam a ideia de uma tríade organizadora das linhas de atualização: linhas molares, linhas moleculares e finalmente, linhas de fuga que eles distinguem a partir da leitura do conto de Fitzgerald, "La Fêlure – Crack-up".[14] Cada uma dessas linhas tem uma função específica e no entanto, só é possível concebê-las em conjunto. A perspectiva molar tem tendência em codificar, endurecer, institucionalizar, acumular:

---

11 Deleuze, Qu'est-ce qu'un dispositif?, *Michel Foucault philosophe*, p.191.
12 Id., *Pourparlers*, p.231.
13 Deleuze; Guattari, *Mille plateaux*, p.235-52.
14 Fitzgerald, *La Fêlure*.

O corte molar produz um tipo de acontecimentalidade [*événementialité*]. Ele garante a transição de uma sequência à outra, mas também a constância da identificação e do controle do que circula de uma linha à outra.[15]

Ao contrário das linhas molares, as linhas moleculares agem para desconstruir as codificações. Suas maleabilidade e labilidade impedem qualquer processo de capitalização e elas escapam por definição de qualquer inclusão dentro de um sistema. Portanto, elas têm como função desfazer os códigos e seu modo de intervenção se situa, na maioria das vezes, no limite do imperceptível, numa microescala, reunindo aparentemente as flexões das linhas molares para melhor desfazê-las. As rupturas que elas principiam são imperceptíveis e se assemelham ao que Fitzgerald chama de "fissuras", criando um modo de acontencimentalidade [*événementialité*] "inerente ao elemento molecular dos desejos sub-representativos, que Deleuze e Guattari determinam através da noção de limiar".[16] O regime de historicidade depende, aqui, essencialmente, das linhas molares, mesmo quando os devires constituem a particularidade dos acontecimentos de ordem molecular. Mas esses últimos são quase imperceptíveis, imputáveis a determinados lugar e momento, ou então a reconstituições só-depois [*après-coup*] a partir de efeitos de limiar.

É nesse nível que Deleuze e Guattari envolvem uma terceira linha que reintroduz uma dinâmica devido ao seu caráter totalmente não segmentado e à sua vocação em decodificar, são as linhas de fuga que atuam tanto no interior das linhas molares quanto nas moleculares. É nesse terceiro nível, o das linhas de fuga, que Deleuze e Guattari situam o que eles qualificam de acontecimento puro. Esse último reúne um tempo não mais situável, já designado por Deleuze na *Logique du sens* [Lógica do sentido] como sendo o *Aïon* diferente de *Chronos*: O que pôde ter acontecido para chegarmos até aí?", indaga o narrador das obras de Fitzgerald. Portanto é preciso distinguir bem as fissuras, tomando emprestado a expressão de Fitzgerald, que afetam as linhas moleculares, as rupturas que marcam as linhas molares. Essas extinguem a situação anterior até diluir a pertinência da questão de saber o que aconteceu, deixando lugar para o acontecimento puro, para um devir absoluto.

---

15 Sibertin-Blanc, Les Impensables de l'histoire. Pour une problématisation vitaliste, noétique et politique de l'anti-historicisme chez Gilles Deleuze, *Le Philosophoire*, n.19, 2003, p.134.
16 Ibid., p.136.

Sem dúvida, toda a filosofia de Deleuze e Guattari pode ser qualificada, como fez Zourabichvili, de "filosofia do acontecimento".[17] No livro *O que é a filosofia?*, Deleuze e Guattari se baseiam nas teses de Péguy (*Clio*), que já mencionamos, para explicar que há duas maneiras de considerar o acontecimento. Absorver a efetuação na história, o condicionamento e voltar ao acontecimento, instalar-se nele e passar por todos os componentes e singularidades. A partir dessa distinção, Deleuze limita as ambições possíveis da história, capaz de considerar apenas a parte efetuada do acontecimento, e mantendo-se impotente para restituir seu sentido mais essencial:

> O que a história capta do acontecimento, é sua efetuação nos seus estados de coisas ou na vivência, mas o acontecimento, na sua evolução, na sua própria consistência, na sua autoposição como conceito, escapa à História.[18]

Mil platôs afirma, portanto, em 1980, a importância das escansões acontecimentais [*événementielles*], pois cada um dos treze platôs está colocado sob o signo de uma data inaugural. Desse modo, o quarto capítulo, "Postulados de linguística" está precisamente correlacionado com o 20 de novembro de 1923, os autores insistem sobre a importância em datar os acontecimentos: "A História não se livrará das datas. Talvez seja a economia, ou a análise financeira que mostra melhor a presença da instantaneidade desses atos decisórios em um processo de conjunto".[19] Essa data de 20 de novembro de 1923 está ligada à inflação galopante na Alemanha após 1918: "A cortina cai em 20 de novembro de 1923", escrevera o economista John Kenneth Galbraith.[20] De fato, em 20 de novembro o governo decretara que o velho Reichsmark não era mais uma moeda e fora substituído pelo Retenmark. Novos ordenamentos, em constante variação, provocam uma cadeia de novas transformações a partir de modificações contínuas, o que pressupõe para Deleuze e Guattari o fato de que um "ordenamento de enunciação não fala "das" coisas, mas fala *diretamente* dos estados de coisas ou dos estados de conteúdo".[21] Esse pensamento de acontecimento não é absolutamente um presentismo. Ao contrário, a filosofia como criação de

---

17 Zourabichvili, *Deleuze, Une philosophie de l'événement*.
18 Deleuze; Guattari, *Qu'est-ce que la philosophie?*, p.106.
19 Id., *Mille plateaux*, p.103.
20 Galbraith, *L'Argent*, p.259.
21 Deleuze; Guattari, *Mille plateaux*, p.110.

Renascimento do acontecimento

conceitos deve estar em ruptura com sua época. Ela é fundamentalmente inatual e intempestiva segundo a concepção nietzschiana compartilhada por Foucault: "Aja contra o tempo, portanto sobre o tempo, e esperemos que seja em prol de um tempo vindouro".[22]

Deleuze rejeita dois modos de abordagem do acontecimento: a essencialista, platônica que subsume a pluralidade dos acontecimentos em um Acontecimento puro, mas também a abordagem circunstancial segundo a qual o acontecimento se reduz ao acidente comprovado. Ele responde a isso insistindo sobre a pluralidade dos acontecimentos como "jatos de singularidades[23] e igualmente sobre o fato que o próprio acontecimento oferece um questionamento: "O acontecimento em si é problemático e problematizador.[24] Esse excesso em relação à expressão do acontecimento, Deleuze o exprime ao insistir sobre o caráter singular do acontecimento. Ele baseou sua demonstração em Duns Scott, de quem adquiriu o conceito de *hecceidade*, através do qual ele define a individualidade acontecimental [*événementielle*]. Isso resultou em duas características essenciais. Por um lado, o acontecimento se define como a coexistência simultânea de duas dimensões heterogêneas em um tempo onde futuro e passado continuam a se coincidir, apoderando-se um do outro, ao mesmo tempo distintos e indiscerníveis. Em segundo lugar, o acontecimento é o que acontece e sua dimensão emergente ainda não está separada do passado. É uma intensidade que vem e se distingue simplesmente das outras intensidades. O acontecimento ideal, assim definido por Deleuze na *Lógica do sentido*, é, portanto, uma singularidade ou um conjunto de singularidades: "São pontos de reversão, de inflexão etc.; dos obstáculos, dos nós, dos focos, dos centros; dos pontos de fusão, de condensação, de ebulição etc.".[25] Ele acrescenta aqui, ao considerar esse aspecto indivisível da história e do acontecimento em torno de pontos de singularidade, a concepção enunciada por Péguy:

> Há pontos críticos do acontecimento assim como há pontos críticos da temperatura, dos pontos de fusão, de congelamento, de ebulição, de condensação; de coagulação; de cristalização. O mesmo acontece com o Acontecimento nesses estados de sobrefusão, que apenas se precipitam,

---

22 Nietzsche, Deuxième considération intempestive, prefácio. In: *Considérations inactuelles* (1873-1874).
23 Deleuze, *Logique du sens*, p.68.
24 Ibid., p.69.
25 Ibid., p.67.

se cristalizam, se determinam pela introdução de um fragmento do acontecimento futuro.[26]

Para pensar o acontecimento, Deleuze e Guattari consideram que esse deve se formar em dois modos temporais distintos. Primeiramente, há sua efetuação em um estado de coisa, em um presente. Ele depende, então, de um tempo particular denominado de *Cronos* e pelo qual ele fixa as coisas e as pessoas segundo uma determinada dimensão: "Segundo *Cronos*, somente o presente existe no tempo [...] o passado e o futuro são duas dimensões relativas ao presente no tempo".[27] Mas, ao mesmo tempo, o acontecimento não se limita à sua efetuação, daí a necessidade em considerar uma segunda dimensão temporal do acontecimento, qualificada por Deleuze de *Aión* e que resulta de uma eternidade paradoxal pela qual algo de incorpóreo, de irrealizável, excede e sobrevive à efetuação. Aión é o tempo indefinido do acontecimento, é "uma linha flutuante que conhece apenas as velocidades, e continua tanto a dividir o que ocorre num já-lá e um ainda-não aí-aqui, um tarde demais e um cedo demais simultâneos, algo que vai acontecer e ao mesmo tempo que acaba de acontecer".[28] Nesse segundo nível, o acontecimento acontece em um tempo sem duração. É uma pura mudança perceptível só-depois [*après-coup*]. Ele prossegue acontecendo e é incapaz de terminar porque seus diversos momentos não são sucessivos, mas simultâneos. É possível estabelecer uma relação com o modo como Michel de Certeau dizia que "um acontecimento não é o que vemos ou sabemos dele, mas o que ele se torna".[29]

Daí o paradoxo do acontecimento que se encontra na linha de *Aión* e no entanto, não o completa. É Cronos que o completa pelos estados de coisas:

> Dois tempos, um dos quais é composto apenas de presentes moldáveis, e o outro se decompõe em passado e futuro prolongados. Um é sempre definido, ativo ou passivo, e o outro, eternamente Infinitivo, eternamente neutro.[30]

---

26 Péguy, *Clio*, p.269.
27 Deleuze, *Logique du sens*, p.190.
28 Deleuze; Guattari, *Mille plateaux*, p.320.
29 Certeau, *La Prise de parole*, p.51.
30 Deleuze, *Logique du sens*, p.79.

Renascimento do acontecimento

Quanto a Aión, ele representa o jogador ideal, ele é o "acaso insinuado e ramificado. Ele é o único lançador, cujas jogadas se distinguem pela qualidade".[31] Diferentemente de *Cronos*, completamente incorporado no presente, fonte das misturas e da fusão/confusão entre passado/presente e futuro, *Aión* livra-se da presentificação, porque é uma dimensão que depende do passado ou do futuro: "Aión é o local dos acontecimentos incorpóreos, e dos atributos distintos das qualidades".[32] Essa dimensão temporal exprime o caráter ilimitado, sua eternidade enquanto "*pura forma vazia do tempo*, que se liberou de seu conteúdo corpóreo presente".[33] Portanto, o acontecimento é atravessado por essa fratura interna entre duas formas de temporalidade. Enquanto puro acontecimento, ele será designado por Deleuze como sendo o Instante que, estando em constante deslocamento sem nunca se encarnar, nunca está em seu lugar. Puramente aleatório, atópico como considerado por Platão, ele se projeta sobre um passado e um futuro indefinidos. O instante é o presente de *Aión*, mas meramente fugitivo, irredutível. Contrariamente ao presente de *Cronos*, ele não tem espessura, ele é um puro momento que escapa desde que aparece, como o *Kairos* grego.

É uma das principais razões pela qual retemos apenas os acontecimentos infelizes como as pestes, as grandes epidemias, as guerras, a morte individual e coletiva. Seria pela maior incidência dos acontecimentos infelizes sobre os felizes? Evidentemente que não, mas isso se deve exatamente à dupla estrutura de qualquer acontecimento tanto na linha de *Cronos* quanto na de *Aión*. Ele é simultaneamente efetuação presente e há também um passado e um futuro do acontecimento que se esquivam de qualquer presente porque essas dimensões são livres das limitações próprias de um estado de coisa. Deleuze levanta a questão de saber como é possível realizar a comunicação de acontecimentos de natureza diferente e se transformar em um único e mesmo acontecimento. Essa síntese de "séries divergentes, heterogêneas e disparatadas"[34] não produz uma síntese conectiva do tipo "Se..., então", nem conjunctiva do tipo "e", mas ela produz positivamente uma "síntese disjuntiva". Potência afirmativa, o acontecimento provém da "ressonância dos disparates".[35]

---

31 Ibid., p.81.
32 Ibid., p.193.
33 Ibid., p.194.
34 Ibid., p.205.
35 Ibid.

A insistência sobre o Acontecimento remete Deleuze e Guattari à esfera do agir, segundo os ensinamentos da filosofia prática de Spinoza, mas também dos estoicos: "Não ser inferior ao acontecimento, tornar-se a descendência de seus próprios acontecimentos".[36] Um caminho estoico que, em um impulso vitalista, tende permanecer digno do que acontece e a valorizar qualquer indício que possa conter o que acontece: um acontecimento, uma velocidade, um devir. O acontecimento pode se situar diante de si, desafiando a cronologia, como no caso do poeta Joë Bousquet que foi o inspirador das reflexões de Deleuze. Nascido em 1897, Joë Bousquet foi ferido no campo de batalha da Grande Guerra na primavera de 1918. Atingido na coluna vertebral, ficara paralisado pelo resto de sua vida. Morreu em 1950, confinado no seu quarto de persianas fechadas em Carcassone. No entanto, ele fora um articulista ativo da revista *Cahiers du Sud*, autor de vários livros, e manteve uma correspondência assídua com vários artistas e escritores. Entre suas reflexões, existe uma que faz referência a sua tragédia pessoal e que é tratada com muito interesse por Deleuze: "Meu ferimento já existia antes de mim, nasci para encarná-lo", e Deleuze comenta: "O ferimento é algo que recebo no meu corpo, em um determinado lugar, em determinado momento, mas há também uma verdade eterna do ferimento como acontecimento impassível, incorpóreo".[37]

Faz parte da moral para Deleuze, uma arte de viver à maneira dos estoicos, que consiste em não ser indigno do que acontece, de estar à altura do acontecimento e de não rejeitar o opróbio do outro ao se contentar em nutrir uma cultura do ressentimento. No entanto, isso não significa uma resignação ao que acontece: "O acontecimento não é o que acontece (acidente), ele está dentro do que acontece, o absoluto expresso que acena para nós e está nos esperando".[38] Entre os estoicos, na realidade, o acontecimento não depende do querer, ele se situa no que está fora da capacidade humana, e se os estoicos colocam em perspectiva a vontade humana, é ela que se dobra ao acontecimento de acordo com suas linhas de força:

> É preciso, então, "aceitar" o acontecimento e querê-lo. Ora, querê-lo, isto é causá-lo naquilo que depende de nós, significa não contrariá-lo, não impedi-lo, e isso, não através de uma ação (não nos cabe fazer uma

---

36 Deleuze, *Dialogues*, p.80.
37 Ibid.
38 Deleuze, *Logique du sens*, p.175.

oposição eficaz), mas, exatamente, por nossas intenções. Cooperar com o acontecimento consistirá, então, em realizá-lo em nós, combatendo tudo que em nós se opõe a ele, nossas paixões, nossas preferências.[39]

Dentro de sua principal perspectiva, que concede sempre a primazia às forças da afirmação sobre as forças negativas, Deleuze tenta pensar o acontecimento na sua singularidade: "Nada mais subsiste, senão o Acontecimento, unicamente o Acontecimento, *Eventum Tantum* para todos os contrários, que se comunica com ele através de sua própria distância, repercutindo através de todas suas disjunções".[40] Um "*Eventum Tantum*" pode ser imperceptível e no entanto mudar tudo:

> Fazer um acontecimento, por menor que seja, a coisa mais delicada do mundo, o contrário de fazer um drama, ou de fazer uma história. Amar os que são assim: quando eles entram num recinto, não são pessoas, caracteres ou sujeitos, é uma variação atmosférica, uma mudança de tonalidade, uma molécula imperceptível, uma população discreta, uma névoa ou uma nuvem de gotas. Na verdade, tudo mudou. Os grandes acontecimentos também não são feitos de forma diferente: a batalha, a revolução, a vida, a morte. As verdadeiras Entidades são os Acontecimentos.[41]

O resultado é uma legítima metafísica do acontecimento que é a parte que resiste a sua atualização, que se subtrai, porque ele depende fundamentalmente da virtualidade. Como tal, o acontecimento é bem real, mas não realmente atual, porque ele passa rapidamente pelo estado de coisa a partir do plano de imanência: "O acontecimento é imaterial, incorpóreo, impossível: a pura *restrição*.[42] O acontecimento pertence a um entretempo que Deleuze e Guattari avaliam como devir, espécie de tempo morto, latente, ao mesmo tempo passado e expectativa do futuro. O caráter fundamentalmente heterogêneo do acontecimento deve-se justamente a essa coexistência entre a parte de efetuação acidental que ele comporta e esse entretempo que se comunicam por zonas de indiscernibilidade. Somente o conceito pode captar o acontecimento como entretempo, enquanto a

---

39 Goldschmidt, *Le Système stoïcien et l'idée de temps*, p.100.
40 Deleuze, *Logique du sens*, p.207.
41 Id., *Dialogues*, p.81.
42 Deleuze; Guattari, *Qu'est-ce que la philosophie?*, p.148.

história consegue apenas apreender sua parte de efetuação. Nem por isso a história é remetida à insignificância. Muito pelo contrário, ela é uma parte essencial e complementar da abordagem conceitual em termo de devir. Evidentemente, ela não tem acesso à experimentação, mas "sem a história, a experimentação ficaria indeterminada, incondicionada".[43]

Deleuze responde à pergunta: "O que é um acontecimento?", dizendo que ele se manifesta como uma vibração infinita dos harmônicos, das séries extensivas, a ressurreição do novo, ao mesmo tempo público e privado, potencial e atual, marcado pelas intensidades: "Os acontecimentos são *fluxos*. O que nos permite dizer a partir de então: é o mesmo rio, é a mesma coisa ou a mesma ocasião?"[44] Essa indeterminação fundamental deve-se ao caráter sempre lábil, móvel da preensão do acontecimento:

> Onde está o acontecimento, em que consiste um acontecimento: todo mundo, normalmente, faz essa pergunta, "Onde está a tomada da Bastilha?", *todo acontecimento é uma névoa de gotas*. Se os infinitivos "morrer", "amar", "mexer", "sorrir" etc., são acontecimentos, é porque há neles uma parte em que sua competência não é bastante para consumar, um devir nele próprio que continua ao mesmo tempo a nos esperar e a nos preceder como uma terceira pessoa do infinitivo, uma quarta pessoa do singular.[45]

Outro grande pensador do acontecimento, Whitehead o divide em quatro componentes: o acontecimento é uma vibração que se estende ao longo de uma infinidade de harmônicos; essas séries vibratórias são movidas por intensidades de graus variados. Em terceiro lugar intervém o indivíduo que encarna a criatividade pelo seu ato de preensão e, finalmente, há objetos eternos que permitem identificar ocasiões semelhantes. Esses objetos eternos são meras possibilidades ou virtualidades que podem se atualizar nos fluxos ou nas preensões. Há em Whitehead um desejo de experimentação que o leva a afastar-se da disciplina histórica e valorizar os devires. Whitehead é, por excelência, um pensador do acontecimento para quem, o que o homem experimenta é, sobretudo e antes de mais nada, o acontecimento definido como singularidade dentro do tempo:

---

43 Deleuze, *Pourparlers*, p.231.
44 Id., *Le Pli*, p.108.
45 Id., *Dialogues*, p.79.

Renascimento do acontecimento

O que distinguimos é o caráter específico de um lugar durante um período de tempo. É o que quero dizer com "acontecimento". Nós distinguimos um caráter específico de um acontecimento. Mas quando distinguimos um acontecimento temos também a experiência de seu significado como estando religado na estrutura dos acontecimentos.[46]

No entanto, para Whitehead essa singularidade que ocorre está sempre contornada por uma auréola que a excede na linha do tempo. Para ele também não há antinomia entre acontecimento e estrutura, porque todo acontecimento está ligado a outros acontecimentos por um vínculo serial de acordo com seu princípio de extensão.

O fato de pensar o acontecimento em si é a questão crucial da filosofia de Whitehead:

> O acontecimento realiza, ele unifica e unifica "para ele" ao produzir seu próprio ponto de vista. Em outras palavras, a realidade de um acontecimento deve ser compreendida a partir das únicas relações "internas". Um acontecimento não é o que ele é em razão dos outros acontecimentos, mas em razão da apropriação que ele faz desses outros acontecimentos, da maneira como ele os "apreende", dos aspectos que ele leva em consideração ao se autoproduzir. Portanto, um acontecimento nunca tem, como tal, o poder de definir ele próprio o que será sua ação, ou seu efeito, ou sua influência sobre outra coisa.[47]

O que na maioria das vezes é exposto como relações externas, provocando reações em cadeia nas explicações históricas, com Whitehead, depende do fluxo misturando elementos heterogêneos dentro de um mesmo movimento endógeno, de acordo com as intensidades variáveis. A explicação de um acontecimento encontra sua fonte no próprio acontecimento em questão e não em alguma relação mecânica que o religaria a um acontecimento precedente ou aos universais.

Mais tarde, no seu livro *Procès et réalité* [Processo e realidade], publicado em 1929,[48] Whitehead abandonará a noção de acontecimento, substituindo-a pela expressão de "ocasiões atuais", mas principalmente pelas expressões de

---

46 Whitehead, *Le Concept de nature* (1920), p.52-71.
47 Stengers, *Penser avec Whitehead*, p.213.
48 Whitehead, *Procès et réalité* (1929).

"potencial" e de "devir". Essa conhecida inflexão caracterizou uma viravolta realizada por Whitehead em 1925. Ela é comprovada por algumas notas tomadas por um de seus alunos, William Ernest Hocking, que evocam a afirmação completamente nova do filósofo segundo a qual a ciência precisa de uma teoria "atômica" do tempo: "Ele afirma em seguida a necessidade de questionar uma característica que até então ele associara de maneira estável ao acontecimento, que é a relação de inclusão".[49] Esse atomismo temporal que não passava de um suplemento em 1925 de sua concepção filosófica torna-se, com a publicação de *Processo e realidade* em 1929, a expressão de uma pura metafísica.

Em sua abordagem da temporalidade, Whitehead leva em consideração os ensinamentos da teoria física da relatividade e da física quântica segundo os quais a temporalização se origina do surgimento do acontecimento. Ele pretende renovar a metafísica em torno dessa noção de acontecimento denominada de "entidades atuais" ou "ocasiões atuais" que, por sua natureza ontológica, condiciona o desenvolvimento da Razão. Whitehead cita a evolução histórica como exemplo desse princípio segundo o qual é possível potencializar a determinação exercida pelos fatos anteriores em relação à subsequência. Apesar da instauração desse tipo de cadeia causal, "a evolução da história se esquiva da racionalização, porque ela exibe apenas uma seleção efetuada no cerne do fluxo das formas participantes. Nenhuma razão interna da história legitima o fato que seria preciso hipostasiar um determinado fluxo ao invés de um outro".[50] A filosofia do organismo tal como sugerida por Whitehead pretende realizar o alargamento do subjetivismo cartesiano até então limitado unicamente à esfera da consciência, cortado do objeto. Ele pretende fazer da subjetividade a expressão de um processo interno, endógeno de atualização e afirmá-lo, desse modo, como princípio ontológico. Cada acontecimento como singularidade encontra, portanto, sua causa nele próprio: "Cada entidade atual jorra *desse* universo *que existe para ela*. A causalidade nada mais é do que uma consequência do princípio de que qualquer entidade atual pode alojar *seu* mundo atual".[51] Não estamos muito longe da mônada de Leibniz, com a diferença que a mônada evolui na sua errância e não em um cosmos ordenado teologicamente como o de Leibniz, enquanto que, segundo Whitehead, as entidades

---

49 Stengers, *Penser avec Whitehead*, p.217.
50 Whitehead, *Procès et réalité*, p.108.
51 Ibid., p.157.

atuais ou acontecimentos se *"limitam em tornar-se"*.[52] Dentro de uma perspectiva vitalista, Whitehead considera que o principal significado da vida consiste em inventar conceitos, em inovar. A partir desse postulado, convém favorecer todas as ocasiões vivas, os acontecimentos a partir dos quais a criatividade é passível de se manifestar.

A partir de uma frase simples como "César atravessou o Rubicão", Whitehead considera que aí possa existir uma quantidade indefinida de frases com os mais variados significados. Assim, ele imagina diversas situações como a de que um dos antigos soldados de César estaria em uma das margens do rio refletindo sobre o assassinato do seu chefe e sobre o que suscitou a travessia do rio sereno que escoa diante dele, ou ainda meditações de um viajante moderno partindo de suas observações presentes e invocando um aspecto da história passada do rio: "Isso mostra a futilidade de citar um enunciado verbal, como "César atravessou o Rubicão" e de discutir *o* significado".[53] Esse só pode ser plural e variar com o tempo de acordo com as diversas intensidades. O horizonte de interpretação do acontecimento está, portanto, em tensão constante entre o que permanece e o que varia, e é o que Whitehead expressa a respeito dos ideais:

> Os ideais se formam em torno dessas duas noções de permanência e de fluxo. No fluxo inevitável, algo permanece; na permanência mais exaustiva, escapa um elemento que se torna fluxo [...] Aqueles que querem dissociar esses dois elementos nunca conseguirão interpretar os fatos mais óbvios.[54]

O acontecimento-mundo, o acontecimento-monstro, mas também o pequeno acontecimento aparentemente anódino, todos resistem e excedem completamente seu âmbito espaçotemporal de emergência. Eles permanecem fundamentalmente irredutíveis a qualquer forma de discurso, de recuperação reflexiva, ao esforço de racionalização que procura se apropriar deles porque, como diz Derrida, eles são sobretudo o que não compreendo. Evidentemente, os mecanismos da compreensão vão começar a atuar, mas se eles são úteis, eles malogram inevitavelmente em plena saturação/suturação do sentido. O mérito de Bergson foi de ter mostrado que o

---

52 Ibid.
53 Ibid., p.323.
54 Ibid., p.520-1.

acontecimento não pode ser confinado em um passado findo, porque ele continua ativo em um presente do passado, o que vamos encontrar na prática psicanalítica, para a qual não existe temporalidade linear, mas é marcada pelo só-depois [*après-coup*], ela é basicamente heterocronia. As contribuições da fenomenologia husserliana e da hermenêutica heideggeriana terão sido a defesa do caráter oriundo da acontecimentalidade [*événementialité*], de sua abertura para o sentido que tem como consequência que ele não pode ser reduzido a suas causas. O acontecimento nessa filiação carrega seu próprio horizonte de inteligibilidade. A metafísica do acontecimento, segundo Deleuze, ao desvincular duas linhas temporais que são o *Cronos* e o *Aión* que permitem destacar o acontecimento e a história, oferece a vantagem de ser capaz de acessar ao movimento em estado puro.

A aporia dessas abordagens é, no entanto, de colocar o acontecimento em posição fora de jogo, de cortá-lo do mundo, da acontecimentalidade [*événementialité*] considerada como facticidade. Falta ainda a mediação entre esse impulso originário e o universo socio-histórico. Encontraremos as respostas a esse horizonte aporético, principalmente nas proposições da hermenêutica crítica de Ricoeur, à proporção em que ela não hesita, mas, ao contrário, cede seu lugar à epistemologia de preensão do acontecimento. A intermediação de uma hermenêutica que possua concomitantemente as dimensões fenomenológica, epistemológica e ontológica, é portanto, indispensável.

V
Uma hermenêutica da narrativa do acontecimento ou uma problemática dos locais de memória

A crise do futuro que eclodiu nos céus do século XX deu à categoria do presente uma importância capital e proporcionou ao historiador se situar melhor entre as gerações passadas e sua própria posição subjetiva. O historiador Michel de Certeau definiu a operação historiográfica como um intermédio entre a linguagem de ontem e a contemporânea, do historiador. É um ensinamento importante que deve ser assimilado pelos historiadores atuais. Ele modifica radicalmente nossa concepção tradicional do acontecimento. Desse modo, quando Michel de Certeau escreve de imediato a respeito de Maio 68 que "um acontecimento não é o que é possível ver ou saber dele, mas aquilo em que ele se tornará (e sobretudo para nós)".[1] Essa abordagem muda tudo, pois ela altera o foco do historiador que até então procurava limitar sua investigação ao certificado de veracidade dos fatos relatados e na perspectiva de uma busca causal, enquanto Michel

---

1 Certeau, Prendre la parole, *Études*; reproduzido em *La Prise de parole et autres écrits politiques*, p.51.

de Certeau convida a procurar os vestígios deixados pelo acontecimento a partir de sua manifestação, os considerando como constitutivos de um sentido sempre aberto.

A orientação atual da disciplina histórica privilegia a leitura das fontes no âmbito de seu significado e, nesse aspecto, toda a história deve ser reescrita em função disso. As fontes nos falam de outro modo. É através dos vestígios do sentido que o fato é interrogado, como o exemplificou Georges Duby a respeito da batalha de Bouvines em 27 de julho de 1214.[2] O trabalho de desmitologização e de historização do acontecimento repensado como componente da memória coletiva fora considerado desde 1970 por Georges Duby nesse estudo. Ele foi publicado em uma coleção particularmente tradicional, exemplificação dos estreitos limites do fatualismo: "Os trinta dias que fizeram a França", fundada por Gérard Walter e herdada por Robert Gallimard em 1960, após a aposentadoria de seu criador. Essa coleção era orientada para o público em geral e foi Pierre Nora, recém admitido na editora Gallimard que solicitará a Georges Duby para escrever a história dessa batalha. Nessa proposta, havia um desafio um tanto paradoxal, de pedir a um dos mais inovadores historiadores para escrever para a coleção mais ultrapassada no ponto de vista da história acadêmica. Mas, ao mesmo tempo, apresentava-se uma ocasião inesperada:

[A] de plantar a bandeira da história que ainda não era chamada de nova, mas que já estava no apogeu da história mais tradicional. De renovar inteiramente a abordagem do acontecimento, e que acontecimento! O acontecimento típico dessa história que dividia a escola dos *Annales*: uma batalha, e não uma qualquer uma, uma das datas marcantes da mitologia nacional.[3]

Georges Duby não se entregará às rigorosas restrições dessa coleção e inovará. Ele dedica a primeira parte ao "acontecimento", mas para relativizá-lo duplamente: esse acontecimento fundador de Bouvines enquanto batalha se reduz, na realidade, a pouca coisa, e, sobretudo, ele a restitui dentro de uma temporalidade mais extensa, a das diversas variações de sua lembrança. Sobre o dia propriamente dito, Duby indica a crônica de Guilherme, o Bretão como "vestígio do acontecimento, o mais imediato, o mais

---

2 Duby, *Le Dimanche de Bouvines*.
3 Nora, Prefácio. In: Duby, *Le Dimanche de Bouvines*, p.III.

nítido e o mais extenso".[4] O objeto não é mais de saber exatamente o que aconteceu no dia 27 de julho de 1214: "ninguém nunca poderá apreender a plena verdade, esse turbilhão de mil atos emaranhados que, na planície de Bouvines, se misturaram inextricavelmente nesse dia, entre meio-dia e cinco horas da tarde".[5] Duby altera o olhar de historiador para melhor examinar as diversas formas de pensar e de agir. Ademais, ele constrói uma sociologia da guerra no limiar do século XIII. Mas, sobretudo, o aconte-cimento é considerado simultaneamente como surgimento do inesperado e como registro, vestígio ao longo do tempo. Os limites de Bouvines não são os de um ilustre Domingo mas a sequência de suas metamorfoses, de suas fortunas e omissões na memória coletiva. O objeto histórico torna-se a partir daí "o destino de uma lembrança no bojo de um conjunto instável de representações mentais".[6] Ele consagra uma grande parte ao "Legendário" de Bouvines. Duby confirma a importância da batalha comprovada pelos depoimentos da época, fato este percebido imediatamente pela corte do rei da França Felipe Augusto. No entanto, no limiar do século XVI, o nome de Bouvines desaparece das memórias. A nova configuração, que faz do imperador o bom primo do rei de França, mas que carrega, em compensa-ção, as razões de conflitos pelo lado dos reis da Inglaterra, contribui para o desaparecimento dessa batalha que proporcionou a vitória da França sobre a Alemanha. É preciso esperar o século XVII para ver Bouvines reaparecer nas crônicas e na memória coletiva de uma França em busca de suas ori-gens. Mas é sobretudo a partir da época romântica que o gosto medieval devolverá o esplendor a Bouvines, e Guizot citará: "o cortejo triunfal dos vencedores de Bouvines".[7] Após Sedã e a preparação da desforra contra os alemães armada pela corporação inteira dos historiadores franceses, Bouvines torna-se a pedra angular da possível vitória contra o adversário germânico; Ernest Lavisse faz deste acontecimento, após Alésia, "a segunda manifestação do patriotismo francês".[8] Mede-se, assim, o caráter flutuante dos usos de um acontecimento que perseveram num sentido em constante mutação através do tempo e irrompem de acordo com a conexão na qual ele entra com os acontecimentos e imperativos ulteriores.

---

4 Duby, *Le Dimanche de Bouvines*, p.14.
5 Ibid., p.12.
6 Ibid., p.14.
7 Ibid., p.218.
8 Ibid., p.224.

Por ocasião da reedição da obra de Duby em 2005, Pierre Nora reconhece sua dívida diante de Duby no que se refere à mudança por ele operada na acontecimentalidade [*événementialité*] em relação aos seus vestígios. Ele consegue distinguir aí os prolegômenos de sua futura problemática em *Os lugares de memória*, cujos primeiros trabalhos serão publicados em 1978:

> O resultado está aí: a combinação espontânea de dois tipos de abordagem sobre um acontecimento capital da tradição nacional fez do *Dimanche de Bouvines* [Domingo de Bouvines] o prognóstico do "lugar de memória". Em todo caso, foi assim que eu o interpretei – e que ele, parcialmente, me inspirou.[9]

Essa entrada precoce do acontecimento-batalha no memorial reveste-se, para Pierre Nora, de "um valor de modelo".[10]

Durante a década de 1970, Philippe Joutard fora um dos precursores de uma investigação sistemática da memória coletiva quando, tendo como projeto examinar os fundamentos do ressentimento persistente que opunha as duas comunidades de Cevennes, ele constatou que essa clivagem datava, na verdade, da segunda metade do século XIX. Anteriormente, a historiografia era unânime em criticar a revolta calvinista. No entanto, ela não conseguiu curar as feridas e reconciliar a comunidade regional. Philippe Joutard levanta a hipótese, que ele testa junto à população rural das Cevennes, de uma memória oral obscura. Ele realiza em 1967 a primeira verdadeira pesquisa de opinião histórica-etnográfica, que demonstra a existência de uma tradição oral em torno do acontecimento-traumático da revolta calvinista e de sua repressão, memória reprimida, porém enraizada: "Esse estudo espera ter mostrado que uma pesquisa historiográfica não pode ficar separada do exame das mentalidades coletivas".[11]

Essa noção de vestígio, simultaneamente ideal e real, torna-se a mola mestra do grande afresco dirigido por Pierre Nora, o dos *Lugares de memória*. Ele é esse vínculo indizível que liga o passado ao presente transformado em categoria pesada na reconfiguração do tempo por intermédio de seus vestígios memoriais. Pierre Nora considera aí uma nova descontinuidade na

---

9 Nora, *Le Dimanche de Bouvines*, p.XI.
10 Ibid., p.XII.
11 Joutard, *La Légende des camisards. Une sensibilité au passé*, p.356.

escrita da história "que não é possível chamar senão de *historiográfica*".[12]
Essa ruptura modifica o olhar e convoca a comunidade dos historiadores
a revisitar de maneira diferente os mesmos objetos a partir dos vestígios
mantidos na memória coletiva pelos fatos, homens, símbolos, emblemas
do passado. Esse desprendimento/prosseguimento de qualquer tradição
histórica através do momento memorial que vivemos abre novos caminhos
para uma história totalmente diferente:

> não mais os determinantes, mas seus efeitos; não mais as ações memori-
> zadas ou mesmo comemoradas, mas o vestígio dessas ações e a interação
> dessas comemorações; não os acontecimentos propriamente dito, mas
> sua construção ao longo do tempo, o desaparecimento e a ressurgência
> de seus significados; não o passado da maneira como ocorreu, mas suas
> reutilizações permanentes, seus usos e abusos, sua pregnância nos pre-
> sentes sucessivos; não a tradição, mas a maneira como ela é formada e
> transmitida.[13]

Com a perspectiva dessa inflexão do discurso histórico esboça-se uma
relação com o acontecimento, diferente daquela dos modelos historiográficos precedentes. Se tomarmos o exemplo dos grandes paradigmas que
marcaram os séculos XIX e XX na disciplina histórica, observaremos a
importância da mudança de perspectiva introduzida por Pierre Nora com
sua problemática dos lugares da memória. Ela rompe com a escrita da
história da França do modo como foi praticado sucessivamente por Michelet, Lavisse e Braudel. O modelo romântico procurou restaurar a unidade
orgânica, viva, e Michelet concebia a França como uma pessoa, a quem
ele dedicou todas as suas forças pessoais para garantir sua ressurreição. A
escola metódica nasceu da ideia de uma mesma unidade, porém ampla, e
sua preocupação foi separar o joio do trigo por meio da capacidade de um
método em restituir a verdade aos arquivos do passado. Quanto a Braudel,
obstinado no final de sua vida em restaurar a identidade francesa, a con-
cebeu firmemente organizada em torno da geo-história, cuja singularidade
era a longa duração. Ao contrário dessas tentativas todas voltadas para o
passado, passível de elucidar o presente, Pierre Nora dirige seu olhar do

---

12 Nora, *Les Lieux de mémoire*, t.3, p.26.
13 Ibid., p.24.

presente para os devires múltiplos em uma "história da França, mas em segundo grau".[14]

Esse vasto terreno aberto para a história das metamorfoses da memória, sobre uma realidade simbólica tão palpável quanto inassinável, permite uma dupla problematização das noções de historicidade e da memória. Ele exemplifica a importância desse terceiro-tempo definido por Ricoeur como ponte entre tempo vivido e tempo cósmico. Ele constitui o campo de investigação daquilo que Reinhart Koselleck qualifica como nosso espaço de experiência, ou seja, esse passado transformado em presente. Além do mais, ele permite explorar o enigma do passadismo porque o objeto memorial em seu lugar material ou ideal não se descreve em termos de meras representações mas, como define Paul Ricoeur, em termos de "representância" ou de "tenência", significando com isso que as construções da história ambicionam ser reconstruções "que respondam ao pedido de um *confronto*".[15] Paul Ricoeur mostra – e o projeto de Pierre Nora não está longe – que o passadismo de uma observação não é observável por ela própria, mas somente memorável. Ele levanta diretamente a questão daquilo que fabrica memória. Insistindo sobre o papel dos acontecimentos fundadores e sobre a ligação deles com o relato como identidade narrativa, Paul Ricoeur abra a perspectiva historiográfica na qual a obra de Pierre Nora se insere como monumento de nossa época. Portanto, o enredamento se impõe a todo historiador, mesmo aquele que se distancia do recitativo clássico da acontecimentalidade [*événementialité*] político-diplomático. A narração constitui a mediação indispensável para se fazer obra histórica e assim ligar o espaço de experiência ao horizonte de espera, do qual Koselleck diz: "Nossa hipótese de trabalho volta assim a manter o relato para o guardião do tempo, à medida em que o tempo pensado seja, apenas relatado".[16]

Entre sua dissolução e sua exaltação, o acontecimento, segundo Paul Ricoeur, sofre uma metamorfose que mantém sua retomada hermenêutica. Reconciliando a abordagem continuísta e descontinuísta, Ricoeur distingue três níveis de abordagem do acontecimento: "1. Acontecimento infrassignificativo; 2. Ordem e reinado do sentido, no limite não acontecimental [*non-événementielle*]; 3. Emergência de acontecimentos

---

14 Ibid., t.2, p.2230.
15 Ricoeur, *Temps et récit*, t.3, p.228; citado por Olivier Mongin, *Paul Ricoeur*, p.157.
16 Id., *Temps et récit*, t.3, p.435.

suprassignificativos, supersignificantes".[17] O primeiro emprego corresponde simplesmente ao descritivo daquilo "que acontece" e evoca a surpresa, a nova relação com o instituído. Ele rompe uma ordem estabelecida e abre uma lacuna que se apresenta como enigma. Ele corresponde, aliás, às orientações da escola metódica de Langlois e Seignobos, o do estabelecimento crítico das fontes. Em segundo lugar, o acontecimento é tomado no interior dos esquemas explicativos que o colocam em correlação com as regularidades, as leis. Esse segundo momento procura subsumir a singularidade do acontecimento sob o registro da lei que o rege, a ponto de ficar nos limites da negação do acontecimento como novidade. É o momento em que o acontecimento é retomado na sua narrativa como construção. É possível reconhecer aí a orientação da escola dos *Annales*. Nesse segundo estágio da análise deve suceder um terceiro momento, interpretativo, de retomada do acontecimento como emergência, mas desta vez, supersignificada. O acontecimento é, portanto, parte integrante de uma construção narrativa constitutiva de identidade fundadora (a tomada da Bastilha) ou negativa (Auschwitz):

> A Revolução Francesa *não* faz acontecimento – ela continua localizada, diz Kant, no cenário francês – mas o entusiasmo que ela suscita é acontecimento que revela a capacidade de realização, pela humanidade, do fim moral, que é o fim da própria História.[18]

Logo, o acontecimento que está de volta não é o mesmo que foi reduzido pelo sentido explicativo, nem aquele infrassignificado que ficava externo ao discurso. Ele próprio cria o sentido: "Essa salutar retomada do *acontecimento supersignificado* progride apenas nos limites do sentido, no ponto onde ele falha por excesso e por falta: por excesso de arrogância e por falta de captura".[19] Em geral, o acontecimento é compreendido como histórico a partir do momento em que ele produz efeitos e é dimensionado conforme a importância daquilo que ele provoca. Essa definição bastante clássica entre os historiadores já contribui para alargar a temporalidade do acontecimento, incluindo-o em toda sequência temporal de seus incidentes:

---

17 Ricoeur, Événement et sens, *Raisons pratiques*, n.2, 1991, p.51-2.
18 Khabbaz, L'Épreuve de l'Événement supra-individuel: pour une phénoménologie de l'expérience historique. In: Alexandre; Frédéric; Parent; Touret (orgs.), *Que se passe-t-il? Événement, sciences humaines et littérature*, p.31.
19 Ricoeur, Événement et sens, op. cit., p.55.

"Por conseguinte, o acontecimento para existir tem que ser inserido em uma cadeia de comunicação: emissão/difusão/recepção".[20] O que é acontecimento para alguns, pode não ser para outros, e o acontecimento cria ele próprio sua mitologia, cujo sentido vai se expandir ao ritmo dos cruzamentos entre o sentido que os indivíduos podem lhe dar e aquele conferido pela coletividade. Portanto, não é possível confinar o acontecimento num sentido monovalente, e tampouco atribuir-lhe limites cronológicos como é habitual na história tradicional:

> O acontecimento provoca uma produção ilimitada de artefatos que o reduzem e o declinam infinitamente conforme os problemas dos indivíduos, das populações, das gerações, das sociedades. Em outras palavras, o acontecimento é uma construção permanente, que se desenvolve ao longo prazo de acordo com as temporalidade mais ou menos longas e fragmentadas.[21]

Os acontecimentos são detectáveis somente a partir de seus vestígios, discursivos ou não. Sem reduzir o real histórico a sua dimensão de linguagem, a fixação do acontecimento, sua cristalização se efetua a partir de sua nominação. Estabelece-se uma relação absolutamente essencial entre linguagem e acontecimento, que atualmente é amplamente considerada e problematizada pelas correntes de etnometodologia, de interacionismo e, evidentemente, pela abordagem hermenêutica. Todas essas correntes ajudam a lançar as bases de uma semântica histórica. Essa leva em consideração a esfera do agir e rompe com as concepções fisicalistas e causalistas. A constituição do acontecimento é dependente de seu enredamento. Ele é a mediação que garante a materialização do sentido da experiência humana do tempo "de três níveis de sua *prefiguração prática*, de sua *configuração epistêmica* e de sua *reconfiguração hermenêutica*".[22] O enredamento desempenha o papel do operador, do relacionamento com acontecimentos heterogêneos. Ele substitui a relação causal da explicação fisicalista. Ricoeur insiste sobre a importância da narrativa como mediação que leva em conta o acontecimento, mas também sobre a relação ativa daquele que a escreve.

---

20 Capdevila, Les temporalités de l'événement en histoire. In: Alexandre; Frédéric; Parent; Touret (orgs.), op. cit., p.82.
21 Ibid., p.85.
22 Petit, La construction de l'événement social, *Raisons Pratiques*, n.2, 1991, p.15.

Por conseguinte, sua preferência pela noção de "enredamento" em relação à noção de intriga ou ainda sua escolha pela noção de ordenação que ele substitui, dentro de uma atmosfera bastante estruturalista, à noção de sistema, para apreender a dinâmica.

A mediação realizada pelo enredamento se desenvolve em vários níveis. Ela estabelece uma ponte entre o acontecimento dentro de sua singularidade e a história considerada como uma totalidade abrangente e significante. Portanto, ela desempenha um papel importante para ordenar o particular e o geral; o acidental e o histórico:

> Um acontecimento deve ser mais do que uma ocorrência singular. Por outro lado, uma história deve ser mais do que uma enumeração em série de acontecimentos, ela deve organizá-los dentro de uma totalidade inteligível.[23]

Nesse sentido, Ricoeur livra-se da aporia fenomenológica que radicaliza a oposição entre uma história que dependeria da única dimensão universalista e o acontecimento que seria concebível apenas na sua singularidade. Ao contrário, todo seu esforço consiste em pensar conjuntamente esses dois polos, tendo como ponto de partida a diferença de sua natureza. Nesse patamar, o enredamento garante a síntese, nunca acabada, sempre imperfeita, do heterogêneo por sua capacidade em articular o aspecto cronológico e não cronológico do tempo:

> A primeira constitui a dimensão episódica da narrativa: ela caracteriza a história quando feita de acontecimentos. A segunda é uma dimensão configurante propriamente dita, graças a qual a intriga transforma os acontecimentos *em* história; dessa diversidade de acontecimentos, ele tira a unidade da totalidade temporal.[24]

Esse intervalo que possibilita pensar o tempo e portanto, progredir no terreno da significância do acontecimento é constituído, segundo Ricoeur, pela própria historiografia graças à sua vocação em restituir através do seu conhecimento propriamente empírico aquilo que realmente aconteceu. A intencionalidade histórica visa o que aconteceu e que não é mais:

---

23 Ricoeur, *Temps et récit*, t.1, p.102.
24 Ibid., p.103.

O acontecimento passado, por mais ausente que seja da perspectiva presente, também não governa a intencionalidade histórica, conferindo-lhe uma nota realista que nunca poderá ser equiparada a nenhuma literatura.[25]

Essa fatualidade se insinua à dimensão propriamente ontológica do acontecimento histórico que vai além das restrições retóricas da narrativa por sua propriedade do absoluto, do ter-sido, independente mesmo das construções discursivas. Uma outra dimensão ontológica específica da noção de acontecimento histórico é que ele resulta da ação humana ou que ele afeta o homem; finalmente, uma terceira dimensão ontológica define o acontecimento histórico enquanto alteridade, diferença em relação ao presente que se esforça em pensá-lo. Essa alteridade suscita uma forma de resistência para medir e esgotar o significado. Ricoeur faz uma correspondência dessas três dimensões ontológicas a uma tripla pressuposição epistemológica:

> Primeiramente, opomos a *singularidade não repetível* do acontecimento físico ou humano à universalidade da lei; quer se trate de alta frequência estatística, de conexão causal ou de relação funcional, o acontecimento é o que acontece somente uma vez. Em seguida, opomos *contingência prática* à necessidade lógica ou física: o acontecimento é o que poderia ter sido feito de outra maneira. Finalmente, a alteridade tem sua contrapartida epistemológica na noção de *diferença* em relação a qualquer modelo construído ou a qualquer invariante.[26]

Dessa relação ativa entre passado e presente resulta uma possível comparação entre a disciplina histórica e a psicanálise. O historiador como o analista estão ambos confrontados a mesma aporia. Eles conseguem reviver o passado apenas graças à mediação de seus vestígios e de seu enredamento. A impossibilidade para o analista em acessar o Real é a mesma impossibilidade do psicanalista em fazer reviver a realidade do passado. Ambos devem manter os dois extremos da cadeia: a realidade externa e seu impacto interno para tentar, entretanto, aproximar seu objeto. O historiador, por seu lado, ainda tem que aprender com o analista o caráter essencialmente clivado do homem. Ele pode tirar da experiência freudiana

---

25 Ibid., p.123.
26 Ibid., p.139.

Renascimento do acontecimento

o ensinamento de uma abordagem que enfatiza o caráter inédito da descoberta, da fulgurância da ideia incidente:

> O lugar que nos é oferecido é o imaginário de Freud: como o fantasma para o indivíduo, esse imaginário dá as linhas de força do pensamento, indica suas exigências, e leva para o campo da narrativa as metáforas designadas para justificar um trabalho de pensamento.[27]

Quanto ao psicanalista, ele deve desistir de acreditar na existência de categorias trans-históricas. É o que Jean-Pierre Vernant mostra muito bem a Pierre Kahn lembrando-lhe que o sujeito antigo é muito diferente do sujeito moderno. A consciência de si não é ainda a do Eu, ela passa por um Ele.[28] A hermenêutica da consciência histórica situa o acontecimento em uma tensão interna entre duas categorias meta-históricas, identificada por Koselleck, a do espaço de experiência e a do horizonte de espera: "Trata-se de categorias do conhecimento suscetíveis de ajudar a criar a possibilidade de uma história".[29] Essas duas categorias permitem uma tematização do tempo histórico que se manifesta na experiência concreta, com as mudanças significativas como a da dissociação progressiva entre experiência e espera no mundo moderno ocidental. O sentido do acontecimento, segundo Koselleck, é, portanto, a base de uma estrutura antropológica da experiência temporal e de formas simbólicas historicamente instituídas. Ele depende duplamente da série de experiência e da expectativa dos homens atuantes e resistentes. Daí a importância, para Koselleck dessas duas categorias formais que são o espaço de experiência e o horizonte de expectativa que têm o mesmo valor de generalidade do que as noções de espaço e de tempo. Ademais, essa parelha nocional é inalienável e indissociável.[30]

Esse desvio da acontecimentalidade [*événementialité*] em direção ao seu vestígio e seus herdeiros suscitou um verdadeiro retorno da disciplina histórica para ela própria, no interior do que poderíamos qualificar como uma virada historiográfica. Esse novo momento propõe seguir as metamorfoses do sentido nas mutações e alterações sucessivas da escrita histórica entre o próprio acontecimento e a posição presente. O historiador de hoje

---

27 Di Mascio, La pensée freudienne a-t-elle une histoire?, *EspacesTemps*, n.59-60-61, p.137-45.

28 Vernant, D'une illusion des illusions, *Espaces, journal des psychanalystes*, 1986, p.75-83.

29 Koselleck, *Le Futur passé*, p.308.

30 Dosse, Koselleck entre sémantique historique et herméneutique critique. In: Delacroix; Dosse; Garcia (orgs.), *Historicités*, p.115-32.

indaga abertamente sobre a construção do fato histórico dentro de sua contemporaneidade e sobre o que resulta de seus vestígios. Desse modo, Pascal Payen mostra como Políbio operava uma real construção do fato histórico.[31] Diferentemente da definição que podem dar os fenomenólogos que distinguem o fato bruto da sua construção factual, para Pascal Payen, que segue as definições semiológicas, é o fato que é uma construção. Na Antiguidade, Políbio, que era muito interessado em definir uma metodologia histórica, já tinha consciência do caráter de artefato do fato histórico relatado. Herdeiro de uma distinção já estabelecida por Heródoto e Tucídides entre acontecimento e fato, Políbio assume o fenômeno geral da dominação romana como construção factual do historiador que ele é e que significa englobar todo um conjunto de acontecimentos dentro de um significado comum: "Se seguirmos literalmente o propósito de Políbio, a figura que impõe sua visão é, em última instância, a do historiador. A história é mediação entre a Fortuna e os leitores".[32] A subjetividade histórica é dessa maneira totalmente implicada e assumida como tal por Políbio. Ela acumula, na realidade, três funções: a do autor como historiador; a do ator designado pela terceira pessoa; e finalmente, a da testemunha, fiador da veracidade do que está escrito. Enquanto tal, o fato é, portanto, artefato, o que não pode ser confundido com a prática da mentira, pois ele está em conformidade com certas regras que condicionam seu regime de veracidade: "O fato histórico fica na interseção do acontecimento, dos contextos através dos quais ele chegou até nós, das condições de escrita e das tradições culturais que serviram de informação para a narração".[33]

O historiador se indaga igualmente sobre as diversas modalidades da fabricação e da percepção do acontecimento a partir de sua trama textual. Esse movimento de revisitação do passado pela escrita histórica acompanha a exumação da memória nacional e reafirma ainda o momento memorial atual. Através da renovação historiográfica e memorial, os historiadores assumem o trabalho de luto do passado e trazem a contribuição ao esforço reflexivo e interpretativo atual para as ciências humanas. Desse modo, os trabalhos se multiplicam nas zonas turvas da história nacional. Quando Henry Rousso se encarrega do regime de Vichy, não é para compilar o que

---

31 Payen, Comment les Grecs peuvent-ils participer à la conquête romaine? Polybe et la construction de fait historique, *Raison Présente*, n.157-8, 2006, p.51-64.

32 Ibid., p.57.

33 Ibid., p.62.

aconteceu de 1940 a 1944. Seu objeto histórico começa quando Vichy não é mais um regime político em exercício. Ele se manifesta como sobrevivência das fraturas que ele gerou na consciência nacional. Nesse momento, ele pode evocar "o futuro do passado".[34] Sua periodização utiliza explicitamente as categorias freudianas, mesmo se moldadas de maneira puramente analógica. Ao trabalho de luto de 1944-1954 seguem-se o tempo da repulsão, depois o do retorno do reprimido, antes que a neurose traumática se transforme em fase obsessiva. Essa abordagem reabilita o papel do acontecimento, embora rompendo com o continuísmo em uso até então: "O interesse da abordagem acontecimental [*événementielle*] é que ela permite assinalar o peso das tensões que alimenta qualquer representação com vocação coletiva do passado".[35]

Mesmo se a utilização é meramente analógica, a designação de síndrome remete a uma caracterização clínica que se produz sobre o conjunto dos sintomas reveladores de um trauma sofrido durante o período da Ocupação e que se perpetuou além desse período de maneira velada ou manifesta. Compreender a evolução da memória coletiva de um acontecimento somente é possível em relação aos acontecimentos subsequentes que têm como efeitos mudar a relação com o passado. Isso é bem demonstrado por Henry Rousso a respeito do momento mais intenso de repulsão do período de Vichy que não corresponde ao período imediato de pós-guerra ao longo do qual começa um verdadeiro trabalho de recuperação, mesmo se ele continua inacabado, mas no momento do retorno do general de Gaulle em 1958. Recorrer ao homem do Apelo (à resistência) de 18 de junho de 1940 mobiliza de novo o mito resistencialista e repele as páginas sombrias de Vichy na esfera do tabu e mesmo da proibição. O objetivo principal é, em 1958, evitar que a guerra da Argélia se degenere em guerra civil, e o que importa sobretudo ao chefe de Estado é fundamentar sua autoridade suprema sobre uma legitimidade histórica incontestável. A comemoração do dia 18 de junho é investida nessa ocasião de um fausto particular com a cerimônia do Mont Valérien. Após o tempo do exorcismo do perigo vem o da consolidação. A apoteose da evacuação de Vichy deu-se em 1964 com a cerimônia da entrada dos restos mortais de Jean Moulin ao Panteão: "1964 marca o apogeu de uma visão reconfortante da Ocupação, a de um

---

34 Rousso, *Le Syndrome de Vichy*.
35 Ibid., p.12.

povo que resiste ainda e sempre ao invasor".[36] Essa repetição do aconte-cimento de 13 de maio de 1958 no lugar do regime de Vichy na história nacional tem como efeito banir radicalmente qualquer alusão a uma França colaboracionista, e podemos compreender melhor porque quando Marcel Ophuls realiza seu filme *A dor e a piedade* que é uma crônica da vida diária em Clermont-Ferrand durante a Ocupação, isento de afrescos heroicos, o filme, que no entanto não tem nada de denunciatório, nem de unilateral, é proibido na televisão e teve que aguardar a eleição de François Mitterrand para ser visto pelos telespectadores. Portanto, ele ficou proibido de trans-missão na televisão durante dez anos: de 1971 até 1981. Com esse filme, o trabalho de desmitologização começa, permitindo receber, ao seu justo valor, o trabalho de retificação radical operado pelo historiador americano Robert Paxton em 1973.[37]

Por seu lado, Benjamin Stora transpusera uma outra zona sombria, a da guerra da Argélia estudada através dos mecanismos de uma real amnésia coletiva de ambos os lados do Mediterrâneo.[38] À guerra sem nome do lado da metrópole colonial responde a guerra sem fisionomia dos argelinos. Ao fim da guerra em 1962 ocorre um longo período de vinte anos durante o qual Stora observa uma sucessão e justaposição de desejos de esquecimento e de acessos de memória entre a "nostalgeria" que se apodera da França e que explica o futuro fenômeno editorial de Yves Courrière enquanto na Argélia fomentam-se igualmente os relatos dos obscuros combatentes do povo. Nessa situação, os detentores de memória se sentem isolados, inde-pendente do lado pertencente: *pieds-noirs, harkis* e a massa de soldados do contingente que retornaram para a sociedade civil: "Funcionários, jornalistas ou PDG, eles falam de tudo e "esquecem" o essencial: a guerra deles, a da Argélia... Por que o silêncio?".[39] Essa ausência, aqui também, do trabalho de luto vai, assim como para a memória de Vichy, suscitar o retorno do reprimido juntamente com o que Stora chama de "desforras imaginárias" a respeito do período de 1982 a 1991, data da publicação de seu livro, mas o fenômeno apenas aumenta a partir daí. Também neste caso, os problemas subsequentes como a imigração oriunda da África do Norte na França com os problemas de integração decorrentes e o fenômeno islamista do lado da

---

36 Ibid., p.101.
37 Paxton, *La France de Vichy*.
38 Stora, *La Gangrène* e *l'oubli*.
39 Ibid., p.265.

Argélia despertam a guerra da Argélia, suas feridas não cicatrizadas e suas zonas sombrias repelidas:

> Os efeitos (atrasados) da guerra se fazem sentir intensamente. E a relação franco-argelina, já dolorosa, difícil, se satura ainda mais com significados contraditórios, referências ilegítimas onde se repercute infinitamente o eco de batalhas ocorridas trinta anos atrás [...] O tempo do silêncio acabou.[40]

Stora termina seu estudo dos vestígios da guerra da Argélia na memória coletiva das referências psicanalíticas e, num impulso ecumênico, ele reúne as categorias freudianas e junguianas: "O que é verdadeiro para qualquer indivíduo e suas "pulsões" (Freud) é também para qualquer povo e seus "arquétipos" que conservam "o inconsciente coletivo" (Jung).[41] A história da memória do acontecimento está particularmente exposta à complexidade por sua situação central, no próprio interior da inter-relação problemática para todas as ciências sociais entre o individual e o coletivo. Foi o que Michaël Pollak mostrou a respeito da memória dos deportados que voltaram dos campos de extermínio. Ao pesquisar junto aos sobreviventes de Auschwitz-Birkenau, ele demonstra que o silêncio não é o esquecimento. O sentimento arraigado de culpabilidade é central na síndrome dos sobreviventes situado entre a raiva de transmitir e a impotência em comunicar".[42] Por esta razão impõe-se a função daqueles que vão enquadrar estas memórias. Eles possuem a tarefa de distinguir os limites flutuantes possíveis do dito e do não dito, facilitando, assim, o trabalho de luto dos indivíduos. As memórias coletivas bem como as memórias individuais estão sujeitas à múltiplas contradições, tensões e reconstruções. É desta forma que "o silêncio sobre si – diferentemente do esquecimento – pode, inclusive, ser uma condição necessária da comunicação".[43]

A virada memorial atual permite compreender melhor os fatores do comportamento humano. Nesse sentido, ela participa plenamente da virada pragmática do conjunto de ciências humanas, até no objeto mais indefinido do qual ela se equipa, ao mesmo tempo material e ideal, flutuante, sempre

---

40 Ibid., p.280.
41 Ibid., p.320.
42 Pollak, Mémoire, oubli, silence, *Une identité blessée.*
43 Ibid., p.38.

aberto a novas metamorfoses e novas reviravoltas dos sentidos. Seu objeto "se esquiva constantemente de qualquer definição simples e clara".[44] Longe de se confinar à condição de resíduo ilusório, mistificado, de atores manipulados, a memória do acontecimento convida a levar a sério os atores, suas competências, e nos lembra que ela comanda muitas vezes a história que se realiza. Munido de outra dialética, a do *archéo* e do *télos*, o regime de historicidade é inteiramente transposto pela tensão entre espaço de experiência e horizonte de expectativa. Paul Ricoeur recusa, a esse respeito, o confinamento do discurso histórico que se desenrola em uma relação meramente memorial de retomada do passado, cortado de um futuro subitamente encerrado. Pierre Nora admite aliás que nosso presente memorial talvez seja apenas um momento, uma conjuntura intelectual quando, na frase conclusiva dos sete volumes dos *Lugares de memória*, ele afirma que essa tirania da memória vai demorar, talvez, um tempo, "porém era o nosso".[45]

O paradigma do vestígio foi também o de Siefried Kracauer que antecipou amplamente a maneira como consideramos atualmente as articulações possíveis entre história e memória.[46] Esse intelectual alemão transpôs as fronteiras entre os países, mas sobretudo entre as disciplinas. Grande testemunha de seu tempo, ele foi obrigado a deixar seu país, a Alemanha, para fugir do nazismo e se instalar no continente americano, e não descansou enquanto não compreendeu o que lhe acontecera. Para isso, ele mobilizou a literatura, o cinema assim como as ciências humanas. No entanto, Kracauer sofrerá com a recepção do caráter inclassificável de seu pensamento. Sua reflexão sobre a história continua inacabada no momento de sua morte em 1966, publicada postumamente em inglês. Essa obra é marcante por sua modernidade e por corresponder ao momento historiográfico que atravessamos no final do trágico século XX.

Próximo das posições de Benjamin, Kracauer questiona radicalmente as falsas continuidades históricas e privilegia os rompimentos, as descontinuidades, e valoriza os acontecimentos enquanto rupturas. Ele situa a escrita histórica em um entrelaçamento, entre dois polos antinômicos que são a contingência e a necessidade, entre a explicação e a compreensão, e coube a Kracauer desenvolver a analogia entre a intenção de realismo do fotógrafo e sua preocupação de inteligibilidade. O historiador também se situa no meio,

---

44 Rousso, La Mémoire n'est plus ce qu'elle était, IHTP, *Écrire l'histoire du temps présent*, p.105.
45 Nora, *Les Lieux de mémoire*, t.3, p.1012.
46 Kracauer, *History. The Last Things before the Last.*

entre o passado que tenta reconstituir e sua contemporaneidade. Encontramos nele fórmulas particularmente incisivas e muito utilizadas atualmente pelos historiadores como a do "futuro do passado" ou também a maneira de pensar a história articulada entre ciência e ficção que encontramos em Michel de Certeau. Sua crítica de causalismo e a importância da narrativa faz da história, segundo ele, uma "ciência à parte". O espaço no qual o historiador fabrica sua narrativa, seu laboratório, depende, assim como para o fotógrafo, de uma "antecâmara". A modernidade de Kracauer se manifesta também na sua preocupação em variar o jogo das escalas de análise com o que ele chama de "lei dos níveis", que lembra as teses da *microstoria*.

É possível distinguir vários elementos na concepção do que é a história, defendida por Kracauer.[47] A primeira tese exposta consiste em considerar que todo documento é vestígio físico do passado e portanto, admite o paralelo conduzido por Kracauer entre fotografia e história na sua relação comum de um "isso foi". A segunda tese é que o exterior do arquivo pode ser considerado como o "fora do campo" fotográfico. A terceira é a da antinomia do "*close-up*" e do "plano geral": é a problemática das ampliações sucessivas do filme *Blow up* que serve de matriz problemática para conseguir variar as escalas de análise. A quarta tese é que o episódio fílmico é adotado como modo apropriado da narrativa histórica. A quinta é o paradoxo da empatia e da alienação expresso sob a forma de paradoxo do cronológico e da temporalidade da presença. Há uma constância em Kracauer ao pensar a história sob a marca do paradoxo, da tensão, da copresença de imposições assimétricas:

> Observamos, então, como somos confrontados em *History* a uma tentativa pronunciada de pensar (tanto quanto de escrever) a história sob o modo de um paradoxal *e-e* ("*side by side*" no texto inglês), e não sob o da oposição (dialética ou não) que seria a do *e/ou*, ou ainda do *ou/ou*.[48]

A entrada pertinente do historiador, segundo Kracauer, é a da singularidade, da contigência, do acontecimento, ignorando desse modo todas as formas de sistematização e de concepção cientificista da disciplina. A ideia histórica é criada sobre um modelo preponderante na concepção da filosofia de Deleuze e Guattari, que é o da conexão de elementos heterogêneos.

---

47 Despoix; Schöttler, *Siegfried Kracauer, penseur de l'histoire.*
48 Ibid., p.22.

Assim, cada época não obtém sua unidade senão por blocos, conglomerados de ambições, de atividades independentes umas das outras, e a unidade temporal remete apenas a um artefato, no melhor dos casos, ou a uma miragem de ingênuos. Sem procurar ilustrar o geral pelo particular, ao contrário, Kracauer busca formas de dissensão, da discordância significativa. É comum, assim, que ele faça uso do *close-up* como contracampo. A analogia entre a história e a fotografia é constante com Kracauer, que vê nisso uma preocupação comum de perceber a realidade e de compreender a singularidade dos acontecimentos: "Os acontecimentos nascidos do acaso são o próprio alimento dos instantâneos".[49] A completude não é o horizonte possível e pretendido nem de um, nem de outro.

A maneira de restituir a significação do acontecimento resulta para Kracauer de uma interpenetração de nível macro e micro, como o cineasta faz para variar seu *zoom* e situar seu plano. O historiador como o cineasta se move dentro de um intermédio que sofre imposições da lei da perspectiva, segundo a qual quando se ganha em generalidade, perde-se proporcionalmente no conhecimento do material estudado. Ele sofre também com o que Kracauer chama de lei dos níveis referente aos microacontecimentos "que não são ocultados pelos mecanismos da perspectiva, mas que permanecem visíveis e são efetivamente deslocados para as regiões superiores, integrando-se na composição da história em grande escala".[50] Em cada um dos níveis, o historiador não vê as mesmas coisas, pois elas são incomensuráveis: "O *close-up* do historiador poderá sugerir possibilidades e perspectivas que não oferece o mesmo acontecimento obtido do âmbito de uma história de grande amplitude".[51] Kracauer se mantém à distância da historiografia convencional e de sua concepção homogênea e linear do tempo cronológico. Ao contrário, ele se mostra antes de tudo receptivo aos fenômenos, aos acontecimentos emergentes que rompem com as tabelas de análise devido ao seu caráter intempestivo. Inspira-se, para isso, da história da arte como a de Henri Focillon quando ele sustenta que os acontecimentos artísticos simultâneos podem pertencer a diferentes épocas, justapondo sobrevivências como antecipações. Foncillon apresenta "o conceito de acontecimento emergente que determina seu contexto ao invés de ser o seu produto".[52]

---

49 Kracauer, *L'Histoire. Des avant-dernières choses*, p.118.
50 Ibid., p.191.
51 Ibid., p.192.
52 Ibid., p.210.

VI
Uma hermenêutica crítica

Enquanto a base da corrente fenomenológica se desinteressa pela história, Paul Ricoeur continua a mostrar como é possível continuar no interior do programa fenomenológico e ao mesmo tempo admitir a abordagem histórica, não somente através do diálogo constante entabulado com os historiadores, mas principalmente pelo fato de designar o caráter aporético de uma abordagem puramente fenomenológica em seu acesso ao tempo e, logo, ao acontecimento. Da mesma forma que ele mostrou a aporia da crítica transcendental, Ricoeur considera que é preciso pensar junto e tentar articular as duas dimensões do tempo: cosmológica e íntima. Ele encontra um meio de escapar a esse dilema duplamente aporético graças ao implante hermenêutico, graças à narrativa e ao "terceiro-tempo", o tempo relatado que implica delimitar um certo número de conectores para pensar conjuntamente dois polos situados nos extremos, incomensuráveis um do outro.

A lucidez precoce de Ricoeur em um momento fértil de reificações de todas as espécies e de ilusões cientificistas a respeito de um discurso histórico que teria capacidade de seguir a direção das ciências da natureza foi possível porque ele se situou firmemente no meio de uma sólida filiação hermenêutica. Com Schleiermacher, a hermenêutica saiu de sua dimensão regional, religiosa, para se munir de um programa geral de elaboração das regras universais válidas, para aproximar o que está distante, ultrapassar a distância cultural e, portanto, propiciar a compreensão do outro. Mas foi através de Dilthey que o projeto de Schleiermacher foi realizado no plano da interrogação propriamente histórica. No momento em que Ranke dirige seu olhar às ciências da natureza para dar à história uma dimensão científica, Dilthey opõe-lhe a perspectiva da compreensão e distingue duas epistemologias: a inerente ao mundo físico e a referente ao mundo psíquico. Dilthey procura fundar a história como conhecimento científico, excedendo a mera intuição, a partir da hipótese segundo a qual a vida em sua manifestação produz formas que se estabilizam em diversas configurações, em normas que se assemelham ao que Norbert Elias descreverá mais tarde como configuração e Max Weber, como tipos ideais. A hermenêutica não depende de maneira alguma de um psicologismo selvagem, como muitas vezes costuma-se acreditar, mas de um interesse em readquirir a camada objetivada da compreensão. Ela está ligada à reflexão sobre o histórico, sobre suas próprias condições de ser. Embora Dilthney alcance uma aporia por ter excessivamente subordinado o problema hermenêutico ao problema psicológico, ele percebeu "o nó central do problema: ou seja, a vida se apropria da vida somente através da mediação das unidades de sentido que se elevam acima do fluxo histórico".[1]

O projeto hermenêutico de Paul Ricoeur ambiciona abranger esse intermédio, familiaridade e estranheza, que constitui a tradição. A descontinuidade que opõe nosso presente ao passado se torna uma vantagem para desenvolver uma nova consciência historiográfica: "A distância temporal não é, portanto, um obstáculo a ser superado [...] Na realidade, o importante é ver na distância temporal uma possibilidade positiva e produtiva dada à compreensão".[2] Essa exigência em pensar no interior da tensão entre exterioridade e interioridade, pensada de fora e de dentro, incitou Ricoeur a procurar superar as diversas aporias da abordagem meramente especulativa da temporalidade, assim como de sua abordagem reificante.

Pensar na articulação da clivagem entre um tempo que deve surgir e um tempo concebido como condição dos fenômenos é o objeto de sua

---

1 Ricoeur, *Du texte à l'action*, p.87.
2 Ibid., p.137.

reflexão sobre o tempo e a narrativa. Entre o tempo cósmico e o tempo íntimo se situa o tempo relatado do historiador. Ele permite reconfigurar o tempo por meio de conectores específicos. Ricoeur coloca o discurso histórico dentro de uma tensão que lhe é peculiar entre identidade narrativa e ambição de verdade. A poética da narrativa surge como modo de superar as aporias da apreensão filosófica do tempo. Ricoeur prefere, a esse respeito, a noção de refiguração à de referência, porque se trata de redefinir a própria noção de "realidade" histórica a partir dos conectores inerentes ao terceiro tempo histórico, o mais frequentemente usado por historiadores profissionais sem problematização. Entre esses conectores, encontram-se, na realidade, categorias familiares ao historiador: o do "tempo calendário é a primeira ponte lançada pela prática histórica entre o tempo vivido e o tempo cósmico".[3] Ele se aproxima do tempo físico por sua mensurabilidade e toma emprestado do tempo vivido: o tempo calendário "cosmologiza o tempo vivido e humaniza o tempo cósmico".[4] Há algo da ordem de registro necessário no fluxo do tempo, na capacidade do homem em sua atribuição. Ele procura com isso designar ao mesmo tempo a distância que o separa de um passado findo e uma experiência que continua viva no seu presente e situada em uma data precisa, atribuindo-lhe uma espessura temporal:

> Aristóteles em *De memoria et reminiscentia* declara que simultaneidade e sucessão caracterizam de maneira primitiva as relações entre acontecimentos relembrados; caso contrário, não haveria necessidade, no momento de evocação, de escolher um ponto de partida para reconstruir os encadeamentos [...] Mesmo Bergson, o pensador da duração, não duvida que na lembrança pura, o acontecimento evocado volte com sua data.[5]

Nas ciências humanas, todos os estudos referentes às variações temporais tomam como conectores as orientações cronológicas, um tempo calendário que delimita os ciclos longos e curtos oriundos da trama acontecimental [*événementielle*]. A noção de geração, que se tornou uma categoria de análise essencial atualmente, é também considerada por Ricoeur como uma mediação importante da prática histórica que possibilita

---

3 Ricoeur, *Temps et Récit*, t.3, p.190.
4 Ibid., p.197.
5 Ricoeur, *La Mémoire, l'histoire, l'oubli*, p.192.

também, como demonstrou Dilthney, incorporar essa conexão entre tempo público e tempo privado. A noção de geração permite confirmar a dívida, além da finitude da existência, além da morte que separa os ancestrais dos contemporâneos. Por fim, existe a noção de vestígio, investida de grande importância atualmente, concebida por Carlo Ginzburg como um novo paradigma, diferente do paradigma galileano, e que ele define como o do vestígio indiciário.[6] Objeto comum aos historiadores, a noção de vestígio, materializada por documentos, arquivos, não obstante continua enigmática e essencial para a reconfiguração do tempo. Ricoeur toma emprestado de Emmannuel Levinas[7] a expressão de significância, como uma perturbação da ordem, significante sem aparecer. Mas ele inscreve igualmente a noção de vestígio no seu lugar histórico. Essa noção é utilizada há muito tempo na tradição histórica: já a encontramos com Seignobos e com Marc Bloch. Essa concepção de uma ciência histórica através de vestígios corresponde a sua contrapartida referencial na ambivalência que resiste à conclusão do sentido, porque o vestígio está ao mesmo tempo imerso no presente e é o suporte de um significado que não existe mais.

O historiador não é um físico e sua epistemologia é, portanto, um misto entre explicá-lo e compreendê-lo. Por essa razão, Ricoeur discute veementemente as teses de certas correntes da filosofia analítica anglo-saxônica que preconizam uma epistemologia histórica sobre o modelo nomológico das ciências chamadas duras e que pretendem ao mesmo tempo chegar a uma explicação definitiva dos acontecimentos e à elaboração de leis históricas. Ele discute sobretudo as teses de Carl G. Hempel, que defende a tese segundo a qual as leis gerais são funções completamente análogas na história e nas ciências naturais.[8] No entanto, acontece que Hempel tem como objetivo justamente elucidar os acontecimentos particulares do passado e de lhes conferir um *status*. Ele não leva em consideração, segundo Ricoeur, o fato que os acontecimentos de ordem histórica devem sua existência a testemunhas oculares, a narrativas baseadas na memória individual ou coletiva:

---

6 Ginzburg, Traces, racines d'un paradigme indiciaire, *Mythes, emblèmes, traces*, p.139-80.
7 Levinas, La Trace, *Humanisme de l'autre homme*, p.57-63.
8 Hempel, The Function of General Laws in History, *The Journal of Philosophy*, n.39, 1942, p.35-48; reproduzido em Gardiner, *Theories of History*, p.344-56.

Renascimento do acontecimento

A especificidade desse primeiro nível de discurso é completamente ignorada em prol de uma relação direta entre a singularidade do acontecimento e a asserção de uma hipótese universal, logo, de uma forma qualquer de regularidade.[9]

Hempel concebe a história como uma disciplina que pode ao mesmo tempo explicar os acontecimentos, encontrar suas causas e descobrir, por meio da evidência de regularidades, verdadeiras leis.

Sua epistemologia otimista pensa até mesmo poder tornar-se previsional, desde que o historiador seja capaz de estabelecer leis, e assim poder prever que a uma determinada causa corresponde um determinado efeito:

> O que a história deseja é, na realidade, mostrar que os acontecimentos não são consequências do acaso, mas que eles acontecem em conformidade com a previsão que deveríamos ser capazes de formular, uma vez conhecidos certos antecedentes ou certas condições simultâneas, uma vez enunciadas e verificadas as hipóteses universais que formam o essencial da dedução do acontecimento.[10]

Hempel recusa a abordagem chamada de compreensiva, envolvendo a mediação subjetiva. Seu horizonte é de mera objetivação e reificação do acontecimento, fazendo o impasse sobre o aspecto interpretativo que ele comporta em sua transmissão. O aspecto do enredamento do acontecimento é totalmente ignorado por essa abordagem puramente nomológica. Evidentemente, Ricoeur reconhece o mérito dessa corrente epistemológica por ter salientado a capacidade explicativa da operação historiográfica, especialmente as funções do conectivo "porque" que recoloca o comportamento singular em seu *habitus*, mas esse avanço ocorre à custa da negação da parte compreensiva do conhecimento histórico:

> Duas conclusões tornam-se obrigatórias [...] A primeira refere-se à noção de acontecimento, que é igualmente problema de discussão na historiografia francesa. A rejeição do modelo nomológico parece, na realidade, envolver um retorno à concepção do acontecimento como único. A asserção é falsa, se ligarmos à ideia de unicidade a tese metafísica que

---

9 Ricoeur, *Temps et récit*, t.1, p.161.
10 Ibid., p.163.

o mundo é feito de particulares radicalmente dessemelhantes: a explicação torna-se, então, impossível. Mas a asserção é verdadeira se quisermos dizer que, diferentemente das ciências nomológicas, o historiador pretende descrever e explicar o que efetivamente acontece em todos os seus detalhes concretos. Mas, então, o que o historiador entende como *único* é que não existe nada exatamente parecido com seu objeto de estudo.[11]

A atenção aos procedimentos textuais, narrativos, sintáticos pelos quais a história afirma seu regime de verdade leva à reapropriação de todas as aquisições dos trabalhos da completa filiação narratológica particularmente desenvolvida no mundo anglo-saxão. O desenvolvimento das teses narrativistas nutriu-se do *linguistic turn*, da crítica do modelo nomológico e da consideração da narrativa como depósito do saber, como desenvolvimento de recursos de inteligibilidade. Os narrativistas permitiram, assim, mostrar a maneira pela qual o modo de narrativa tem seu valor explicativo, nem que fosse pela utilização constante da conjunção de subordinação "porque" que recupera e confunde duas funções distintas, a consecução e a consequência. Os vínculos cronológicos e os vínculos lógicos são desse modo afirmados sem ser problematizados. Portanto, é preciso desatar essa senha, o "porque" de uso divergente. É esse trabalho sobre as capacidades explicativas próprias à narrativa que guiou a corrente narrativista.

William Dray mostrou assim, a partir dos anos 1950, que a ideia de causa deve ser desvinculada da ideia de lei.[12] Ele defendeu um sistema causal irredutível a um sistema de leis, criticando aqueles que praticam essa redução e os que excluem qualquer forma de explicação. Um pouco mais tarde, Georg Henrik von Wright preconiza um modelo misto baseado na explicação chamada de quase causal[13] como a mais apropriada para a história e para as ciências humanas em geral. As relações causais estão, segundo ele, estreitamente relacionadas ao seu contexto e à ação aí contida. Tomando como princípio os trabalhos de Elizabeth Anscombe, ele privilegia as relações intrínsecas entre as razões da ação e a própria ação. Von Wright opõe a conexão causal não lógica, meramente externa, referente aos estados de sistema e a conexão lógica referente às intenções e que tomam uma forma teleológica. O elo entre esses dois níveis heterogêneos está nas

---

11 Ibid., p.177.
12 Dray, *Laws and Explanation in History*.
13 Von Wright, *Explanation and Understanding*.

características configurantes da narrativa: "O fio condutor, na minha opinião, é o enredo, enquanto síntese do heterogêneo".[14]

Arthur Danto, por sua vez, revela as diversas temporalidades no interior da narrativa histórica e questiona a ilusão do passado como entidade fixa em relação à qual somente o olhar do historiador poderia ficar móvel. Ele distingue três posições temporais internas à narração.[15] O campo do enunciado já abrange duas posições diferentes: a do acontecimento descrito e a do acontecimento em função do qual ele é descrito. É preciso ainda acrescentar o plano da enunciação que se situa em uma outra posição temporal, a do narrador. A consequência epistemológica dessa diferenciação temporal representa um paradoxo da causalidade, pois um acontecimento ulterior pode exibir um acontecimento anterior em situação causal. Além disso, a demonstração de Danto consiste em considerar como indistintas explicação e descrição, a história tendo apenas um único suporte, segundo sua expressão. Alguns foram ainda mais longe, como Hayden White, que objetivou a construção de uma poética da história,[16] pressupondo que o registro do historiador não é fundamentalmente diferente do registro da ficção no plano de sua estrutura narrativa. Logo, a história seria sobretudo escrita, artifício literário. Hayden White situa a transição entre a narrativa e a argumentação na noção de enredamento.

A retórica e a análise do discurso tornam-se, então, com Hayden White, as entradas privilegiadas pelo historiador, de modo a romper a fronteira entre o que rege a ficção e a história. Aliás, a indeterminação das fronteiras entre essas duas áreas provocou um intenso debate. Ricoeur constatara o interesse das teses de Hayden White em seu livro *Tempo e narrativa*, de 1983. Nessa obra, ele congratulava os conhecimentos dos narrativistas anglo--saxões que tiveram o mérito de mostrar que relatar já é explicar e insistiram na riqueza dos recursos explicativos internos da narrativa. Esses estudos reiteraram, a justo título, o fato que a história é sobretudo escrita, historio--grafia. No entanto, Ricoeur não aceita as teses mais radicais expressas por Hayden White quando ele postula, ao seguir a direção de uma ficcionalização da história, uma indistinção entre história e ficção. O objetivo de veracidade do discurso histórico transforma sua escrita em algo diferente de um artifício literário. É dentro dessa perspectiva que Ricoeur favorece o

---

14 Ricoeur, *Temps et Récit*, t.1, p.202.
15 Danto, *Analytical Philosophy of History*.
16 White, *Metahistory: The Historical Imagination in Nineteenth-Century Europe*.

neologismo de "representância" para destacar o duplo *status* de realidade e ficção do discurso histórico cuja intencionalidade é de estar o mais perto do referente para tornar-se sua "função vicária de tenência".[17] Juntaram-se, a partir de 1983, às reservas expressas por Ricoeur, as mais ásperas críticas de Arnaldo Momigliano,[18] de Carlo Ginzburg[19] ou de Russel Jacoby[20] e as questões críticas de Roger Chartier.[21] Todos esses historiadores receiam as possíveis derivas desse formalismo capaz de conduzir a um relativismo que, ao colocar no mesmo plano todos os discursos, torne impossível qualquer discriminação entre o verdadeiro e o falso e, portanto, impeça de denunciar os falsários, como o discurso negacionista.

Em resposta a essas críticas, Hayden White reconhece que é possível estabelecer entre as "narrações concorrentes" critérios de avaliação quanto à "fidelidade aos dados factuais, à completude, à coerência da argumentação, seja ela qual for".[22] Entre os contestadores das teses de Haydn White, o renomado historiador Arthur Marwick foi um dos mais polêmicos. Hayden White respondeu afirmando-lhe que de forma alguma ele eliminava do discurso histórico a relação com os acontecimentos concretos. Simplesmente, ele ressalta a ambiguidade da noção de "fato" em relação à noção de acontecimento:

> A noção de fato [*fact*] é, evidentemente, ambígua, na medida em que ela significa ao mesmo tempo o sentido do acontecimento [*event*] (naquilo que o exame pertinente da questão dependeria do *status* de uma "realidade" ou do "imaginário" de um acontecimento) e da formulação do acontecimento (naquilo que o exame pertinente dependeria da "verdade" ou do "erro" de um enunciado).[23]

---

17 Ricoeur, Histoire et Rhétorique, *Diogène*, p.25.

18 Momigliano, The Rhetoric of History and the History of Rethoric: On Hayden White's Tropes, *Settimo contributo alla storia degli studi classici del mondo antico, Roma*, p.49-59.

19 Ginzburg, Just One Witness. In: Friedlander (org.), *Probing the Limits of Representation. Nazism and the "Final Solution"*, p.82-96.

20 Jacoby, A New Intellectual History, *American Historical Review*, n.97, p.405-24.

21 Chartier, Figures rhétoriques et représentations historiques, *Storia della Storiografia*, n.24; reproduzido em *Au bord de la falaise*, p.108-25.

22 White, Historical Emplotment and the Problems of Truth. In: Friedlander (org.), *Probing the Limits of Representation. Nazism and the "Final Soluttion"*, p.38.

23 White, Response to Arthur Marwick, *Journal of Contemporany History*, v.30, n.2, 1995, p.238.

Hayden White não sugere de modo algum eliminar os acontecimentos da história em nome de um relativismo absoluto absurdo; ele preconiza simplesmente a distinção entre a noção de *event* e de *fact*, considerando que, diferentemente dos acontecimentos, os fatos são construções históricas revisáveis, abertas para um futuro que as reconfigurará sempre de maneira diferente. À afirmação de Roland Barthes de que os fatos históricos têm existência apenas linguística, ele acrescenta a afirmação que os fatos, diferentemente dos acontecimentos, são entidades linguísticas, "e com isso quero dizer que, como o filósofo Arthur Danto estabeleceu, os 'fatos' são 'acontecimentos' em meio a uma descrição".[24] Quanto à relação entre fatos e acontecimentos, ela deve sempre ser retomada; ela é a própria matéria da comunidade histórica e sempre aberta a novas conceituações, não porque os acontecimentos do passado mudam, mas porque nossa maneira de conceituá-los difere. Essas modificações são sobretudo perceptíveis em relação aos acontecimentos traumáticos, como o genocídio dos judeus, cuja realidade como acontecimento histórico nunca é, evidentemente, negada ou relativizada, tampouco banalizada por Hayden White.

Essa evocação do contrato de verdade que liga o historiador ao seu objeto desde Heródoto e Trucídides é de grande importância para uma contraposição a todas as formas de falsificação e de manipulação do passado. Ela não é contraditória com o fato de observar a história como escrita, como prática discursiva:

> O historiador difere do físico; ele não procura aumentar o campo das generalidades à custa da redução das contingências. Ele deseja compreender melhor o que aconteceu. Existem áreas onde são essas contingências que retêm seu interesse [...] O interesse por esses acontecimentos, que compararei à *péripétéia* aristotélica, não significa que o historiador ceda ao sensacional: seu problema é exatamente o de incorporar esses acontecimentos em uma narrativa aceitável, portanto de inserir a contingência em um esquema de conjunto. Essa característica é essencial à *followability* de qualquer fato passível de ser relatado [...] Semelhante tese seria inaceitável se não soubéssemos que qualquer narrativa se explica por ela própria, no sentido que relatar o que aconteceu já é explicar porque aquilo aconteceu. Nesse sentido, a mínima história

---

24 Ibid., p.239.

incorpora generalizações, sejam elas de ordem classificatória, de ordem causal ou de ordem teórica.[25]

Portanto, é o campo prático o enraizamento derradeiro da atividade de temporalização, e Ricoeur lembra a distinção, essencial, que ele estabelece, no seguimento das análises de ordem linguística, entre fato histórico e acontecimento real. Diferentemente de Claude Romano, ele concebe o fato histórico como uma construção discursiva, enquanto o acontecimento remete à fatualidade, ao que aconteceu:

> Compreendido desse modo, o fato pode ser considerado construído pelo procedimento que o libera de uma série de documentos, mas que por sua vez o estabelecem. Essa reciprocidade entre a construção (pelo procedimento documentário complexo) e o estabelecimento do fato (sobre a base do documento) exprime o *status* epistemológico específico do fato histórico. É esse caráter proposicional do fato histórico (no sentido do fato que) que rege a modalidade de verdade ou de falsidade ligada ao fato. Os termos verdadeiro/falso podem ser entendidos legitimamente nesse nível pelo sentido popperiano do refutável e do verificável.[26]

Portanto, o acontecimento se coloca numa posição ontológica que remete ao que se fala, ao referente, e esse objetivo é absolutamente essencial segundo Ricoeur, que persevera na importância dessa distinção para destacar o *status* fundamental da fatualidade designado sob a palavra acontecimento:

> É para preservar esse *status* diante do discurso histórico que distingo o fato enquanto "a coisa dita", o quê do discurso histórico, do acontecimento enquanto "a coisa de que se fala", o "sobre o que" é o discurso histórico. A esse respeito, a asserção de um fato histórico marca a distância entre o dito (a coisa dita) e a intenção referencial que segundo a expressão de Benveniste transfere o discurso para o mundo.[27]

Essa distinção permite compreender que existem múltiplas variações possíveis em torno de um mesmo acontecimento, desde que esse último

---

25 Ricoeur, *Temps et Récit*, t.1, p.218.
26 Id., *La Mémoire, l'histoire, l'oubli*, p.227.
27 Ibid., p.228.

não escape à narrativização e, portanto, a seu autor e a sua subjetividade. Ao mesmo tempo, é preciso pressupor um mesmo referente para poder comparar as diversas versões, ao relatá-lo.

Essa alteração da acontecimentalidade [*événementialité*] em relação a seu vestígio e seus herdeiros provocou uma verdadeira revisitação da disciplina histórica por ela mesma, no interior do que poderíamos chamar de círculo hermenêutico ou de virada historiográfica. Esse novo momento propõe seguir as metamorfoses dos sentidos nas mutações e variações sucessivas da escrita histórica entre o próprio acontecimento e a posição presente. O historiador se indaga então sobre as diversas modalidades da fabricação e da percepção do acontecimento a partir de sua trama textual. Esse movimento de revisitação do passado através da escrita histórica acompanha a exumação da memória nacional e confirma ainda o momento memorial atual. Através da renovação historiográfica e memorial, os historiadores assumem o trabalho de luto de um passado em si e trazem sua contribuição ao esforço reflexivo e interpretativo atual nas ciências humanas.

Exacerbado pela globalização das informações, pela aceleração do seu ritmo, o mundo contemporâneo conhece uma "extraordinária dilatação da história, um acesso de um sentimento histórico profundo".[28] Essa presentificação teve como efeito uma experimentação moderna da historicidade. Ela envolvia uma redefinição da acontecimentalidade [*événementialité*] como abordagem de uma multiplicidade de possibilidades, de situações virtuais, potenciais, e não mais como a efetivação na sua imutabilidade. O movimento se apoderou do tempo presente até modificar a relação moderna com o passado. A leitura histórica do acontecimento não é mais redutível ao acontecimento estudado, mas considerada em seu vestígio, situada numa cadeia acontecimental [*événementielle*]. Qualquer discurso sobre um acontecimento veicula, conota uma série de acontecimentos anteriores, o que dá total importância à trama discursiva que os religa no enredamento. Como podemos avaliar, a história do tempo presente não compromete apenas a abertura de um novo período. Ela é também uma história diferente, participando das novas orientações de um paradigma que busca sua identidade na ruptura com o tempo único e linear, pluralizando os modos de racionalidade.

---

28 Nora, De l'histoire contemporaine au présent historique, *IHTP, Écrire l'histoire du temps présent*, p.45.

VII
O acontecimento revisitado

A coleção "Os trinta dias que fizeram a França", criada há mais de meio século e publicada pela Gallimard, encarnou, como já lembramos, uma das mais tradicionais concepções da disciplina, uma história chamada adequadamente pelos *Annales* de historizante, fatualista, partindo do princípio que uma nação constitui sua identidade unicamente por suas batalhas, principalmente a França, onde ocorreram apenas trinta. Essa coleção foi sendo pouco a pouco esquecida e em seguida, enterrada. Seu renascimento em 2005 é, em si, o testemunho do novo interesse por parte dos historiadores pelo acontecimento. Gallimard reedita essa coleção com a mesma capa, porém, ao invés de "Os trinta dias que fizeram a França", passou a chamá-la de "Dias que fizeram a França", supondo um campo indefinido de prospecção. Todavia, é o retorno do mesmo ou a concepção do acontecimento que sofreu inflexões e se beneficia das contribuições da nova relação mantida entre a dimensão histórica e a dimensão memorial? Talvez a perspectiva seja outra e o fato de relançar essa coleção com a reedição da obra de Georges Duby, publicada inicialmente em 1973, com prefácio de Pierre Nora, seja o sinal de uma séria mudança no modo de abordar o acontecimento. Vimos anteriormente como Duby colocava o historiador do lado subsequente ao acontecimento, do lado de seus vestígios e de suas metamorfoses de sentido. A apresentação dessa antiga nova coleção em 2005 se insere na continuidade do que foi publicado, ao mesmo tempo em que se apropria de algumas mudanças observadas. Reabilitando o peso do acaso diante da necessidade na fabricação dos grandes acontecimentos, ela pretende medir o impacto desses últimos sobre o tempo: "Esse novo olhar propõe a redescoberta das rupturas, tumultuosas ou secretas, que pontuam a história da França: esse é o projeto". Essa coleção afirma conservar o princípio da antiga, "mas ampliando o objeto e renovando o espírito, sem todavia se limitar a um número canônico. Pretende ilustrar a profunda renovação da história política como modo de explicação privilegiado do destino das sociedades".

Foi nessa coleção reformulada que foi publicada, em 2006, a obra do modernista Nicolas Le Roux sobre o dia 1º de agosto de 1589.[1] Ele retira do esquecimento o assassinato do rei Henri III pelo monge jacobino Jacques Clément dois séculos antes da Revolução, em 1789. Se a punhalada mortal de Ravaillac contra Henri IV ficou onipresente na memória coletiva nacional, quem se lembra da punhalada desse obscuro monge? O autor não insiste, portanto, sobre a descrição do crime: pouca hemoglobina, deplorarão os amadores. Ele se esforça, ao contrário, em elucidar o clima que poderia ter provocado essa passagem ao ato. A França se encontra, então, mergulhada nas guerras de religiões entre católicos e calvinistas. Os extremistas católicos, combatentes da Liga, multiplicam os panfletos, as sátiras e as caricaturas contra um rei apresentado como o Anticristo, efeminado, cercado por seus favoritos. Assim, o terreno ideológico está bem preparado para que um monge acredite ter recebido a missão, confiada por Deus, de cometer um assassinato contra a pessoa real. Antes de sua morte física, o rei já era um rei desgastado, transformado em caça para um caçador audacioso.

Nicolas Le Roux se atém igualmente ao estudo dos remanejamentos que esse acontecimento suscitará no plano do poder real que estabelecerá uma prática absolutista para proteger a soberania da violência ambiental. O desaparecimento do último Valois, que será sucedido pelos Bourbons, não conseguirá fazer desse rei já sem legitimidade um mártir da causa. Ele será rapidamente apagado da memória, caindo no mais total esquecimento, apesar dos esforços de sua viúva que fracassa, tanto em Paris quanto em Roma,

---

1 Le Roux, *Un régicide au nom de Dieu. L'assassinat d'Henri III.*

nas homenagens ao seu defunto marido. A mística do sangue real sobre a qual está baseada a legitimidade dos Bourbons passava pelo abandono do sangue dos Valois. O desaparecimento de Henri III ruma, no entanto, para a restauração da ideologia monárquica que assiste a um duplo processo de secularização, de autonomização e de sobressacralização da figura do príncipe encarregado de assumir a reformação moral além das divisões que assolam o país. Nicolas Le Roux analisa aqui a história apaixonante dessa passagem essencial, e compreendemos a que ponto essa contribuição está distante da abordagem fatualista clássica da história das guerras.

Nem todas as publicações são tão inovadoras. Às vezes, nos contentamos em exumar o velho catálogo conforme os imperativos comerciais. Uma vez que qualquer publicação sobre Napoleão tem sempre automaticamente bom resultado junto ao público em geral, retomamos uma antiga obra de José Cabanis sobre a coroação de Napoleão, publicada em 1970. Acrescentamos um simples posfácio que situa o autor como um Saint-Simon perambulando pelos faustos do Consulado e que insiste sobre a qualidade dos retratos, mas deplora ao mesmo tempo a inserção dessa cerimônia de cores exuberantes num tempo muito curto. Em compensação, Arlette Jouanna oferece uma nova leitura da carnificina generalizada que representou a noite de São Bartolomeu. Durante muito tempo esse drama foi apresentado como a obra de uma mulher maquiavélica, Catarina de Médicis, ou ainda como o resultado de um complô espanhol. O autor considera os últimos avanços historiográficos sobre a questão como as de Denis Crouzet[2] ou de Thierry Wanegffelen.[3] A obra versa sobre a vontade de desvendar o mistério desse domingo 24 de agosto de 1572 que deixou o chão de Paris úmido... de sangue. No entanto, o destino póstumo desse acontecimento que incontestavelmente transformou a França em nação não protestante não foi levado em conta. Entretanto, se houve um momento que marcou a memória coletiva francesa até hoje, foi exatamente esse.

Incumbida de relatar o dia 21 de junho de 1791, ou seja, a fuga do rei Luís XVI para Varennes, Mona Ozouf surpreende-se em publicar nessa coleção dos "Dias que fizeram a França", porque ela não identifica nenhum ingrediente próprio a este acontecimento que o torne digno de figurar ao lado das ilustres jornadas revolucionárias que são o 14 de julho de 1789,

---

2 Crouzet, *Le Haut cœur de Catherine de Médicis. Une raison politique aux temps de la Saint-Barthélémy.*

3 Wanegffelen, *Cathérine de Médicis, le pouvoir au féminin.*

o 10 de agosto 1792 ou ainda o 31 de maio de 1793: "O dia e a noite de Varennes parecem nada criar, nada destruir".[4] Entretanto, posteriormente, para os grandes romancistas, quer seja Victor Hugo ou Alexandre Dumas, esse dia foi decisivo por ter enviado Luís XVI para o cadafalso. Tudo nesse dia remete à indecisão, à improvisação e, logo, à contingência. Embora os historiadores sejam mais propícios a eliminar tudo o que se destaca dessa pletora de possíveis a fim de ressaltar o que realmente aconteceu, "é justamente em função dessas incertezas que o acontecimento de Varennes pode ser considerado como o foco de compreensão da Revolução Francesa".[5]

Contigência que necessita, portanto, do historiador um exame muito minucioso da configuração singular do acontecimento tal qual ele aparece na praça pública. Mas, ao mesmo tempo, convém prestar muita atenção no destino do acontecimento, Mona Ozouf dedica um capítulo inteiro à "Varennes depois de Varennes". Surpreendendo as imaginações, essa tentativa de fuga, embora tenha sido provado que Luís XVI não tivera a intenção de ir para o estrangeiro, tornou-se um possível pretexto para a contestação do poder, e desse modo Mona Ozouf evoca "a rápida evasão do general De Gaulle para Baden-Baden, em maio de 1968".[6] Partindo no dia 29 de maio do Palácio do Eliseu para a Alemanha, De Gaulle teria dito essa frase significativa: "Não serei nem Pflimlin, nem Daladier, nem Luís XVI". E a historiadora deduz daí a importância do vestígio do acontecimento Varennes na memória coletiva dos franceses: "Podemos constatar que um século e meio após a fuga real, a transposição da fronteira, nem que seja apenas por algumas horas, ocupa em permanência o inconsciente dos franceses".[7]

Nessa coleção, certamente não poderiam deixar de constar os dias 9 e 10 de novembro, habitualmente qualificados de golpe de Estado do 18 Brumário, que marcaram a despedida da Revolução e o início de uma nova era, napoleônica, com o Consulado, e em seguida o Império.[8] No entanto, Patrice Gueniffey desmistifica e mostra que esse famoso acontecimento pertence sobretudo a um não acontecimento: sem sangue, sem morte. Nenhuma intensidade dramática nesse dia durante o qual o Conselho dos Anciãos investiu Bonaparte no comando das tropas e três dos cinco membros do Diretório pediram demissão. Inventaram, para incrementar um pouco, um

---

4 Ozouf, *Varennes. La mort de la royauté, juin 1791*, p.9.
5 Ibid., p.15.
6 Ibid., p.380.
7 Ibid., p.381.
8 Gueniffey, *Le Dix-huit Brumaire*.

roteiro, uma cena primitiva confirmando uma nova era, como se fosse uma fábula: esses punhais erguidos pelos deputados do Conselho dos Quinhentos, os soldados jogando esses deputados recalcitrantes pela janela e um Bonaparte perdido, perdendo a razão e chamando Siéyès de "Meu general"! De fato, trata-se de uma data-guinada da qual o autor ressalta a genealogia desde o início da crise e da paralisia do Diretório. Bonaparte revela, ali, sua ambivalência, simultaneamente herdeiro da Revolução francesa e desejoso de finalizá-la. Essa mudança de regime inaugura, sem dúvida, uma nova era política. Mas como um episódio tão anódino conseguiu se transformar em paradigma a ponto do 18 Brumário tornar-se a invocação de todos os golpes de Estado? O autor do livro tem uma resposta sobre essa situação. Na verdade, tratar-se-ia de uma outra interpretação do acontecimento posterior ocorrido no dia 2 de dezembro de 1851, a saber, o golpe de Estado de Luís-Napoleão Bonaparte, esse sim violento, provocando intensa resistência, e não somente em Paris: "O tio foi vítima do sobrinho" escreveu espirituosamente Patrice Gueniffey que prossegue lembrando que Marx enganou-se ao escrever que a história se repete sempre duas vezes, "a primeira vez como tragédia, a segunda vez como farsa", pois a verdade dessa história é inversa: "A história do sobrinho começa pelo sangue, e a do tio por uma comédia".[9] Sabemos que bem mais tarde, no famoso 13 de maio de 1958, o 18 Brumário será ainda fortemente lembrado como origem, mas no final, o ponto em comum entre esses dois acontecimentos é que foram "um mal menor"[10] por terem evitado banhos de sangue.

Atribuir inteira importância ao vestígio do acontecimento, denotado na evolução flutuante de suas representações e de suas interpretações, significa realizar plenamente a guinada historiográfica que inclui o estudo dos usos e das práticas da história no ato de escrever a história. Houve nesse campo tentativas vanguardistas no momento em que essa orientação não era central. Foi o caso com a coleção impulsionada por Marc Ferro das Edições Flammarion, "Questões de história", que publicou pequenos livros sintéticos, principalmente na área mais controversa da historiografia francesa, a Revolução, o de Alice Gérard, desde 1970.[11] Partindo das paixões contemporâneas da própria Revolução que vê surgir as mais contraditórias teses para esclarecer o que está acontecendo entre a explicação teológica,

---

9   Ibid., p.380.
10   Ibid., p.388.
11   Gérard, *La Révolution française, mythes et interprétations, 1789-1970*.

a do complô e a das duas revoluções, Alice Gérard distingue um período ao longo do qual o mito revolucionário irá se impor entre 1851 e 1853 com o momento romântico e seu herói Jules Michelet. Em seguida, vem o tempo da desmistisficação e do "positivismo" entre 1853 e 1880 que resulta na institucionalização da Revolução na virada dos séculos XIX e XX. Ela conclui seu estudo historiográfico pela atualidade das controvérsias entre 1945 e 1970.

Mais tarde, em 1978, François Furet abandonará a narrativa histórica para se consagrar a uma obra puramente historiográfica com seu livro *Pensar a Revolução Francesa*[12] que critica de modo polêmico o que ele chama de "catecismo revolucionário", opondo-lhe as contribuições de Tocqueville e de Augustin Cochin. Furet anuncia então que "A revolução terminou", mas logo iremos compreender que embora ela tenha terminado, as cerimônias do Bicentenário se prenunciavam. De fato, 1989 propiciará uma bela confrontação entre Michel Vovelle e François Furet, ilustrando o fato que um acontecimento nunca se termina verdadeiramente, ele pode sempre ressurgir como fonte de sentido e voltar a ser choque de conflitos de interpretações. Recentemente, o historiador Pierre Retat, dedicando uma obra à crônica da França de Luís XVI, ou seja, às vésperas da Revolução, se dissocia categoricamente do continuísmo histórico que ele vê desapontar no que chama de inferno da consecução:

> Qualquer reflexão sobre o acontecimento revolucionário parece passar pela inevitável suposição de uma continuidade, logo, de uma causalidade. Querer escrever o presente na sua fragmentação e na sua descontinuidade é escolher metodicamente a possibilidade de escapar do inferno da consecução e oferecer ou restituir à História a probabilidade do acaso, das sequências rompidas, das lacunas e das incoerências.[13]

Com a finalidade de demonstrar a fecundidade dessa abordagem historiográfica, nós, Christian Delacroix, Patrick Garcia e eu, lançamos, pela editora Seuil, na coleção de bolso "Points-histoire" a série "L'Histoire em débats" [A História em debates] no outono de 2002.[14] Nessa coleção, o

---

12 Furet, *Penser la Révolution Française*.
13 Retat, *Le Dernier règne. Chronique de la France de Louis XVI: 1774-1789*, p.15.
14 Os dois primeiros títulos da coleção foram: Gauchet, *Philosophie des sciences historiques. Le moment romantique* (2002) e Cosandey; Descimon, *L'Absolutisme em France, Histoire et Historiographie*, (2002). Em seguida foram publicados Prost; Winter, *Penser la grande guerre, un*

Renascimento do acontecimento

historiador francês Antoine Prost e o britânico Jay Winter se prontificaram a restituir os diversos modos de fabricação pelos historiadores do objeto histórico que é a guerra de 1914-1918, não se limitando unicamente ao *corpus* dos estudos propriamente históricos, integrando todas as fontes possíveis que contribuem para moldar a evolução da memória coletiva. Por meio dessa abordagem que não é mais linear, os autores consideram as alterações sucessivas dos questionamentos ulteriores ao próprio acontecimento e o fato que ele entra em conformidade com outros acontecimentos que mudam o seu sentido:

> A expectativa do público modificou-se, suas preocupações mudaram; as questões que ele formula sobre a Primeira Guerra Mundial foram transformadas pela Segunda, pela Guerra da Argélia e pela Guerra do Vietnã.[15]

Desse modo, os autores distinguem três configurações historiográficas. A primeira sendo militar e diplomática, contemporânea do próprio acontecimento porque a partir da batalha do Marne entendemos que vivemos um momento excepcional. Desde esse primeiro momento, constata-se uma forte confusão de depoimentos de atores e de estudos históricos. As fontes diplomáticas examinadas sob a questão recorrente das responsabilidades de guerra são expostas; é o grande momento dos trabalhos de Pierre Renouvin. Uma das características desse primeiro momento será a ausência dos próprios combatentes, os *poilus*:[16] "É a guerra vista do alto, e o que acontece embaixo não interessa".[17] A segunda configuração, nascida do pós-Segunda Guerra Mundial, é essencialmente social e garante o retorno do reprimido social. Sob a influência das esperanças de revolução e do marxismo, o que se encontra no centro das preocupações é a relação entre guerra e revolução. A terceira configuração vai se sobrepor mais lentamente, no final da década de 1980 e durante toda a década de 1990, reorientando a abordagem da guerra para o plano cultural: "Com o abandono do paradigma marxista,

---

essai d'historiographie (2004); Poirrier, *Les Enjeux de l'histoire culturelle* (2004); Douzou, *La Résistance française: une histoire périlleuse* (2005); Branche, *La Guerre d'Algérie: une histoire apaisée?* (2005). Essa coleção foi extinta sem que seus responsáveis fossem advertidos, pelo responsável da coleção: "L'Univers historique" do Seuil, em 2008.

15 Prost; Winter, *Penser la Grande Guerre. Un essai d'historiographie*, p.12.

16 *Poilu* – "*Peludo*": denominação dada aos soldados que lutaram na Primeira Guerra Mundial (1914-1918). Eles não se barbeavam devido às restritas condições da vida nas trincheiras. (N. T.)

17 Ibid., p.27.

o que muda é mais do que um modo de explicação, é uma problemática".[18]
A realização do Historial de Péronne dedica essa evolução do olhar sobre a
Grande Guerra marcada pelos trabalhos de Annette Becker e de Stéphane
Audoin-Rouzeau. Ao mobilizarem as mais diversas fontes, os historiadores
se interrogam sobre a relação íntima com a guerra. Sobre esse assunto,
surgiu uma controvérsia particularmente áspera em torno da questão da violência entre os partidários da tese do consentimento, chamada igualmente
de escola de Péronne, e os historiadores que insistem sobre a pressão das
hierarquias e das restrições como Frédéric Rousseau ou Rémy Cazals.

Em sua perspectiva historiográfica da Resistência francesa ao longo do
segundo conflito mundial, Laurent Douzou enfatiza o importante papel dos
atores detentores de memória na periodização das representações desse
momento: "Compreender porque e como os atores tiveram influência sobre
a historiografia da Resistência, essa foi a nossa primeira preocupação".[19]
Nesse campo também uma parcela da emoção, do íntimo, do mental e do
cultural ocupa um lugar intensivo a fim de compreender o ato de resistência. Laurent Douzou mostra no que a construção do herói legendário
é contemporânea do engajamento na Resistência. Depois da implantação
de um dispositivo bem sólido de pesquisa histórica sobre esse período, a
erosão da lembrança do resistente parece romper com a era dos heróis,
muitas vezes questionados, chamados a se explicar, como foi o caso de
Raymond Aubrac, suspeito por Gérard Chauvy de ser o responsável pela
prisão de Jean Moulin.

Nessa mesma coleção, Raphaëlle Branche colocou a Guerra da Argélia
em perspectiva historiográfica.[20] O terreno dessa exploração está particularmente minado por obstáculos desde a negação do qualificativo de guerra
até aos ímpetos memoriais que continuam a se exprimir com cada vez mais
intensidade e com o desejo do reconhecimento do papel desempenhado
por qualquer uma das categorias: *pieds-noirs, harkis* ou meros recrutas. O
papel de Maurice Papon na solução final fez eclodir na praça pública, por
ocasião do seu processo, sua responsabilidade na repressão impiedosa da
manifestação absolutamente pacífica dos argelinos em Paris em 17 de outubro de 1961. Esse embate reativou o debate sobre a prática da tortura pelo
Exército francês durante a Guerra da Argélia e a recrudescência do interesse

---

18 Ibid., p.44.
19 Douzou, *La Résistance française: une histoire périlleuse*, p.15.
20 Branche, *La Guerre d'Algérie: une histoire apaisée?*, p.15.

historiográfico por esse assunto, começando pelos trabalhos de Benjamin Stora, mas também, entre vários outros estudos, a tese de Raphaëlle Branche igualmente sobre a tortura.[21]

Em seu livro sobre a ofensiva do Caminho das Damas, Nicolas Offenstadt mostra como e por que esse acontecimento terrível e desastroso ficou esquecido durante muito tempo, por estar muito ligado ao que essa batalha infernal suscitou, os grandes motins da primavera de 1917.[22] Se há não acontecimentos que passam por acontecimentos na memória coletiva, esse terá sido um verdadeiro acontecimento que teve dificuldade para conseguir um lugar. Na realidade foi preciso esperar a década de 1950 para que fosse erguido o primeiro memorial coberto do Caminho das Damas, com a capela de Cerny-en-Laonnois: "O 'Caminho das Damas' pode assim ser qualificado de acontecimento sem forma".[23] Foi o gradativo reconhecimento da legitimidade dos motins movidos para protestar contra a continuação da desmedida estratégia militar da ofensiva assassina de Nivelle que permitira que esse acontecimento do Caminho das Damas ingressasse na historiografia da Grande Guerra.

O acontecimento revisitado como sintoma e como vestígio persistente na memória coletiva não se limita ao domínio guerreiro das grandes batalhas, ao dos acontecimentos de grande repercussão. É o que mostra a longa sondagem sugestiva realizada pelo historiador americano Steven Kaplan a respeito do que parece à primeira vista ser uma modesta notícia de ordem econômica e social.[24] O acontecimento que constitui o ponto de partida desse estudo histórico com mais de mil páginas, se passa na pequena cidade de Pont-Saint-Esprit, na região do Gard, no dia 16 de agosto de 1951. Cerca de 300 pessoas adoecem, vítimas de grave intoxicação alimentar proveniente do consumo de pão, algumas entre elas apresentam distúrbios tão graves que chegaram a ser internadas em hospital psiquiátrico, e de cinco a sete dessas vítimas morrem. Como disse Kaplan, aquilo que no passado das crises frumentárias seria considerado como uma banalidade, toma vulto, em pleno século XX, de um escândalo e um caso nacional. Sendo especialista em história do pão, Kaplan procura esclarecer o acontecimento construindo a partir dele uma história total que leva em consideração tanto o aspecto material

---

21 Branche, *La Torture et l'armée pendant la Guerre d'Algérie, 1954-1962.*
22 Offenstadt, *Le Chemin des Dames. De l'événement à la mémoire.*
23 Ibid., p.17.
24 Kaplan, *Le Pain maudit.*

quanto o simbólico desse drama: "Esse livro tenta desvendar o mistério. O gênero é misto: documento policial, micro-história por baixo e macro-história por cima".[25] Ele disseca esse acontecimento examinando cada um de seus componentes minuciosamente, seguindo de perto a lógica de cada um de seus atores. Ele exuma o discursos das vítimas, dos jornalistas, dos políticos, dos médicos, dos juristas, dos padeiros, dos moageiros, das autoridades políticas, mostrando a que ponto, nessa batalha discursiva, os interesses e as percepções de uns e de outros são opostos e fixados na tradição singular.

Assim, a queixa-crime da perícia leva a explicações muito diversas da causa da intoxicação. Quando a hipótese da cravagem (fungo do centeio) é levantada, ela traz de volta um distante passado medieval. Embora esteja radicalmente afastada, essa tese permanecerá nas mentes, a do envenenamento por cravagem cuja fiabilidade, nula cientificamente, é calcada nos medos passados. A perícia é o local, como mostrou Foucault a respeito de Pierre Rivière ou Michel de Certeau em relação aos possuídos de Loudun, de discórdias, de confrontos de vários poderes/conhecimentos. Acontece a mesma coisa nesse caso quando outras hipóteses serão aventadas: a de uma contaminação por mercúrio, igualmente improvável, mas também a de uma poluição local da água, afastada também por Kaplan que deduz duas possibilidades, a de uma intoxicação por micotoxinas, pouco conhecidas na época, ou a de um acidente devido ao branqueamento artificial do pão. Esse caso é uma oportunidade para o historiador em restaurar meticulosamente o trâmite que leva do trigo, ao pão, passando pela farinha, em estudar as tensões entre a Associação Nacional da Moageira, que assume a política dirigista encarregada em proteger os consumidores a partir da implantação do Escritório dos Cereais em 1936, e a dos padeiros, que se sentem fortemente dependentes da moageira. Acrescentam-se a essa tensão os interesses dos atacadistas cerealistas e a política reguladora do Estado, presa entre o apego à ideia de um Estado protetor e as necessidades de liberalização do mercado no momento do plano Marshall. O acontecimento carrega com ele tudo isso e se abre para um futuro indefinido e uma duradoura memória, porque é claro que os habitantes da cidade de Pont-Saint-Esprit se reconciliarão rapidamente com o pão, mas "não com a lembrança do acontecimento que os condenou diante de todo o planeta".[26] Ao trauma da intoxicação alimentar junta-se, na realidade, o traumatismo da memória que tem como

---

25 Ibid., p.13.
26 Ibid., p.1070.

consequência que, na década de 1970, a cidade ainda é considerada em um perímetro bem grande a cidade do pão envenenado. Embora esta seja uma tragédia local, esse caso "destaca alguns distúrbios e bloqueios que ultrapassam abundantemente o âmbito do acontecimento".[27]

Alain Dewerpe se dedicou de maneira exemplar a realizar uma antropologia histórica de um acontecimento trágico que ocorreu em Paris em 8 de fevereiro de 1962, Charonne.[28] O acontecimento propriamente dito durou pouco tempo e tomou uma direção dramática, com o saldo de nove mortos esmagados contra as grade do metrô Charonne, ao final de uma passeata completamente pacífica que protestava contra os atentados perpetrados pela OAS (Organização Exército Secreto): "Escrever a história de um acontecimento aparentemente fora do comum, mas que repercute em nossos ouvidos, traz à tona estratos subterrâneos de nossa vida coletiva, é revelador de muitos aspectos de nossa sociedade".[29] O acontecimento é compreendido, nesse caso, como o sintoma de um corpo doente e, a esse propósito, Alain Dewerpe ressente com particular intensidade esse drama coletivo, pois, nele, ele perdeu sua mãe, Fanny Dewerpe, uma das vítimas. Alain Dewerpe se coloca como historiador do acontecimento, preocupado em restaurar a emergência e o desenrolar da violência com a qual foi irremediavelmente ferido. Restaurar o exercício da violência pelo Estado, as condições políticas e policiais da mesma, obter os depoimentos, estabelecer os fatos, essa é a pauta dessa minuciosa enquete sobre a singularidade dessa explosão violenta em plena democracia; ao mesmo tempo, essa monografia pretende "explicar fenômenos muito gerais, que a excedem, mas que ela permite examinar".[30] A própria obra faz o acontecimento e se beneficia de amplos inventários analíticos muito elogiosos, porque consegue sair da opacidade que circunda todo o drama resultando em uma narrativa particularmente documentada, provando a possibilidade, para o historiador, de estabelecer a realidade dos fatos, seu caráter tangível em relação a certas tentações relativistas que tornam a colocar no mesmo plano as mais contraditórias interpretações.[31] Em sua longa narrativa, o autor distingue sempre

---

27 Ibid., p.1090.
28 Dewerpe, *Charonne, 8 février 1962. Anthropologie historique d'un massacre d'État.*
29 Ibid., p.15.
30 Ibid., p.19.
31 Ver especialmente Ollion, Le jeudi de Charonne. Notes sur l'histoire et l'événement, *Gêneses*, n.69, p.128-34; Naepels, Il faut haïr, ibid., p.140-5; e Baruch, Anthropologie historique d'un massacre d'État, *Annales HSS*, n.4, 2007, p.839-52.

o que foi comprovado, o que é provável e o que poderia ter ocorrido. Como historiador, tentando compreender como um Estado democrático pode chegar a matar, ele se refere a várias ordens de causalidade que terão interferência. Em primeiro lugar, ele faz uso de uma radiografia do meio social em questão, a polícia parisiense no início da década de 1960, que está fortemente estigmatizada pelo hábito de práticas violentas. Alimentada pelas doutrinas de Gustave Le Bon sobre a psicologia das multidões, essa polícia está convencida de que qualquer aglomeração constitui um perigo para a ordem republicana e objeto de medo para ela. Além do mais ela se encontra fragmentada em plena Guerra da Argélia e, não querendo generalizar, alguns policiais pensam em enfrentar a esquerda. Desse modo, o acontecimento se encontra, por um lado, esclarecido através de um melhor conhecimento do meio social afetado, graças à sociologia histórica da instituição que é a polícia parisiense e ao estudo histórico dos modos de protesto público. Em segundo lugar, Dewerpe invoca a tensa situação política de um poder gaullista que não quer perder sua honra e sobretudo para não parecer ceder à pressão da esquerda nas suas difíceis negociações com os argelinos. Essa atitude o conduz a um terceiro fator determinante, a proibição da manifestação que é uma maneira, para De Gaulle, de reafirmar sua autoridade contra qualquer forma de pressão ou de excesso.

Até então, além da sociologia de um meio específico, é possível considerar que estamos diante de um estilo clássico de acontecimento movido pela busca do verdadeiro e pelo estabelecimento de correlações causais. Mas o autor não restringe o drama ao irrefutável. O campo do que vai acontecer continua aberto às condições de possibilidade. Além disso, o autor dá uma extrema atenção ao acontecimento enquanto construído por seus atores, por suas testemunhas, assim como aos seus vestígios, às impressões memoriais que ele vai deixar no seu caminho durante as retraduções sucessivas do drama de Charonne. Ao longo dessa demonstração, compreende-se melhor como um acontecimento eliminou um outro. Charonne, cuja memória foi mantida imediatamente através da simbolização do seu momento forte dos funerais acompanhados por uma imensa multidão, apagara a tragédia de uma dimensão muito maior ainda do dia 17 de outubro de 1961, quando entre 100 e 200 argelinos perderam suas vidas nas ruas de Paris no final de uma manifestação pacífica,[32] mortos durante muito tempo ignorados porque abandonados pelas correntes memoriais enquanto que,

---

32 Ver Grandmaison (org.), *Le 17 octobre 1961. Un crime d'État à Paris.*

Renascimento do acontecimento

ainda nos anos 1970, as pessoas que passavam diante do metrô Charonne, ficavam em silêncio em homenagem aos desaparecidos. Alain Dewerpe oferece a demonstração, convincente de que é possível escrever, no caso de Charonne, a ação passada, uma vez que esta apresenta argumentos à tese da primazia da prova como Carlo Ginzburg pôde defendê-la em relação às posições relativistas.[33]

O estudo do vestígio do acontecimento tampouco se reduz à história contemporânea. O mediavelista Alain Bourreau mostra como a história está confrontada ao estigma do acontecimento a respeito do comunicado do desaparecimento de Francisco de Assis em 3 de outubro de 1226: "O acontecimento biográfico se transforma em *fato* hagiográfico, ou melhor, ele se divide entre o vestígio de um acontecimento e o sinal seguro e codificado do fato".[34] Essa morte é um acontecimento porque ele efetua o que somente pode acontecer uma única vez: "Francisco é o '*alter Cristo*', detentor *hic et nunc* de toda a história da salvação".[35] É construído imediatamente um acontecimento-advento, o da restauração da referência ao estigma em todas as narrativas hagiográficas sobre Francisco: "O *estigma*, sinal de incorporação individual do Deus encarnado, oferece o espelho doravante manifesto da santidade mística. Uma linguagem coletiva da ação é criada; o acontecimento ocorreu".[36]

O acontecimento fica imediatamente preso a um processo de classificação, em um já-lá de sua ritualização repetitiva, disfarçada sob a forma de um comentário acontecimental [*événementiel*]. Toda a escola anglo-saxônica chamada de ritualista escolheu como terreno de observação o estudo das cerimônias reais para decifrar as constâncias em termos de ritual e as características próprias do modo de funcionamento da monarquia. Sob a famosa frase: "o rei morreu, viva o rei!", a singularidade do acontecimento desaparece em prol da constância do fato, do ritual e da instituição que o lança. Ao contrário, Alain Boureau mostra como o historiador deve combinar seu desejo em reduzir o acontecimento para explicá-lo melhor com a abordagem inversa que consiste em restituir o acontecimento à sombra do fato:

---

33 Ginzburg, *Le Juge et l'Historien*.
34 Alain Bourreau, L'Historien et le stigmate de l'événement, *Raisons Pratiques*, n.2, *L'Événement en persepctive*, 1991, p.142.
35 Ibid., p.147.
36 Ibid., p.155.

O critério da repetição, tão determinante na história das durações e das representações, hostil ao acontecimento, se neutraliza ainda mais se considerarmos que uma prática ritual pode ocorrer apenas uma vez e, através de uma permuta recíproca, transformar-se em um acontecimento e depreciar o que ela comenta sobre o fato.[37]

Portanto, o acontecimento é inseparável da sua memorização, de seus vestígios que podem suscitar metamorfoses muito importantes dependendo das sensibilidades do momento. É isso o que nos ensina a atenção recente, depois de muito tempo de dissimulação, dada à questão do gênero feminino na natureza da acontecimentalidade [*événementialité*]. O diretor Georges Duby, juntamente com Michelle Perrot, de uma *História das mulheres no Ocidente* em vários volumes, ressalta em seu estudo sobre o acontecimento Bouvines a que ponto essa história da guerra também é uma história exclusivamente masculina:

> Todos os papéis são desempenhados por homens, como convém ao antigo teatro. Mas o espetáculo sendo militar, todos os personagens efetivamente são masculinos [...] Bouvines é uma questão séria, uma batalha, uma solenidade, uma cerimônia de certo modo sagrada. Sua imagem, como a das eminentes liturgias, só poderia ser viril.[38]

A partir da década de 1980, como consequência da influência dos estudos anglo-saxões e da consideração do papel dos atores na trama acontecimental [*événementielle*], estudos históricos dirigiram sua atenção para o aspecto decisivo das mulheres na história. É preciso, por exemplo, esperar 1986 para que o papel das mulheres seja reconhecido na Grande Guerra com os trabalhos de Françoise Thébaud.[39] Como nota a historiadora Michelle Zancarini-Fournel, as primeiras abordagens consistiram essencialmente em identificar a presença ou a ausência das mulheres no acontecimento.[40] Em seguida, um jogo mais complexo de escalas diferentes permitiu haver uma abordagem mais fecunda sobre a pertinência da diferenciação entre gêneros no acontecimento.

---

37 Ibid., p.145-6.
38 Duby, *Le Dimanche de Bouvines*, p.21.
39 Thébaud, *La Femme au temps de la guerre de 1914*.
40 Zancarini-Fournel, *Genre et evénement. Du masculin au féminin en histoire des crises et des conflits*, p.10.

Renascimento do acontecimento

Todos os períodos da história são, portanto, revisitados a partir dessa nova leitura, segundo a qual o acontecimento é primeiramente uma construção temporal que não se limita à sua própria fatualidade, mas se integra em uma narrativa consistente de sentido. Desse modo, Jean-Claude Cheynet, medievalista, nos mostra como o famoso cisma ocidental de julho de 1054, que teve, em Constantinopla, por protagonistas o imperador grego, o patriarca e o embaixador de Roma, não teve nenhuma repercussão durante os séculos XI e XII. De fato, esse cisma de 1054 apenas será realmente considerado pela Igreja no século XIII e, sobretudo, após o concílio de Lyon de 1274 a partir do qual a ruptura tornou-se irreversível.[41] Ao contrário, podemos constatar que acontecimentos importantes são construídos a partir de poucas coisas transformadas em mito fundador. Foi assim que a desastrosa batalha de Roncevaux, durante a qual toda a retaguarda do exército de Carlos Magno foi dizimada, sucintamente narrada nos *Annales* por Eginhard, ganhou aos poucos o *status* de epopeia e de mito.[42]

---

41 Cheynet, Le schisme de 1054: un non-événement? In: Carozzi; Taviani-Carozzi (orgs.), *Faire l'événement au Moyen Âge*, p.299-312.

42 Collomp, Créer un avant et un après l'événement: Roncevaux dans l'épopée française, ibid., p.343-60.

VIII
A renovada história das guerras

Georges Duby com seu livro *Dimanche de Bouvines* fizera duplamente escola. Não somente ele abriu o estudo dos acontecimentos militares para o estudo do vestígio desse tipo de acontecimento, reconciliando-o à longa duração, mas além disso, aplicando um olhar etnológico sobre o fenômeno militar a partir de uma batalha clássica, ele definiu um possível terreno de investigação histórica que fora durante muito tempo desconsiderada pela escola dos *Annales*, o dos fatos militares. Ele restaurara a legitimidade científica desse gênero desconsiderado.

De fato, essa área ficou abandonada durante muito tempo, mas sofreu recentes renovações bem significativas pelos jovens historiadores. As publicações de Hervé Drévillon, que defendeu sua tese sob a orientação de Roger Chartier, são um exemplo deste fato.[1] Em seu estudo histórico do duelo

---

1 Drévillon; Brioist; Serna, *Croiser le fer. Violence et culture de l'épée dans la France moderne*; Drévillon, *L'impôt du sang, Le métier des armes sous;* Drévillon, *Batailles, scènes de guerre, de la Table Ronde aux tranchées*, Paris, Seuil 2007.

entre Pascal Brioist e Pierre Serna, ele convida o leitor a uma verdadeira antropologia do fenômeno militar:

> Do século XVI ao XVIII, esse ensaio tenta retratar a difícil história do *habitus* tipicamente masculino que é o manejo da espada, colocando a questão do elo, *a priori* evidente, na realidade muito complexa, entre o esgrima e o duelo [...] Procuramos apresentar uma história completa, considerando essa arma na sua dimensão material, situando-a na cultura militar, expondo-a na sua realidade delinquente, apreendendo-a na sua vastidão simbólica e política.[2]

Rompendo radicalmente com a rejeição praticada até então pela história científica em relação ao que era considerado como empecilho, insignificância e mero epifenômeno, Hervé Drévillon concentra todo o seu interesse na própria batalha considerada como "o clímax do acontecimento; ela é o paradigma de uma escrita da história pontuada no surgimento de homens e no fatos excepcionais".[3] Ele coloca explicitamente suas pesquisas em continuidade com o caminho aberto por Duby, que mostrou que sob a escória presumida da batalha, era possível ter acesso a uma melhor compreensão das estruturas econômico-sociais e mentais de uma época. Esse interesse renovado por algo que parecia ser o objeto mais inoportuno dos historiadores faz parte do entusiasmo atual da história cultural:

> Desse percurso marcado por mortes, é preciso captar a integralidade: os combates e suas narrações, a vitória e sua cristalização memorial, a derrota e suas apropriações políticas; um conjunto de práticas e de representações que fazem da batalha um objeto de história cultural por excelência.[4]

As interrogações sobre o grau de violência tolerada pelas sociedades civis, sobre a cultura de guerra, sobre a maneira como os próprios atores atravessaram essa experiência militar, contribuem para a renovação do gênero. Desse modo, John Keegan já realizara na década de 1970 essa

---

2 Drévillon; Brioist; Serna, *Croiser le fer. Violence et culture de l'épée dans la France moderne*, p.14.
3 Drévillon, *Batailles*, p.10-1.
4 Ibid., p.14.

modificação de interesse para a vivência da guerra, para essa confrontação imediata dos homens com sua morte possível em uma obra que se tornou desde então um clássico.[5] Até então, a atenção era voltada exclusivamente para as estratégias dos estados-maiores, enquanto Keegan tenta restituir a batalha à altura das tropas, examinado sua vivência e suas angústias: "O fato, para um historiador, de lidar com a realidade íntima da vida militar aumenta enormemente a acuidade com a qual ele saberá enfrentar as complicações dos documentos".[6] Essa atenção levou Keegan a insistir sobre a importância do instinto de conservação dos soldados, independente do seu grau de determinação. Daí a nova atenção à panóplia ordinária do militar, aos objetos com os quais ele se encobre e sobretudo, ao tipo de armas que ele utiliza, mas também às convenções inerentes à batalha: "Ganhar ou perder, esses conceitos aos quais se restringem os líderes militares e os cronistas, não têm nada a ver com a maneira como seus homens percebem sua própria participação no acontecimento".[7] Essa modificação do olhar se colocando no nível do solo, à altura de cada soldado permite compreender melhor a relação pessoal, íntima com a brutalidade com a qual ele se encontra confrontado. Essa abordagem tem um predecessor, Ardant du Picq, oficial da infantaria do Exército francês do século XIX que lutou na Argélia, na Crimeia, e foi morto na entrada de Metz em 1870, após ter teorizado sobre o que é a batalha sob a perspectiva do comportamento humano.[8]

Essa modificação permitira o desenvolvimento de uma antropologia da violência totalmente nova, especialmente com os trabalhos bem conhecidos de George Mosse que antecipou o conceito de "brutalização" para exprimir melhor o caráter traumatizante e pesado de garantias sobre o futuro da Grande Guerra dentro do contexto de sociedades ocidentais que conseguiram pacificar suas relações sociais.[9] Quando John Keegan se dedica à anatomia da batalha de Azincourt, ele dispõe apenas de anais para restituir o que aconteceu: "Não sabemos quase nada sobre as modalidades práticas do combate e muito menos sobre o estado de espírito dos combatentes".[10] Ele vai preencher essa lacuna mostrando-se particularmente atento aos detalhes

---

5 Keegan, *Anatomie de la bataille. Azincourt* 1415 – *Waterloo 1815* – *La Somme 1916* (1976), 1993. Ver também Keegan, *Histoire de la guerre. Du néolithique à la guerre du Golfe*; *L'Art du commmandement* (1987); *La Première Guerre mondiale* (1998).

6 Id., *Anatomie de la bataille*, p.17.

7 Ibid., p.27.

8 Du Picq, *Études sur le combat*.

9 Mosse, *De la Grande Guerre au totalitairsme. La brutalisation des sociétés européennes*.

10 Keegan, *Anatomie de la bataille*, p.57.

relatados que valem como indícios bem mais reveladores da verdade porque menos controlados pelos autores. Ele utiliza igualmente o método da extrapolação a partir desses indícios, adotando uma escrita hipotética da narrativa sobre o modo: "Podemos supor que...".

Hervé Drévillon lembra a que ponto todo combate é substituído por uma narrativa, e é graças a ela que torna-se possível a reconstituição do que realmente aconteceu. A esse respeito, a batalha é imediatamente considerada, como a disciplina que a carrega, a história, dentro de um regime misto feito de ciência (busca da verdade) e de ficção (reconstrução do só-depois [après-coup] pelas testemunhas e historiadores). Por essa razão, a batalha não é a única confrontação mecânica das armas, mas o choque dos ideais, das estratégias investidas no confronto. Ela exige uma atenção particular com a narrativa que foi feita. Portanto, a batalha é vista por Hervé Drévillon sob três ângulos de análise. Em primeiro lugar, ele concebe a batalha como prática e representação. A própria noção é uma construção que induz uma interpretação que estabelece o elo entre os elementos heterogêneos e coloca rigorosos limites cronológicos. Em segunda lugar, a batalha é fonte de várias narrativas recuperadas da memória coletiva, fazendo oscilar as representações passíveis de serem feitas sobre o acontecimento. O historiador deve, então, discernir o que é da ordem dos dados objetivos, fatuais e o que pertence às representações. Ele deve igualmente restituir o aspecto de profundidade, de sedimentação textual constitutiva das narrativas relatadas das batalhas. Assim, o depoimento do capitão Coignet, presente em Austerlitz, oferece uma narrativa *a posteriori* que se apropria de um certo número de normas estabelecidas e de imitações de outros depoimentos.[11] É possível haver também efeitos de atenuação, de edulcoração dos medos e do caos acontecimental [*événementiel*] de uma batalha restabelecida dentro de uma suposta coerência, própria da narrativa muitas vezes exemplar que a transmite. A partir daí, a batalha torna-se um sintoma a ser interpretado. O caso mais conhecido no plano historiográfico é a maneira com a qual o historiador Marc Bloch realizou uma radiografia da sociedade francesa de 1940, que qualificou como uma estranha derrota.[12] O acontecimento torna-se, então, expressão de uma patologia social profunda da qual a batalha é o sintoma que permite compreender melhor os desajustes em todos os níveis da sociedade.

---

11 Coignet, *Cahiers*.
12 Bloch, *L'Étrange défaite* (1940).

Renascimento do acontecimento

O elo endógeno entre o comprometimento de uma batalha e o imaginário social que lhe é peculiar é uma entrada atribuída por Hervé Drévillon. Ele apresenta alguns exemplos precisos, como o combate dos Trinta em 1351, de Castillon em 1453, de Ivry em 1590, de Rocroi em 1643. Detenhamo-nos um pouco na estação Pavie em 1525 que foi um pouco afastada da memória coletiva francesa em prol de uma outra batalha mais gloriosa para o rei da França, Francisco I, Marignan em 1515. Liderando suas tropas compostas essencialmente de cavaleiros, o rei da França pressiona primeiramente a cavalaria ligeira espanhola, mas os arcabuzeiros do Marquês de Pescara visam os cavaleiros franceses que já estavam na sua linha de mira. Francisco I tomba, seu cavalo ferido mortalmente, ele cai prisioneiro. O desastre é acrescido da desonra. Prisioneiro do imperador Carlos V, Francisco I é obrigado a assinar o Tratado de Madri, no qual ele abandona qualquer pretensão sobre a Itália, e a renunciar à Borgonha bem como à suserania sobre Artois e Flandres. Ele deve igualmente entregar seus bens ao seu antigo condestável, Carlos de Bourbon, o grande vencedor de Pavie, e por fim, para ser liberado, tem de entregar em troca e como reféns seus dois filhos até o pagamento do resgate que será pago em 1530. O que o novo olhar traz para a inteligibilidade dessa batalha é uma melhor compreensão do porquê desse desastre, que tem sua origem nas mentalidades militares da época, que consideram que "o uso das armas de fogo pelos espanhóis significa para a guerra o que a intriga, o assassinato, o embuste representam para a política".[13] Essas batalhas mostram como flagrantes as defasagens nos sistemas de valores, como a morte heroica de D'Artagnan, representativo do modelo do mosqueteiro extravagante, ousado, arrojado mas que se engana de combate na cidade de Maastrich em 1673. No assalto à cidade, ele não hesitou em colocar em perigo sua tropa; foi atingido por uma bala na cabeça em uma ofensiva estéril. O verdadeiro responsável pelo sucesso de Luís XIV é Vauban, o homem da racionalização dos sistemas defensivos que consegue capitular a cidade e pertence a uma outra estratégia que inaugura um novo modo de combate articulado em torno de fortificações: "A guerra de sítio transtorna o registro dos valores militares".[14]

Uma outra entrada privilegiada e fecunda para abordar essa história da guerra é percorrer os vestígios subsequentes para medir seu peso na memória coletiva, os momentos de intensificação da lembrança ou ao

---

13 Drévillon, *Batailles*, p.93.
14 Ibid., p.161.

contrário, de ocultação, de repressão, de medir a extensão do trauma sofrido na consciência coletiva e como o trauma modifica constantemente o paradigma militar sustentado pela sociedade. Hervé Drévillon mostra assim a que ponto a batalha de Eylau foi um momento de angústia generalizada da epopeia napoleônica, trazido para a posteridade através do quadro de Antoine-Jean Gros apresentado em 1908, que conseguiu fixar a memória desse triste acontecimento, vendo, é verdade, Napoleão, ganhar a guerra mas a um preço muito alto, em meio a inúmeros cadáveres, cujo sangue coloria ainda mais dramaticamente uma paisagem recentemente encoberta pela neve. A pintura, a escultura, a literatura participam plenamente do acontecimento e de sua cristalização:

> As construções lineares não são uma poluição da realidade, porém um de seus componentes. A apreensão da violência dos combates não deve contorná-las, mas, ao contrário, integrá-las.[15]

Foi desse modo que Balzac imortalizou a batalha de Eylau com seu Coronel Chabert que, morto nessa carnificina, retorna dos mortos para narrar o que tinha vivido. Esse projeto literário que consiste em colocar-se mais perto da batalha foi retomado recentemente por Patrick Rambaud,[16] que ganhou com esse livro o prêmio Goncourt e o Grande prêmio do romance da Academia francesa. Zola já celebrara o vigésimo aniversário do desastre de Sedã (1870) no romance *La Débâcle* [A derrocada], publicado em 1892. Ele considerava essa batalha como o sintoma de uma profunda crise da sociedade francesa e de sua má gestão pelo Estado napoleônico.

A renovação de interesse na história das guerras, no entanto, não passa de um sintoma de um fenômeno muito mais amplo que é o retorno do interesse pelo estudo do acontecimento que atualmente não é mais considerado como inimigo das ciências humanas, mas bem ao contrário, como uma entrada particularmente pertinente.

---

15 Ibid., p.295.
16 Rambaud, *La Bataille*.

IX
A tomada da Bastilha em 14 de julho de 1789: estudo de caso

Se há na França um acontecimento epônimo que levou a nação a dar a volta ao mundo e cuja onda de choque atravessou séculos, é a tomada da Bastilha. Esse acontecimento "supersignificado" é a própria origem da identidade narrativa francesa, assim como o Mayflower para a identidade americana. O que importa é evidentemente menos o desenrolar do que aconteceu nesse dia 14 de julho entre o nascer e o pôr do sol do que a longa sedimentação de sentido de múltiplas apropriações açambarcadas por esse acontecimento, essa ruptura fundadora entre o momento em que ela surgiu e o tempo presente. É a própria abertura dos possíveis da sombra apoiada nos seus vestígios futuros que faz o acontecimento de 14 julho de 1789 na sua profundidade temporal. Em meu diálogo com o historiador Pierre Chaunu publicado em 1994, eu me surpreendia com seus pontos de vista contraditórios a respeito do acontecimento da revolução de 1789.[1] Eu lhe dizia que havia uma certa incoerência em apresentar

---

1 Chaunu; Dosse, *L'Instant éclaté*, p.210.

esse acontecimento como um "miniacontecimento" e, ao mesmo tempo, como a matriz mundial do gulag, logo, como um macroacontecimento: "O vírus [...] ainda está se movendo e nossos laboratórios ainda não descobriram nenhum antibiótico eficaz".[2] Eu salientara, aliás, que *A Marselbesa* continuava a ser cantada em todos os lugares onde ocorriam os grandes combates em prol das liberdades: da praça Wenceslas na República Tcheca na época da revolução de veludo que levou Vaclav Havel ao poder até à praça Tien Na Men, pelos estudantes lutando contra a burocracia chinesa em 1989... Além das distâncias, ela permanece o canto da liberdade, da democracia e da fraternidade. Portanto, é um enorme acontecimento por sua força propulsora, seu valor simbólico, que vai à direção da liberação dos povos. Já era assim no século XIX na Europa; e ainda é no século XX, mas dessa vez em todo planeta. A essas considerações, Pierre Chaunu responde confirmando seu diagnóstico, de que a tomada da Bastilha não passaria de um micro-acontecimento e me conta como ele, ao sair de um programa de televisão, os *Dossiers de l'écran* [Dossiês da tela], encontra-se discutindo com André Castelot no restaurante:

> Num certo momento eu disse à Castelot: "Não dou a mínima importância a Maria-Antonieta". Ele me respondeu: "Mesmo assim: é o 14 de julho de 1789"; e eu retruquei: "Não ligo para o dia 14 de julho de 1789, é uma data sem significado". Eu disse, então, a Castelot que é um miniacontecimento se o comparamos com uma outra data de vulto: 1675, quando Olaüs Römer calculou quase exatamente a velocidade da luz.[3]

Faremos uma pausa sobre esse acontecimento para medir ao mesmo tempo a extensão dos reinvestimentos por ele motivados para ilustrar como a narração do acontecimento traz em si uma relevância explicativa conforme a exposição de um ponto de vista engajado. Na realidade, a narrativa traz nela uma infinita riqueza de recursos explicativos. Contar, descrever, já é explicar e durante muito tempo opusemos essas duas dimensões inseparáveis, como demonstrou muito bem Paul Veyne a partir de 1971.[4] Poderemos igualmente avaliar que hoje em dia não é mais possível abordar esse acontecimento como se estivesse separado de seus vestígios historiográficos que

---

2 Chaunu, *Le Grand Déclassement*, p.60.
3 Chaunu; Dosse, *L'Instant éclaté*, p.211.
4 Veyne, *Comment on écrit l'histoire*.

fazem completamente parte da nossa representação do que foi e do que é no presente, para nós, uma mensagem.

Por ocasião do colóquio organizado por Philippe Joutard e publicado em 1986, os dois historiadores alemães Hans-Jürgen Lüsebrinck e Rolf Reichardt apresentaram um estudo sobre o importante acontecimento que foi a tomada da Bastilha enquanto acontecimento total, visando a construção de uma abordagem específica do acontecimento na época moderna. Eles veem nesse acontecimento a coalescência de quatro tipos de acontecimentos: o acontecimento-sensação que remete a um fato fora do comum, fora de padrão, rompendo com a uniformidade cotidiana em um espaço-tempo bem circunscrito. Em segundo lugar, a tomada da Bastilha está ligada à acontecimentalidade [*événementialité*] política e se encontra submissa às novas mídias impressas de informação. Com certeza, ele é antes de tudo surpresa, inesperado, mas ao mesmo tempo ele foi preparado pela imprensa da época. Em terceiro lugar, é um acontecimento-catalisador que se distingue das duas outras acepções por sua fixação sociomental e por seu alcance político. E finalmente, é um acontecimento-símbolo "criador de identidades, ponto de ancoragem, fundador de uma tradição de ritos e de narrativas comemorativas".[5] A partir do momento em que ele acontece e em seus vestígios posteriores no imaginário social, o acontecimento é fonte de identidade, símbolo fundador de liberdade, de emancipação do despotismo, sendo essa sua incumbência na memória coletiva.

Jules Michelet, esse gênio da história, assim chamado por Charles Péguy, se preocupou em defender o legado da Revolução ao encontrar uma unidade do povo da França através de uma história que concilia o antigo, a tradição e a ruptura assumida da Revolução. Historiador desta geração de revolucionários posteriores à Revolução, Michelet consagrará toda sua vida a uma extensa *História da França* que lhe tomará vinte anos, e a parte referente à Revolução Francesa é importante nessa grande narrativa. Não tendo vivenciado a Revolução, Michelet, nascido em 1789, escreve "seu pai" como ele dirá. Narrar a Revolução corresponde para ele a uma forma de celebração, de transferência de sacralidade. Segundo ele, é um verdadeiro sacerdócio ao qual se dedica o historiador que ele é e que deve revelar

---

5 Lüsebrinck; Reichardt, La Prise de la Bastille comme événement total. Jalons pour une théorie de l'événement à l'époque moderne, *L'Événement*, p.76. Ver igualmente Lüsebrinck; Reichardt, La Bastille dans l'imaginaire sociale à la fin du XVIII siècle (1774-1799), *Revue d'Histoire Moderne et Contemporaine*, n.30, 1983, p.196-234.

o significado da existência das gerações desaparecidas às novas gerações, com o constante cuidado de conseguir uma ressurreição do passado.

A maneira como ele relata o acontecimento do dia 14 de julho de 1789 é, portanto, significativa do conjunto de seu projeto romântico: fazer reviver o que foi sob a forma de uma homenagem, de uma comunhão coletiva. É a inspiração divina que preside a tomada da Bastilha no dia 14 de julho de 1789, segundo Michelet. O povo de Paris ouve vozes, como Joana d'Arc ouvira a palavra de Deus ordenando-a a ajudar a liberar a cidade de Orléans:

> Uma ideia se levantou em Paris juntamente com o dia, e todos viram a mesma luz. Uma luz nos espíritos, e dentro de cada coração uma voz: "Vá, e você tomará a Bastilha!" Isso parecia impossível, insensato, estranho a dizer... No entanto, todos acreditaram. E isso se fez.[6]

Michelet considera o ato de tomar essa fortaleza não como um ato racional, de boa estratégia, vindo de uma lógica racional porque é "um ato de fé".[7] Segundo Michelet, esse impulso à inspiração divina não vem de nenhuma ordem humana, de nenhuma conspiração de grupos revolucionários, de nenhuma espécie de clubes, tampouco das novas instituições como os eleitores que se reúnem na prefeitura. É o povo, encarnação da pedra filosofal da Revolução, que realiza o ato decisivo, o acontecimento principal, selando a nova aliança. O lugar escolhido para o assalto, a Bastilha, é para Michelet o lugar de predileção de máxima repercussão, porque a Bastilha tornou-se o próprio instrumento do arbitrário, o próprio símbolo do despotismo e o objeto de aversão de todos os povos oprimidos: "O mundo inteiro conhecia, odiava a Bastilha".[8] Ao mesmo tempo, Michelet concede máxima atenção à precisão factual, à informação dos arquivos. No calor do acontecimento, as intenções dos atores são muitas vezes antagônicas e os projetos individuais podem continuar sem resultado, não comprovados, mas a multidão está lá, tomando o lugar e o espaço do grupo antigo que age energicamente entre os sujeitos que a exigem e vem evidenciar as ações mais significantes. O combate se dá, portanto, entre a legitimidade, a justiça, a luz por um lado contra a sombra, o absolutismo amaldiçoado, o arbitrário, por outro lado. Evidentemente que entre o povo pode haver certos indivíduos

---

6 Michelet, *Histoire de la Révolution française (1847-1853)*, t.1, p.144.
7 Ibid.
8 Ibid., p.146.

pouco recomendáveis como esse parlamentar Thuriot que vai semear o terror na Bastilha ordenando-lhe a rendição. Ele é apresentado como "um cão furioso", um homem "violento, audaz, sem respeito humano, sem medo nem piedade", mas ao mesmo tempo ele traz em si "o gênio colérico da Revolução".[9] Michelet faz dele o herói do acontecimento, a encarnação da audácia revolucionária que permite transgredir as regras estabelecidas e logo, antecipar as linhas de ruptura. É Thuriot que dá a ordem, em nome da multidão, de retirar os canhões, e também exige do governador de Launay subir nas torres para verificar se a retirada prometida foi cumprida. Mas a inspiração mais decisiva virá do povo inculto. De fato, tudo vem desse carroceiro que:

> logo começou a agir com bravura. Ele avança, machado na mão, sobe no telhado de uma guarita, próxima à primeira ponte levadiça, e sob uma rajada de balas, ele trabalha tranquilamente, corta, destrói as correntes, e derruba a ponte. A multidão passa; ela está no pátio. As torres e as muralhas eram puxadas para baixo. Os assaltantes caíam em bandos e não faziam nenhum mal à guarnição. De todos os tiros de fuzil disparados todo o dia, apenas dois atingiram o alvo: apenas um dos sitiados foi morto.[10]

A violência, o crime se situam do lado do poder e a Revolução avança facilmente principalmente porque ela encarna o justo, o verdadeiro, o futuro, a tal ponto que Michelet retifica o grito do povo com o qual a Bastilha foi tomada. Não, foi a própria Bastilha que se rendeu devido a má consciência pelos delitos que ela encarnava e que acabaram por torná-la louca e fizeram-na perder a cabeça. Suas chaves dadas ao povo são "monstruosas, grosseiras, desgastadas pelo tempo e pelas dores dos homens".[11] Os responsáveis pelo verdadeiro massacre foram os soldados das guardas que "abateram indiscriminadamente. Eles mataram 83 homens, e feriram 88. Vinte dentre esses mortos eram pobres pais de família que deixavam mulheres, filhos mortos de fome",[12] enquanto a multidão, por seu lado, cega de indignação e embriagada de ódio matara apenas um homem na praça.

Longe do lirismo romântico de Jules Michelet, mas com o mesmo cuidado em defender as experiências da Revolução, nem que fosse para

---

9 Ibid., p.148.
10 Ibid., p.150.
11 Ibid., p.153.
12 Ibid., p.154.

interromper seu curso, os historiadores liberais da primeira metade do século XIX, lutando contra os extremistas e o endurecimento do regime da Restauração, especialmente a partir de 1820, se dedicam a uma narrativa da Revolução para defender sua causa e experiências. Adolphe Thiers e François Mignet publicam sua história da Revolução Francesa em 1823 e 1824, e fazem dela uma verdadeira arma política contra o endurecimento do regime e para exigir o exercício das liberdades públicas. Entre esses liberais não encontraremos nenhuma exaltação ao povo que não seja "multidão" com Mignet, ou a expressão de uma certa forma de barbárie desprovida de instrução com Thiers, mas, nesse caso, é preciso defender os ideais da Revolução Francesa que se encontram legitimados pelo egoísmo das castas dirigentes que recusam em abandonar seus privilégios iníquos, e portanto, defender as justas reivindicações do Terceiro Estado. Como é impossível pensar em uma revolução amigável, é totalmente lógico que a Revolução Francesa carregue uma violência, a responsabilidade pertencendo unicamente às classes dirigentes. A maneira como Mignet restabelece a tomada da Bastilha reflete bem essa ambivalência, descrevendo de modo distante, objetivando o jogo de forças que conduz os sitiados do poder à violência à qual o povo responde com uma outra violência para se defender segundo um esquema racional. A multidão é movida por uma racionalidade própria que lhe permite reagir contra os abusos do absolutismo:

> Durante essa mesma manhã, o alarme é dado, verificando se os regimentos estabelecidos em Saint-Denis estavam em movimento, e se os canhões da Bastilha estavam apontados para a rua Saint-Antoine [...] Esse alerta, o medo inspirado pela fortaleza, o ódio aos abusos que ela abrigava, a necessidade de ocupar um ponto tão importante, e não mais deixá-lo aos inimigos em um momento de insurreição, dirigiram a atenção da multidão para esse lado [...] A multidão impaciente pedia a rendição da fortaleza. O povo furioso com essa resistência obstinada, quer quebrar as portas com golpes de machado, e colocar fogo na corporação de segurança. A guarnição faz, então, um disparo de metralhadora, mortal para os sitiantes.[13]

Da mesma maneira, Thiers justifica a tomada da Bastilha, mas o perigo espreita a todo momento e o contraste é grande entre a lucidez racional das elites em discussão nas assembleias e a presença dos bandidos que podem

---

13 Mignet, *Histoire de la Révolution française depuis 1789 jusqu'en 1814* (1824), p.74 e 76.

Renascimento do acontecimento

a qualquer momento desnortear o processo de transformação política e dar espaço à selvageria:

> As lojas dos armeiros são saqueadas. Os bandidos já designados anteriormente, e que vimos em todas as ocasiões brotar como se saíssem da terra, reaparecem armados de lanças e porretes, e espalham o pavor. Esses acontecimentos ocorreram durante o dia do domingo 12 de julho, e na noite de domingo para segunda, dia 13 [...] A assembleia, com uma calma considerável, retomou seus trabalhos sobre a Constituição.[14]

Thiers opõe a agitação ameaçada por todos os deslizes à serenidade das elites reformistas, em seguida ele invoca um rumor inquietante segundo o qual o poder estava se preparando para atacar Paris em sete locais na noite do 14 para o 15 de julho, que conduziria à dissolução da Assembleia nacional. Logo, a questão da defesa armada da Revolução em perigo é aventada, tornando legítima a procura do povo por armas, as encaminhando para o Hotel dos Inválidos, depois para a Bastilha, sitiando a fortaleza exposta corajosamente às descargas da fuzilaria, o que provoca a fúria do povo que invade os pátios da Bastilha. Nunca se tem certeza se o pior vai acontecer, mas ele está lá ameaçando, na maioria das vezes evitado pelos mais comportados como nessa cena:

> Nesse momento, uma moça, bonita, jovem e trêmula, surge: supostamente era a filha de de Launay; agarram-na, ela ia ser queimada, quando um bravo soldado se precipita, a arrebata aos furiosos, corre para colocá--la em segurança, e volta para a aglomeração. Eram cinco horas e meia. Os eleitores se encontravam na mais cruel ansiedade, quando ouviram um murmúrio surdo e prolongado. Uma multidão se precipita gritando "vitória!". O agrupamento é invadido, um combatente francês, coberto de ferimentos, coroado de louros, foi levado em triunfo pelo povo. O regulamento e as chaves da Bastilha estavam na ponta de uma baioneta; uma mão ensanguentada, erguendo-se acima da multidão, mostra um colarinho: era o do governador de Launay, que acabara de ser decapitado. Duas sentinelas francesas, Élie e Hulin, o defenderam até o último momento. Outras vítimas sucumbiram, embora defendidas heroicamente contra a ferocidade

---

14 Thiers, *Histoire de la Révolution française* (1823), p.87 e 92.

da população [...] Esses foram os infelizes acontecimentos desse dia. Um movimento de terror logo substituiu a euforia da vitória.[15]

Um pouco mais tarde no século, Edgar Quinet, historiador adepto das ideias republicanas, publica em 1865 sua narrativa *A Revolução Francesa*. Vítima de suas convicções políticas, ele foi exilado após o golpe de Estado do dia 2 se dezembro de 1851 de Luís-Napoleão Bonaparte. O seu propósito, ao revisitar o que foi a Revolução Francesa, é de compreender melhor como a ideia republicana pôde fracassar tão rapidamente, porque essa segunda República, nascida de tantas esperanças em 1848, pôde perder o controle e abortar em curto espaço de tempo, entregando-se com pés e mãos atados àquele que se tornaria Imperador e estabilizaria o poder longamente até 1870. A releitura do passado da Revolução segundo Quinet deve ajudar a dar bases mais saudáveis aos ideais republicanos, evitar que eles sejam conduzidos pelo triunfo de um poder autocrático. Reconciliando-se com a leitura dos liberais, Quinet opõe a verdadeira Revolução das origens ao período de Terror que para ele significa o retorno do absolutismo presumidamente aniquilado, mas que volta sub-repticiamente. Com o Comitê de salvação pública, são, de acordo com Quinet, as antigas forças, despóticas, que triunfam, forças totalmente contestadoras das aquisições da Revolução. Dentro desse esquema, a tomada da Bastilha constitui, ao contrário, a expressão da verdadeira Revolução. Ela é o augúrio de uma nova era, a da liberação do gênero humano:

No dia 13, a guarda nacional é formada. Finalmente, o grande dia amanhece, 14 de julho. Toda Paris procura por armas. A multidão corre para o *Invalides*, desce abaixo da cúpula e traz para fora vinte e oito mil fuzis [...] Quem sugeriu o nome da Bastilha? Acredita-se que tenha sido o comitê dos eleitores o primeiro a falar dessa fortaleza. Segundo essa versão, foi do *Hôtel de Ville* [*prefeitura*] que saiu o primeiro ato de guerra. Outros acreditam que foi um movimento espontâneo do povo. O certo é que de todos os lados chegaram, quase ao mesmo tempo, multidões de atacantes diante das novas imensas torres que formavam a Bastilha [...] Há uma tentativa em negociar. O governador de Launay ordena abaixar a primeira ponte e recebe uma delegação; depois, temendo ter caído em uma armadilha, e vendo a multidão se aproximar, ele mandar atirar sobre

---

15 Ibid., p.97-8.

ela e suspender a ponte. A partir daí o povo mostra toda a sua fúria [...] A tomada da Bastilha foi para todo mundo a libertação do espírito humano. Uma regeneração que começava de tão alto, notada por toda a terra e parecendo ser a Revolução universal. O gênero humano festejou o 14 de julho. La Fayette enviou as chaves da Bastilha para Washington [...] O dia 14 de julho deu seu verdadeiro significado e sua alma à Revolução.[16]

Através dessa narrativa notamos que Edgar Quinet evita habilmente os atos de violência, os combates mortais de ambas partes para melhor ressaltar o contraste entre esse belo glorificado momento e a sequência funesta do Terror e do desencadeamento do ódio. Constatamos igualmente a distância temporal entre o acontecimento e sua narrativa pela maneira como Quinet considera várias versões possíveis a respeito do modo como se deu a tomada da Bastilha; ao mesmo tempo, o já-lá em 1865 da extensão internacional, universal da mensagem revolucionária, e portanto de um sentido que excede e transcende a própria fatualidade.

Hyppolyte Taine, um pouco mais tarde, entusiasta de um método histórico propriamente científico inspirado nas ciências da natureza, inicia a redação de sua obra *As origens da França contemporânea* no final da queda do Império em 1870 provocada pelo fracasso do Exército francês diante do Exército alemão, e também na continuidade da proclamação da Comuna de Paris em 18 de março de 1871, que provoca nele verdadeira aversão. Provido de conhecimentos na área da anatomia e da fisiologia, Taine compara seu método ao de um naturalista que pode observar e experimentar: "Ficava diante de meu objeto como diante das metamorfoses de um inseto".[17] Quando ele começa a revisitar a Revolução, ele procede como um médico pronto a dar seu diagnóstico sobre um doente, o que, aliás, ele confessa em uma carta dirigida a Ernest Havet, quando ele observa que o exame que ele fez vale por uma "consulta médica".[18] Portanto, é como terapeuta que Taine deseja extirpar do doentio corpo político da França as más tendências, os vírus portadores da desordem permanente. Às patologias individuais repertoriadas pela medicina, o historiador Taine pensa acrescentar o registro das patologias coletivas, essas pulsões mortais esperando apenas poder se

---

16 Quinet, *La Révolution française (1865)*, p.106-8.
17 Taine, *Les Origines de la France contemporaine* (1875), p.5.
18 Id., *Lettre à Ernest Havet*, citada em Delacroix; Dosse; Garcia (orgs.), *Les courants historiques en France*, p.139.

expressar, especialmente em tempo de crise, propício ao seu desenvolvimento. É nesse sentido que deve ser recuperada sua narrativa da tomada da Bastilha, cuja comoção não pode ser ignorada, mas no entanto, provoca o surgimento de um certo número de perigos:

> No dia seguinte, dia 13, a capital parece entregue à ralé e aos bandidos. Um bando arromba com golpes de machado a porta dos lazaristas, destrói a biblioteca, os armários, os quadros, as janelas, o laboratório de física, se precipita para os porões, arromba os tonéis de vinho e se embriaga: vinte e quatro hora depois, foram encontrados uns trinta mortos e moribundos, afogados no vinho, homens e mulheres, entre os quais uma grávida de nove meses [...] Na noite do 13 para o 14, lojas e vendedores de vinhos foram saqueados [...] "A Bastilha não foi tomada à força", dizia o bravo Élie, um dos combatentes; "ela se rendeu antes mesmo de ser atacada", capitulou [...] Todo mundo enlouqueceu, tanto os sitiados quanto os sitiantes, esses ainda mais, porque estavam inebriados pela vitória. Mal entraram e começaram a quebrar tudo [...] O súbito poder total e a permissão de matar são um estímulo muito forte para a natureza humana; a vertigem vem, o homem perde a cabeça, e seu delírio termina em ferocidade... Esse foi o destino reservado ao governador de Launay: esse, ao sair, recebe um golpe de espada no ombro direito; ao chegar à rua Saint-Antoine "todo mundo lhe arrancava os cabelos e o golpeava". Sob a arcada Saint-Jean, ele já estava "muito ferido". Em torno dele, alguns diziam: "Devemos cortar o seu pescoço", outros: "Devemos enforcá-lo" e ainda: "Devemos amarrá-lo no rabo de um cavalo" [...] Ele foi transpassado por baionetas, e arrastado até à sarjeta, e lá, seu cadáver foi profanado sob gritos de: "É um corrupto e um monstro que nos traiu; a nação exige sua cabeça para mostrá-la ao povo".[19]

Segundo Taine, o 14 e julho traz consigo o desencadeamento do Terror futuro que provém essencialmente da psicologia coletiva do fato dessa aliança antinatural entre a hemoglobina e o álcool que favorece, pelo abuso de vinho, todos os mais ignóbeis excessos.

Mas Taine é um caso da escola metódica que define, na segunda metade do século XIX, as regras da abordagem histórica no momento em que a função de historiador se profissionaliza e que ganha um *status*, um

---

19 Id., *Les Origines de la France contemporaine*, p.342-5.

Renascimento do acontecimento

magistério totalmente privilegiado, tentando republicanizar a memória da nação através de uma história edificante que permitisse a reunião da nação inteira após a derrota de 1870 e portanto, mover as fronteiras internas que opõem os franceses entre eles em uma fronteira externa que, além de suas fronteiras naturais, situa o confronto com o inimigo alemão. A Revolução, dentro desse contexto, deve ser sobretudo interpretada como a mensagem universal levada pela França para a liberação dos povos. A tomada da Bastilha torna-se então a fagulha que permitirá essa emancipação nacional contra o despotismo e a arbitrariedade. Dentro dessa narrativa, o 14 de julho é fonte de identidade da nação francesa e agente do orgulho nacional. No livro *História da França* dirigido por Ernest Lavisse, que é o monumento coletivo da escola metódica e cuja realização levou vinte anos, o volume sobre a Revolução Francesa ficou a cargo de Philippe Sagnac. A tomada da Bastilha é então entronizada como o alicerce das fundações da República francesa; o 14 de julho é consagrado como festa nacional desde 1880, momento de comunhão entre todos os franceses em torno de sua certidão de nascimento enquanto povo soberano.

Phillipe Sagnac narra o dia 13 de julho durante o qual a assembleia se reúne e envia uma delegação ao Rei para que ele retire suas tropas. Durante esse tempo, assiste-se a uma revolução municipal no decorrer da qual os cidadãos convergem para o *Hôtel de Ville*, exigindo armas. Ficou decidido que cada um dos distritos forneceria à cidade 200 cidadãos para carregar as armas. No dia 14 de julho pela manhã, de acordo com Sagnac, seguem-se falsos alarmes e alertas. Corre, inclusive, o boato que uma grande quantidade de pólvora estaria guardada na Bastilha. A multidão se dirige para lá sem nenhum plano ou direção estabelecidos. Dois deputados negociam com de Launay para que ele retire seus canhões. Eles são bem recebidos e até convidados para o almoço, mas resultou daí um trágico mal-entendido, pois a multidão, não os vendo retornar, imagina que de Launay preparara uma traição. A multidão acaba por invadir o pátio e de Launay manda atirar. Uma nova delegação enviada pelo Comitê permanente, conduzida por Delavigne, não consegue chegar até à fortaleza. Em seguida, uma quarta delegação oriunda do *Hôtel de Ville* é enviada com a bandeira branca em direção da Bastilha. A multidão começa a retroceder, mas os sitiados atiram e três pessoas são mortas e várias outras feridas. O povo, então, se sente traído pelo próprios deputados:

As guardas francesas, sob o comando de Hulin, suboficial, e de Élie, oficial do regimento da Rainha-Infantaria, trouxeram quatro canhões pegos pela manhã nos Inválidos. Eles entram no pátio do Governo; mas o caminho da ponte de pedra está bloqueado por carroças de palha, incendiadas pelos sitiantes para que a fumaça atrapalhe o alvo dos Inválidos e das Sentinelas. Sob a fuzilaria, Élie, ajudado pelo armarinheiro Réol, desloca os carros, e a passagem fica livre. Logo em seguida, Hulin e as guardas francesas arrastam dois canhões e os colocam em bateria, diante da ponte levadiça e da entrada da fortaleza. As portas vão ser destruídas, assim que de Launay escreve esse bilhete: "Temos 20 mil quilos de pólvora; vamos explodir o bairro e a guarnição se vocês não aceitarem a capitulação". São cinco horas. O oficial suíço Louis de Flue, passa o papel pelas fendas feitas na ponte-levadiça: mas o fosso o separa dos sitiantes. Uma tábua é jogada, um homem avança sobre ela; atingido por uma bala, ele cai no fosso; um outro, Maillard, alcança o papel e o leva a Élie. Élie e os oficiais das guardas suíças aceitam a capitulação; mas o povo grita: "Abaixo as pontes! Não à capitulação!". Então, as pontes são baixadas. A multidão se precipita para o pátio interno, prende de Launay, o major Delosme e os oficiais, cerca os soldados e a guarnição, domina a Bastilha, abre as prisões e devolve a liberdade aos sete prisioneiros que ela encontra.[20]

Toda violência gratuita é eliminada dessa narrativa, e alguns mortos espalhados pelo chão refletem a intransigência dos responsáveis pelo poder e, ao mesmo tempo, a imputar a responsabilidade a vários mal-entendidos entre as partes adversas. A narrativa restaura com precisão as patentes militares que exprimem a nova hierarquia da nova instituição militar oriunda dos limbos do Antigo Regime. Evidentemente, Sagnac não pode levar em consideração alguns atos violentos que são excluídos como externos em relação à própria tomada da Bastilha, eles são arremessados para o parágrafo seguinte, colocado sob o signo das "vinganças populares" e que reflete as fúrias constatadas após cada vitória de ambos os lados até ao Terror branco de 1815. Portanto, Sagnac relata de Launay sendo arrastado, insultado, espancado, e finalmente massacrado na praça da Greve e conta que "o cozinheiro Desnot, que recebeu de de Launay um pontapé na barriga, corta a golpes de canivete a cabeça do governador e a coloca em exposição..." Mas "as pessoas pacíficas se retiraram para não presenciarem cenas tão selvagens".[21]

---

20 Sagnac, La Révolution française. In: Lavisse (org.), *Histoire de la France contemporaine depuis la Révolution jusqu'à la paix de 1919*, p.51.
21 Ibid., p.52.

Esses atos não são nada significativos do espírito do povo, verdadeira vítima desse dia, porque, segundo Sagnac, os sitiantes não contam 98 mortos e 73 feridos e é ao povo que se deve esse ato temerário que anuncia tempos novos: "a tomada da Bastilha era sobretudo uma vitória do povo, na qual o *Hôtel de Ville* não teve papel importante".[22]

À essa defesa da Revolução se opõe uma historiografia que lhe é hostil, que se dispõe a desqualificar a tomada da Bastilha considerada como um logro, uma mistificação de uma pseudo arbitrariedade. Desse modo, Eugène Roulleaux qualifica o 14 de julho como "bacanal". Ele estima que havia como prisioneiros nas prisões da fortaleza apenas quatro falsários legalmente condenados, um jovem preso à pedido de sua família, e dois loucos que seriam transferidos para Charenton: "Esses são os interessantes clientes da morada popular! As vítimas do despotismo do qual somos obrigados hoje em dia a celebrar a liberação".[23] O autor se prepara para narrar o que ele julga ser uma "horrível orgia demagógica" que pretextou a demissão de Necker. Por conseguinte, segundo Roulleaux, resultou uma infame confusão de lama, sangue, crime e covardia. A causa da desordem deve-se à incapacidade das elites, a incoerência da política conduzida por assembleias e a fraqueza estrutural do poder. É nessa situação onde tudo é permitido, onde tudo corre à rédea solta, que a multidão com "seus instintos sanguinários, a orgia e a embriaguez levando ao paroxismo sua fúria de batalha"[24] se comprime aos pés da Bastilha:

É aqui que a traição, o perjúrio e a covardia sucedem-se à loucura. A literatura recusa descrever todos esses horrores. Promete-se a vida aos defensores da praça, e é com fé nessa convenção que ela se abre aos sitiantes. No mesmo instante, surge uma moça bonita. Confundem-na com a filha do governador. Ela é agarrada e colocada na fogueira. Seu pai, de Monsigny, perturbado com esse espetáculo, se mostra entre as ameias, e é assassinado. A partir desse momento, exaltaram-se os ânimos. O governador de Launay foi decapitado juntamente com oito de seus companheiros nas escadarias da casa comum, o inválido Béquart, que o havia impedido de explodir a fortaleza, tem o punho cortado e é atingido por duas balas [...] Dois pobres inválidos são enforcados no poste. Seus companheiros e

---

22 Ibid.
23 Roulleaux, *La Prise de la Bastille et la fête du 14 juillet*, p.4.
24 Ibid., p.12.

as sentinelas, apresentados a um oficial da cidade, foram condenados à forca imediatamente. A multidão aplaudia e pedia o seu suplício. Por todo lado, sangue, coragem, a mais abominável das fúrias, e isso por desprezo à fé, jurada; enfim, o mais espantoso crime já praticado na história [...] É o preço da Bastilha.[25]

Se a tomada da Bastilha tem sua lenda dourada, tem também seu aspecto lúgubre, sua versão de pesadelo que alimenta toda uma lenda negra. A exacerbação nacionalista, xenófoba que a França enfrenta entre 1908 e 1914, que se cristaliza na oposição firme à Alemanha, vai ajudar a apresentar a tomada da Bastilha não mais como o ato heroicizado do povo de Paris, mas como o ato de perfídia fomentado pelos metecos apoiados pelas forças estrangeiras, compondo uma coalizão heteróclita, a da Anti-França:

> Não foram os franceses que fizeram a Revolução Francesa. A Revolução Francesa foi o primeiro *"affaire"*. Decidida pelo estrangeiro, mantida nas suas grandes linhas como plano de uma invasão militar, ela foi efetuada por um exército de bandidos estrangeiros introduzidos na França para esse fim. O plano da Revolução [foi] concluído nos Gabinetes Alemães [...] Os alemães [são os] vencedores da Bastilha. Foram eles que tomaram a Bastilha.[26]

O historiador de extrema direita Pierre Gaxotte se servirá dessa tradição hostil à Revolução para defender as teses de Charles Maurras do início do século XX entre as duas guerras, e apresentar uma imagem apavorante da tomada da Bastilha:

> A noite de 12 para o dia 13 e o dia 13 são sinistros [...] A rua está entregue à ralé [...] Os bandidos, que tinham acabado de saquear o comissariado de polícia, se armam também e rapidamente. Eles invadem a prisão da Força, liberam os presos e aumentam seu obscuro pelotão. Bandos se introduzem por todo lado à procura de fuzis e de lanças. Na manhã do dia 14, eles avançam sobre os Inválidos. Uma hora depois, eles voltam para a Bastilha. O governador, Sr. de Launay, com sua pequena guarnição de sentinelas e de inválidos, poderia se defender facilmente, mas sua filosofia se opõe. Ele negocia, retira seus canhões, obstrui as canhoeiras, mostra a

---

25 Ibid., p.13-4.
26 *L'Espérance du peuple.*

velha fortaleza a um emissário da Prefeitura e convida para sua mesa dois delegados dos sitiantes. Esses desvelos de homem mundano não impedem que uma aglomeração furiosa, reforçada por milhares de curiosos, se amontoe junto aos muros, empurrando sem parar e procurando um meio de incendiar uma das torres [...] A guarnição, então, fica com medo. Instintamente, ela responde, depois, perdendo a cabeça, não se sentindo comandada, ela obriga Launay a capitular. Um suboficial que comandava as guardas sediciosas promete, sob honra de soldado, que não machucaria ninguém. Apesar disso, Launay é massacrado, seu corpo arrastado para a sarjeta. Um jovem cozinheiro, hábil no tratamento das carnes, corta sua cabeça, a coloca na ponta de uma lança e, acompanhado por um bando selvagem, a exibe durante toda a noite. O major, seu ajudante, um tenente são mortos. Dois inválidos são enforcados. Um outro tem a mão decepada. A multidão, inebriada de crime, corre para a Prefeitura. O administrador municipal, Flesselles, vem, palidamente, ao encontro dela. Ele não tinha dado três passos e já foi, por sua vez, massacrado e esquartejado.[27]

Com Gaxotte, a tomada da Bastilha toma um aspecto sanguinário e a narrativa se compraz no descritivo do horror, de repulsa, da selvageria para melhor combater a ideia republicana, atiçar o ódio e favorecer o retorno daqueles que nunca aceitaram a ruptura de 1789. Eles sempre esperaram a ressurreição da antiga França, a única verdadeira, a das grandes famílias de linhagem nobre. Fortemente impregnados de antissemitismo, essas ofensivas visam tanto o inimigo do interior quanto o "caso Dreyfus" permitiu revelar, segundo eles, os judeus, os franco-maçons, os defensores da nova trindade que é a aliança entre liberdade, igualdade e fraternidade.

Ao lado dessas narrativas estritamente ideologizadas, os detentores da cadeira de história da Revolução valorizam um discurso histórico, uma narrativa dos acontecimentos que se considera científica, mas que não tem um ponto de vista implícito, entretanto, com a diferença de que a comunidade científica dos historiadores pode controlar a veracidade e submeter as teses defendidas ao crivo da crítica. A cadeira de história da Revolução Francesa foi criada na esteira do centenário de 1789, em 1891, e delegada a Alphonse Aulard que nessa época ensina na Sorbonne, Paris, desde 1886. Desde sua aula inaugural, ele é favorável à eliminação da instrumentalização da Revolução e, sem negar suas crenças políticas radicais, ele julga estar ao

---

27 Gaxotte, *La Révolution française* (1928), p.126-7.

nível do conhecimento científico do passado. Distante das teses que consideram que o Terror se coaduna com própria ideia de Revolução, Aulard vê esse período como o resultado das circunstâncias dramáticas que o geraram e que explica a distância entre as declarações de intenção universalista e a prática mais do que autoritarista. Mesmo se Aulard pretende ultrapassar o ponto de vista dos atores para adotar uma narrativa científica, no entanto ele é fortemente marcado por suas crenças republicanas, e ele não as esconde: "A Revolução, para compreendê-la, é preciso amá-la", ele afirma. Prestando mais atenção às instituições que à narrativa acontecimental [*événementielle*], com exceção de Danton, que ele eximirá de qualquer suspeita de corrupção, ele concede, em sua *História política da Revolução Francesa*, pouco espaço para a narrativa da tomada da Bastilha, se não para afirmar que se trata de uma reviravolta decisiva aderida por toda a França e que permitiu frustrar os planos de traição da realeza. O verdadeiro ator do dia 14 de julho, segundo Aulard, é a cidade de Paris, encarnação do Iluminismo que não pode vir senão da cidade e da maior entre elas:

> Pois então! Paris amanheceu por completo, se armou e se apossou da Bastilha, formou um verdadeiro campo de trincheira, uma Comuna insurgente, e o rei foi derrotado, teve que entregar sua rendição, senão sinceramente, pelo menos completamente, e o golpe de Estado foi frustrado. Toda a história da França se viu transformada pela intervenção de Paris, apoiada por toda a França.[28]

Outra grande figura da historiografia da Revolução Francesa nesse início do século XX é Albert Mathiez. Já é bem conhecido o diferencial que o opõe a Aulard a respeito dos dois heróis da Revolução: tanto Aulard exalta Danton, quanto Mathiez retruca afirmando a grandeza de Robespierre que encarna, segundo ele, "toda a dimensão da democracia". Mathiez se engaja politicamente mais à esquerda do que Aulard na corrente socialista, a SFIO. Como ele nunca ocupará a cadeira de história da Revolução Francesa, ele cria em 1908 a Sociedade dos estudos robespierristas. Obviamente, para Mathiez, a tomada da Bastilha representa o despertar de um novo mundo:

> No dia 14 de julho, os eleitores que formaram na Prefeitura, junto à antiga municipalidade, um comitê permanente, pediram repetidas vezes ao

---

28 Aulard, *Histoire politique de la Révolution française, origines et développement, 1789-1804*, p.37.

governador da Bastilha para entregar as armas à milícia e para remover os canhões que cercavam as torres da fortaleza. Como uma última delegação foi recebida à bala, embora carregasse a bandeira branca dos parlamentares, o sítio foi iniciado. Reforçando os artesãos do bairro Saint-Antoine, os guardas franceses, conduzidos por Hulin e Elie, trouxeram um canhão e o apontaram para a ponte levadiça para destruir as portas. Após uma ação bem intensa, durante a qual os sitiantes perderam uma centena de pessoas, os inválidos, que com algumas Sentinelas formavam a guarnição e que não tinham comido por falta de víveres, forçaram o governador a capitular. A multidão se entregou a terríveis represálias. De Launay que ordenara, acredita-se, atirar sobre os parlamentares, e o administrador municipal, Fesselles, que tentara enganar os eleitores sobre a existência de armazenamento de armas, foram massacrados na praça da Greve e suas cabeças carregadas em ponta de lanças.[29]

Quando Jaurès, entre dois mandatos, de 1898 a 1903, começa a *História socialista da Revolução Francesa*, a ambição política de sua leitura é explicitamente exibida com a intenção de situar o movimento operário, do qual se tornou um dos principais porta-vozes no próprio âmbito do impulso social e emancipador da Revolução Francesa. Essa história é igualmente para Jaurès um meio de lhe fornecer argumentos contra aqueles que, dentro da órbita socialista, são tentados por estratégias putschistas, como é o caso de Blanqui e seus discípulos. Daí resulta, evidentemente, uma narrativa que exalta os valores carregados por aqueles que tomaram a Bastilha em situação de legítima defesa diante do complô contra-revolucionário fomentado pelo rei. Constatando, na manhã do dia 14 de julho, que os dragões se aproximavam dos muros da Bastilha, o povo, segundo Jaurès, concluiu que a Bastilha se tornaria o principal lugar de grande aglomeração militar destinado a massacrar Paris: "Portanto, é uma necessidade tática, que os esforços do povo se voltem contra a Bastilha". Acrescenta-se a isso, a grande aversão por esse local que simboliza a arbitrariedade e que se elevava ao céu de Paris no centro de um bairro particularmente alegre e movimentado, o faubourg Saint-Antoine, como o desafio do mais hediondo absolutismo:

O ataque contra a Bastilha foi, da parte do povo, um golpe de gênio revolucionário. Porque mesmo a nobreza da grande cidade não podia, sem

---

29 Mathiez, *La Révolution française* (1922), p.61-2.

contradizer odiosamente suas palavras e seus ódios do passado, resistir ao movimento. Assim, a corte estava isolada na sua operação de golpe de Estado [...] Antes de tudo tinha que haver armas [...] O comitê permanente dos eleitores reunido na Prefeitura tenta, primeiramente, evitar o choque; depois cedendo à irresistível paixão do povo, ele tentou pelo menos obter pacificamente a capitulação da fortaleza. Mas os negociadores, na segunda tentativa, foram recebidos à bala: houve erro? Houve traição? O governador de Launay pagará com sua cabeça a essa violação das leis de guerra. Conduzida por alguns heróis que atravessaram os fossos e quebraram as correntes das pontes-levadiças, a multidão forçou a fortificação; hesitantes, divididos, os soldados se renderam. Os guardas franceses tiveram um papel preponderante no assalto.[30]

Portanto, Jaurès considera a tomada da Bastilha como uma legítima defesa do povo que responde desse modo à ameaça de uma ofensiva generalizada e militar pela corte real. Evidentemente, há de se lastimar alguns abusos, mas o essencial é de ter salvado a Revolução que corria o risco, caso contrário, por falta de vigilância, de ser abortada sob os golpes do adversário. Além disso, a narrativa de Jaurès evidencia a utilidade dos líderes, de uma vanguarda que desempenha um papel primordial na conduta dos acontecimentos, nesse caso, o comitê permanente de um lado e os guardas franceses que encarnam a força da nova lei.

O gesto revolucionário se pratica entre três forças bem distintas segundo o historiador marxista Albert Soboul que durante muito tempo dominou a historiografia do período e que, após ter publicado sua tese em 1958 sobre os *sans-culottes* parisienses no ano II, ocupa a cadeira de história da Revolução a partir de 1967. Para Soboul, é possível distinguir três lógicas, três estratégias sociais no acontecimento de 14 de julho de 1789: a dos privilegiados ao redor do rei, a da burguesia parisiense e a do povo. A conjunção desses três pontos é interiorizada na própria narrativa do acontecimento da tomada da Bastilha que distingue e valoriza um ator: a multidão revolucionária, designa uma vítima, o rei e seus aliados aristocratas, e um beneficiário, a burguesia: "A burguesia parisiense aproveitou a vitória popular e apossou-se da administração da capital".[31] Quanto ao rei, "concluindo seu recuo", é obrigado a chamar Necker desde 16 de julho,

---

30 Jean-Jaurès, *Histoire socialiste de la évolution française* (1903-1908), p.417-9.
31 Soboul, *La Révolution française* (1962), p.153.

Renascimento do acontecimento

e ademais, ele tem que retornar a Paris e lá avalizar as novas autoridades parisienses instaladas no poder pela insurreição de 14 de julho: "A facção aristocrática sentia profundamente a decadência do monarca". Quanto à narrativa de Soboul da tomada da Bastilha, ela é isenta de qualquer violência gratuita. Não são indivíduos que combatem, mas grupos sociais, as massas:

> No dia 14 de julho, a multidão exigiu um armamento geral. A fim de obter armas, ela se dirigiu aos Inválidos, onde ela se apoderou de 32 mil fuzis, e depois para a Bastilha. Com seus muros de 30 metros de altura, seus fossos repletos de água e de 25 metros de largura, a Bastilha, embora defendida apenas por 80 inválidos, amparados por 30 sentinelas, dispersou o assalto popular. Os artesãos do faubourg Saint-Antoine foram reforçados por dois destacamentos das guardas francesas, bem como por alguns burgueses da milícia, que trouxeram cinco canhões e três deles foram colocados em bateria diante da porta da fortaleza. Essa intervenção decisiva forçou o governador de Launay a capitular: ele mandou abaixar a ponta-levadiça, o povo correu para o assalto.[32]

O ritmo narrativo de Soboul descrevendo o acontecimento privilegia a passagem de um dia para o outro e cada um dos seus parágrafos traz a menção do dia descrito: "Dia 12 de julho..."," Dia 13 de julho...", "Dia 14 de julho...", segundo o clássico esquema da consecução segundo o qual um acontecimento puxa mecanicamente um outro dentro da ordem cronológica do tempo. Mas, aí também, o 14 de julho provoca ruptura porque o parágrafo que segue a luz produzida pela tomada da Bastilha suscita uma ruptura narrativa e a menção do dia 15 de julho apenas fecha o parágrafo seguinte, cedendo lugar aos numerosos efeitos da tomada da Bastilha em todos os meios políticos e sociais. ·

Contra o que se tornou, durante o século XX, a vulgata em matéria de olhar historiográfico sobre a Revolução, François Furet logo interveio nessa área na qual ele estigmatiza em 1978 o que chamará de "catecismo revolucionário". Na esteira de Braudel que favorece os fenômenos de longa duração, a leitura dada por François Furet e Denis Rixe sobre a Revolução na publicação de 1965 procura minimizar a ruptura do acontecimento para inseri-lo melhor na lógica mais longa de um percurso de um século, entre 1750 e 1850. Ao retomar o essencial das teses liberais, principalmente as de

---

32 Ibid., p.153.

Madame de Staël nas suas *Considerações sobre os principais acontecimentos da Revolução Francesa (1818)*, Furet e Richet julgam pertinente revelar o caráter um tanto monstruoso do episódio do Terror no amplo movimento coerente de transformação das elites para uma maior liberdade. Portanto, eles distinguem dois tempos no bloco revolucionário: o da justa Revolução, do consenso liberal, e o negativo do conflito. Essa leitura começa com felizes acontecimentos, o 14 de julho resultará no "ano feliz" de 1790 antes que chegue "o tempo da angústia". O que aconteceu com a narrativa que foi feita da tomada da Bastilha por Furet na metade da década de 1960? A tomada da Bastilha considerada como o fato relevante da revolução parisiense é representada em toda sua positividade e Furet transforma a cidade de Paris em tema da história ao reagir às ameaças: "Para Paris, a demissão de Necker é a prova cabal do complô aristocrático".[33] Por todo lado, o povo de Paris procura armas durante todo o dia 13 de julho enquanto que, no mesmo dia, triunfa a revolução municipal com a nomeação de um comitê permanente dos eleitores dos distritos de Paris que se equipa de uma milícia de 800 cidadãos por distrito destinada a garantir a segurança pública. O resto é problema do povo e de seu sentido inato de oportunidade:

> O povo inteiro fez vigília: quando o dia amanhece no dia 14 de julho, ele acompanha aos Inválidos o homem do Comitê permanente encarregado de exigir as armas prometidas. E também para pegar as armas que serão em seguida levadas à Bastilha. A admirável escolha do objetivo é espontânea, improvisada. Existe, no fundo das consciências humilhadas, o impreciso sentimento de que o sombrio castelo que bloqueia com as suas oito grandes torres a entrada do faubourg Saint-Antoine é um luminoso símbolo do inimigo? A prisão legendária, monstruoso anacronismo urbano, humano e político, teve que galvanizar as coragens. Seu governador, Launay, com uma guarnição de apenas – oitenta inválidos e trinta sentinelas – evacuou os pátios dianteiros e se abrigou atrás dos fossos: ele promete à delegação da Prefeitura de não atirar se não for atacado. Mas, por volta de uma hora, a multidão consegue ocupar os pátios até à ponte levadiça: julgando um ataque, Launay ordena a seus soldados abrir fogo. A fuzilada é mortal para os sitiantes que perdem uma centena de homens. O povo acredita na traição do governador. Na Prefeitura, à tarde, a notícia provoca furor popular, apesar da mediação dos eleitores. Cidadãos

---

33 Furet; Richet, *La Révolution française*, p.81.

Renascimento do acontecimento

e trezentas guardas francesas, liderados por Hulin e Élie, tenente do regimento Rainha-Infantaria, arrastam até à Bastilha quatro canhões pegos nos Inválidos durante a manhã, e os colocam diante da ponta-levadiça. São cinco horas. Laynay oferece a rendição do castelo.[34]

A onda de violência é inevitável, segundo os autores, porque a multidão, acreditando ter sido traída, quer vingar seus inúmeros mortos. Começa, então "a longa série dos massacres atrozmente espetaculares que marcarão, durante anos, os dias revolucionários",[35] e suas primeiras vítimas serão, portanto, de Launay, Flesselles, que têm suas cabeças levadas na extremidade de lanças até o Palácio Real".[36] Mas o essencial não consta da narrativa de Furet e Richet em 1965; ele não está nesses excessos, mas na vitória do povo, na vitória de Paris: "A cidade quebrou a corte" e logo a maioria das cidades francesas seguem o exemplo da capital, sempre buscando a liderança dos movimentos populares, canalizando cuidadosamente o fluxo para estabelecer a nova democracia municipal garantida pela guarda nacional.

Quando François Furet publica seu livro sobre a Revolução Francesa em 1978, o contexto é diferente e posiciona esse dia, o 14 de julho de 1789, em um *status* diferente porque Furet usa uma releitura do acontecimento segundo os critérios do Gulag, considerando que 1789 inaugura uma deriva da história: "Razão pela qual, de uma certa maneira, tudo "começa" bem aí: 1789 inaugura um período de *deriva* da história.[37] As circunstâncias exatas do acontecimento tornaram-se insignificantes, e a obra de Furet abandona a narrativa da própria Revolução. Não se trata mais de relatar a tomada da Bastilha já que a própria ideia da Revolução carrega o totalitarismo, assim como a nuvem carrega a tempestade. O Terror não é mais considerado como um deslize, mas como a sequência lógica de 1789 e de sua infinidade dos possíveis: "A verdade é que o Terror faz parte da ideologia revolucionária".[38] Robespierre não é mais um personagem incongruente, nascido de circunstâncias excepcionais pondo a pátria em perigo, mas a própria encarnação do protótipo do revolucionário totalitário, prenúncio deformado do homem de ferro, de Stalin. Furet, no entanto, não para aí, pois se, como ele afirma em 1978 como epígrafe de sua obra, "a Revolução Francesa terminou", às vésperas da comemoração do Bicentenário

---

34 Ibid., p.82.
35 Ibid.
36 Ibid.
37 Furet, *Penser la révolution française*, p.69.
38 Ibid., p.90.

no final da década de 1980, não é adequado, quando se é especialista da Revolução, se preparar para esse acontecimento comemorativo, defendendo a ideia de que 1789 abre o caminho para todas as derivas totalitárias. Furet realiza em 1988, em seu novo livro consagrado à Revolução, uma retificação de leitura na qual ele retoma o essencial de sua narrativa do acontecimento da tomada da Bastilha exposta em 1965 com Denis Ruchet, devolvendo-lhe, por conseguinte, toda sua positividade.

Furet prova, através de seu próprio percurso, por suas flutuações de leitura, que não são absolutamente ilegítimas, principalmente por terem permitido a renovação da historiografia da Revolução Francesa, que é impossível para o historiador tomar uma postura de supremacia e dizer a um determinado momento tido como resfriamento do acontecimento, que a partir daí as questões dos atores estão ultrapassadas e que começa a ciência. Cada posição, cada leitura está ligada aos problemas e às questões do presente e não pode, portanto, pretender um universal abstrato definitivo.

Nesse confronto de narrativas, conseguimos medir a que ponto o conflito das interpretações, das chaves de leitura atua no interior de uma narrativa que não apenas conta, mas explica e toma posição nos conflitos em curso de maneira mais ou menos explícita. É a lição principal da atual virada historiográfica e hermenêutica: levar em consideração a pluralidade dessas narrativas, dessas diversas interpretações que, todas a seu nível, participam da doação de sentido do acontecimento. Mas, evidentemente, esse sentido está constantemente aberto a novas leituras, a novas apropriações.

É o próprio sentido da ação do livro *Lugares de memória* de Pierre Nora, o de dar à ler o acontecimento integrado na sua trama textual de sentido, na multiplicidade das narrativas realizadas, não apenas no instante em que ele surgiu, mas o depois, com seus efeitos posteriores que são ressentidos com intensidade principalmente por ocasião das comemorações, das celebrações. Portanto, a tomada da Bastilha tendo se tornado festa nacional a partir de 1880, é alvo, todo ano, de uma reativação de um sentido que remete ao mesmo tempo à nossa identidade e às suas flutuações. O acontecimento sobressignificado em seus vestígios, é o que resulta da abordagem segundo a problemática dos lugares de memória realizada pelo historiador Christian Amalvi.[39] Redescobrimos o caráter muito fragmentado das interpretações e das diversas narrativas da Revolução nesse percurso sobre o modo como foi celebrado, no decorrer dos anos o 14 de julho de 1789 e uma evolução

---

39 Amalvi, Le 14 juillet. In: Nora (org.), *Les Lieux de mémoire*, t.1, p.383-423.

Renascimento do acontecimento

progressiva na direção de uma celebração essencialmente festiva, descontraída e folclorizada. Esse estudo exemplifica o modo como Certeau define o acontecimento, como sendo aquilo em que se torna, e Amalvi de restituir a metamorfose que levou o 14 de julho a perder "seu *status* de *Dies irae* por ser considerado por todos os franceses como um *Dia de festa* extensivo a todos os franceses".[40] Amalvi insiste, com outros autores sobre a importância da literatura no processo de cristalização do acontecimento. Na escolha do dia 14 de julho para celebrar a completa mensagem da Revolução, Michelet contribuiu bastante para essa escolha, e também a repercussão de *Noventa e Três* de Victor Hugo que, publicada em 1874, multiplica as fórmulas exaltando a força de ruptura do acontecimento e populariza o 14 de julho na consciência coletiva francesa: "89, a queda da Bastilha, o fim do suplício dos povos"; "O 14 de julho livrara"... Na escolha da data comemorativa atua igualmente a vontade de reconciliação, de edulcoração dos conflitos muito violentos. Essa data não faz lembrar apenas a tomada da Bastilha, mas sua primeira celebração nacional: o dia 14 de julho de 1790, grande momento de unidade e de harmonia, o da festa da Federação durante a qual os representantes de toda a França se encontram reunidos ao redor do rei no Campo de Marte, dentro de um grande equilíbrio passível de perdurar. O enraizamento progressivo do ritual comemorativo se investe, pelo lado dos defensores da Revolução, da projeção dos ideais republicanos, de uma República laica que procura e consegue se estabilizar no final desse século XIX. Porém, estamos ainda longe do consenso republicano e as forças hostis à República se enfrentam em cada uma das celebrações para expressar sua aversão à Revolução e denunciar os horrores cometidos no dia 14 de julho de 1789. Segue abaixo o que era possível ler numa publicação hostil à República por ocasião da primeira festa nacional em 1880:

> O dia 14 de julho, no próprio dia e nas suas sequências, foi um dia de desordem, de rebelião popularesca e de bebedeira; – um dia de covardia e de perjúrio; – um dia de insubordinação, de traição e de deserção militar; – um dia de bandidagem; – de barbárie selvagem e de canibalismo... Resumindo, foi a reabilitação de todos os crimes e o verdadeiro início da época revolucionária, apropriadamente chamada de Terror.[41]

---

40 Ibid., p.384.
41 *Une leçon d'histoire ou le 14 juillet 1789 avec ses antécédents et ses conséquences*, p.9.

A evolução do lugar do ritual não é contínua nem linear. Ao longo dos anos 1880 a 1890, constatam-se os progressos de uma aculturação dos valores republicanos e um enfraquecimento dos ataques frontais contra o 14 de julho. Em seguida, é a vez da esquerda em minimizar o acontecimento após a grande Guerra porque ela vê aí uma demonstração da burguesia dominante e de um militarismo amaldiçoado. Mas os perigos revelados pela manifestação do dia 6 de fevereiro de 1934 vão despertar os ardores. Será revisitada fervorosamente a mensagem emancipadora do dia 14 de julho em 1935, momento excepcional que permite à CGT reconciliar-se com seus irmãos inimigos da CGTU. A festa do dia 14 de julho de 1936 dedicará a vitória da União popular às eleições legislativas que levou Léon Blum ao poder:

> Apesar da sua brevidade, o período do Front popular constitui para o dia 14 de julho uma grande virada: assiste-se e aplaude-se à *reapropriação* consciente, à *reconquista* pacífica pelo "povo de esquerda" da memória republicana e dos símbolos revolucionários, bandeira tricolor, *Marselhesa*, tomada da Bastilha etc.[42]

O historiador Jacques Ozouf empreendeu nos anos 1960 um amplo levantamento junto à geração dos professores da Belle Époque, a do início do século XX, e assim pôde beneficiar de quatro mil depoimentos de professores que lhe contaram seus itinerários depois de terem esvaziado seus sótãos de seus arquivos, reencontrando com emoção seus velhos cadernos amarelecidos e sua escrita com tinta roxa. Em 1967, Jacques Ozouf publica grande parte de seu dossiê de arquivos na coleção do mesmo nome e mostra a maneira como esses "hussardos negros da República" narram. A autobiografia que abre esse volume é a de um professor militante republicano de esquerda confrontado a um ambiente hostil, o da paisagem característica da Vendée e que conta os primórdios de sua carreira entre 1904 e 1914. Portanto, um dos principais momentos de sua narrativa é a maneira como a festa do 14 de julho é ressentida por todo um meio, e especialmente o seu, como a hora da revanche esperada a cada ano em relação a todas as humilhações sofridas pela minoria republicana de esquerda:

> Os republicanos tinham sua desforra no dia 14 de julho. Nesse dia, eles eram os donos da rua. Eles organizavam essas festas com seus próprios

---

42 Amalvi, Le 14 juillet, p.414.

meios e seu próprio material. A municipalidade conservadora não reconhecia essa festa, a direita a ignorava, as escolas livres mantinham as aulas. A esquerda fundara uma Sociedade das festas, que, aliás, organizava apenas essa [...] Os professores, com os alunos mais velhos, ajudavam nos preparativos, que começavam no final das aulas do dia 13 [...] Desde a manhã do dia 14, operários vinham para a praça principal montar o quiosque e o pau de sebo. A estação de trem era encarregada de puxar o canhão da véspera e da manhã, modesta peça feita de um velha bucha de vagão atarraxada [...] A festa começava no início da tarde com competições e jogos diversos entre as crianças, dirigidos pelos professores e pelos bombeiros [...] A Marselhesa era ouvida com a cabeça descoberta, aplaudida freneticamente e repetida. O concerto terminava com o Canto da Partida [...] Nesse momento, as escolas laicas entravam em cena. As professoras ajudadas pelos pais dos alunos acendiam as 4 ou 500 velas dos lampiões, e o cortejo se formava na retaguarda. Na frente, a música, cujos músicos se revezavam para tocar sem parar.[43]

Acontecimento relevante, lugar de clivagem, de confronto, a tomada da Bastilha, a data de 14 de julho, tornou-se durante o século XX um momento de comunhão nacional, de consenso nacional. Após ter separado dois campos segundo uma linha de fronteira intransponível, o acontecimento tornou-se referência, momento marcante da cultura compartilhada, fixação de identidade. O que dissimula hoje em dia aos olhos do historiador qualquer acontecimento e com mais intensidade aqueles que são fontes de apropriação partidária ou de aversão coletiva é, ao mesmo tempo a restauração de sua fatalidade, as metamorfoses do sentido que eles trouxeram ao longo do tempo até o tempo presente. O cuidado e a restauração desse sobressignificado do acontecimento desviam a perspectiva histórica antes do acontecimento para seu depois, para seus vestígios, e passam de uma concepção monista de um acontecimento, classificado de uma vez por todas, para uma concepção lábil do acontecimento que corre e atravessa o tempo conforme linhas de intensidade variáveis, dos fluxos que se conectam com outros acontecimentos e cujas teceduras ocasionam o inédito, o imprevisível.

---

43 Ozouf, *Nous lea maîtres d'école*, p.30-2.

Terceira parte
O acontecimento na era das mídias

I
O acontecimento-monstro

À contracorrente da moda da história estática, a das profundezas insondáveis das camadas geológicas de um Fernand Braudel ou da história de uma sociedade francesa tida como fria que estagnaria abaixo do limiar intangível de seus 20 milhões de habitantes, Pierre Nora serve-se da brecha aberta por Maio 68 e constata em 1972 a ressurreição do "acontecimento monstro", "o retorno do acontecimento".[1] Na origem dessa reflexão se encontra a própria experiência do historiador Pierre Nora que recebe um jornalista do canal de rádio Europa 1 em sua varanda, situada no boulevard Saint-Michel, n.38, durante as noites quentes de maio de 1968. Como historiador, Pierre Nora assiste ao eco infinito das explosões das bombas de gás lacrimogêneo como testemunha direta por sua própria visão do acontecimento ocorrendo naquele momento, mas ele percebe, sobretudo, a extraordinária capacidade de amplificação que possui esta mídia que é

---

1 Nora, L'Événement monstre, *Communications*, n.18; reproduzido e reformulado com o título "Le retour de l'événement", Nora; Le Goff (orgs.), *Faire de l'histoire*, t.1, p.210-27.

a rádio para que o acontecimento seja vivenciado através de uma relação imediata em toda a França, atingindo seus lugares mais remotos. Deduz-se daí que é impossível separar artificialmente o que é um acontecimento de seus suportes de produção e de difusão. Essa reflexão sobre a internalização do acontecimento em relação a seus suportes de difusão na sociedade moderna, inicia-se claramente nessa experiência de Maio 68, Pierre Nora escreve um primeiro esboço de análise no final de 1968 no *Nouvel Observateur*.[2] Notando que o jornalismo faz séria concorrência ao historiador no campo do tratamento da atualidade mesmo que produza neologismos pretensamente eruditos do tipo "kremlinólogos", ele deduz que isso está ligado ao fato que a informação contemporânea aproxima consideravelmente o acontecimento das massas que tomam conhecimento do mesmo e têm a impressão de participarem dele:

> Atualmente para fazer da guerra dos Seis dias um caso nacional, basta duas horas da voz de Julien Besançon. Imediatamente, a informação cola ao acontecimento a ponto de fazer parte integrante dele. Não que ela o crie artificialmente, mas ela o constitui.[3]

Longe de ser uma relação de externalidade, as *mass media* participam plenamente da própria natureza dos acontecimentos que elas transmitem. Cada vez mais, é através delas que o acontecimento existe. Para ser, o acontecimento deve ser conhecido, e as mídias são de maneira crescente os vetores dessa tomada de consciência:

> O monopólio da história estava começando a pertencer às *mass media*. Daquele momento em diante, são elas que o detém. Nas nossas sociedades contemporâneas, é através delas e unicamente através delas que o acontecimento nos atinge, e não tem como nos evitar.[4]

Pierre Nora lembra a que ponto o que ele qualifica como o primeiro acontecimento moderno, o caso Dreyfus, foi orquestrado pela imprensa e lhe deve tudo, a ponto que é possível afirmar que sem a imprensa, teria tido, certamente, uma injustiça, mas não um Caso nacional. À imprensa

---

2 Nora, L'Histoire toute crue, *Le Nouvel Observateur*, p.4-6.
3 Ibid., p.4.
4 Nora, Le Retour de l'événement, op. cit., p.212.

Renascimento do acontecimento

escrita juntou-se a rádio que desempenhou um enorme papel durante a Segunda Guerra mundial quando a escuta da Rádio Londres era em si um ato de resistência, e o general de Gaulle conhecia bem seu poder de alcance pois, após ter atuado contra ele durante todo o mês de Maio 68, reverteu radicalmente a situação no dia 30 de maio com um discurso enérgico e apenas radiodifundido, realizado em todos os transistores, em todos os locais de trabalho, no meio da tarde, fazendo reavivar na memória coletiva o famoso Apelo do dia 18 de junho de 1940. Com a mídia televisiva, essa centralidade na fabricação do acontecimento não parou de crescer. As imagens dos primeiros passos do homem na Lua constituíram o momento de um acontecimento mundial graças à televisão que o retransmitiu ao vivo.

A tragédia do dia 11 de setembro de 2001, que se inclui ainda no qualificativo de "acontecimento-monstro", na sua acepção dramática, é igualmente um acontecimento-mundo. Carol Gluck, presente em Nova York, dedicou-se a uma etnografia desse trauma emitido pela mídia televisual, comparando-se a Tucídides ao realizar a narrativa da guerra do Peloponeso como ele a viu e viveu, mas dessa vez a mediação do ver passa pela interpretação do olho televisual. Ele mostra como o acontecimento é considerado não no trâmite de manipulação, mas de interação entre o que é dito e mostrado na tela e aos espectadores. Dessa simbiose nascerá a narrativa heroica que surgirá imediatamente em reação ao temor coletivo, "a analogia com Pearl Harbor foi estabelecida, comparação espontânea que foi formulada por diversas fontes: o homem da rua, adolescentes, atrizes, o apresentador de televisão, Henry Kissinger..."[5] Essa comparação foi imediata e a reação em forma de narrativa heroica começara desde às 10h35, ou seja, apenas alguns minutos após o desmoronamento da segunda torre, já sugerindo que a América iria reagir e triunfar da guerra contra o Mal. Como observa Carol Gluck, o acontecimento poderia ter sido apresentado em um outro tipo de narrativa, portador de uma história, como um ato criminoso como o que foi tentado em 1993 com o atentado à bomba contra o mesmo World Trade Center, como crime contra a humanidade, já que o alvo eram civis. Portanto, na eclosão da narrativa dominante, "a televisão não é responsável por esse resultado narrativo, que era sobredeterminado. Porém, desempenhou um importante papel, pois ela garantiu a transmissão ao mesmo tempo do conhecimento visual e da narrativa heroica".[6]

---

5 Gluck, 11 septembre. Guerre et télévision au XXI siècle, *Annales* HSS, n.1, jan.-fev. 2003, p.137.
6 Ibid., p.138.

Esse papel cada vez maior desempenhado pela mídia televisiva na produção do acontecimento já tinha sido observado por Pierre Nora no início dos anos 1970: "A televisão representa para a vida moderna o que o sino representava para o vilarejo, o ângelus da civilização industrial".[7] Com a diferença de não envolver o espectador em uma implicação ativa, no entanto, a televisão faz uma intrusão espetacular na esfera privada, íntima, anulando as fronteiras entre exterior e interior. O acontecimento torna-se inclusive a perspectiva de expectativa para o indivíduo moderno, aliás, a imprensa o solicita para que ele comunique "seus" acontecimentos pessoais e familiares enquanto as empresas preparam cuidadosamente, com seus comerciais, sua "acontecimentalidade [*événementialité*]". Noticiário policial, fato singular, fato ordinário, o acontecimento tornou-se igualmente o lugar de investimento do imaginário de nossa sociedade moderna, apropriado à narrativa.

Pierre Nora ressalta a esse respeito o aspecto crescente de fabricação das mídias na difusão da informação e sua posição de aquartelamento entre o que aconteceu e sua projeção espetacularizada. Paradoxalmente, o sistema informativo que funciona como redutor de incertezas, se considerado globalmente, "fabrica o ininteligível. Ele nos bombardeia com um conhecimento interrogativo, enucleado, sem sentido, que espera de nós seu sentido".[8] Esse aspecto crescente de construção do sentido na duração através dos diversos suportes da transmissão das informações quebra a relação de adoção do acontecimento que vem transtornar as temporalidades instaladas em sua rotinização para que aconteça o imprevisto, o incongruente, o desafio às racionalidades existentes: "Como a verdade, o acontecimento é sempre revolucionário, o grão de areia na máquina, o acidente que transforma inadvertidamente".[9] A inflação acontecimental [*événementielle*] inerente à sociedade midiatizada tem o efeito paradoxal de facilitar a tomada de conhecimento do acontecimento, porque ela acelera o processo de transmissão e torna, ao mesmo tempo, a apreensão, a doação de sentido mais difícil: "A imediaticidade propicia, na realidade, a decifração de um acontecimento mais fácil e mais difícil ao mesmo tempo. Mais fácil porque seu alcance é imediato, mais difícil, porque ele comunica tudo de uma só vez".[10] Acometido por uma avalanche de informações diversas, o indivíduo

---

7 Nora, Le Retour de l'événement, op. cit. p.235.
8 Ibid., p.219.
9 Ibid., p.220.
10 Ibid., p.223.

Renascimento do acontecimento

tem necessidade de manter um mínimo de distância reflexiva e crítica para compreender o sentido. Assim, o historiador se encontra investido de uma nova função, a de decifrar a construção do sentido da mensagem em dupla relação com a própria fatualidade e o suporte que a evidencia. Sobre isso, é significativo que a Enciclopédia Retz, publicada em 1978 sobre *A Nova História*, sob a direção de Jacques Le Goff, delegue a um jornalista, que, na verdade, tornou-se um talentoso historiador, Jean Lacouture, a estreia da "história imediata". Lacouture, que foi enviado aos lugares mais conflituosos do mundo pelo *Le Monde* e pelo *Le Nouvel Observateur* constata, ao experimentar a indistinção progressiva do trabalho investigativo do historiador e do jornalista confrontados ao enigma do acontecimento na sociedade moderna, a da imediaticidade da comunicação e de acontecimentos instantaneamente levados ao conhecimento da opinião pública em escala mundial. Por um lado, a imprensa e seus jornalistas conseguiram abrir os arquivos ou se constituíram deles, e por outro lado, os historiadores levantaram a questão, em nome da legitimidade da história do tempo presente, da tradicional ruptura temporal entre o acontecimento e a possibilidade de sua historização que justificasse o fato de não poder acessar os arquivos somente após um prazo de cinquenta anos. Essa imediaticidade provoca reações da sociedade moderna "alucinada por informações e com direito de exigir a inteligibilidade histórica próxima".[11] Um outro aspecto cada vez mais integrado na atividade jornalística e histórica sobre um tempo cada vez mais midiatizado é a inversão sofrida pela própria noção de acontecimento, que até então era privilégio do historiador e que se reveste agora de um caráter de exterioridade, de pré-construção antes de qualquer forma de decantação temporal. Pierre Nora vê aí uma grande incidência:

> A profunda transformação da própria noção de acontecimento que se resume em uma palavra: o acontecimento se "desrealizou", ou se preferimos, "dessubstancializou". Aconteceu na economia acontecimental [*événementielle*] a mesma coisa que na economia monetária com o abandono da garantia. Ora, o acontecimento midiatizado não é mais garantia do real, pois é a midiatização que o constitui.[12]

---

11 Lacouture, L'Histoire immédaite. In: Le Goff (org.), *La Nouvelle Histoire*, op. cit., p.292.
12 Nora, aula inaugural do ano letivo 2006-2007 por ocasião do 60º aniversário do CFJ (Centro de Formação dos Jornalistas), 13 out. 2006, arquivos Gallimard.

Em 1972, em um número da revista *Communications* dedicado ao acontecimento, o idealizador da publicação, o sociólogo Edgar Morin, destacou esse imediatismo da comunicação moderna e de seus efeitos sobre o acontecimento. Ele intitula seu artigo: "O acontecimento-esfinge",[13] para designar o caráter sempre enigmático da noção que interroga todos os sistemas de explicação, sem encontrar a resposta satisfatória. No início desse ano de 1970, as ciências humanas ainda eram fortemente dominadas pelo paradigma estruturalista e o acontecimento ficava aí proscrito, excluído das lógicas repetitivas que tentavam ressaltar. Considerar em 1972 a noção de acontecimento como fonte fecunda de múltiplas cristalizações significantes era o sinal de uma boa receptividade às modificações tecnológicas em curso, mas representava também entrar na contramão da onda intelectual dominante da época, o estruturalismo. Opondo-se à alternativa depauperante que consistia opor o caráter meramente contingente do acontecimento ao sistematismo da estrutura, Edgar Morin procurava articular as duas dimensões: "de fato, a ciência do século XX progrediu combinando um com o outro, o determinismo e a indeterminação, o acaso e a necessidade".[14]

A terceira direção definida por Edgar Morin se situa na própria articulação do acontecimento em relação a seu sistema de referência. Nesse sentido, o acontecimento é o que se afasta da norma, o que é improvável, singular, acidental. Ele não faz parte da norma, o que aliás, expressa bem o tratamento da imprensa que "seleciona como acontecimentos o que se afasta da norma".[15] Para compreender o que está afastado, é preciso também conhecer o sistema de referência. Portanto, não existe antinomia entre acontecimento e estrutura, mas indissociabilidade. O que favorece o afastamento se situa, como mostrou Cournot, na junção entre dois sistemas, na interseção de duas séries independentes uma da outra: "Podemos igualmente considerar que a invenção intelectual provém de encontros".[16] A própria vida com sua riqueza, produzindo seres singulares, pode ser considerada como núcleo de um sistema concebido como acontecimental [*événementielle*], ainda mais porque quanto mais o sistema é complexo, mais ele se reforça de acontecimentos em torno dos quais ele funciona.

---

13 Morin, L'Événement-sphinx, *Communications*, n.18, 1972, p.173-93.
14 Ibid., p.175.
15 Ibid., p.177.
16 Ibid., p.178.

Com uma diferença de quase trinta anos, no limiar do século XXI, logo após o atentado terrorista de 11 de setembro de 2001, Jacques Derrida também insiste, dentro de um contexto totalmente diferente e a partir de uma outra linhagem, sobre o retorno estrondoso do acontecimento-monstro e sobre o caráter enigmático, esfinge, do acontecimento. Derrida chega até a fazer do 11 de setembro um conceito. Destacando a grande importância do local e da data do acontecimento de seu âmbito espaçotemporal como caráter inefável de sua singularidade, Derrida estabelece um forte vínculo entre esse aspecto objetivável e a impressão, a animosidade imediata que ele proporciona como acontecimento. Esse carrega com ele um rastro de afetos, de sentimentos, de emoções que são indissociáveis e o remetem a uma indeterminação inata porque essa dimensão, ao mesmo tempo sensível e inteligível, é fundamentalmente flutuante e aberta para um devir de sentido plural. A coisa produzida encontra na produção uma correspondência, sem no entanto se limitar a ela.

Derrida lembra o caráter de imprevisibilidade peculiar do acontecimento, seu lado eruptivo, explosivo que rompe a norma e surpreende, impondo-se como o enigma da esfinge. Mas o acontecimento, se ele surpreende, contém também uma capacidade "de suspender a compreensão: o acontecimento é primeiramente *aquilo* que primeiramente eu não compreendo. Melhor, o acontecimento é primeiramente *que* eu não compreendo".[17] Essa postura de modéstia, de humildade diante do acontecimento não deslegitima o desejo de compreender que provoca o surgimento do novo. Todo esforço de apropriação é, na realidade, necessário para identificar melhor o acontecimento, descrevê-lo, reconhecê-lo, encontrar as prováveis determinações. Portanto, essa ascese intelectual indispensável falha na superação dos verdadeiros acontecimentos que escapam a qualquer interpretação de análise, a qualquer sistema de explicação, os excedendo em tudo: "Não há acontecimento digno desse nome salvo onde essa apropriação *falha* na fronteira".[18]

O acontecimento não é, por definição, redutível a sua efetuação à proporção em que ele está sempre aberto para um devir indefinido pelo qual seu sentido se metamorfoseará ao longo do tempo. Contrariamente ao que poderíamos pensar, o acontecimento nunca está realmente classificado nos arquivos do passado; ele pode voltar como espectro para assombrar a

---

17 Derrida; Habermas, *Le Concept du 11 septembre*, p.139.
18 Ibid.

cena do presente e hipotecar o futuro, provocar angústia e temor ou esperança, no caso de um acontecimento feliz. Contra a falsa evidência que liga
o acontecimento unicamente ao passado findo, "é preciso suspeitar a sua
cronologia".[19] Citando sempre como exemplo o acontecimento-monstro
do 11 de setembro de 2001, Derrida insiste no fato de que a ferida aberta
por esse ato terrorista não passou, mas continua viva diante do futuro: "O
traumatismo é produzido pelo *futuro*, pela ameaça do pior *por vir* ao invés
da agressão passada e "terminada".[20] Mesmo antes desse trauma de 11 de
setembro, Derrida se indagava, em um seminário realizado em Montreal
em 1997 no Centro Canadense de Arquitetura: "Dizer o acontecimento, é
possível?",[21] colocando imediatamente sua intervenção sob o signo de um
oximoro afirmando "uma certa possibilidade impossível de dizer o acontecimento". Insistindo sobre o caráter performático da noção de acontecimento
enquanto palavra-acontecimento, enquanto fazer acontecimento, ele opunha
o caráter problemático e as dificuldades inerentes a um dizer o acontecimento
que pode vir só-depois [*après-coup*] e que, por seu caráter generalizador
perde sempre a singularidade do acontecimento: "O dizer do acontecimento,
o dizer de saber quanto ao acontecimento, deixa escapar de uma certa
maneira *a priori*, desde o início, a singularidade do acontecimento".[22]

Essa nova função de decifração de uma mensagem cada vez mais
intensa, imediata e enigmática quando ela é divulgada pelas mídias foi o
objeto de vários estudos do sociólogo Louis Quéré. Partindo da definição
de Pierre Nora segundo a qual a singularidade do acontecimento moderno
é ser comunicado pelas mídias, ele se distingue da vulgata sociológica
habitual que consiste a opor a veracidade acontecimental [*événementielle*]
às manipulações exercidas eventualmente pelas mídias. Baseando-se sobre
um certo número de trabalhos sociológicos, ele insiste, ao contrário, na
indissociabilidade do acontecimento e das mídias. À base dessa abordagem, a recepção pública de um acontecimento não é considerada como
um processo externo de atribuição de sentido em relação a uma fatualidade particular, mas como "um processo coletivo de individualização e
de socialização do acontecimento em questão".[23] As mídias são, portanto,

---

19 Ibid., p.148.
20 Ibid., p.149.
21 Derrida; Nouss; Soussana, *Dire l'événement, est-ce possible?*
22 Ibid., p.89.
23 Quéré, L'Espace public comme forme et comme événement. In: Joseph, *Prendre place, espace public et culture dramatique*, p.100.

partes interessadas na própria natureza dos acontecimentos que ocorrem na sociedade moderna. A primeira etapa de intervenção das mídias é no plano da descrição do acontecimento. Nesse nível, eles respondem à pergunta de querer saber o que aconteceu. Trata-se então de transformar um monte heterogêneo de informações em um esquema individualizante e coerente. Nessa etapa, o acontecimento é colocado sob as restrições da descrição, porque não é possível falar do acontecimento em si. Ora, escolher um certo tipo de descrição equivale a engajar um processo de interpretação que depositará o acontecimento descrito em determinada categoria semântica como avaliamos com o exemplo do 14 de julho de 1789, contribuindo desse modo com o que Ricoeur chama de configuração do acontecimento. Esse primeiro estágio de identificação é análogo ao que Erving Goffman identifica como sendo as estruturas primárias da experiência:

> Em nossas sociedades ocidentais, identificar um acontecimento entre outros, é fazer apelo, em regra geral e independentemente da atividade do momento, a um ou vários cenários ou esquemas interpretativos que chamaremos de primários.[24]

Nesse plano, na linhagem dos trabalhos de Merleau-Ponty, de George Mead e de Wittgenstein, é preciso romper com a ilusão que consiste em opor um estabelecimento de fatos, neutro no plano axiológico e que resulta do julgamento normativo, levando em conta o "caráter praxiológico do contexto de descrição".[25] A individualização do acontecimento, graças a sua descrição, se realiza incorporando hábitos, competências, práticas instituídas, crenças. Através disso, o acontecimento é sentido e descrito em relação a um campo de ação possível: "Nós apreendemos um acontecimento desde que ele nos afete e nos diga respeito, e em função das reações que ele provoca em nós".[26]

O acontecimento também é configurado em função da perspectiva de expectativa em que ele acontece. Ele não sai do nada, mas de pré--conhecimentos, de um conjunto de padrões, de um sistema de referências, de uma doxa: "O que esperamos depende de toda a rede de crenças".[27]

---

24 Goffman, *Les Cadres de l'expérience*, p.30.
25 Quéré, L'Événement sous une description, *Protée. Théories et pratiques sémiotiques*, n.16.
26 Ibid., p.18.
27 Putnam, *Représentation et réalité*, p.34.

E essa expectativa está fortemente ancorada em uma situação singular, em um contexto particular: "Uma expectativa está inserida na situação em que ela surge".[28] Nesse primeiro estágio descritivo, é preciso acrescentar um segundo nível que é o enredamento do acontecimento segundo uma narração do acontecido, e sabemos, desde Ricoeur, a que ponto esse tempo narrado é essencial na sua relação com o tempo. Um terceiro nível é atribuído por aqueles envolvidos na transmissão do acontecimento, é o de sua normalização: "Normalizar um acontecimento, é reduzir sua contingência e sua indeterminação evidenciando sua tipicidade".[29] São esses os três operadores: a descrição, a narrativa e a normalização, que realizam a individualização e o significado do acontecimento. Considerar essas limitações permite não mais acreditar que o acontecimento é um já-lá inerte, estático, à espera de um trabalho externo de elucidação, mas ao contrário, um processo imanente de doação de sentido segundo um processo oscilante de identificação. O processo de aparição no espaço público realizado pelas mídias faz plenamente parte integrante do próprio acontecimento: "Publicização e individualização do acontecimento se pertencem mutuamente".[30]

Assim, o acontecimento entra em um campo semântico aberto, incerto, e as mídias vão lhe atribuir um significado, ligando-o a uma categoria semântica particular que seja capaz de lhe dar um sentido. O acontecimento singular exemplifica então um problema mais geral e pode aparecer como tal publicamente. Desse modo, os sociólogos Michel Barthélemy e Louis Quéré estudaram o caso da profanação do cemitério israelita de Carpentras praticada na primavera de 1990.[31] Aplicando sua abordagem que recusa a oposição de um polo ativo, o das mídias, dos produtores de acontecimentos, e de um polo passivo, o do público virtual, eles partem da convicção que "a recepção dos acontecimentos é um componente intrínseco de sua individualização social e não um fenômeno contingente relatado no papel preponderante das mídias. Em outras palavras, a recepção é uma modalidade de generalização de um acontecimento".[32] No âmbito dessa profanação, o acontecimento toma um sentido completamente diferente se ele estiver ordenado na categoria dos atos antissemitas ou se for

---

28 Wittgenstein, citado por Quéré, L'Événement sous une desciption, op. cit. p.20.
29 Quéré, L'Espace public comme forme et comme événement, op. cit., p.100.
30 Ibid., p.105.
31 Barthélemy, Événement et espace public: l'affaire Carpentras, *Quaderni*, n.18, outono 1992, p.125-40.
32 Ibid., p.127.

considerado como um ato cometido por delinquentes alcoolizados. Esse ato hediondo que consistiu em exumar e empalar um cadáver, pareceu ser, de imediato, uma provocação da extrema direita antissemita. Ele provocou grande indignação, revelada por manifestações nas ruas. Em seguida, a tese de profanação antissemita foi posta em dúvida pela investigação. A atenção dada à temporalização social desse acontecimento mostrou a que ponto "um acontecimento não é determinado pelo único fato de ter acontecido".[33] Esse estudo mostra a importância desempenhada pela descrição do acontecimento que pesa consideravelmente sobre seu modo de recepção e sobre seus vestígios temporais ulteriores. Além da fatualidade, seu passado e seu devir são transformados em função do tipo de descrição prevista. Da mesma maneira, a estrutura espacial, sendo local ou geral, é modificada, como a estrutura temporal: "Denunciar o antissemitismo do ato, não somente transforma o registro das responsabilidades, mas... não é mais um ato meramente local".[34]

Louis Quéré cita um outro exemplo de acontecimento, de um outro tipo, o que incendiou os subúrbios urbanos. Ele ocorre em Vaulx-en-Velin, na periferia da cidade de Lyon, no outono de 1990. Um jovem morre ao colidir a moto em que era passageiro com o carro de polícia. Essa morte provoca violentas manifestações no bairro durante todo o final de semana, ocorrendo vários confrontos com a polícia e cenas de pilhagem. No início, as análises descrevendo essas desordens as apresentavam como a expressão de forte ressentimento de um bairro que espera apenas uma faísca para inflamar uma revolta. Mas como as manifestações proliferaram e persistiram durante dias, surgiu daí um segundo tipo de descrição, a "de uma ação estratégica dirigida por manipuladores visando instaurar uma desordem favorável ao desenvolvimento da delinquência".[35] É evidente que esses dois tratamentos do acontecimento não lhe dão o mesmo sentido e nem consideram o mesmo caráter nocional.

Outra radioscopia de um acontecimento trágico, a realizada por Michel de Fornel a respeito do drama de 29 de maio de 1985 no estádio de Heysel em Bruxelas.[36] A violência dos confrontos supera tudo o que é possível imaginar referente às partidas regulares de futebol e as rixas entre os torce-

---

33 Ibid., p.129.
34 Ibid., p.135.
35 Quéré, L'Événement sous une description, op. cit. p.21.
36 Fornel, Violence, sport et discours médiatique: l'exemple de la tragédie du Heysel, *Réseaux*, n.57, 1993, p.29-44.

dores de cada clube, e a queda das arquibancadas que vai provocar uma catástrofe humana de grande alcance. Portanto, os telespectadores assistem ao vivo a esse "espetáculo" de horror sem entender muito bem o que está acontecendo diante de seus olhos. Os comentaristas tentam respondem a esse enigma para elucidar a violência desencadeada e seus funestos efeitos. A primeira descrição realizada ao vivo, que apresentava o caráter ao mesmo tempo insensato e excepcional do que ocorria, foi substituída por uma segunda elevando o caso particular do drama como manifestação paroxística de um problema mais geral, o do "hooliganismo" inglês. A simetria da primeira versão na apresentação dos torcedores ingleses e italianos foi então substituída por uma descrição assimétrica opondo os atores que eram "hordas selvagens britânicas" e suas vítimas italianas.

A individualização do acontecimento passa, portanto, paradoxalmente pela busca do vínculo que ele mantém com uma estrutura problemática mais geral, uma ordem de maior grandeza, que exige uma padronização que possa revelar suas características típicas, suas causas ou razões. Sobre esse plano, uma semântica da ação colocou o acontecimento como elemento essencial de sua teoria da causalidade para escapar às aporias reducionistas do positivismo. Desse modo, Donald Davidson propõe uma ontologia segundo a qual as ações são acontecimentos. Segundo ele, o acontecimento é uma singularidade, indiciário, não iterável: "*dois* acontecimentos nunca são idênticos, nenhum acontecimento é idêntico a *outro*".[37] Como mostrara Quine, não há entidade sem identidade, logo, é preciso apreender o acontecimento como uma entidade singular, uma proposição de ordem ontológica. Portanto, o reducionismo é impossível, pois ele se choca com o inédito. Por seu lado, Michel de Fornel reintroduz, na sua análise da percepção do acontecimento no espaço público, a perspectiva do agente em relação ao que foi identificado como relevante do acontecimento. Merleau-Ponty já identificara que o agente colocado em posição de observador mantém um lugar fundamental na identificação do acontecimento: "Os 'acontecimentos' são recortados por um observador limitado em sua totalidade espaçotemporal do mundo objetivo".[38]

Essa dependência em relação à situação de percepção do agente exige a existência de realidades múltiplas e discordantes entre elas, segundo diversos depoimentos. O problema é de saber por qual meio perceber

---

37 Davidson, *Actions et Evénements* (1980), p.129.
38 Merleau-Ponty, *Phénoménologie de la perception*, p.470.

Renascimento do acontecimento

um acontecimento quando sabemos que ele foi único e que, portanto, é percebido de maneira tão diferente entre seus agentes que parecem ser acontecimentos distintos sem correlação. Essa tensão entre a unicidade e a pluralidade do acontecimento é evidenciada por Michel de Fornel a respeito de um drama ocorrido na noite do 4 para o 5 de julho de 1986, na rua de Mogador, em que um jovem de 28 anos morreu, abatido pela CRS [polícia de proteção civil] que tentara em vão interpelá-lo no final de uma perseguição após um acidente. A imprensa denuncia imediatamente o que parecia ser um grosseiro erro policial. Mas "a descrição do tiro do CRS como um erro policial depende de um contexto acontecimental [*événementiel*] mais amplo".[39] O drama é apresentado em uma descrição que passa de uma lógica estática para uma lógica dinâmica e permite o encadeamento de diversos depoimentos divergentes e todos relatando o mesmo acontecimento. É imperativo ter a capacidade de realizar a síntese das informações inerentes ao contexto para saber realmente se houve ou não intimação antes de atirar, se o policial estava em posição de legítima defesa ou se ele se transformou em justiceiro, abusando de sua situação de homem armado...

Essa dinâmica que alimenta uma narrativa coerente do acontecimento e sua apresentação ao público segue a curva em ascensão de uma generalidade, de uma anuência a uma maior grandeza. Longe de se limitar a um afrontamento factual e dramático entre o policial e sua vítima, o acontecimento abrange "as relações entre a polícia e os usuários, até mesmo com o governo, preconizando métodos enérgicos para combater a delinquência ou o terrorismo, e os cidadãos".[40] O esforço para restaurar a situação contextual dos depoimentos cria também outros problemas, pois ele também depende da perspectiva na qual se encontram as testemunhas e atores ligados ao acontecimento. Desse modo, é possível combinar três abordagens na teoria de semântica situacional: "A situação em pauta, o estado das coisas e a perspectiva do locutor".[41]

Nesse tipo de investigação, Michel de Fornel distingue o modelo da investigação policial, que depende da descoberta de um acontecimento preexistente do qual é preciso confirmar o significado e o alcance, da postura da testemunha que percebeu algo de incomum enquanto ele se encontrava lá por acaso. Ao mesmo tempo, da mesma maneira que só

---

39 Fornel, Voir un événement, *Raisons Pratiques, n.2, L'Événement en perspective*, p.103.
40 Ibid.
41 Barwise, *The Situation in Logic*, p.238.

descobrimos o que procuramos, o policial terá condições de melhor discernir a natureza de um acontecimento, se estiver ativamente engajado na sua detecção e na sua repressão. Se ele persegue traficantes, vai observar melhor que os outros os comportamentos peculiares desses indivíduos:

"A crença na existência do acontecimento permite ver o acontecimento. Por uma espécie de inversão, é o engajamento epistêmico que permite a percepção do acontecimento suspeito."[42] Logo, o agente é aquele que permitirá a evidenciação de um determinado tipo de acontecimento de acordo com a sua perspectiva, com suas expectativas, com sua crença. Encontramos aqui uma exemplificação, a respeito dos acontecimentos, do que já ressaltara John Austin a respeito da percepção: "Quando se vê alguma coisa, é possível não somente ter diferentes maneiras de *dizer* o que se vê, mas a coisa pode também ser vista de *diferentes maneiras*, ser vista *diversamente*".[43] A descrição do acontecimento se insere na lógica pragmática que engaja uma teoria do significado mobilizando não somente a *doxa*, as convenções, os usos e costumes, mas também a argumentação dos próprios atores. É sobre esse último aspecto que Oswald Ducrot insiste quando ele identifica as aporias e ilusões descritivas, e lembra que as descrições estão sempre inscritas numa perspectiva avaliativa e axiológica.[44] A identificação e a qualificação de um acontecimento "exigem imediatamente a adoção de uma atitude favorável ou desfavorável, incorporando uma apreciação axiológica baseada na moralidade".[45]

Do mesmo modo, é possível constatar as ilusões próprias da epistemologia da história que teria a pretensão de estabelecer a veridicidade de seus discursos a partir unicamente do estabelecimento dos fatos: "Dizer: "Marignan, 1515, é um fato", é não dizer absolutamente nada. Primeiramente, dessa forma, é uma data, não um fato; o fato deve ser de antemão citado, designado".[46] Devido às disposições que ele escolhe para reconstruir os fatos que ele relata, o historiador tem, queira ele ou não, um posicionamento axiológico. Se, ao inverso da argumentação judicial que deve encerrar a instrução através de um veredicto, a argumentação histórica continua fundamentalmente aberta às retomadas diferentes subsequentes, a outras

---

42 Fornel, Voir un événement, op. cit. p.117.
43 Austin, *Le Langage de la perception* (1962), p.125.
44 Ducrot, Topoï et formes topiques, *Bulletin d'études de linguistique française*, n.22, p.1-14.
45 Quéré, L'Événement sous une desciption, op. cit. p.25.
46 Prost, Argumentation historique et argumentation judiciaire. In: Fornel; Passeron (orgs.), *Enquête*, n.2, L'argumentation. Preuve et persuasion, p.31.

Renascimento do acontecimento

disposições, não obstante ela é fortemente dependente do conhecimento do historiador no sentido de experiência social comum. O historiador configura sua narrativa a partir de esquemas de inteligibilidade que servem, como bem observou Ricoeur, de quase-personagens construídos a partir de possíveis generalizações: "O historiador, na sua narrativa, exibe entidades que ele construiu ou reconstruiu a partir de intuições e de fragmentos esparsos".[47] O historiador pode então se munir de temas de sua narrativa do tipo "Os franceses", "A burguesia", como tantas entidades coletivas tendo presumidamente relações de pertença com determinados grupos de indivíduos. A argumentação histórica se desenrola em um espaço mediano e não estabilizado entre a lógica diacrônica da narrativa e a sincrônica, do quadro.

Ligada à esfera do agir, a difusão do acontecimento no espaço público contém um poder hermenêutico fundamentalmente aberto ao seu devir. Ela não se limita de maneira alguma à sequência causal pela qual, em geral, tentamos explicar sua existência. Voltamos a nos deparar com a famosa complementaridade das duas abordagens separadas por Dilthey entre o explicar e o compreender, dialetizados por Ricoeur com sua fórmula segundo a qual explica-se mais para compreender mais. Antes de Michel de Certeau, George Herbert Mead já observara essa ancoragem de sentido do acontecimento no seu próprio futuro: "O acontecimento [é] aquilo em que ele se transforma".[48] George Herbert Mead julgava com isso valorizar o caráter de começo, o aspecto sempre inaugural do acontecimento que se produz: "Quando um acontecimento se produz, independente de sua importância, o mundo não é absolutamente mais o mesmo: as coisas mudaram".[49]

O acontecimento cria seu próprio passado e se abre para um futuro inédito, revelando uma descontinuidade que não mais permite pensar em termos de contexto já-lá, preexistente e causando o acontecimento. A busca pelo sentido do acontecimento exige um completo trabalho de reconstituição de um outro passado, inédito, revisitado por um futuro, o do acontecimento, que lhe devolve um sentido diferente. Se o acontecimento não pode ser considerado como simplesmente determinado pelo seu passado, ele não deixa de ser condicionado por ele: "Tudo o que acontece, acontece sob condições necessárias".[50] Tudo parte do presente, e é a

---

47 Ibid., p.39.
48 Mead, *The Philosophy of the Present*, III, p.51.
49 Quéré, Entre fait et sens: la dualité de l'événement, *Réseaux*, n.139, 2006, p.185-218.
50 Mead, *The Philosophy of the Present*, p.47.

partir dele que se configuram o passado e o devir: "A realidade existe em um presente",[51] afirma George Mead no início de sua principal obra que ele dedica justamente à uma filosofia do presente que critica a teoria das sequências de efeitos mecânicos geralmente usados pelos historiadores que defendem sem saber uma filosofia do passado sujeita a uma teologia determinista. O acontecimento, de acordo com Mead, irrompe no fluxo temporal: "Esses acontecimentos são sempre únicos. O tempo nasce apenas da ordem imposta por esses acontecimentos únicos no desenrolar temporal".[52] Essa interrupção do fluxo suscita por ela mesma nossa consciência do tempo, e nos aproximamos da concepção deleuziana do tempo. Como Gilles Deleuze e Félix Guattari mais tarde, Mead privilegiará a noção de emergência:

> Essa concepção devia se cristalizar no conceito da *emergência*. Na controvérsia contemporânea entre reducionistas e emergentistas, Mead toma o partido, sem ambiguidade, desses últimos.[53]

Não se trata de negar que um acontecimento ocorra a partir de certas condições que se formaram no passado, mas, no entanto, a reconstituição desse passado deve partir desse novo acontecimento; é nesse sentido que a história é indefinida, fatalmente inacabada, porque sempre aberta a acontecimentos posteriores que irão modificar o passado em função de um futuro sempre diferente:

> Nós nos orientamos, não em alusão ao passado, que foi um presente durante o qual o acontecimento surgiu, mas reconstruindo um passado que condiciona o futuro, de forma que possamos controlar o reaparecimento do acontecimento.[54]

A partir do momento em que o sentido excede a fatualidade, o passado pode ser como o futuro, explorado em função de suas potencialidades, de seus possíveis não revelados: "Somos então levados a revisar nosso sentido do possível, a descobrir os possíveis que foram os nossos".[55] Essa indeterminação que cede lugar à hermenêutica do acontecimento possibilita a

---

51 Ibid., p.1.
52 Ibid., p.33.
53 Joas, *George Herbert Mead,* p.163.
54 Mead, *The Philosophy of the Present,* p.15.
55 Quéré, Entre fait et sens: la dualité de l'événement, op. cit. p.185-218.

distinção de duas modalidades de experiência dos acontecimentos. De um lado, há a tentativa de individualizar o acontecimento, de lhe atribuir um sentido em função de sua cadeia causal, conforme a série a que ele presumidamente pertence. Ele é então considerado como um ponto extremo do acumulado antes dele e pode ser rigorosamente medido como interveniente a determinado momento e por uma duração limitada. Por outro lado, o acontecimento pode ser considerado como começo, criando seu próprio contexto de surgimento e projetando um sentido novo, do qual ele é a origem:

> A individualização do acontecimento compreendida desse modo, excede o momento de sua ocorrência: ele continua, na realidade, a ocorrer e a se singularizar enquanto produzir efeitos sobre aqueles por ele afetados, não efeitos causais, mas efeitos na ordem do sentido.[56]

Ora, esse devir hermenêutico do acontecimento é possível somente a partir do momento em que ele abrange uma quantidade substancial de pessoas, quando ele encontra um público e interage com as pessoas. A individualização do acontecimento não depende apenas de suas qualidades intrínsecas, mas também do modo como será recebido, e de sua apropriação no espaço público. Ele deve ser considerado como "transação". Reconfigurando o mundo ao mesmo tempo no seu passado, no seu presente e no seu futuro, o acontecimento suscita momentos felizes ou infelizes e conservamos mais, de forma individual ou coletiva, as dificuldades sofridas do que os momentos de harmonia, segundo uma dissimetria na recepção que faz com que os ganhos históricos de conhecimento provenham dos vencidos e não dos vencedores. Como transação, o acontecimento revela o sujeito para ele próprio enquanto ipseidade, para retomar uma categoria da identidade pessoal exposta à temporalidade e à alteridade, do modo como foi conceitualizada por Ricoeur.[57]

Dentro de uma linguagem deleuziana, o historiador Jacques Guilhaumou, especialista experiente em análise do discurso, julga que o acontecimento assegura um caráter imanente e que é importante analisá-lo como tal. Isso o leva a contestar a dualidade muito utilizada pelos historiadores profissionais – e julgada inoperante por ele – da relação entre o

---

56 Ibid., p.185-218.
57 Ricoeur, *Soi-même comme un autre.*

texto e o contexto na análise do acontecimento discursivo. Assim como os sociólogos mencionados anteriormente, Guilhamou contesta a dicotomia entre uma interioridade e uma exterioridade: "Uma vez inserido, através da leitura dos arquivos, dentro de uma configuração significante, o enunciado serve de contexto para ele próprio".[58] A singularidade do acontecimento o torna irredutível à situação histórica que o viu nascer. Adotando uma perspectiva fenomenológica, Guilhaumou concebe o acontecimento apenas a partir de seu próprio horizonte de sentido que ele inaugura com sua chegada. Ele reúne aí as teses de Claude Romano que expusemos, mas tentando articulá-las ao corpus arquivístico do historiador. O acontecimento discursivo acontece a alguém, remete a um agir e suscita blocos de devires, dando continuidade à categoria deleuziana. Ele ultrapassa sua relação com a fatualidade porque ele conserva recursos não revelados de sentido: "O acontecimento narrado produz *reservas de sentido* sobre a base de uma necessidade de historicidade".[59]

Jacques Guilhaumou cita o exemplo particularmente significativo do acontecimento da morte de Marat para mostrar em que ele conseguiu tornar-se muito rapidamente o modelo da exemplificação heroica a partir das narrações de seu assassinato por Charlotte Corday. Desde o início, as autoridades da Comuna de Paris querem evitar qualquer conclusão punitiva e propagam uma narrativa repleta de angústia. A primeira reação diante do corpo ensanguentado deve ser de dor, antes de se pensar em vingança. Uma completa construção do sublime ocultará a putrefação do corpo durante a exposição fúnebre que dissimula seu ferimento. Essa estetização do herói resultará na célebre pintura de David:

> A totalidade aqui em questão, nos remete a uma síntese do heterogêneo, à combinação de elementos paradoxais, no caso presente o abjeto (a putrefação do corpo de Marat) e o sublime (a heroicização do nome de Marat).[60]

Essas pesquisas de ordem sociológica ou histórica contestam a oposição praticada até então entre a constituição transcendental dos acontecimentos e a fabricação empírica dos mesmos. O acontecimento é fundamentalmente

---

58 Guilhaumou, *Discours et événement. L'histoire langagière des concepts*, p.124.
59 Ibid., p.135.
60 Ibid., p.149.

imanente na sua aparição. Como nos mostra Ricoeur, ele surge como interface entre duas áreas: a da ação, a do agir e a do texto. Ele resulta desse desdobramento do mundo entre o referente e sua refiguração hermenêutica. Essa imbricação entre o acontecimento e sua recepção exige uma atenção extrema com a maneira como os atores atravessam a experiência coletiva da história.

Essa abordagem permite exumar uma certa quantidade de fontes que continuaram inexploradas como os arquivos constituídos de escritos pessoais, as cadernetas ou diários íntimos. É a demonstração obtida por Liora Israël ao confrontar os diários íntimos mantidos por dois advogados judeus durante a ocupação nazista e que não sobreviveram a esse período, Lucien Vidal-Naquet (pai do historiador Pierre Vidal-Naquet) e Léon-Maurice Nordmann. A leitura desses diários é esclarecedora "para compreender quais foram as representações, em situação crítica, desses atores a respeito do acontecimento, ou melhor dos acontecimentos ao longo das evoluções tanto da história quanto de suas vidas pessoais".[61] Uma das características do diário íntimo é a impossível escrita teleológica pois seu autor não conhece a continuação dos acontecimentos que ele relata dia a dia. Léon-Maurice Nordmann será fuzilado pelos alemães na primavera de 1942 e Lucien Vidal-Narquet será deportado a Auschwitz, onde morrerá. A leitura de seus diários restitui o caráter ainda muito opaco da maneira como eles atravessam o acontecimento no presente, justamente antes de qualquer forma de reconfiguração racional só-depois [*d'après-coup*]. Ao mesmo tempo, há o desejo da parte daquele que se lança na escrita de seu diário, atravessando esses acontecimentos dramáticos, de poder confrontar a história que se formulará posteriormente com suas próprias lembranças. O testemunho no presente é fundamentalmente orientado ou para o futuro do passado como Lucien Vidal-Naquet, ou para um trabalho de interiorização e de clarificação da experiência vivida como Léon-Maurice Nordmann, mas "ambos são testemunhas minuciosas da representação do acontecimento, da parte dos atores vindos de meios sociais semelhantes, que se alistaram no mesmo movimento de resistência".[62]

---

61 Israël, Narration, temporalités et identités dans deux journaux d'avocats juifs français. In: Israël; Voldman (orgs.), *Michaël Pollak. Identité blessée et sociologie des possibles*, p.156.
62 Ibid., p.168.

II
O caso do acontecimento Maio 68: uma proliferação de sentidos

Poucos acontecimentos suscitaram tantos discursos quanto Maio 68. A força de Maio está sem dúvida nesse entrelaçamento de sentidos que torna caduca qualquer tentativa de reportar esse enigma a um sistema causal único e mecânico. Todo aniversário do acontecimento é uma oportunidade para tentar capturar as inflexões da imagem de Maio que vieram cruzar o caminho existencial que fica cada vez mais distante. Sua decifração tornou-se cada vez mais complexa no entrelaçamento das relações entre história e memória. Maio 68 não foi apenas um trecho da história gaulesa. A revolta da juventude foi simultânea do Oriente ao Ocidente e de Berkeley ao México. Sob o napalm, incubava a contestação, que opunha figuras de proa da rebelião: de Ho Chi Minh a Che Guevara, a tal ponto que o movimento de Nanterre escolheu o nome em referência ao movimento de 22 de março, de 26 de julho de Fidel Castro. Um forte sentimento de solidariedade dos povos em um movimento sincrônico exaltava as energias, transbordava os aparelhos.

A primeira interpretação de Maio acentua o caráter global do movimento, tanto sobre seu caráter molar quanto sobre seu radicalismo. Contrariamente aos que viram em Maio uma simples crise de adaptação de um sistema universitário arcaico, Edgar Morin ressalta, desde 1968, que as grandes universidades, as mais virulentas na revolta, Berkeley, Columbia, eram as mais adaptadas à modernidade.[1] Os núcleos por excelência da contestação se encontram exatamente no setor das ciências humanas (a sociologia principalmente) e a razão disso está na recusa em se deparar com um conhecimento subsidiário dos poderes econômicos e políticos contestados em suas bases. A fermentação da revolta que arranca dessas disciplinas as armas da crítica está arraigada no desejo global de romper com todo o sistema. Diante da fábrica Citroën, em maio, esses estudantes diziam aos operários num diálogo efêmero e frágil, devido a prudência da CGT: "Os jovens não querem mais se revoltar aos 18 anos e se tornarem, aos 25 anos, diretores de empresa."

Não apreende-se o acontecimento quando se pensa em reduzi-lo à expressão de inadequação entre o aumento do número de estudantes (de 190 mil em 1960 para 800 mil em 1968) e a capacidade de integração dessa nova afluência na pesquisa e no ensino. Diversos autores, como Pierre Bourdieu, Raymond Aron ou Raymond Boudon defenderam o esquema da angústia da desclassificação dos estudantes vítimas de uma inflação-desvalorização dos diplomas universitários em favor da qual "os fracassados" da burguesia, ameaçados de desclassificação se juntaram aos "novos-ricos", detentores de diplomas sem possibilidade de entrar em uma profissão burguesa, por falta de capital social suficiente. Esse esquema sociologizante favorece a problemática da repetição e da integração, verdadeira doença infantil de uma sociologia que revela, nesse caso preciso, sua incapacidade de compreender a inovação, a irrupção do novo, opondo-lhe uma resistência chamada por Freud de compulsão à repetição.

"Incompreensível" dizia na época o general De Gaulle a respeito dos "acontecimentos", epíteto cuja pertinência ainda é discutível. Evidentemente, essa análise é válida pelos resultados da revolta que tiveram seus prolongamentos na aplicação de uma reforma modernista do velho sistema universitário, dentro de uma racionalização que possibilitou ingerir a explosão. Mas o principal significado dessa Comuna juvenil está na "emergência

---

1 Morin; Lefort; Coudray (Castoriadis), *Mai 68, La brèche.*

da juventude como força político-social".[2] A força dessa Comuna foi a de recusar o compromisso no qual tentavam confiná-la a cada um de seus avanços, em suas dimensões não assimiláveis: "Foi na experiência utópica e não construtiva que ela construiu um futuro que diz respeito a toda sociedade".[3] Revolução sem fisionomia porque uma luta de classes de um novo tipo transcende mil fisionomias. Utopia concreta, embrião de um comunismo original, livre do fantasma stalinista. Um comunismo utópico, como Alain Touraine o qualifica, que percebe, nele, também a rejeição dos aparelhos de integração, de manipulação que configura uma tecnocracia onipresente:

> A principal palavra de ordem dos tecnocratas que dirigem a sociedade é: adaptai-vos. O movimento de Maio respondeu: expressa-te. A questão da luta é o controle do poder de decidir, de influenciar, de manipular e não mais apenas o de apropriar-se do lucro.[4]

O que está em combate envolve as relações de produção e as excede para fazer oposição a qualquer forma de manipulação dos desejos e das necessidades.

Contestação global de uma civilização mercantil, de consumo de massa que tende a reificar o homem, 68 reintroduz, de sobressalto, a descontinuidade, a quebra de um progresso contínuo, de uma repetição do mesmo sob a forma de uma melhoria do bem-estar material: "Maio 68 foi a aspiração de uma outra vida, uma outra sociedade, uma outra política".[5] Da irrupção do acontecimento surge a sincronização das temporalidades múltiplas; individuais e coletivas, econômicas e políticas. Essa interpretação acentua, nesse movimento intensamente politizado que opera como precipitado cristalizante, as mais diversas divisões para clivá-las a partir de uma nova linha de partilha que se define aos poucos mediante o avanço do movimento. Como no esquema sartriano, o surgimento do grupo em fusão e em ação rompe os diques do prático-inerte, caracterizado pela justaposição dos isolamentos, o anonimato, a serialidade, chamado por um sociólogo americano de multidão solitária.[6] Contra a massividade-passividade de uma sociedade anêmica ou adormecida, o movimento surge por uma práxis espontânea

---

2 Ibid., p.27.
3 Ibid., p.33.
4 Touraine, *Le Mouvement de Mai ou le communisme utopique*.
5 Morin, *Le Monde*, 2 jun. 1978.
6 Riesman, *La Foule solitaire*.

que arranca da inércia reunindo uma coletividade cada vez mais vasta em torno de uma aventura comum.

A dimensão política não se encontra ausente dessa primeira compreensão global do acontecimento. A revolta bateu de frente com o aparelho repressivo do Estado, com sua polícia, com um regime tipo bonapartista particularmente centralizado que suprimira imprudentemente todas as válvulas de escape, os organismos intermediários em prol da autoridade carismática e paternalista de de Gaulle. "Dez anos já bastam." O movimento de Maio tem como objetivo atribuir um novo caráter político à sociedade (tudo a partir daí é político) ao mesmo tempo que ele julga sua revolução como uma desestatização. Radicalismo dessa contestação política que não se atribui uma política diferente, mas se situa do lado do não poder, passando diante do Palácio-Bourbon sem dar a menor importância. Como todo movimento revolucionário, Maio 68 mobilizou tanto o novo quanto o antigo, o político e o poético. Sua linguagem é mais a de Rimbaud, Breton do que a de Trotsky ou Guevara. Em 68, é a reedição de 36 e suas ocupações, 1870 e sua Comuna de Paris, 1789 e a contestação da legitimidade do monarca, e, evidentemente, a sombra de Lenine paira sobre as mentes para refazer o esquema de 1917. Essa mobilização do antigo não desqualifica em nada um movimento que, como qualquer ruptura, extrai do passado uma memória útil para um presente em ruptura, que se inventa nos novos caminhos de uma utopia concreta, livre do stalinismo. Essa utopia pode ser encontrada na aspiração ao autogoverno, na rejeição da verticalidade, da delegação do poder.

A onda de Maio começa seu refluxo e no pavimento das revoltas, o poder flui pelo asfalto. A rejeição frontal é substituída pela pluralidade das práticas de ruptura. O caráter molar do movimento de Maio desaparece para ceder lugar às análises e práticas que privilegiam seu caráter molecular, eclodido, que ressurge nas margens, nos interstícios, evitando a dimensão política. A esperança de mudança se consubstancia na reivindicação de uma herança de Maio, contornando o Estado, a mudança global da sociedade, recuperando de Maio o que pode ser alterado aqui e acolá, nas instituições periféricas, uma certa quantidade de valores considerados tabus para instituir novas práticas no espaço da vida social e cultural. A onda de protesto retrocede sem perder seu dinamismo e se manifesta sob forma de ressurgências nas chamadas naquela época de linhas de frente secundárias: "Corra, camarada, o velho mundo está atrás de você". A recuperação é vivida como uma verdadeira obsessão diante de um sistema que devora aos poucos as crianças perdidas de Maio. Se o movimento buscava na sua fase preliminar o confronto permanente com o poder dentro do ciclo provocação/repressão, ele ressurgirá numa fase posterior, nas margens, nos interstícios, nas linhas de frente das relações homens/mulheres, nas prisões, na escola, na família, na psiquiatria, nos imigrantes. Essas lutas ocasionaram as mais concretas transformações da sociedade francesa. Furta-se, então, da dimensão propriamente política, para satisfazer apenas a vontade de explodir alguns aparelhos periféricos do poder. O Estado não encontra-se mais no centro, as lutas deslocam-se para a experimentação social. O poder circula em todos, segundo o esquema de Gilles Deleuze e Félix Guattari[7] ou de Michel Foucault.[8] O poder está por toda parte, pan-óptico na escala global da sociedade, logo em lugar nenhum, ele está em todos os lugares; ele não tem um lugar atribuído. Essa preensão do real legitima as formas de resistência tópicas, uma microfísica do poder que substitui uma abordagem globalizante das coerências sociais: "Acabamos com todos os conceitos globalizantes".[9] Isso alimenta eficazmente os movimentos antipsiquiátricos, a luta das mulheres, o Grupo Informação Prisão (GIP), assim que expressões de recomposições parciais da dinâmica do movimento.

Mas o vento do refluxo sopra as últimas brasas e deixa passar o discurso da amargura. Vários são os atores de Maio que se precipitaram para os confessionários para confessarem seus pecados. O décimo aniversário de Maio foi a apoteose desse fenômeno, preparado pela "nova filosofia". O marxismo torna-se então sinônimo de barbárie e Marx deve responder sobre o gulag para aqueles que descobrem atrás de Mao, a figura do Anjo. Como o mundo decepciona, ele deixa de existir, e deve ser substituído pelo poder do verbo, sob Mao, Mao desperta e o Ato de exorcismo deve livrar esse pobre mundo da materialidade ilusória. Sob a lógica da carência, os "novos filósofos" redescobrem a Lei do Mestre, aquela, viva, de Lacan e aquela, escondida, de Deus: "Reencontramos o desprendimento cristão: desprezo por todas as coisas, esquecimento dos pais e horror do próprio mundo".[10] E Jean-Marie Benoist defende a rebelião de Monsenhor Lefebvre e a beleza da missa em latim: "Essas crianças mimadas, esses garotos retardados queriam a revolução imediatamente, não! Ela não veio, então

---

7 Deleuze; Guattari, *L'anti-Œdipe.*
8 Foucault, *Surveiller et Punir.*
9 Deleuze, *Dialogue avec Claire Parnet*, p.173.
10 Lardreau; Jambet, *L'Ange*, p.133.

eles ficam batendo o pé... Pobres bichinhos perdidos...", compadece Pierre Viansson-Ponté.[11] A onda da "nova filosofia" na década de 1970 tumultua bastante esses jovens de Maio. Eles descobrem os encantos discretos do liberalismo e trocam o colarinho Mao pelo terno de três-peças. Esse novo discurso petrificante exorciza Maio 68 tido como a imagem indelével do Mal absoluto. Jean-Pierre Le Dantec denuncia *Les Dangers du soleil* [Os perigos do sol],[12] ele perdera a loção. Ele condena o que ele chama de "gangrena" não somente em Marx, mas na própria ideia de revolução e de sua "propensão congênita ao terror".[13]

Após o ato de exorcismo dos "novos filósofos", o coquetel 68 se encontra bem edulcorado, o frasco será conservado, mas não contém mais álcool. Régis Debray já denunciara o fenômeno em 1978.[14] Por ocasião do décimo aniversário, ele se dedicou a essa história de amor diferida entre uma certa intelligentsia e a burguesia emergente. Após Maio, o traje Mao era apenas um traje à fantasia. Mao-Maio abria-se para um vasto espaço e acesso ao multimapa *made in USA*. O próprio André Glucksmann conta sua metamorfose e suas três saídas decisivas: a do PCF, com 19 anos; saída à rua em Maio 68 ("É a minha segunda saída"); e finalmente: "A terceira me mostrará que se corre o risco, mesmo ao ar livre, de reconstruir sua prisão teórica e marxista".[15]

O acontecimento-ruptura fora apenas um momento de adaptação da modernidade de um capitalismo durante muito tempo adormecido, momento de autoajuste. A passagem por Pequim para saborear melhor as delícias californianas do Vale do Silício. O entre-dois-Maio teria provocado um entre-dois-mares? Os atores de Maio teriam sido enganados como o fora Simone de Beauvoir. Dentro dessa perspectiva, eles não teriam jogado pedras contra a sociedade de consumo, contra a atomização do corpo social, mas, ao contrário, por seu advento. Os ardis da Razão baralharam as cartas de uma revolta míope. Relegando para o museu de história a velha França de Papai-Pétain e sua trilogia Trabalho-Família-Pátria, o movimento de Maio permitira realizar, através de uma revolta suave, *soft*, a passagem da burguesia do Estado autoritário para a nova burguesia financeira, liberal e moderna. Esse grande rebuliço primaveril permitira recuperar o atraso

---

11 Viansson-Ponté, *Génération perdue*, p.15-6.
12 Le Dantec, *Les Dangers du soleil*.
13 Ibid., p.279.
14 Debray, *Modeste contribution aux discours et cérémonies du 10ème anniversaire*.
15 Glucksmann, *L'Express*, 18 jul. 1977.

Renascimento do acontecimento

acumulado por uma velha França rural, artesanal, laboriosa, convertida tardiamente às tecnologias modernas.

Na década de 1980, teremos duas versões para essa tese ajustável à modernidade. A tese economista, a de Alain Minc que exalta "um capitalismo consoante 68"[16] onde ele vê a possibilidade de novamente dinamizar um sistema em crise de letargia através de uma criatividade que deve recomeçar da base entre aqueles que querem ir adiante e assim fazer a revolução todos os dias, como diziam as publicidades pós-68. Em maio de 1968, refizeram o mundo, na década de 1980, refizeram sua cozinha! Alain Minc vê nos contestadores do passado, reconvertidos ao liberal-liberalismo, o canteiro que deve permitir sacudir o coqueiro dos arcaísmos de renda, terrenos, pré-industriais e preparar o caminho para uma França mais forte, conquistadora, empreendedora, para uma França vencedora.

Evidentemente, o instrumento revolucionário se transformou, não é mais o paralelepípedo ou a barricada, mas o mercado e a tecnologia. Paul Yonnet toma a mesma direção quando apresenta 68 como um movimento profundamente adaptador, alavanca de uma revolução liberal, movimento inervado em seus componentes centrais pelo anticomunismo.[17] A outra tese, de teor sociológico, é a de Gilles Lipovetsky.[18] Para ele, Maio 68 permite a eclosão do individualismo narcisista. Em Maio, faça o que lhe agrade, lembra Gilles Lipovetsky que remete à insignificância a busca constante da ação coletiva, o ideal de solidariedade das diversas manifestações, reuniões, assembleias de Maio. Movimento tolerante por detrás da anulação dos dispositivos, sejam eles gaulistas ou comunistas, teve como mola apenas o advento do ego. Essa tese nos oferece uma interpretação neo-tocqueviliana da continuidade prevalente sob a aparência de uma ruptura que se dissipa como qualquer espuma com o tempo. Sob a ilusão de uma revolução social mimética, Maio 68 revela aqui seu significado no advento da pós-modernidade, no final da história, o fim das rupturas e o simples desejo de comunicação, momento de surto de hedonismo querendo usufruir da sociedade do livre-serviço. Logo, uma revolução sem revolução. Insurreição da pluralidade, da diferença contra os códigos prescritivos.

Essa imagem de Maio, conduzida pelo discurso mantido pelo próprio movimento, não sofreu completa alteração do significado conferido pelos

---

16 Minc, *L'Avenir en face*.
17 Yonnet, Le mystère 68, *Le Débat*, maio-ago. 1988.
18 Lipovetsky, *L'Ère du vide*.

atores de Maio em relação ao que eles viviam? Se os paralelepípedos foram enterrados sob a areia da praia, se Maio não passou de um meio para a obtenção de uma residência secundária, podemos então perguntar porque os franceses dão tanta importância ao acontecimento julgado de segunda maior importância depois da Segunda Guerra Mundial como revelado por uma pesquisa do *Le Monde* publicada em Maio 1988. Surpreendente contradição para todos aqueles que trabalham para eliminar Maio; os franceses, em 1988, colocam o acontecimento Maio 68 como um acontecimento mais importante do que a Guerra da Argélia, do que o crescimento, a crise ou a guerra árabe-israelense.

O que parece cada vez mais evidente, é que Maio 68 é indissociável de suas diversas facetas, de suas diversas apropriações e tentativas de recuperação ou de detração. Certamente, com Cornélius Castoriadis, é possível se questionar sobre essa alteração do próprio significado dos acontecimentos de Maio, o dos atores, que apaga "as semanas de fraternização e de solidariedade ativa", "essa formidável re-socialização".[19] Essas diversas disparidades de interpretação, essas várias narrações que reorganizam o acontecimento são, no entanto, indissociáveis. Elas próprias formam a trama do acontecimento pois 68, é igualmente a esses fogos de artifício que modificam constantemente os contornos de Maio. A questão da fixação do acontecimento é importante e a multiplicidade dos discursos observados contribui para liberar a imagem que a história manterá desse momento, que vai além da alteração de suas linhas. O significado de Maio continua sendo elaborado e ao mesmo tempo, em cada comemoração o significado tenta se fixar nas memórias. Como observou Alain Touraine por ocasião do vigésimo aniversário: "É agora que a imagem de 68 vai se instalar na história e se fixar".

O quadragésimo aniversário comprovou que não havia fixação definitiva e que a questão continua viva e presente. São necessários quarenta anos para ter tempo para refletir? Um certo número de publicações mostram o desejo de examinar o próprio acontecimento sem o invólucro que lhe foi agregado durante esse espaço de tempo. É a intenção declarada de Jean-François Sirinelli:

> O historiador deve eliminar a camada de julgamentos e de afetos que recobrem esse acontecimento antes de tentar examiná-lo na sua realidade

---

19 Castoriadis, Les Mouvements des années soixante, *Pouvoir*, n.39, 1986, p.108-9.

complexa e sem grande ligação com os comentários suscitados há quase quarenta anos.[20]

Longe dos anátemas e das declarações de auto-heroicização narcisista, alguns analistas políticos reuniram em 2008 uma série de estudos sobre esse acontecimento enigmático, tentando misturar as contribuições das ciências sociais para esclarecer a natureza e os problemas evitando os clichês bem numerosos que atrapalham o olhar.[21] Os autores logo levaram a sério a caracterização, em junho 1968, de Michel de Certeau, que declarara que em Maio tomaram a palavra do mesmo modo que em 1789 tomaram a Bastilha.[22] Primeiramente, os autores revisitam o que foi Maio 68 por seus atores, o que os obriga a rememorar a perspicácia muitas vezes edulcorada de um movimento radical de ruptura, qualificada por Certeau de "instauradora". Esse retorno ao próprio acontecimento que enfatiza o dizer dos atores não significa, no entanto, uma regressão fatualista porque a obra, na sua tentativa de compreensão do enigma, recoloca Maio-Junho no seu antes e no seu depois, tentando desfazer o que poderia se transformar em invólucro explicativo mecânico. Similar ao tratamento dado por Timothy Tackett à fuga do rei Luís XVI, trata-se de restituir o acontecimento às suas incertezas, às suas hesitações e às dos atores. É mais uma questão de se perguntar como o acontecimento ocorreu do que perguntar o porquê, restituindo "o inaudito" que aciona as linhas do que é considerado legítimo ou ilegítimo: "A presente obra está mais perto da ruptura de inteligibilidade vivida pelos contemporâneos do acontecimento.[23] Mas, ao mesmo tempo, esses múltiplos esclarecimentos continuam atentos ao antes e ao depois, graças aos estudos até então ignorados como o questionamento das fronteiras entre o normal e o patológico que se realiza após a guerra de 1939-1945 e que obtém, com os trabalhos de Canguilhem, uma exemplar ilustração da contestação das categorias tradicionais.

Esse quadragésimo aniversário foi também a ocasião da realização de um verdadeiro trabalho de historização, com as publicações da historiadora Michelle Zancarini-Fournel, que explorou a riqueza dos arquivos do período posterior ao perímetro do *Quartier Latin*. Ela tira daí uma narrativa que

---

20 Sirinelli, *Mai 68. L'évenement Janus*, p.12.
21 Damamme; Gobille; Matonti; Pudal (dir.), *Maio-junho 68*.
22 de Certeau, *La Prise de parole et autres écrits politiques* (1968), p.40.
23 Damamme; Gobille; Matonti; Pudal (dir.), op. cit., p.22.

causa um alargamento tanto espacial quanto temporal do acontecimento[24] e um estudo de ordem historiográfica de Maio 68.[25] Esse momento 68 tinha sua lenda dourada, seus teóricos entusiastas (Castoriadis, Deleuze, Foucault, Lefort, Touraine, Morin, Gorz etc.). O acontecimento tem agora sua lenda negra,[26] e todo interesse do estudo de Serge Audier é de fazer a genealogia, a dos pensamentos hostis a 68. Ele parte da declaração de Nicolas Sarkozy durante a campanha presidencial de 2007, anunciando a liquidação de Maio 68:

> Os herdeiros de Maio 68 impuseram a ideia de que tudo era válido, que não havia doravante nenhuma diferença entre o bem e o mal, nenhuma diferença entre o verdadeiro e o falso, entre o belo e o feio. Eles tentaram convencer que o aluno equivalia-se ao mestre [...] que a vítima contava menos do que o delinquente [...] Não havia mais valores, nem mais hierarquia [...] Nessa eleição, trata-se de saber se o legado de Maio 68 deve ser perpetuado, ou se deve ser liquidado uma vez por todas.

Serge Audier mostra que o espírito liquidador já tem a idade do acontecimento, ou seja, 40 anos, que ele é prolífero e emana de horizontes bem diversos. Com esse estudo, temos um verdadeiro trabalho de restituição de todos os ataques frontais contra "o narcisismo" presumido dos atores de 68, assim como das empresas de recuperação que viram nessa explosão o advento de um capitalismo nos moldes de 68, uma modernização liberal demolindo o mundo antigo. É a versão hedonista igual a de Gilles Lipovetsky ou Jean-Claude Michéa.[27] Todo um pensamento liberal, alimentado pela obra de Tocqueville, pretende, por sua vez, virar logo a página. Régis Debray zomba em 1978 da revolução de colarinho Mao que tomou o caminho da China para americanizar melhor a França. Essa obra se tornará certamente uma importante contribuição na elaboração da profundidade historiográfica de Maio 68. A esse respeito, todas essas leituras, tanto pró quanto anti, participam do significado sempre em aberto dessa ruptura instauradora. O significado de um acontecimento se situa, por um lado, no discurso dos atores, mas também nos seus vestígios, na sua posteridade e

---

24 Artières; Zancarini-Fournel, *68: une histoire collective.*
25 Zancarini-Fournel, *Le Moment 68: une histoire contestée* (2008).
26 Audier, *La Pensée anti-68. Essai sur les origines d'une resturation intellectuelle.*
27 Michéa, *L'Enseignement de l'ignorance et ses conditions modernes.*

não na postura de pedestal sacralizado e delatador. Como afirma a revista *Le Débat* por ocasião de seu número consagrado aos quarenta anos do acontecimento: "Maio 68 é um desses acontecimentos cujo papel é inseparável de suas memorizações e das releituras e do qual ele continuou a ser objeto para seus atores e para os outros".[28] O número da revista *Esprit* publicada por ocasião dessa comemoração é, a esse respeito, exemplar quanto ao caráter muito contrastante das interpretações possíveis desse acontecimento feitas entre a ideia de anos utópicos, de um lado e de anos parasitas, do outro lado.[29] Imparcialmente, a revista apresenta as mais diversas teses, conserva seu ponto de interrogação e faz assim a prova da riqueza própria ao conflito das interpretações.

Jean-Pierre Rioux, ao apresentar o dossiê da revista que ele fundou, *Vingtième Siècle*, encontra juntamente com Jean-François Sirinelli a metáfora mais justa para evidenciar essa eficácia do vestígio do acontecimento dentro de sua pluralidade, com a ideia de "sombra carregada". Partindo da definição do dicionário *Littré*, segundo a qual a sombra carregada se refere a "toda sombra que um corpo projeta sobre uma superfície e a sua imitação feita em um desenho", Jean-Pierre Rioux acrescenta:

> O "corpo", aqui, é o próprio acontecimento de Maio 68, na França, na sua polifonia e na sua cacofonia, suas promessas e seus fracassos. A "superfície"? A sociedade francesa a partir de 1968, ao longo das quatro décadas que nos separam dele.[30]

É importante, portanto, levar em conta essa sombra que não para de se deslocar, de se metamorfosear e, ao mesmo tempo, convém confrontar nessas retomadas posteriores, diante do próprio acontecimento reapreendido na sua força eruptiva, como uma dobra que cria por si o possível: "É a esse preço que a sombra carregada será mais bem circunscrita e que o prisma, talvez, se irisará".[31]

Esse "caso" do acontecimento 68 é, sob esse aspecto, esclarecedor da repercussão polissêmica do acontecimento e de sua resistência a qualquer forma de captura teórica ou ideológica. Torna-se assim manifesta a

---

28 Mai 68, quarante ans après, *Le Débat*, n.149, mar.-abr. 2008, p.3.
29 Autour de 1968: années utopiques, années parasites?, *Esprit*, maio 2008.
30 Rioux, L'événement en surplomb, *Vingtième Siècle*, n.98, abr.-jun. 2008, p.3.
31 Ibid., p.4.

irredutibilidade do acontecimento na sua ocorrência no tempo objetivo. Nesse sentido, podemos afirmar, ao contrário de Furet quando ele declarava que "a Revolução Francesa terminou", que o acontecimento Maio 68, como, aliás, qualquer acontecimento detentor de uma multiplicidade de vestígios, não terminou. Evidentemente, seus autores estão biologicamente destinados a desaparecer e com eles as possibilidades de novos depoimentos diretos, mas o conflito de interpretações prosseguirá, retomando sob novas configurações de sentido os conflitos que possibilitaram a oposição dos próprios atores históricos, exibindo também, no entanto, algumas virtualidades, algumas promessas abrigadas em suas ações, mas não cumpridas até então e que nos cabe honrá-las enquanto estiver em nosso poder.

A faculdade de exprimir o acontecimento é, portanto, possível, e ela é prolífera. Renunciar a isso seria não aderir a nossa condição de seres históricos. Mas ainda é preciso medir os obstáculos, os limites e para isso a hermenêutica crítica nos convida a sermos revisionistas no bom sentido do termo, isto é, portadores de uma verdade sempre revisável em função das descobertas arquivistas, das flutuações memoriais e das novas questões formuladas a partir do presente. A contribuição da hermenêutica crítica foi acrescentar à insistência sobre o surgimento do novo, do irredutível, que valorizaram de maneira diferente tanto a fenomenologia husserliana quanto a metafísica deleuziana, a necessária mediação da inteligência narrativa, a narrativa como alternância de acesso ao acontecimento passível de valor generalizante. O interesse dessa abordagem foi despertar o interesse do historiador do antes do acontecimento (suas causas) ao após (seus vestígios), transformando ao mesmo tempo a distância temporal entre passado e presente em extraordinária mina de sentido e potencialidades ainda inéditas.

III
Um construtivismo

Uma lição a ser assimilada do importante papel desempenhado pela mídia na fabricação do acontecimento é a indeterminação de sua natureza e sua construção progressiva. Essa constatação deve ser aludida à maneira de ler os acontecimentos do passado. Como dizia Raymond Aron: "É preciso dar ao passado a incerteza do futuro". Essa desfatalização do passado permite ao historiador voltar às situações singulares para tentar explicá-las, sem pressuposição de um determinismo *a priori*. É a abordagem preconizada pelo filósofo Alain Boyer. Ele baseia sua crítica radical do positivismo nas obras de Weber e Popper conforme vários eixos. Em primeiro lugar, e contrariamente ao positivismo, ele considera que o que não é científico não é necessariamente desprovido de sentido e que a realidade observável não abrange todo o real, tecido de partes obscuras. Alain Boyer opõe ao modelo indúctil do positivismo, a hipótese popperiana da primazia da teoria sobre a experiência, que conserva, no entanto, um papel crucial, de colocar as hipóteses à prova.[1] Ao contrário da tese desenvolvida por Jean-

---

1 Boyer, *Introduction à la lecture de Popper.*

-Claude Passeron, segundo a qual, o paradigma popperiano define apenas um espaço próprio das ciências da natureza,[2] Alain Boyer considera que não há modelo científico popperiano. Esse almeja apenas estabelecer uma instituição científica baseada no racionalismo crítico e na qual os combates, as controvérsias podem ser resolvidas.

A análise de Popper em matéria de estudo da acontecimentalidade [*événementialité*] se caracteriza por uma atenção particular à lógica das situações. O historiador deve colocar o problema da natureza do ambiente dos problemas dos agentes em um determinado momento, o que permite fazer das hipóteses explicativas, ações em função das tentativas de solução sob pressão: "A análise situacional estabelece como objetivo a explicação do comportamento humano como conjunto de tentativas de soluções de problemas".[3] Essa análise situacional se apresenta como uma ecologia generalizada que objetiva construir uma teoria das decisões. Ela requer que os agentes se determinem de maneira racional, não que suas ações se remetam à Razão, mas simplesmente que ela "seja dirigida para uma finalidade".[4] A noção de situação não funciona como determinismo; ela não se refere a nenhum rigor. Assim, a mesma montanha será percebida diferentemente e mesmo contraditoriamente pelo turista, pelo alpinista, pelo militar ou pelo agricultor. Aliás, as restrições situacionais são mais ou menos fortes sobre a ação humana.

Quanto mais a sociedade é aberta, mais as disposições individuais têm oportunidade de se desdobrarem no interior de um vasto campo de possíveis.[5] Essa indeterminação é absolutamente essencial para pensar vários possíveis na escolha dos agentes da história:

> Explicar uma situação histórica resulta em mostrar as potencialidades e a explicar porque as disposições dos agentes as levaram a agir de uma tal maneira que algumas consequências dessas ações transformaram a situação de um modo que eles não podiam prever.[6]

Essa abordagem implica, portanto, romper com as formas de determinismo em uso. A abordagem popperiana recusa qualquer teodiceia ou sociodiceia, logo, qualquer forma de historicismo que pressuponha o

---

2 Passeron, *Le Raisonnement sociologique. L'Espace non-poppérien du raisonnement naturel.*
3 Boyer, *L'Explication historique*, p.171.
4 Ibid., p.175.
5 Popper, *The Open Society and its Enemies.*
6 Boyer, *L'Explication historique*, p.182.

desdobramento no tempo das leis históricas. Popper visa aqui uma concepção essencialista da explicação histórica segundo a qual o historiador possa atingir "descrições autoexplicativas de uma essência".[7] Alain Boyer substitui essas leis que pretendem subsumir as situações históricas por uma atenção dada à noção há muito tempo negligenciada de intencionalidade.

Os trabalhos de Jon Elster[8] e de Philippe Van Parijs[9] levantam a questão complexa da racionalidade individual, da intencionalidade. Trata-se de encontrar o espaço dos possíveis dentro do passado para esclarecer as razões que levaram a uma ou outra direção escolhida. As restrições que pesam sobre a ação resultam primeiramente da situação que a torna possível ou não, é a restrição estrutural. Em segundo lugar, as regras, as normas ou convenções orientam a escolha dos atores. A sociologia de Elster e de Van Parijs favorece a introdução de um terceiro filtro, o da escolha racional, da motivação inerente aos atores. O horizonte intencional permite considerar a noção de efeito inesperado e de evitar assim a armadilha do psicologismo. Nesse nível, observamos a função que Popper concede à ciência teórica que tem como objetivo principal "determinar as repercussões sociais não intencionais das ações humanas intencionais".[10]

Na realidade, é possível multiplicar os casos de efeitos inesperados. E também das antecipações autorealizadoras. Merton já mostrava em 1936 como a atitude dos sindicatos americanos, ao impedir a contratação de trabalhadores negros sob a alegação que eles tinham tendência em furar as greves, teve como efeito perverso que, sem trabalho, esses trabalhadores negros se tornaram efetivamente o que os sindicatos queriam evitar. É um belo exemplo de antecipação autorrealizadora. Popper dá um nome mais simpático a isso: "o efeito Édipo". Existe também, mais frequentemente, o que chamamos de efeito Cournot, isto é, o reencontro fortuito de várias séries causais independentes que provoca um efeito inesperado. Esse tipo de acaso depende de uma abordagem puramente descritiva pois é possível apenas constatar o fato contingente, sem poder relacioná-lo com qualquer sistema causal ou razão humana para explicá-lo.

Essa abordagem situacionista é também muito pregnante nas ciências cognitivas que apoiam suas investigações na racionalidade situada. Esse

---

7 Popper, *Objective Knowledge*, p.195.
8 Elster, *Le Laboureur et ses enfants*.
9 Parijs, *Le Modèle économique et ses rivaux*.
10 Popper, *Conjectures and Refutations*, p.342.

tema contribui para o ressurgimento da questão da temporalidade, muitas vezes eliminada da perspectiva cognitiva. Jean-Pierre Dupuy faz a demonstração que a escolha racional no sentido amplo – e os paradoxos sobre os quais ela se sustenta – revela, não obstante, a existência de uma dupla temporalidade. Baseia-se, o mais comumente, sobre um princípio metafísico de rigidez do passado em relação à ação livre, tal qual é possível encontrá-lo no princípio de racionalidade, sustentado por Maurice Allais, segundo o qual "só o futuro conta". Mas, na maioria das vezes, os atores transgridem esse princípio que não poderia, portanto, pretender uma validade universal. Jean-Pierre Dupuy distingue duas formas de racionalidade irredutíveis uma da outra e que provêm de duas concepções diferentes do tempo.[11] Essas duas modalidades de temporalidade diferem da questão da natureza do passado. Por um lado, a rigidez do passado parece constituir a própria essência da racionalidade. Jean-Pierre Dupuy qualifica essa temporalidade de "tempo da história", o que aliás é um pouco excessivo pois, se essa relação consequencialista que define um passado como objeto fixo e um futuro aberto corresponde exatamente a um momento da produção e da definição da profissão de historiador, não está mais fundamentada, há muito tempo, nessa dicotomia. Em relação a essa rigidez do passado, Jean-Pierre Dupuy defende, por outro lado, a tese segundo a qual o ser humano possui a experiência de uma outra temporalidade que ele qualifica de "tempo do projeto". Esse tem um caráter demiúrgico e abre para uma temporalidade mais paradoxal, que temos o hábito de situar ao lado da irracionalidade. O ator se coloca em situação de exterioridade em relação a ele próprio para se munir de um poder sobre seu passado baseado no "raciocínio retrógrado a partir do horizonte" (*backwards induction*).

Esse tempo do projeto, Jean-Pierre Dupuy o especifica como apreensão propriamente humana da temporalidade. Ele permite encontrar uma articulação entre a racionalidade e o horizonte ético do agir. A partir dessa vinculação é possível detectar uma racionalidade nas práticas sociais que foram remetidas às manifestações irracionais na visão da concepção tradicional da temporalidade, segundo a qual é, na realidade, irracional o fato do indivíduo votar numa democracia moderna, já que a probabilidade de mudar o curso do escrutínio através do seu voto é infinitesimal. Esse "paradoxo do voto" não pode ser resolvido segundo o paradigma causalista.

---

11 Dupuy, Two Temporalities, Two Rationalies: A New York at Newcomb's Paradox. In: Bourgine; Walliser (orgs.), *Economics and Cognitive Science*.

Somente o reflexo ético e uma temporalidade do projeto permitem pensar a atitude dos eleitores como proveniente de uma temporalidade diferente, qualificada de raciocínio "evidencialista".[12]

A temporalidade induzida pelo estudo da ação situada é quase sempre uma temporalidade curta nos trabalhos situados na filiação do interacionismo e da etnometodologia. A suposta plasticidade no modelo de competência dos atores envolve a utilização de sequências curtas de observação. É o meio de prestar toda a atenção necessária aos desníveis que permitem passar de uma situação a outra. A temporalidade pertinente do modelo de Luc Boltanski e de Laurent Thévenot[13] se desdobra para pensar essa mudanças. Ela contém uma temporalidade superficial correspondente aos motivos declarados pela ação e uma temporalidade profunda que define as disposições, as competências do ator, situando-se ao nível inconsciente da ação. Esse modelo concede um tal privilégio à situação, ao momento, que é capaz de esquecer o enraizamento histórico. Isso corresponde à recusa de uma entrada através da história que seria substitutiva de um trabalho analítico. Portanto, sobre esse plano, Boltanski e Thévénot se indagam sobre as categorias analíticas da história para melhor compreender como o tempo é inserido no interior dos artefatos coletivos da ação. Eles se interessam sobretudo, ao próprio instante do acontecimento, pois eles se questionam como o passado se mantém como referência. Esquecer a história torna-se, portanto, um momento metodológico necessário para valorizar as mutações perceptíveis e para não pressupor rigidezes factícias. Mas, em seguida, deve-se ainda articular e redistribuir os diversos tipos de temporalidades. Essas não são postuladas; elas são midiatizadas pelo desenrolar da narrativa, pelas justificativas das pessoas engajadas no presente. Em segundo lugar, o modelo sociológico de análise de Boltanski e Thévénot revisita a tradução, não dentro de uma perspectiva historicista, mas para "fazer a ligação entre uma tradição de textos e uma pragmática do julgamento".[14] A sociologia da ação articula sobre esse plano suas investigações, ao que Gadamer dá o nome de "a eficiência do tempo histórico".[15] Ela tem, ademais, para Gadamer, a própria estrutura da experiência.

---

12 Quattrone; Tversky, Self-Deception and the Voter's Illusion. In: Elster (org.), *The Multiple Self.*
13 Boltanski; Thévenot, *De la justification.*
14 Dodier, Agir dans plusieurs mondes, *Critique*, n.529-530, jun.-jul. 1991, p.457.
15 Gadamer, *Vérité et méthode*, p.191.

Os economistas das convenções participam também da reflexão sobre os diversos modos de temporalidade nos quais estão inseridos os acontecimentos. Ao contrário dos economistas do modelo padrão segundo os quais a historicidade não tem *status* pois a qualquer momento o indivíduo pode, em toda liberdade, fazer a escolha que lhe parecer preferível, os economistas das convenções aprofundaram a reflexão sobre o papel da historicidade na fabricação de situações irreversíveis, de configurações institucionais estabilizadas. Eles ajustaram os modelos formalizados como os da "dependência do caminho" (*past dependancy*) ou a noção de pequenos acontecimentos (*small events*). Essas noções lhes permitiram conciliar o inesperado, o contingente, as irreversibilidades, com a fabricação de configurações estabilizadas.

Desse ponto de vista, a economia da mudança técnica trouxe algo absolutamente interessante ao assinalar o papel desempenhado pelas escolhas técnicas naquilo que os economistas chamam de "situações travadas". As escolhas técnicas feitas sem consulta acabaram fabricando, devido à própria dinâmica, irreversibilidades que predeterminam os comportamentos ulteriores. Sem vínculo linear de interação entre dois momentos das decisões, é a própria lógica das escolhas técnicas que predetermina quase sempre as escolhas seguintes. A observação e a descrição do que acontece tornam-se a forma mais apropriada para captar os efeitos concretos dessa lógica situacional, como demonstram os trabalhos de Bruno Latour e de Michel Callon sobre as inovações tecnológicas.[16]

Como já vimos, é preciso se preservar da tentação em considerar as mídias como órgãos de mera manipulação que teriam total poder para fabricar o que lhes é externo. Elas apenas refletem o que elas pressupõem como merecedor de interesse para o público, antecipando suas expectativas para uma melhor resposta, com todo o caráter aleatório desse gênero de antecipação. À proporção em que o acontecimento é concebido como uma ruptura com a rotinização da vida comum, a mídia tende em conceder uma importância particular a tudo o que endossa um caráter excepcional, levado ao rádio ou à televisão graças à sua capacidade disruptiva. O modelo do fluxo contínuo de informações, como o iniciado pela CNN, favorece essas rupturas de ritmos evocativas de um acontecimento que quebra o curso regular do tempo com a prática das *breaking news*. A tela se concentra, então, em um acontecimento em curso, ao vivo, e o telespectador assiste à

---

16 Callon (org.), *La Science et ses réseaux*.

Renascimento do acontecimento

própria emergência e à decifração progressiva do que está ocorrendo, em geral, como dramático. Essa construção do acontecimento em tempo real provoca um verdadeiro embate das temporalidades inerentes, geralmente, à compreensão do que é um acontecimento histórico, fundamentalmente dependente de narrativa composta geralmente *a posteriori*:

> É preciso distinguir claramente um acontecimento da ocorrência que lhe dá nascença [...] Um acontecimento é uma culminância. Ele é ritmado como uma partitura musical de três tempos, o tempo da emergência, o da exigência de sentido e o do reconhecimento.[17]

Este esmagamento das temporalidades em um presente hipertrofiado foi vivido mundialmente por ocasião da tragédia de 11 de setembro de 2001. E de maneira mais eufórica, com a queda do muro de Berlim projetado como o fim de um mundo e o advento de um novo mundo. A televisão cobriu o acontecimento ao vivo, privilegiando a retransmissão apenas das imagens, sem comentários, a força do acontecimento se revelando simplesmente na tela e resultando em uma hiperbolização do presente: "A partir de 20h, tudo é histórico, a história está presente".[18] O dia 9 de novembro de 1989, com a reprodução em imagem da queda do Muro, marcara a redefinição do acontecimento; a partir daí passou-se a considerar que o acontecimento é o que acontece diante dos olhos dos telespectadores. "Nisso, a queda do Muro provou ser o prelúdio da reprodução em imagem dos acontecimentos ininterruptamente".[19] A comunhão entre Oriente e Ocidente reunidos nessa ocasião inesperada cede lugar à uma pura emoção e prescende de qualquer comentário nessa transmissão direta vivida de um extremo a outro do Muro. Jocelyne Arquembourg-Moreau observa precedentes desse embate nos anos cinquenta e situa a ruptura no momento em que a televisão transmitira ao vivo o coroamento da rainha Elisabeth II da Inglaterra, em 2 de junho de 1952. Esses minutos históricos proporcionaram a expressão fervorosa do entusiasmo popular, com o sentimento de "viver a história em tempo real".[20] Rompendo com a tradição da realeza, o povo esteve presente, através dessa

---

17 Arquembourg-Moreau, *Le Temps des événements médiatiques*, p.49.
18 Veyrat-Masson, La Conscience historique face à la réalité médiatique. In: Fleury-Vilatte, *Récit médiatique et histoire*, p.98.
19 Freissinier, *La Chute du mur de Berlin à la télévision française. De l'événement à l'histoire, 1961-2002*, p.236.
20 Arquembourg-Moreau, op. cit. p.23.

comunhão televisual, vivendo ao vivo a cerimônia anteriormente vivida unicamente por alguns dignitários privilegiados. O público participa desse deslumbramento, desse mundo encantado que a tela mostra como "ornado com uma auréola".[21]

Esse tempo que sofre uma espécie de precipitação para o presente, tornando-se simultaneamente passado e futuro realiza atualmente o que George Mead pressentia nos anos 1930, que "o presente é ao mesmo tempo o lugar da realidade e o lugar onde se constituem o passado e o futuro".[22] Através dessa conexão das três temporalidades do acontecimento, os responsáveis por sua transmissão tentam controlar o seu sentido; essa tentativa, portanto, está longe das denúncias de manipulação, de perversão de um suposto sentido, já-lá:

> A transmissão ao vivo não é, como foi dito muitas vezes, a ferramenta privilegiada de uma encenação do acontecimento, mas sim, bem ao contrário, um moderno exorcismo do acontecimento que deve reduzi-lo a situações controláveis ou a fatos controláveis.[23]

Existe aí uma mutação radical em relação ao que se praticava nos anos 1960 na televisão, no tempo do famoso programa "Manchetes do dia", que tinha como objetivo compreender e explicar o que tinha sido acontecimento numa fase ulterior ao seu feito: "Esse outro olhar da informação não 'vê' mais do mesmo modo como antes. Ele descobre o invisível de um universo oculto que subtende o acontecimento".[24] A investigação do jornalista consiste em buscar por baixo das aparências o que permite tornar inteligível o acontecimento.

Os estudos históricos revelam na trama das experiências passadas o caráter de surpresa, a abertura súbita para um outro mundo, o caráter disruptivo sobre o qual insistem os fenomenologistas a respeito do acontecimento. Em relação à declaração da primeira guerra mundial em 1914, Yves Pourcher observa ao longo dos dias, seguindo de mais perto as oscilações de opinião, a que ponto o assombro é grande e provoca uma reversão da situação, na qual, em poucas horas, a totalidade dos organismos constituídos

---

21 Dayan; Katz, *La Télévision cérémonielle*, p.2.
22 Mead, citado por Jocelyne Arquembourg-Moreau, op. cit., p.60.
23 Arquembourg-Moreau, op. cit., p.62.
24 Brusini; James, *Voir la vérité*, p.108.

adquirem novas configurações apropriadas a esse novo tempo de guerra. A declaração de guerra enquanto discurso endossa imediatamente um extraordinário poder performático.[25] A mídia que deve divulgar o acontecimento procura tanto comunicar o seu sentido quanto dominar o seu impacto. Ela suporta, como a própria opinião, essa reabertura do mundo que lhe cabe reorganizar, domar e pacificar.

Em relação internalizada com o acontecimento que se produz, a mídia traz em si uma série de discursos. Sua construção do acontecimento passa pela combinação de vários gêneros discursivos a serem diferenciados para acompanhar o processo de comunicação.[26] A atividade midiática de informação começa pelo imperativo da transmissão de um saber em forma de mensagem ou de reportagem que têm como função comprovar o que realmente aconteceu dentro de uma perspectiva puramente informativa. A intenção persuasiva se encontra no comentário, no editorial, na análise, enquanto que a intenção sedutora depende de uma estratégia de escrita "que libera uma subjetividade, a partir daí assumida, atingindo seu mais alto grau na 'crônica' depois na 'nota'".[27] A evolução experimentada pela imprensa é a de uma redução em uma mesma página de informações, fornecidas cada vez mais sucintamente, em enquadramentos cada vez mais apertados, tudo integrado em processo ubiquitário que concede cada vez menos lugar ao contexto que dirige a aparição do acontecimento para melhor ressaltar o caráter repentino da emergência desse último. A temporalidade do "tempo real" teria aí também um efeito importante, substituindo a vontade de completude, de objetivação racional do mundo por um outro imperativo, o de uma disponibilidade imediata à recepção de notícias reduzidas ao seu núcleo informacional. A intenção de totalização fora abandonada em prol de uma eclosão da informação. Assistiríamos assim "a uma mutação das bases do imaginário de soberania que se associa à leitura da imprensa escrita".[28] A aspiração segundo a qual o leitor ganharia em compreensão seria substituída pelo imperativo de que nada deve ficar desconhecido.

A ocorrência acontecimental [*événementielle*] fica, então, estreitamente dependente do tipo de função discursiva no qual ela será integrada, ela sofre também o filtro de diversos arranjos antes de chegar ao público. Desse

---

25 Pourcher, *Les Jours de guerre. La Vie des Français au jour le jour entre 1914 et 1918.*

26 Lochard, *L'Information télévisée. Mutations professionnelles et enjeux citoyens.*

27 Id., Genres rédactionnels et appréhensions de l'événement médiatique. Vers un déclin des modes configurants?, *Réseaux*, n.76, mar.-abr. 1996, p.83-102.

28 Ibid., p.99.

modo, é possível distinguir no plano jornalístico, os promotores, os compiladores e os consumidores de informações. É no centro desse processo, o da compilação, que se situa a fabricação midiática. Definindo uma tipologia de acontecimentos públicos de ordem diferente como o acontecimento de rotina, o feliz acaso, o escândalo ou o acidente dentro de uma vinculação reivindicada a Garfinkel, Harvey Molotch e Marilyn Lester que consideram que "as mídias não refletem um 'mundo exterior', mas "as práticas daqueles que têm o poder de condicionar a experiência dos outros".[29] Essa constatação leva a uma alteração na sua abordagem das mídias. Em vez de partir em busca de saber qual é a realidade efetiva que se esconde em seus discursos, eles se indagam sobre qual seria a estratégia de comunicação usada para criar uma realidade no lugar de uma outra.

Quanto ao qualificativo do acontecimento como histórico, ele exige um pouco mais de tempo, uma certa distância temporal. Mais aí também, o tempo real sustentado pelas mídias mudou a situação, Jean-François Sirinelli menciona esse paradoxo a respeito do 11 de setembro de 2001 logo designado como acontecimento histórico enquanto acontecimento-mundo: "A equação que explica o acontecimento-mundo associa essa instantaneidade permitida pelo progresso técnico à dilatação geográfica igualmente induzida por ele".[30] A propósito de um acontecimento mais eufórico, o dos primeiros passos sobre a Lua, vivenciado graças às mídias do mundo inteiro, a antropóloga Margaret Mead já observara naquela época: "Estamos nos aproximando de uma cultura mundial".[31] O cientista político Olivier Ihl também voltou toda sua atenção para a importância da midiação que o acontecimento sofre ao passar por um verdadeiro tratamento antes de ser levado ao espaço público: "A natureza de um acontecimento deriva primeiramente de seu tratamento: aos confrontos entre aqueles que podemos chamar de agentes de exemplaridade (jornalistas, historiadores, professores)".[32] É o que podemos chamar de "empreendedores de reputação".[33]

Mas, ao querer fazer acontecimento, a mídia tende a acelerar ao extremo os vaivéns das notícias se chocando e caem como um verdadeiro dilúvio sobre os telespectadores e ouvintes, sem nenhum trabalho de colocá-las em

---

29 Molotch; Lester, Informer: une conduite libérée, *Réseaux*, n.75, jan.-fev., 1996, p.23-41.
30 Sirinelli, L'événement-monde, *Vingtième siècle*, out.-dez. 2002, p.36.
31 Mead, *Le Fossé des générations* (1970), p.11.
32 Ihl, Socialisarion et événements politiques, *Revue Française de Science Politique*, n.2-3, abr.--jun. 2002, p.139.
33 Fine, *American Journal of Sociology*, v.101, n.5, 1996, p.1159-93.

Renascimento do acontecimento

perspectiva conforme uma temporalidade do instantâneo. Essa avalanche acontecimentalizante [*événementialisante*] tem sobretudo o efeito paradoxal de matar o acontecimento na sua profundeza segundo os mecanismos daquilo que se começa a ser chamado de IGV, a informação de grande velocidade. Essa evolução torna ainda mais necessário o questionamento sobre a relação da imagem e do som com diversos tipos de temporalidades. Gilles Deleuze já identificara um corte entre a imagem-movimento e a imagem-tempo.[34] Alain Gauthier sugere, do seu lado, decompor a imagem televisual em sua relação com a temporalidade em três categorias. Teria que ser diferenciada a imagem chamada de endêmica caracterizada por sua redundância, quase-independente, do acontecimento da imagem fulgurante, ou seja, o registro de um acontecimento inesperado que "se nutre de uma espécie de atração mágica e se baseia sobre um consenso emocional".[35] A essas duas formas de imagem acrescenta-se uma terceira, de ordem fática, que permita à mídia modular o ritmo do tempo, uma "imagem visada que force o olhar e detenha a atenção",[36] atuando sobre o detalhe de singularização da imagem: "É a imagem mais próxima da imagem-tempo descrita por Deleuze".[37] A imagem fática tem como função fixar o tempo, fazer a ponte entre os dois outros tipos de imagens, provocando uma espécie de "efeito estufa mental".[38]

Jacques Derrida levou em consideração as transformações sofridas pelo acontecimento em sua relação com as mais modernas tecnologias. Para evocá-las, ele introduziu duas noções que são a artefatualidade e a atuvirtualidade.[39] A atualidade, por seu caráter cada vez mais centralizado e mundializado, funciona cada vez mais como um artefato e torna necessário um trabalho de desconstrução, não do ponto de vista de uma lógica da suspeita, mas simplesmente para restituir a singularidade do acontecimento em questão, a sua irredutibilidade. Por essa noção de desconstrução prática dos conceitos utillizados pelas tecnologias da informação, do ciberespaço, relacionadas com as territorialidades da identidade, Derrida visa o próprio processo, seu "acontecer" em seu vestígio, atentando para o que é transmitido, mesmo ao vivo, *live*, "seja produzido antes de ser transmitido".[40] Sobre

---

34 Deleuze, *Cinéma 1. L'Image-mouvement; Cinéma2. L'Image-temps.*
35 Gauthier, Le Temps, c'est le message, *Quaderni*, n.16, inverno 1991-1992, p.47.
36 Virilio, *La Machine de vision*, p.40.
37 Gauthier, Le Temps, c'est le message, op. cit. p.49.
38 Ibid., p.50.
39 Derrida, *Échographies de la télévision*, p.11.
40 Ibid., p.49.

esse ponto, Derrida se junta, aliás, a Deleuze para afirmar que o virtual não se opõe à realidade, mas à atualidade: "Essa virtualidade se aplica até à estrutura do acontecimento produzido, ela afeta o tempo como o espaço da imagem, do discurso, da informação".[41]

Derrida compara sua definição do acontecimento com seu conceito de *différance*: "O acontecimento, a singularidade do acontecimento, é coisa da *différance*".[42] O acontecimento continua irredutível, impossível de ser reduzido. Ele é uma maneira de falar do futuro e abre sobre um espaço messiânico que não é forçosamente religioso. Portanto, o acontecimento não se reduz ao que acontece; ele deve ser a ocorrência da alteridade, do outro, dos que chegam. Devido a essa novidade absoluta, o acontecimento é único, singular e resiste a qualquer análise, remetendo sempre ou a um começo, a um nascimento, ou à finitude, à morte: "O que resiste à análise, é o nascimento e é a morte: sempre a origem e o fim do mundo".[43] O caráter de artefato que caracteriza o acontecimento moderno não deve no entanto levar à negação da realidade como tentou Jean Baudrillard a respeito da guerra do Golfo.[44] Como bem observou Derrida: "A atenção ao processo não deve excluir o acontecimento".[45] A esse respeito, ele lembra que todo acontecimento sempre foi vivido com sua porção de simulacro devido ao grau de tecnicidade da sociedade em questão, desde que a interabilidade se considere estruturante do acontecimento, "mas isso não deve nos fazer esquecer – e o acontecimento não deixa esquecer – que houve mortos, centenas de milhares de mortos, de um lado do *front* e não do outro, e que essa guerra aconteceu".[46]

No mundo anglo-saxão, a teorização do que é um acontecimento dá origem a numerosas controvérsias, principalmente na esfera da filosofia analítica.[47] Esses debates revelam a impossível construção de uma teoria sistemática do acontecimento desde que os pontos de vista difiram, mas entretanto, o confronto dos argumentos de uns e outros permite avanços na teorização.[48] A controvérsia se situa essencialmente entre os que se introdu-

---

41 Ibid., p.14.
42 Ibid., p.18.
43 Ibid., p.29.
44 Baudrillard, *La Guerre du Golfe n'a pas eu lieu*.
45 Derrida, Échographies de la télévision, op. cit., p.89.
46 Ibid.
47 Ver Casati; Varzi (orgs.), *Events*.
48 Ver Lombard, Ontologies of Events. In: Laurence; Macdonald (orgs.), *Contemporany Readings in the Foundations of Metaphysics*, p.277-94.

Renascimento do acontecimento

zem em uma perspectiva realista e os que adotam um ponto de vista não realista no seu acesso ao acontecimento. Assim, para alguns, a construção teórica do acontecimento passa por uma distinção de ordem metafísica da noção de acontecimento em relação a qualquer outro objeto de análise. Alguns identificam o acontecimento ao fato,[49] enquanto outros, ao contrário, insistem na distinção necessária entre acontecimentos e fatos, considerando que a noção de acontecimento remete exclusivamente às entidades de ordem individual.[50] Se a noção de acontecimento tem embasamento somente enquanto entidade puramente individualizada, ela escapa ao fato de poder ser tratada como expressão das propriedades universalizáveis. No entanto, outros pensam que, em certos casos, acontecimentos podem ocorrer ao dizermos que o sol nasce todas as manhãs. Se não pudermos atingir o universal com a noção de acontecimento, também não atingiremos um certo nível de abstração específica dessa noção.[51] Um outro objeto de controvérsia é perceptível no elo estabelecido entre a noção de acontecimento e a ideia de tempo enquanto duração. Nessa área também, as explorações desse elo vão em direções opostas.[52] A filosofia analítica anglo-saxônica, colocando o agir no centro de suas interrogações, tentou igualmente distinguir diversos tipos de acontecimentos. Em função do estágio do agir, esses filósofos sugerem diferenciar o acontecimento enquanto realização, conclusão ou estado. O acontecimento em cada uma dessas etapas é diferente, mas alguns propõem uma mesma palavra para abranger o conjunto dessas situações, como é o caso de Emmon Bach com sua noção de *eventuality*.[53] Outras clivagens surgem quando se trata de acontecimentos considerados como resultantes de uma intencionalidade ou de acontecimentos de tipo acidental. Todos esses debates participam e apuram uma abordagem construtivista do acontecimento que já comporta uma longa tradição no mundo anglo-saxão, em filosofia analítica.

---

49 Wilson, Facts, Events, and their Identity Conditions, *Philosophical Studies*, n.25, 1974, p.303-21.
50 Taylor, *Modes of Occurrence: Verbs and Events*.
51 Bennett, *Events and their Names*.
52 Forbes, Time, Events and Modality. In: Poidevin; MacBeath (orgs.), *The Philosophy of Time*, p.80-95.
53 Bach, The Algebra of Events, *Linguistics and Philosophy*, n.9, p.5-16; reproduzido em Casati; Varzi (dir.), *Events*, p.497-508.

IV
A parcela das testemunhas

A primeira pergunta que qualquer juiz encarregado de uma investigação, qualquer jornalista ou historiador a respeito de um acontecimento qualquer faz, é de saber se houve testemunhas e incentivá-las a transmitir o que viram. Desde o surgimento do gênero histórico na Antiguidade, Tucídides privilegia a coisa vista e comprovada diretamente, seja por ele mesmo como historiador das guerras do Peloponeso, seja por outros, as testemunhas. Origem do arquivo documental, os depoimentos constituem inclusive sua base mais sólida. Tucídides levava a lógica do depoimento direto ao extremo, recusando qualquer outra mediação de conhecimento suscetível de transmitir apenas lendas, o que era, aliás, praticado pelo seu predecessor Heródoto, qualificado de mitólogo: "Falo apenas como testemunha ocular ou após uma crítica mais zelosa e completa possível das minhas informações", escreve Tucídides no preâmbulo de sua *História da Guerra do Peloponeso* em nome do necessário contrato de verdade sobre o qual ele constrói seu projeto de escrita do acontecimento transmitido.

Essa relação entre o ver e o saber prevaleceu durante muito tempo na Antiguidade grega que julgava a escrita como suporte de legitimação das velhas burocracias estatais como aquela sobre a qual se apoiou a civilização egípcia, com sua legião de escribas. Evidentemente, o historiador não pode confiar unicamente nas suas capacidades perceptivas pessoais. Portanto, ele recorre aos depoimentos e decide entre diversas versões após uma escuta atenta, o que faz dele uma espécie de árbitro entre versões concomitantes. É a exata função do *histôr* na Antiguidade grega, uma espécie de juiz de primeira instância que deve esclarecer com seu conhecimento o julgamento seguinte que não é de sua competência. O *histôr* seria o caucionário "do que foi combinado entre as duas partes. Portanto, antes de ter olhos, o *histôr* deve ter ouvidos".[1] Desde essa época, a sociedade grega faz a distinção entre o historiador e a testemunha. Ao *histôr* cabe o papel de arbitragem, enquanto à testemunha é pedido simplesmente que ela relate o que viu pessoalmente como testemunha ocular. Essa é, aliás, designada com uma outra palavra, a de *martus*, voltada exclusivamente para o presente de sua percepção, enquanto o *histôr* deve reconfigurar um passado credível a partir de diversas versões.

Nos primórdios do Cristianismo, as testemunhas de Cristo serão os transmissores fundamentais da mensagem evangélica. A comprovação do acontecimento fundador do *Querigma* cristão e da importante ruptura que ele causou na história da humanidade é portanto, produzida pelas testemunhas do Evangelho. Durante a Idade Média, a prática das compilações e da comprovação da verdade pela autoridade competente irão determinar o que é verdadeiro em função da posição do poder que legitima a palavra como autêntico: "Os historiadores da Idade Média não criticavam os depoimentos; eles avaliavam as testemunhas".[2] A autenticação, nessa época, é concedida a uma autoridade na qual se deposita confiança. O acontecimento é então comprovado pela autoridade que emana da pessoa que o relata e se opõe ao documento "apócrifo" que não beneficia da caução das autoridades.

A secularização progressiva da sociedade e a autonomização do conhecimento histórico específico constituído por um arquivo conscienciosamente classificado como massa documentária dando acesso aos vestígios do passado acabaram por mudar a ordem de importância da oralidade para o escrito depositado e consultado. A valorização da escrita documentária

---

1 Hartog, Le Témoin et l'historien, *Divinatio*, v.13, primavera-verão 2001, p.41.
2 Guenée, *Histoire et culture historique dans l'Occident médiéval*, p.134.

gerou, como vimos, a elaboração de um método específico de discriminação do verdadeiro e do falso.[3] Isso teve como consequência considerar tudo o que fosse oriundo da tradição oral como impróprio à ciência histórica. Mas as reivindicações das memórias vencidas e encobertas pela grande história trouxeram de novo à tona a comunicação oral como vetor significante na transmissão de acontecimentos importantes constitutivos de comunidades de vida.

Com o sucesso obtido a partir do final dos anos 1970, a história do tempo presente, o acesso ao acontecimento através do testemunho oral, enquanto arquivo ou origem, ganhou uma importância crescente. Alguns definiram o que era a história do tempo presente em termos de temporalidade própria da existência de um indivíduo enquanto estivesse ainda em condições de testemunhar a veracidade do acontecimento em questão. A história do tempo presente seria então definida segundo o princípio de cobrir uma sequência histórica marcada por duas balizas móveis:

> No início, essa sequência se estende até os limites da duração de uma vida humana, ou seja, um campo marcado primeiramente e antes de tudo pela presença de "testemunhas" vivas, o mais visível vestígio de uma história vindoura [...] Mais tarde, essa sequência é delimitada pela fronteira, muitas vezes delicada em estabelecer, entre o momento presente – "a atualidade" – e o instante passado.[4]

O passado é ainda carregado por uma palavra que pode ser exigida a testemunhar, o que não subtende de forma alguma a sacralização do arquivo oral em detrimento do escrito para os especialistas do tempo presente, mas a percepção de uma mina particularmente abundante para comprovar os acontecimentos que estão sendo estudados.

Annette Wieviorka situa o advento da era da testemunha na qual estamos, a partir do processo Eichmann em 1961. A era das mídias teve aí uma forte contribuição. Enquanto o processo de Nuremberg consagrara o privilégio do escrito, o de Eichmann marca o triunfo do depoimento oral. O desejo de instrumentalização do processo ocorrido em Jerusalém como exemplo para a juventude no novo Estado de Israel é nitidamente

---

3 Langlois; Seignobos, *Introduction aux études historiques.*
4 *Cahiers de l'IHTP*, n.18, 1991, p.10.

expressa pelo mestre de obras Gidéon Hausner[5] e para isso, ele procede a "uma verdadeira seleção"[6] para preparar melhor o processo. Enquanto que em Nuremberg toda a atenção era voltada para os carrascos, os mais altos dignatários da barbárie nazista, ao contrário, em Jerusalém o personagem do carrasco Eichmann se apaga. Só resta dele a imagem de uma simples engrenagem mecânica, a atenção se desloca inteiramente para o volume das vítimas:

> O processo Eichmann liberou a palavra das testemunhas. Ele criou uma exigência social de depoimentos, como acontecerá mais tarde na França em outros processos, como o processo de Klaus Barbie, de Paul Touvier ou ainda o de Maurice Papon.[7]

Com essa valorização do depoimento, alcançamos uma outra abordagem do acontecimento genocida que toma uma dimensão mais individual. A restituição do acontecimento passa, portanto, pela busca de todos os depoimentos individuais possíveis que repelem a dimensão coletiva. É dentro desse espírito que se insere o projeto de Steven Spielberg de gravar todas as testemunhas do genocídio, qualificado por Annette Wieviorka de "revolução historiográfica [...] Desse modo, a história seria restituída por seus verdadeiros autores, a quem ela pertence: os atores e as testemunhas que a narram ao vivo".[8] O resultado é uma relação que revela compaixão com o acontecimento que ressente aquele que recebe o testemunho da vítima e que experimenta uma forte emoção ao se projetar naquilo que pôde viver a testemunha, no seu sofrimento que suscita empatia e simpatia. Essa evolução provoca interrogações e um certo mal-estar do lado dos historiadores que obviamente não são insensíveis à desgraça do mundo em nome de qualquer objetivação remota, mas porque o historiador "sente bem que essa justaposição da história não é uma narrativa histórica e que, de alguma forma, ela o anula".[9]

Desde esse momento de transição, mais do que nunca atravessamos essa centralidade do testemunho oral, essa "era da testemunha". No centro desses testemunhos se situa essa brecha de absoluto horror, esse trauma

---

5 Huasner, *Justice à Jérusalem. Eichmann devant ses juges.*
6 Wieviorka, *L'Ère du témoin*, p.99.
7 Ibid., p.117.
8 Ibid., p.150.
9 Ibid., p.179-80.

Renascimento do acontecimento

que é o Holocausto transformado em fonte de identidade negativa de uma Europa que não pode mais encarnar, como era o caso no século XIX, a ideia de uma caminhada contínua e positiva da história. É possível expressar o indizível, o incomunicável? E se sobreviventes testemunharam, de que maneira? Essa é a questão levantada por Philippe Mesnard a partir de várias formas de expressão.[10] Partindo da reflexão de Maurice Blanchot "Tudo o que se refere a Auschwitz requer angústia e silêncio", assim como o conhecimento dos manuscritos de *Sonderkommandos* que ele publicou em 2001,[11] Philippe Mesnard mostra a diversidade, tanto no plano da escrita quanto no plano cinematográfico, dos regimes de depoimento, todos legítimos. Logo, há vários possíveis para testemunhar o indizível.

Quatro configurações permitem, cada uma a sua maneira, provar a experiência dos campos de concentração: a intenção de transparência por intermédio de uma escrita realista que seria a de Vassili Grossman, a de David Rousset ou ainda a de André Schwartz-Bart, todos os três descrevem cenas de morte por gás para tentar reconstituir o horror na sua exatidão. Em segundo lugar, haveria a escrita simbólica que transporta o leitor para um outro universo para melhor perceber o valor testemunhal do dizer. O nome de Auschwitz tornou-se o nome comum ao universo do campo de concentração de modo metonímico ou metafórico. Ele segue os diversos *topoî* que exprimem esse mundo da morte programada.

A essas duas modalidades acrescenta-se a escrita chamada crítica, analítica, insistindo sobre a relação entre o que foi vivido pela testemunha e a linguagem empregada para testemunhar. São as obras bem conhecida de Primo Levi, de Robert Antelme, de Tadeus Borowski ou de Imre Kertész que têm em comum estabelecer uma distância, de impedir qualquer mecanismo de identificação do leitor, o que explica parcialmente a razão da demora em obter esses depoimentos. Claude Lanzmann com seu filme *Holocausto*, de nove horas e meia, participa desse desejo de distanciamento crítico, de distância de qualquer arquivo. Ele julga se liberar da alternativa mostrar-esconder ao se limitar à palavra das testemunhas. Longe de qualquer tentação realista mas também ficcional, Manzmann evita igualmente a armadilha da fusão emocional. Ele "elabora uma construção que exprime a ausência semelhante a um terrível passado que somente a palavra das testemunhas pode trazer de volta como passado

---

10 Mesnard, *Témoignage en résistance.*
11 Gradowski, *Au cœur de l'enfer. Documento écrit d'un Sonderkommando d'Auschwitz – 1944.*

irremediavelmente passado que nenhuma representação pode preencher nem presentificar".[12]

Finalmente, há as escritas do páthos, "páthicas", que atuam, ao contrário, sobre o emocional e são as principais na busca de um modo de linguagem que possa exprimir o inexprimível desfazendo os códigos convencionais de linguagem para revelar o caos. A força desses depoimentos é revista nos limites da experiência humana e percebe-se que o depoimento é tudo salvo simples, que ele envolve uma resistência em relação a si e aos outros, o que comprova porque muitos escolheram durante muito tempo o silêncio (Charlotte Delbo, Kertész, Rawicz, Semprun, Wiesel,...) que continua no cerne do ato de testemunhar o horror. O depoimento em si, na vida comum, comporta dois aspectos, como observou Ricoeur: de um lado, ele comprova a realidade factual do acontecimento relatado e por outro lado ele certifica a autenticação da declaração feita e que depende do "que chamamos de sua fiabilidade presumida".[13] Essa dupla natureza constitui a especificidade do depoimento enquanto realizador da articulação entre a asserção da realidade e o envolvimento do sujeito em seu testemunho. Além disso, essa configuração se apresenta em forma de diálogo, porque a testemunha se dirige a um outro para ser ouvida e acreditada. Ele espera que seu testemunho seja aceito pelo seu interlocutor ou seu leitor: "A partir de então, o depoimento não é somente autenticado, ele é autorizado".[14] Mas ele pode também ser objeto de desconfiança, de suspeita: "A possibilidade de suspeitar abre, por sua vez, um espaço para a controvérsia no qual vários depoimentos e várias testemunhas são confrontadas".[15] Portanto, os cientistas demonstraram experimentalmente, que mesmo o depoimento ocular ao vivo "não está imune à suspeita".[16] Judicialmente, a constatação dessa parcela de dúvida contida em qualquer depoimento tem como consequência de não mais haver condenação baseada unicamente na confiança de um depoimento ocular.

No plano do depoimento histórico, a crítica do depoimento deu origem a uma grande investigação realizada no final da Primeira Guerra Mundial

---

12 Ibid., p.273.
13 Ricoeur, *La Mémoire, l'histoire, l'oubli*, p.204.
14 Ibid., p.205.
15 Ibid., p.205-6.
16 Dulong, *Le Témoin oculaire. Les conditions sociales de l'attestation personnelle*, p.9.

por Jean Norton Cru e publicada em 1929.[17] Através do volume dos depoimentos, ou seja por volta de trezentos depoimentos de combatentes que atravessaram o acontecimento e o relataram, Norton Cru rebate os exageros, as narrativas de batalhas nas quais não houve participação dos autores, a propensão em divulgar lendas apresentadas como fatos vividos pessoalmente. Norton Cru exuma também a ficção que resgata a vida dolorosa do *poilu* nas trincheiras, porque o autor incrimina tanto os que celebram o heroismo da guerra quanto aqueles, segundo ele, portadores de mentiras da literatura pacifista que exageram as atrocidades cometidas para melhor rejeitar a guerra fora do espaço humano: "A pretensão de Norton Cru era de abrir um espaço para uma terceira versão, ratificada dessa vez pelos *poilus*, contando a experiência da guerra por aqueles que a fizeram".[18] Renaud Dulong, em sua análise sobre o depoimento ocular, insiste no caráter implicitamente público, político, do ato de testemunhar que pressupõe um espaço singular que recebe a comprovação dos fatos: "A testemunha não fala no deserto".[19] O mérito de Norton Cru foi de ter oferecido uma teoria do depoimento que permite medir a autenticidade de uma testemunha em função da retidão das reações que ela confirma ter experimentado em relação ao acontecimento que ela relata.

Essa posição do depoimento na restituição do acontecimento traumático, tornando visível sua violência exacerbada, deu origem a uma verdadeira batalha de conflitos entre os historiadores, entre a tese do acordo patriótico defendida particularmente por Stéphane Audouin-Rouzeau e Annette Becker, e os que contestam essa ideia, opondo-lhe o caráter forçado dessa violência de guerra imposta pela hierarquia militar, tese defendida, entre outros, por Rémy Cazals e Frédéric Rousseau. Esses se baseiam sobre o trabalho realizado por Norton Cru[20] para restaurar o que foi a Grande Guerra, enquanto a corrente contrária afastou-se com uma visão julgada asseptizada do conflito: "Em relação à confrontação dos corpos humanos por meios modernos de destruição, o autor nega, por exemplo, qualquer visibilidade dos traumatismos físicos".[21]

---

17 Cru, *Témoins, Essai d'analyse et de critique des souvenirs de combattants édités en français de 1915 à 1929.*
18 Dulong, op. cit., p.76.
19 Ibid., p.85.
20 Frédéric Rousseau retraça a genealogia da publicação da obra de Norton Cru e sua recepção no *Le Procès des témoins de la grande guerre: l'affaire Norton Cru.*
21 Audouin-Rouzeau; Annette-Rouzeau, Becker, Violece et consentement: la culture de guerre du premier conflit mondial. In: Rioux, Sirinelli (orgs.), *Pour une histoire culturelle*, p.261.

Norton Cru é apresentado por Stéphane Audouin-Rouzeau e Annette Becker como tendo apagado de seu corpus de depoimentos todas as suas asperezas para moldá-lo em conformidade com um modelo apresentável: "O autor quer com isso impor uma verdadeira norma – rígida e seletiva ao mesmo tempo – do discurso combatente.[22] Completamente em oposição, a outra corrente historiográfica vê em Norton Cru a soma de depoimentos indispensáveis ao trabalho de história e considera, inclusive, que a abordagem de Norton Cru é o ponto de partida de "uma capacidade que inaugura a era da testemunha das grandes catástrofes contemporâneas".[23]

A crescente atenção dada ao modo como o acontecimento foi vivido por seus atores assinala um interesse particularmente intenso para os depoimentos individuais. Assim, são tirados do esquecimento velhos cadernos, diários ou correspondências. Rémy Cazals reencontrou, desse modo, um público excepcional ao publicar em 1978, pelas edições Maspero, as anotações do toneleiro Louis Barthas[24] que teve um sucesso surpreendente (mais de 60 mil exemplares vendidos).[25] Esse sucesso corresponde ao grande entusiasmo manifesto pelas narrativas de vida e pela sensibilidade regionalista. No caso de Barthas, seu livro se deve à Federação da região de Aude de obras laicas, que publicara uma coleção consagrada à "memória de 14-18 no Languedoc". Mais tarde, Stéphane Audouin-Rouzeau publica as *Cadernetas* de Paul Tuffrau[26] que revelara seu testemunho em série durante os acontecimentos na luta contra as mentiras veiculadas pela imprensa. É a partir dessa abordagem original dos depoimentos provenientes do primeiro conflito mundial que o confronto entre as duas escolas historiográficas se manifestará.

A controvérsia está na maneira como a violência da guerra e o grau de consentimento dos combatentes são percebidos e analisados. Audouin--Rouzeau e Annette Becker criticam os depoimentos por serem posteriores à guerra, através dos quais testemunhas procuram se apresentar como vítimas de um conflito no qual eles mais padeceram do que agiram, procurando construir um olhar mais aceitável sobre eles próprios:

---

22 Audouin-Rouzeau; Becker, 14-18, *Retrouver la guerre*, p.52.
23 Rousseau, op. cit., p.288.
24 Les carnets de guerre de Louis Barthas, tonnelier, 1914-1918, prefácio de Rémy Cazals.
25 Cf. Prost; Winter, *Penser la Grande Guerre*, p.134.
26 Tuffrau, *1914-1918, trois années sur le front. Carnets d'un combattant*.

Do ponto de vista das testemunhas, não é difícil imaginar que quase todos queriam exorcizar e reconstruir uma guerra diferente, que lhes permitisse viver com o traumatismo da experiência vivida.[27]

Por um lado, há os que veem no combatente a vítima de uma hierarquia militar que lhe exige posicionar-se nas posições dianteiras sob pena de ser fuzilado servindo de exemplo, como em Craonne, para manter a ofensiva mortífera do Chemin des Dames. Por outro lado, invoca-se a existência de uma cultura de guerra feita de brutalização[28] e condescendência. Essa cultura de guerra é definida como "um corpus de representações do conflito cristalizado em um verdadeiro sistema dando à guerra seu profundo significado [...] indissociável do ódio a respeito do adversário".[29] A atenção dada à chamada cultura de guerra resulta em deslocar o olhar do historiador para o após o acontecimento, para seus vestígios em forma de lembranças, de lutos, de comemorações.[30] E além disso, o historiador se eleva a uma escala mais global, mundial na sua abordagem com o período de conflito, embora prestando atenção especial à destinação dos corpos sofredores, das dores físicas e psíquicas suportados durante o acontecimento. Essa discussão, que teve o mérito de fazer progredir o conhecimento histórico sobre o assunto por ter descoberto todas as fontes possíveis, capazes de apoiar esta ou aquela tese, nos revela a necessária articulação da restauração de situações precisas que dirigiram os depoimentos e seus conteúdos com seus vestígios durante o período até o tempo presente.

Podemos considerar separadamente os pontos de vista hermenêutico e construtivista, pois são muito distintos um do outro, mas nem por isso são incompatíveis. A hermenêutica se situa a meio caminho do que seria um realismo do acontecimento e do construtivismo das ciências sociais. O acontecimento interpretado não é o acontecimento construído: é, como tivemos a oportunidade de ver várias vezes, o acontecimento desdobrado em determinadas virtualidades significantes; portanto, é o acontecimento tido sobretudo como uma questão que transforma nosso horizonte de compreensão e à qual cabe apenas a nós responder – sem que essa resposta esgote ou sature a questão formulada. A noção de vestígio pode, aliás, ser

---

27 Audouin-Rouzeau; Becker, op. cit. p.58.
28 Mosse, *De la Grande Guerre au totalitarisme.*
29 Audoui-Rouzeau; Becker, op. cit., p.122; citado por Prost; Winter, *Penser la Grande Guerre*, p.141.
30 Procedimetno iniciado por Prost, *Les Anciens combattants et la société française, 1914-1939.*

compreendida como um conjunto de efeitos induzidos pelo acontecimento e que solicitam sem restringi-la à liberdade do intérprete. De maneiras diferentes, essa é a concepção do acontecimento que privilegiamos, com o que ela envolve de trocas entre memória e história no sentido da construção de uma história social da memória. O fato de conservar até o fim o lado "traumático" do acontecimento e a "parte da testemunha" comprova que essa é a fonte de uma solicitação anterior a qualquer construção.

V
Temporalidades laminadas

Rumo a uma poiética do acontecimento

O acontecimento na sociedade moderna, que ele seja acessado por uma abordagem hermenêutica ou por uma construtivista, é interceptado no interior de diversos ritmos temporais. Benveniste já chamara a atenção sobre o fato que o acontecimento depende de duas temporalidades. Há o tempo crônico que tem como característica abranger o tempo de todos os acontecimentos, tanto físicos quanto os que resultam da vida humana. Esse tempo crônico pode ser percorrido do passado ao presente como do presente ao passado, de maneira bidirecional à proporção que ele constitui uma estrutura contínua a partir da qual se desenrola a trama acontecimental [*événementielle*], "pois esses acontecimentos não são o tempo, eles estão *no* tempo".[1]

---

1 Benveniste, *Problèmes de linguistique générale 2* (1966), p.70.

A objetivação desse tempo crônico motiva um tempo socializado, o do tempo calendário de cada civilização. Como resultado, obtém-se uma orientação do tempo, um aspecto axial que parte do acontecimento fundador como orientação identitária de uma coletividade, oferecendo a condição principal do tempo calendário "que chamamos *stative*".[2] De fato, esses calendários se organizam todos em torno de um acontecimento fundador, real identidade narrativa para cada civilização: o nascimento de Cristo, o de Buda ou a Hégira. Cada um desses momentos fundadores determina o momento axial, o marco zero do cômputo para cada uma das comunidades humanas que se reconhecem nessas rupturas instauradoras. O segundo aspecto comum, próprio desses calendários, desse terceiro-tempo constituído, é a capacidade de percorrer o eixo do tempo nas duas direções, do passado para o presente e do presente para o passado. É desse modo que qualquer acontecimento pode ser datado, se não viveríamos num tempo errático e "todo nosso universo mental ficaria à deriva".[3] A partir do ponto nodal de partida, a direção é dada conforme o eixo de referência que permite situar aí os diversos acontecimentos segundo a ordem de sucessividade. Finalmente, esses são estabelecidos segundo uma divisão que torna possível "*medir* a distância deles ao eixo".[4] No plano das representações gráficas desse tempo crônico, é o que chamamos de friso cronológico com sua orientação e suas divisões sucessivas:

> São essas orientações [...] que dão a posição objetiva dos acontecimentos, e que portanto definem também *nossa* situação em relação a esses acontecimentos. Ele nos dizem, no sentido próprio, *onde* estamos na vastidão da história.[5]

Nesses três níveis do tempo calendário, é possível notar os empréstimos tanto do tempo físico quanto do tempo vivido que comprovam a necessidade para toda sociedade de elaborar um tempo crônico como terceiro-tempo que universaliza o tempo vivido e humaniza o tempo cósmico: "É dessa maneira que ele contribui para reinserir o tempo da narrativa no tempo do mundo".[6]

---

2 Ibid., p.71.
3 Ibid., p.72.
4 Ibid., p.71.
5 Ibid., p.72.
6 Ricoeur, *Temps et Récit*, t.3, p.197.

Renascimento do acontecimento

Em relação a esse tempo crônico puramente externo, Benveniste distingue um outro tempo, que ele qualifica de linguístico, que surge da experiência propriamente humana do tempo, ligado ao exercício da língua pela palavra.[7] Esse tempo está no presente, fixado no vivido e na sua inter-subjetividade; ele é sempre novo, fundamentalmente voltado para o futuro. O ato de palavra sendo de ordem individual, esse tempo linguístico será necessariamente individualizado, endossando uma experiência subjetiva da duração. Graças a sua capacidade de se inserir numa intersubjetividade, esse tempo do discurso ou tempo linguístico sai da esfera do íntimo e de seus riscos de tentação solipsista: "Em última análise, é sempre ao ato de palavra no processo da permuta que é remetida a experiência humana inserida na linguagem".[8]

O acontecimento ligado à experiência humana é portanto surgimento do novo, do diferente. Foi dessa distinção estabelecida por Benveniste que Ricoeur partiu para definir, entre o tempo cósmico e o tempo íntimo, o terceiro-tempo, o tempo contado pelo historiador ou o romancista. Esse terceiro-tempo permite reconfigurar o tempo por meio de conectores específicos. Uma poética da narração se apresenta, então, como um meio de superar as aporias da apreensão puramente especulativa do tempo, que seja do ponto de vista transcendental ou do ponto de vista fenomenológico. Entre esses conectores que permitem uma refiguração do acontecimento passado, encontramos categorias familiares ao historiador; especialmente a da cronologia, do calendário, esse "tempo calendário é a primeira ponte lançada pela prática histórica entre o tempo vivido e o tempo cósmico".[9] O fato de relatar acontecimentos procede inevitavelmente da narrativa e de suas regras: "A narrativa de acontecimentos, no entanto, qualquer que seja o seu modo, é sempre narrativa, isto é, transcrição do (suposto) não verbal em verbal".[10]

Benveniste insiste igualmente sobre uma oposição no uso do tempo dependendo se encontramo-nos na ordem de enunciação histórica ou na de um discurso. Ao presente da comunicação discursiva, que ela seja oral ou escrita, se opõe o passado inerente da relação dos acontecimentos na história: "A enunciação *histórica*, atualmente reservada à língua escrita,

---

7 Ver Michon, L'Historicité au prisme de la théorie du langage de Benveniste. In: Delacroix; Dosse; Garcia (orgs.), *Historicités*, p.241-56.
8 Benveniste, *Problèmes de linguistique générale* 2, p.78.
9 Ricoeur, *Temps et Récit*, t.3, p.190.
10 Genette, *Figures III*, p.186.

caracteriza a narrativa dos acontecimentos passados.[11] De acordo com Benveniste, o historiador dispõe apenas de três tempos: o que ele qualifica como sendo o aoristo (pretérito perfeito), o imperfeito e o mais-que-perfeito, excluindo o presente. E o que domina é o pretérito perfeito porque ele permite construir a narrativa de um acontecimento em ausência de qualquer referência ao narrador.

O ajuste de calendários depende de uma operação humana de classificação para pensar o tempo a fim de conservar na memória uma ordenação do mundo. Pensar o tempo pressupõe, portanto, a correlação entre denominação e datação. De acordo com Durkheim, o calendário "exprime o ritmo da atividade coletiva ao mesmo tempo que ele tem como função garantir a regularidade".[12] Resultado: uma invariante antropológica pela qual o homem tem necessidade de domar o tempo unindo passado, presente e futuro. A fixação identitária contida em cada uma das temporalidades ajuda a compreender as resistências a qualquer modificação de calendário. Se esse último se refere a um ritmo natural, o observado do movimento cíclico aparente dos astros em torno da terra, não concerne apenas ao astrônomo, mas reflete a civilização que proporciona a si própria, desse modo, referências fixas além das flutuações do tempo. O tipo de calendário é então um bom meio de constatar a singularidade civilizacional que lhe deu origem:

> O aspecto horoscópico dos calendários caldeus, a implacabilidade mecânica dos calendários pré-colombianos, o significado político do calendário chinês, a submissão absoluta do islã ao ciclo lunar...[13]

Os antigos gregos distinguiam o instante, o *Kairos* do tempo que se desenrola continuamente na duração, o *Cronos*. Em compensação, na África, o tempo e o espaço resultam de uma única categoria, porque são considerados como manifestações da vida biológica que encontra sua origem em Deus. Por conseguinte, para o africano, o tempo é substrato, substância não divisível em porções separadas:

---

11 Benveniste, *Problèmes de linguistique générale 1*, p.238-9.
12 Durkheim, *Les Formes élémentaires de la vie religieuse* (1912), p.15.
13 Molet, citado em Poirier, Histoire du comput et de quelques calendriers, *Histoire des mœurs*, p.182.

Renascimento do acontecimento

Na África, o tempo não passa [...] Quando um Ocidental fala de vencer o tempo, de matar o tempo, todo mundo pensa que é um desejo demencial [...] O Africano vive num tempo imóvel, uma duração intemporal.[14]

Assim como o calendário é um artefato, o acontecimento é uma construção eminentemente cultural. Ele exige, enquanto construção cultural, um novo olhar que se assemelha, à maneira como Paul Valéry definia no Collège de France em 1937 a ciência das condutas criativas, a uma poiética. Essa abordagem poiética da história supõe uma atenção particular à atividade criadora como singularidade individual ou coletiva:

Quem negará que as mudanças de concepção, nas ciências (inclusive na história), nas artes, nos costumes, nas religiões, nos filósofos são devido à faísca de um acontecimento imprevisto?[15]

Se acreditarmos no Prefácio de sua *História da França*, é de fato o raio de julho de 1830 que provocou em Jules Michelet sua paixão histórica em um sentido quase crístico. A necessária faísca é aqui a que provocou o rompimento; ela se situa do lado do risco, da dilaceração temporal, do começo de uma nova aventura. Essa acontecimentalidade [*événementialité*] reabre o horizonte do futuro à imprevisibilidade. Ela introduz a incerteza nas projeções previsionais: "A abertura para futuras surpresas introduz uma lacuna na prospectiva".[16]

Mesmo a perspectiva, que há muito tempo prioriza os fenômenos estruturantes da permanência do gênero humano, torna-se mais receptiva ao acontecimento e Francis Affergan chega a sugerir no âmbito da epistemologia acontecimental [*événementielle*] que ele sustenta, uma antropoiética do acontecimento. Não somente ele se dá como perspectiva pensar a acontecimentalidade [*événementialité*] como entrada reveladora das sociedades estudadas, mas também como o elo que une o etnólogo a seu campo de investigação. Ele se baseia em uma filiação compreendendo ao mesmo tempo Vico, Windelband e Husserl que tentou pensar as ciências do espírito a partir de uma dupla interrogação axiológica e conforme os mundos

---

14 Ibid., p.188.
15 Passeron, Poïétique et histoire, conferência proferida no colóquio Idées, Mentalités, Histoire, Université de Sfax, Tunísia, 9 maio 1992; publicada por *Espaces Temps*, n.55-6, 1994, p.103.
16 Ibid., p.105.

possíveis. Essa abordagem envolve um caráter indefinido, inesgotável do sentido e a multiplicidade das interpretações. Francis Affergan se consagra, então, a ver como o antropólogo pode se inspirar dessa abordagem. Ele constata, ao trabalhar sobre as sociedades antilhanas:

> [Elas] constroem de certa maneira a história no presente, através uma antropoiética do acontecimento. O espaço das contiguidades superando a temporalidade das durações, as condições de possibilidade de um estudo das sociedades antilhanas através das categorias ligadas ao *acontecimento* e ao *vestígio* estão agora reunidas. O acontecimento estaria para a escansão das memórias o que o vestígio está para os restos que o passado, apesar de tudo, concedeu ao presente.[17]

O acontecimento é, então, considerado como estreitamente ligado a todas as práticas narrativas, e isso tem como impacto na antropologia o fato de que o acontecimento enquanto forma de individualização é fortemente dependente das formas de linguagem. Devido a isso, o acontecimento não é, para o etnólogo, redutível a sua fatualidade:

> O acontecimento, portanto, nunca reflete "aquilo" que realmente aconteceu. E com motivo, pois, mesmo se um tal mecanismo fosse possível, o acontecimento seria incapaz do mesmo, devido à sua estrutura narrativa.[18]

Affergan enfatiza a parcela de construtivismo do acontecimento tal qual construído pelo historiador e pelo antropólogo: o referente sendo mais o mundo da experiência do que o da observação. A preocupação do etnólogo Affergan é de retirar sua disciplina da concepção segundo a qual a sociedade seria uma simples coisa e que bastaria elaborar interpretações preestabelecidas segundo um funcionalismo rígido para explicar sua natureza. Por isso, a poiética que ele define, se inspira nas numerosas noções oriundas da história do pensamento. Desse modo, ele usa o *eikos* aristotélico que se refere mais ao possível do que ao efetuado, ao *tópico* em Cícero ou Vico que exprime a singularidade, ao *idion* através do qual Widelband designa o não iterável. Ele também utiliza o *erfahrung*, noção que designa, com

---

17 Affergan, *La Pluralité des mondes. Vers une autre anthropologie*, p.243.
18 Ibid., p.246.

Renascimento do acontecimento

Max Weber, a experiência única vivida no seu presente, e o *Ereignis*, noção simultaneamente husserliana e heideggeriana, significando a reconfiguração ficcional de um passado sob sua forma acontecimental [*événementielle*]. Decididamente, muito inspirado pelo continente filosófico, ele decide sustentar essa noção que ele julga capital para a etnologia, o *Erlebnis*, que exprime, em Dilthey e Gadamer, o viver no sentido de viver um acontecimento com uma particular intensidade: "Para uma determinada cultura, o acontecimento como *erlebnis* se apresenta à consciência na imediaticidade de uma unidade significante".[19]

Não apenas o acontecimento é então considerado na interseção de dois fenômenos, ponto de cristalização do encontro de duas culturas, mas além disso, não se contentando em fusionar os dois mundos em contato, ele toma um sentido sempre novo, pois ele abre para novos mundos possíveis.[20] Para o antropólogo especialista das sociedades da África negra, Edwin Ardener, os acontecimentos culturais são "relações entre o que acontece e uma estrutura de significação".[21] Mais do que um ponto de interseção entre dois mundos significantes, o acontecimento se encontra no próprio interior de uma esfera de incompreensão que favoreceria sua ocorrência. O acontecimento, por sua capacidade de nomear o mundo que sucede, garantiria a transição entre a natureza e a cultura. Essa ligação se faz por meio de um processo de identificação individualizante que define a natureza precisamente como um acontecimento. Os trabalhos dos antropólogos como os de Crocker, de Smith, de Van Braren ou de Markreel, todos enfatizam o fato que o sentido para as sociedades estudadas pelos etnólogos "provêm mais do acontecimento temporal do que de uma entidade cristalizada nas representações".[22] O acontecimento se desenvolve em dois eixos, segundo uma dupla fixação. Ele nasce do agir humano, emanando de uma realidade natural e social, e ao mesmo tempo, ele resulta de uma reconfiguração discursiva: "Chamamos *mundo* essa dupla extensão do acontecimento, ontológica e epistemológica".[23] Assim, haveria tanto acontecimentos quanto mundos.

Dentro de uma perspectiva análoga, porém como filósofo, Pierre Caussat concebe também o acontecimento como expressão de uma singularidade

---

19 Ibid., p.252.
20 Ver Agar, Hermeneutics in Anthropology, *Ethos*, v.8, n.3, 1980, p.253-72.
21 Ardener, *The Voice of Prophecy and Others Essays*, p.226.
22 Affergan, op. cit., p.259.
23 Ibid., p.265.

que começa algo, que abre um mundo a ponto de definir o que ele chama de "o princípio-acontecimento".[24] Ele pretende mostrar a que ponto o acontecimento não pode se conformar com as regras da cadeia sucessiva e causal segundo a qual haveria um começo que prosseguiria sob a forma de elementos e terminaria pelas bases, pelas origens. Alguma coisa do acontecimento escapa a esse princípio e obriga a reconhecer uma especificidade, como se ele carregasse algo de inatingível, uma intensidade resistente à qualquer forma de redução. Ademais, o acontecimento não possui a ambição de se colocar como origem. Ele é, ao mesmo tempo que ele se dissipa, desaparece e renasce segundo lógicas, conexões singulares: "Acontecimento-primeiro, acontecimento-príncipe: não o dono de um império, mas o príncipe de um reino sem terra nem território, sem leis nem fronteiras, impossível de localizar nos mapas".[25] Insubmisso a qualquer forma de sedimentação serena, a qualquer capitalização, o acontecimento assombra os devires; ele nomadiza, ele chama sem imposição, "sem possessão, mas possuído".[26] Esse desafio que inclina o acontecimento para a razão, logo, para qualquer história do pensamento, da filosofia, é o mais radical e envolve a necessidade de uma verdadeira filosofia do acontecimento, pois é o acontecimento que decide. Logo, é preciso pensar com o acontecimento, se deixar levar por suas manifestações tumultuosas, porque "o *Logos* nunca é mais virulento do que o acontecimento através do qual ele começa".[27]

Regime plural de historicidades

O reconhecido envolvimento do historiador no que diz respeito à sua escrita, ocasionou a eclosão do objetivismo reivindicado por aqueles que definiam a história a partir da cisão entre um passado fixo, a ser exumado, e um presente considerado como lugar manifesto de uma possível prática científica. Essa indivisibilidade entre passado e presente introduz no interior do campo de investigação do historiador o passado mais próximo.

O historiador tem aqui como tarefa, traduzir, nomear o que não mais é, o que foi de outra forma, em termos contemporâneos. Ele se choca com

---

24 Causat, *L'Événement.*
25 Ibid., p.205.
26 Ibid., p.206.
27 Ibid., p.209.

a impossível adequação entre sua língua e seu objeto, o que lhe obriga a um esforço de imaginação para garantir a transferência necessária para um outro presente diferente do seu e fazer de modo que ele seja inteligível para seus contemporâneos. A imaginação histórica intervém como meio heurístico essencial à compreensão, como bem assinala Georges Duby. Dentro do mesmo espírito, Paul Ricoeur procura fugir das armadilhas de um sistematismo para conservar o papel de intervenção no presente da história, de recuperação do sentido de um tempo imanente à nossa presença no mundo. Não se divide o tempo verticalmente entre um estrato científico e um estrato ideológico, mas de maneira longitudinal ao longo dos remanejamentos sucessivos do passado. Na visão dos questionamentos do presente, a atualidade não se reduz a um instante pontual, mas se insere na duração como "efetuação do futuro relembrado".[28] A história é aberta para o campo dos possíveis e para a dimensão do agir.

A noção de regime de historicidade introduzida pelo antropólogo Marshall Sahlins, permite considerar uma pluralidade de relações possíveis com a temporalidade. Sahlins define a noção como evocadora da maneira como uma sociedade, uma cultura singular vive sua relação com a historicidade. Marcel Detienne se baseia nessa noção de "regimes de historicidade" e retém três questões a respeito da natureza da consciência histórica: a memória em sua relação com o pensamento histórico, a análise do que é a mudança e o fato de encarar o passado, pensado e construído como passado em si: "Para que o *outro* apareça no *mesmo*, é preciso que o passado tenha começado a ser separado do presente que o constitui e parece justificá-lo".[29] É dentro desse contexto de reflexão que o historiador François Hartog e o antropólogo Gérad Lenclud retomam por conta própria essa noção de "regimes de historicidade",[30] no cruzamento do vivido e do conceito, da psicanálise e da história. Essa noção apresenta a vantagem de poder considerar a pluralidade com a qual as comunidades humanas vivem a relação com o tempo e como pensaram as diversas rupturas do tempo a partir de um certo número de invariantes, de categorias transcendentais. Essa noção de "regimes de historicidade" abre não somente um campo novo de investigação para o historiador, mas torna caduca a estigmatização do anacronismo como

---

28 Ricoeur, *Temps et Récit*, p.68.
29 Detienne, *Comparer l'incomparable*, p.73.
30 Hartog; Lenclud, Régimes d'historicité. In: Dutu; Dodille (orgs.), *L'État des lieux en sciences sociales*, p.18-38.

pecado, substituindo-o por uma atenção especial pelo entrelaçamento de diversas temporalidades segundo os regimes instáveis, heterogêneos e em possível tensão. Essa abordagem retoma por sua conta uma das tradições do pensamento filosófico, para o qual o tempo é antes de tudo "laminado", porque deve ser colocado em relação com a subjetividade do sujeito histórico, independente que seja individual ou coletivo. Essa acepção envolve uma verdadeira ontologia, a do homem na sua condição de ser histórico, embora o uso feito por François Hartog se limite prudentemente ao seu valor heurístico de artefato.[31]

A noção de "regimes de historicidade" afeta ao mesmo tempo a maneira como uma sociedade dispõe das estruturas culturais que organizam sua relação com o passado, a maneira como o passado está presente no presente, e finalmente, a maneira como uma sociedade cultiva ou enterra seu passado, o mobiliza e o reconstrói incessantemente:

> O regime de historicidade definia uma forma culturalmente delimitada, portanto, convencional, de relação com o passado; a historiografia seria uma desses formas e, enquanto gênero, um elemento sintomático de um regime de historicidade abrangente.[32]

A noção de "regime", por seu lado, remete à ideia de variação, de heterogeneidade, a um caráter essencialmente compósito e instável de relação com a historicidade, dependente de um lugar e de um momento:

> É um fato que os homens habitam diferentemente *no* tempo. Isso significa que a organização interna de seus domicílios temporais, o tempo histórico, é variável segundo as épocas e os lugares.[33]

François Hartog aprofundará sozinho dessa vez essa noção de "regimes de historicidade" e lhe dedicará um livro em 2003.[34] Essa noção é cada vez mais utilizada como uma ferramenta heurística que deve ajudar a elucidar a relação com o tempo das sociedades estudadas privilegiando os

---

31 Ver Hartog, Sur la notion de régimes d'historicité. In: Delacroix; Dosse; Garcia (orgs.), *Historicités*, p.133-50.

32 Hartog; Lenclud, Régimes d'historicité, op. cit., p.26.

33 Lenclud, Traversées dans le temps, *Annales HSS*, n.5, set.-out. 2006, p.1071.

34 Hartog, Régimes d'historicité, op. cit.

Renascimento do acontecimento

momentos de crise, de falha, de brecha aberta entre passado e presente.[35] Não apenas seu uso permite considerar o caráter laminado do tempo, mas ainda ele concede ao acontecimento sua importância por sua capacidade em fazer acontecer o novo e com ele uma outra relação com o mundo e sua temporalidade. François Hartog lembra, por exemplo, como o cristianismo encarnou uma nova concepção do tempo com sua cronologia que parte desse acontecimento decisivo da Encarnação que divide o tempo entre um antes e um depois, abrindo sobre um arabesco temporal feito de esperança do fim. Enquanto o cristianismo privilegia o presente como já realizado rumo à escatologia consecutiva, o judaísmo, por seu lado, continua voltado para o "ainda não" de uma visão de temporalidade completamente voltada para o acontecer, para uma concepção messiânica do tempo:

> Essa alteração da ordem cristã do tempo em direção do *já*, de um passado, sem dúvida continuamente reativado pelo ritual, permitiu, em todo caso, à Igreja de encontrar, de retomar, de habitar os modelos antigos do *mos majorum* e da *historia magistra*, e de fazê-los funcionar em seu benefício.[36]

Para ilustrar os grandes momentos de desordem, de transição, de passagem de um mundo para outro, François Hartog enfatiza o exemplo de figuras em tensão entre duas temporalidades, como é o caso de Chateaubriand, particularmente dividido entre o antigo e o moderno:

> Deparei-me entre dois séculos, como na confluência de dois rios; mergulhei nas suas águas turvas, afastando-me lamentavelmente da velha borda onde nasci, nadando esperançosamente para uma margem desconhecida.[37]

A partir da realização do *Ensaio histórico*, publicado em 1797, Chateaubriand tem o sentimento de uma aceleração do tempo provocada pela Revolução Francesa que tem como consequência tornar, como diz François Hartog, o presente inatingível, o futuro imprevisível e o passado incompreensível. É no cerne dessa brecha que se insere seu grande projeto de

---

35 Ver, para a noção de "brecha entre o passado e o futuro", Arendt, *La Crise de la culture* (1954).
36 Hartog, *Régimes d'historicité*, p.75.
37 Chateuabriand, *Mémoires d'outre-tombe* (1848), t.2, p.936.

escrita, que é a redação das *Memórias de Além-túmulo* que vai ocupar seu autor por mais de quarenta anos.

A sucessão de diferentes regimes de historicidade se efetua a partir de acontecimentos-rupturas. Desse modo, um regime de historicidade privilegiando o futuro marcou todo um longo período que se estenderia entre as duas datas simbólicas, entre os dois grandes acontecimentos que são 1789 e 1989. Os períodos de crise são especialmente propícios ao entrelaçamento das temporalidades para garantir o avanço de um mundo novo, que se reassegura e se legitima através dos tempos passados. É o caso do rompimento temporal que constitui a Revolução Francesa que se alimenta de múltiplas referências da Antiguidade. São celebradas as virtudes espartanas e a contribuição de um legista como Licurgo, as liberdades romanas. A Antiguidade encarna um momento de ruptura importante na história da humanidade:

> Ruptura, sim, surgimento, mas a Antiguidade assim fundamentalmente compreendida ou vivida, tranquiliza. Porque o legislador é esse demiurgo que exprime tudo ao mesmo tempo e domestica, traduz e domina esse surgimento, modelando a cidade à imagem de sua Constituição.[38]

Se examinarmos dessa vez nossa modernidade midiática e sua transmissão do drama de 11 de setembro de 2001 dentro dessa problemática, é possível vê-la como a exemplificação inclusive do presentismo pelo qual ele caracteriza nossa relação contemporânea à temporalidade: "O 11 de setembro leva ao extremo a lógica do acontecimento contemporâneo que, ao se mostrar no momento que se fazia, se historiciza imediatamente e ele mesmo já é sua própria comemoração".[39] A febre comemorativa que atravessamos com seus prolongamentos patrimoniais mergulha o passado no centro do nosso presente, que estende também suas ramificações pelo lado do futuro ao adotar o "princípio responsabilidade" de Hans Jonas que antecipa a responsabilidade da sociedade presente diante das gerações futuras, fundando uma ética do futuro declinada no presente: "Assim, o presente se *estendeu* tanto em direção do futuro quanto do passado".[40] Se admitirmos que as sociedades possam manter com seu regime de historicidade relações

---

38 Hartog, La Révolution française et l'Antiquité, *La Pensée Politique*, n.1, 1993, p.34. Ver também Hartog, *Évidences de l'histoire. Ce que voient les historiens*; Hartog, *Anciens, modernes, sauvages*.

39 Hartog, Régimes d'historicité, op. cit., p.116.

40 Ibid., p.216.

variando conforme a época, isso significa que o acontecimento detém um *status* relativo ao regime de historicidade no qual ele se manifesta. Ou ele será constituinte de um mundo novo que privilegiará sua singularidade, ou ele será retomado por estruturas de reprodução para eliminar suas asperezas.

Essas indagações sobre o vivido da historicidade não são, portanto, tão novas assim. Sartre no seu livro *Crítica da razão dialética* já alegara o alcance existencial da relação com o tempo e especialmente com o acontecimento que é capaz de modificar a relação passível de ser mantida não somente com seu devir mas também com seu passado. O acontecimento histórico, segundo Sartre, "tem o efeito de transformar nosso próprio passado (guerra de 1939 transformando nosso passado em simplório), isto é, *seu significado*. Em resumo, de distinguir o *vivido* que foi portanto absoluto, da realidade que foi vivida. E de recusar como ilusão o que foi assimilado como absoluto".[41] Se Sartre confere ao acontecimento histórico o *status* de inesperado que se encontra em situação de exterioridade em relação ao homem, ele lhe atribui uma função de transformação de interioridade a partir de dentro: "O acontecimento histórico surge como o exterior transformando do interior a interioridade, mas sem ação necessária do exterior sobre a exterioridade (práxis-violência) e sem feito imediato de interiorização".[42] Desse modo, ele é capaz de transformar o destino do indivíduo ou da sociedade: "Ele pode fazer de mim, na práxis do indivíduo social, um outro: eu me torno guerreiro (1940)...[43]

Em seu livro *O que é a literatura?* Sartre afirma sua opção por uma literatura qualificada de realista fenomenológica e que devolve "ao acontecimento sua excessiva frescura, sua ambiguidade, sua imprevisibilidade".[44] Essa literatura trata, então, não de uma *mimese* do real, mas de constatar por que meio o romancista percebe a maneira como o sujeito atravessa a experiência do acontecimento, logo do imprevisível. Em todo caso, como observa Benoît Denis,[45] é a concepção de Sartre no final da década de 1930, pois ele modificou seu ponto de vista após a guerra no sentido de ampliar a perspectiva passando do sujeito individual para o sujeito coletivo inserido

---

41 Sartre, *Critique de la raison dialectique*, t.2, p.407.
42 Ibid., p.408.
43 Ibid., p.409.
44 Sartre, *Qu'est-ce que la littérature?* (1948), p.226.
45 Denis, Rendre à l'événement sa brutale fraîcheur. Événement et roman chez Sartre. In: Alexandre; Frédéric; Parent; Touret (orgs.), *Que se passe-t-il?*, p.218.

no devir histórico que supera a abordagem puramente individualizada. A partir daí, Sartre, como no livro *Le Sursis*, reduz as narrações que são sobretudo olhares limitados sobre um acontecimento que lhes escapa.

Nos anos 1950, Claude Lefort já voltara sua atenção para a forma como o acontecimento é vivido diferencialmente em função da relação com a historicidade da sociedade onde ele ocorre. Partindo da famosa distinção de Claude Lévi-Strauss segundo a qual haveria sociedades frias nos Trópicos, negando qualquer forma de acontecimentalidade [*événementialité*], totalmente voltadas para a reprodução do mesmo, de seus costumes e tradições e opondo-se assim às sociedades ocidentais, funcionando conforme a mudança perpétua, Claude Lefort visava a integração das sociedades chamadas frias nos processos de historicidades complexos, mostrando que também elas estavam confrontadas às mudanças, aos acontecimentos:

> Admitimos que haja, em toda sociedade, acontecimento, transformação cultural e retomada vivida do passado pelo presente; mas podemos dizer que a relação com o acontecimento, a transformação, a retomada do passado tenha sempre o mesmo significado?[46]

Evidentemente, de acordo com Claude Lefort, as sociedades chamadas estagnantes não têm a mesma relação com o acontecimento do que as sociedades "históricas" que são alavancas fundamentais na definição do projeto para pensar o futuro, mas ele não nega a pertinência do acontecimento no interior das sociedades chamadas estagnantes e, sobretudo, ele percebe logo a importância que consiste em questionar o vínculo estabelecido pelas sociedades com um ou outro tipo de historicidade no qual estão engajadas suas relações tanto com o passado quanto com o futuro.

Essa ambivalência do acontecimento participante ao mesmo tempo do mundo lá fora e relacionado ao modo de ser do homem afetado, sempre foi um tema importante da sociologia atual chamada de abrangente. Assim, Georg Simmel define o acontecimento histórico como resultante de um encadeamento que é tanto anterior a ele quanto ulterior, na interseção do contínuo e do descontínuo. Nesse aspecto, ele surge de um esquema de causalidades que o historiador pretende decifrar; no entanto, para tornar-se realmente histórico, ele deve simultaneamente constituir um núcleo singular ao longo do tempo e ser assimilado como tal pelo entendimento humano:

---

46 Lefort, *Sociétés sans histoire et historicité* (1952), p.39.

Um acontecimento é histórico se, por razões objetivas absolutamente indiferentes a sua posição no tempo, ele ocupa uma posição distinta e imutável no tempo. Assim: um núcleo de realidade que exista no tempo não o torna histórico; tampouco se for assimilado pelo entendimento. É somente depois que as duas dimensões se sobrepõem e que ele é temporizado pelo efeito do entendimento fora do tempo, que ele se torna histórico.[47]

Simmel sublinha o paradoxo do tempo acontecimental [*événementiel*] que pressupõe um continuísmo que não é vivido como tal, porém sendo uma reconstituição só-depois. Assim apresenta-se, a ideia de um continuísmo entre agosto de 1756 e fevereiro de 1763 que chamamos de "Guerra dos Sete Anos":

> Daí a estranheza que se produz: quanto à representação da forma tomada pelo acontecimento, a única certamente adequada à sua realidade, a representação contínua, ela é apenas uma ideia distanciada do núcleo histórico concreto e de reflexão abstrata.[48]

Cada elemento é singular e não gravita em torno de seu próprio epicentro. Desse modo, cada átomo está isolado daquele que o precede e o segue. Mas não podemos nos estender muito nessa decomposição atomística, porque uma grande fragmentação poderia paradoxalmente dissolver a individualidade pelo fato de querer justificá-la:

> Há, ao que parece, um princípio universal segundo o qual, passado um certo patamar, a fragmentação de um fenômeno em elementos, fenômeno que deverá ser concebido em seguida como sendo a soma deles, anula a individualidade.[49]

Simmel pretende portanto, para resolver o problema do reconhecimento da individualidade, fixar um patamar, abaixo do qual não é possível levar muito adiante a fragmentação. É no interior dessa tensão intransponível que se situa o possível conhecimento do acontecimento histórico, entre

---

47 Simmel, Le Problème du temps historique, *Revue de Métaphysique et de Morale*, n.3, 1995, p.300.
48 Ibid., p.305.
49 Ibid., p.308.

a capacidade da ampliação das unidades singulares e a vontade de restaurar a singularidade. É no próprio interior desse entre-dois-polos, polos sempre afastados um do outro, que Simmel manifesta a expectativa do enriquecimento epistemológico da abordagem do tempo histórico.

Se considerarmos o caso da civilização chinesa, o acontecimento aí se mune de um *status* singular ao se colocar em relação com a afinidade com o tempo dessa civilização para a qual prevalece uma relação interiorizada com a historicidade. À concepção ocidental, que entende o acontecimento como o surgimento do excepcional reconfigurando a totalidade e necessitando um trabalho do sentido para integrá-lo à nova configuração, que seria a característica da relação ocidental com a temporalidade, se opõe uma concepção totalmente diferente da civilização chinesa para a qual, ao contrário, ela deve:

> reabsorver o prestígio do acontecimento na continuidade silenciosa dos processos. A China antiga não compôs epopeia, e tampouco um teatro mostrando dramaticamente o acontecimento; ela cultivou, não o trágico ou o sublime, mas a "sabedoria" dissolvendo a excepcionalidade do acontecimento em uma constante adaptação à modificação do momento.[50]

Portanto, a China opõe a uma abordagem ocidental externa à temporalidade, um outro caminho, interiorizado e cíclico de um tempo que se repete ao longo das estações e dos ritmos biológicos da existência humana. É nessa repetição da diferença, nessa variabilidade dos momentos e das estações que se inseriria o caminho chinês de uma determinada sabedoria que, sem preterir um acontecimento por um outro sempre mais excepcional, se preocuparia em destacar determinada variação, determinada modulação em relação a uma outra que a precederia, tudo em consonância com ela: "A fórmula da sabedoria, em suma, seria de ter acesso ao mesmo tempo aos dois: se abrir para o que acontece, *como ele chega*, sem deixar de partilhar sua variedade".[51]

No bojo de uma mesma sociedade, ocidental ou outra, é possível distinguir acontecimentos de ordem individual, pessoal, e os acontecimentos de ordem coletiva que em ambos casos pressupõem uma interrupção na

---

50 Jullien, *Du temps. Éléments d'une philosophie du vivre*, p.88.
51 Ibid., p.125.

continuidade do tempo, no escoamento das coisas.[52] Dentro da mesma perspectiva, Marc Augé estabelece uma distinção entre, por um lado, os acontecimentos elementares, que resultam da esfera biológica, e que acontecem a todo mundo e são logo considerados pelos sistemas de interpretação e, por outro lado, os acontecimentos mais complexos, que afetam determinados grupos sociais, como os rituais de iniciação ou de entronização:

Todos os acontecimentos biológicos individuais cuja interpretação, imposta pelo modelo cultural, é imediatamente social. O nascimento, a doença, a morte são acontecimentos nesse sentido, elementares.[53]

A doença leva essa tensão ao extremo entre sua dimensão puramente individual que isola o doente do resto de seus semelhantes e a imersão causada pela doença em um universo muito socializado e que induz a uma forte dependência do indivíduo. Todos os acontecimentos tanto elementares quanto simbólicos, têm em comum algo paradoxal:

> únicos para o indivíduo (vivemos uma única vez, ou seja, morremos uma única vez) eles são essencialmente recorrentes (e além de rituais) para todos os outros; o registro é diário. Simplesmente os acontecimentos elementares correspondem ao cúmulo desse paradoxo: o indivíduo não se viu nascer, ele não assiste ao seu enterro, mas é precisamente no momento que ele emerge do nada ou que ele desaparece que é objeto da sacralização mais intensa, a que marca os tempos fortes da vida coletiva dos adultos vivos.[54]

A doença parece ser um bom observatório, pois ela está na encruzilhada do arbitrário, da contingência que a causou, da equação muito íntima de vivê-la e de séries acontecimentais [*événementielles*] de naturezas muito diversas que tentam compreender as manifestações e dominá-las. A respeito da epidemia da Aids na África, o antropólogo Laurent Vidal mostra como a noção do acontecimento endossa um valor heurístico para compreender o andamento das representações da doença no corpo social:

---

52 Bastide, Événement, *Encyclopédie Universalis*.

53 Augé, Ordre biologique, ordre social la maladie, forme élémentaire de l'événement. In: Augé; Herzlich (orgs.), *Le Sens du mal. Anthropologie, histoire, sociologie de la maladie*, p.39. Ver também Lévy, L'Événement en anthropologie: de l'élémentaire au complexe. In: Olazabal; Lévy (orgs.), *L'Événement en anthropologie. Concepts et terrains*, p.9-21.

54 Augé, op. cit., p.39.

A doença se apresenta como uma soma de acontecimentos [...] Esses acontecimentos são a ausência da insistência de avisos, o afastamento de alguns familiares e suas mudanças de atitudes nos períodos de remissão.[55]

Viveríamos em vários tempos, e portanto em um tempo laminado. Podemos opor a um tempo definido, estatístico, um tempo qualitativo composto de elementos de natureza diferente. O indivíduo está situado em um tempo genealógico, o de sua filiação ao eixo longo e vertical de suas origens e ao eixo mais curto, o do conjugal e das amizades que são também ocasiões de intensificação temporal resultante do imprevisível. Ao tempo dos familiares acrescenta-se o tempo das instituições que precede o indivíduo e lhe atribui um lugar no interior da cidade. É o mundo do político no sentido amplo que articula todas as formas de instituições, associativas, culturais, propriamente políticas ou religiosas. E em seguida, há o tempo dos valores seguindo os modos diversos de avaliação do que é lícito ou proibido, positivo ou negativo, impedido ou consentido. A laminação desses três tempos poderia ser medida cronologicamente.

Mas há duas outras formas de temporalidades que não dependem absolutamente de uma possível quantificação. Primeiro, a que resulta de um tempo rítmico que é o retorno periódico do mesmo, mas em um novo lugar. É a repetição cíclica, sazonal, cósmica que sempre experimenta modalidades diferentes, variações ínfimas: ritmos biológicos, mas também o dos *habitus*, do ambiente cotidiano, da língua ou ainda o ano litúrgico que se apoia na ideia de recapitulação, de retorno. Finalmente, é possível distinguir o tempo dos humores que sintetiza todas as formas de tonalidade afetiva, vivida, resultantes ou de humores passageiros, efêmeros como o entusiasmo, a emoção, o cansaço, o aborrecimento, ou de elementos mais sustentáveis exprimindo, por exemplo, determinado temperamento sanguíneo, fleumático ou melancólico.

Desse modo, haveria a distinção entre um tempo exterior e um tempo sensível, como o caracteriza Pascale Quincy-Lefebvre a respeito do rito da primeira comunhão estudado sobre um século, entre 1850 e 1950.[56] O olhar se dirige para a parte emocional desse ritual enquanto experiência

---

55 Vidal, *Le Silence et le sens. Essai d'anthropologie du sida en Afrique*, p.129; citado em Lévy, L'Événement en athropologie: de l'élémentaire au complexe, op. cit., p.14-5.

56 Quincy-Lefebvre, Histoire sensible, temps et événement. La première communion (1850-1950). In: Daviet-Taylor (org.), *L'Événement. Formes et figures*.

individual que vai testar a capacidade em transformar a relação com a crença do indivíduo. A comunhão, cuja decisão remonta ao Concílio de Latrão em 1215, apenas torna-se realmente um acontecimento solenizado a partir da reforma católica no século XVII e conhece seu apogeu somente no século XIX quando a Igreja se envolve na reconquista voluntarista dos espíritos. O tempo da criança torna-se então, em certas regiões, um tempo religioso pontuado por uma sessão diária de catecismo; a comunhão marca um antes e um depois. Ela é vivida com uma intensidade particular, como prova a narrativa feita por Françoise Dolto que intima sua irmã enferma a preparar minuciosamente sua comunhão para receber a graça da cura.[57] Esses momentos de intensificação do tempo, de conexão com o tempo público e com o tempo privado segundo as configurações sempre singulares mostram que:

> os acontecimentos não são simples fatos. Como nós de relações e fatores de choques, eles podem se tornar portas para uma história das sensibilidades. Como marcadores de temporalidade, eles permanecem na origem da prática da história.[58]

Essa eclosão das temporalidades a partir de suas pontas acontecimentais [*événementielles*] é inclusive reconhecida pelo filósofo Alain Badiou, no entanto, particularmente ligado ao Um e a uma concepção monista do tempo do mundo. Definindo o campo do histórico como o oposto da natureza, ele concebe o histórico como a expressão da singularidade: "A forma-múltipla da historicidade é o que está inteiramente na instabilidade do singular".[59] Alain Badiou define o acontecimento como uma unidade de base, fundadora do que ele chama de múltiplo ou ainda de sítio acontecimental [*événementiel*] que pode entrar nas diversas configurações ou combinações enquanto unidade de base: "Um múltiplo não é um sítio senão *em* situação".[60] O sítio acontecimental [*événementiel*] só pode ser local, ao contrário da estrutura e da natureza que remetem ao global. Alain Badiou nega inclusive a possibilidade de sintetizar uma situação acontecimental [*événementielle*] ao fazê-la participar de uma historicidade abrangente e

---

57 Dolto, *Enfances*.
58 Veyne, *Comment on écrit l'histoire*, p.40.
59 Badiou, *L'Être et L'Événement*, p.194.
60 Ibid., p.196.

coerente. De acordo com ele: "Nós podemos pensar *a historicidade* de alguns múltiplos, mas não podemos pensar *uma*História".[61] Inversamente à abordagem que prevaleceu até então e que procurava uma conceitualização da estrutura, relegando a acontecimentalidade [*événementialité*] à empiria não significante, Alain Badiou preconiza uma abordagem inversa que parte do acontecimento que é preciso conceitualizar:

> É o acontecimento que depende de uma construção de conceito, no duplo sentido em que só é possível *pensá-lo* antecipando sua forma abstrata, e que só é possível *revelá-lo* na retroação de uma prática interveniente, ela própria plenamente refletida.[62]

Outra tentativa ambiciosa de privilegiar uma filosofia do acontecimento, a proposta de um *Novo tratado teológico-político* vindo de um filósofo especialista de Lacan, Alain Juranville.[63] O sentido de sua demonstração é revelar a coerência do percurso da humanidade entre o acontecimento primordial, de ordem religiosa, que foi o sacrifício de Cristo ao seu acontecimento terminal no plano político que é a Revolução. A retomada necessária de sentido passa pelo fato de pensar conjuntamente esses dois acontecimentos mobilizando tanto o conhecimento psicanalítico quanto o filosófico:

> A contradição fundamental na qual o acontecimento envolve o pensamento filosófico se resolve quando esse pensamento não se detém na afirmação da existência, mas vai até à afirmação do inconsciente.[64]

A Revolução é considerada por Alain Juranville como o acontecimento salvador através do qual o sujeito mostra que ele respondeu ao sacrifício de Cristo e se liberou ao mesmo tempo do sistema sacrifical. Esse tratado se considera o antídoto ao *nonsense* e ao desencadeamento da barbárie levada a efeito com o Holocausto. Alain Juranville privilegia uma concepção do acontecimento como acontecimento-redenção após o Holocausto.

---

61 Ibid., p.196-7.
62 Ibid., p.199.
63 Juranville, *L'Evénement. Nouveau traité théologico-politique.*
64 Ibid., p.47.

Conclusão

O acontecimento traumático pode encarnar o impossível, o evitado para poder viver. É a relação estabelecida pelo escritor George Perec com qualquer forma de acontecimento do qual ele desconfia, por uma questão de princípio. Filho de um pai morto em combate em 1940 e de uma mãe deportada três anos mais tarde a Auschwitz, compreende-se que uma história coletiva tão cruel a respeito do destino de sua família evoque nele temor e repulsa. Ele conceberá, no plano literário, através de seus romances, uma expressão para essa rejeição. Seus personagens sonham com uma vida onde nada acontecerá a não ser um ar harmonioso a respirar ao abrigo das violências do mundo: "Eles sonham com *névénement*, de existências confortáveis, fora do tempo da História".[1] Esse sonho é inacessível e os despertares são difíceis para esses personagens perseguidos pela ameaça do acontecimento e incapazes de encontrar qualquer refúgio para escapar dessa situação. Esses acontecimentos que chocam profundamente são portadores do indelével e instalam o trágico no coração humano. Perec opõe o mundo do infraordinário, do minúsculo que preserva as grandes desordens com o mundo provocante do acontecimento que só pode resultar do trágico:

> O que nos fala, me parece, é sempre o acontecimento, o insólito, o extraordinário: grandes reportagens, grandes manchetes. Os trens

---

1 Roumette, L'événement invivable. In: Alexandre; Frédéric; Parent; Touret (orgs.), *Que se passe-t-il?*, p.235.

só começam a existir quando descarrilam, e quanto mais passageiro morto mais os trens existem; os aviões só tem existência quando são sequestrados.[2]

Perec digere os acontecimentos enquanto proliferação, pletora e ausência de hierarquização que fazem deles coisas insignificantes, como no seu livro *A vida: modo de usar* que evoca tamanha quantidade de fatos, de personagens, que nada mais faz realmente acontecimento. Nessa tentativa de neutralização do trágico, a obra de Perec não cessa de "formular a questão do que seria um acontecimento passível de ser vivido".[3]

Ao contrário, um não acontecimento pode se transformar em acontecimento. O antropólogo François Laplantine cita o exemplo daquilo que parece resultar do não acontecimento por excelência, ou seja, a chegada de um trem na estação de La Ciotat em 1895 filmada por Louis Lumière para mostrar que semelhante fato, aparentemente banal, inclusive pelos atores da filmagem na época, pôde representar um real acontecimento quando essa chegada foi projetada em Paris no Grand Café: "Soubemos que ela fez acontecimento pela reação dos primeiros espectadores. Eles estavam amedrontados. Eles recuavam suas cadeiras, temendo ser esmagados pela locomotiva. Desse modo nasceu o acontecimento do cinema".[4] Encontramos aí um certo número de características que já destacáramos e que parecem definir o que é um acontecimento: seu caráter indeterminado, sua indedutibilidade, a surpresa que ele causa e o fato que ele afeta pessoalmente ou coletivamente tanto no plano emotivo quanto no intelectual. O que conta não é tanto o acontecimento como tal na sua fatualidade, mas o acontecimento contado, captado na sua narrativa, e François Laplantine distingue três formas de reação ao acontecimento: a prova, a revelação e o escândalo. A prova resulta do paradigma indiciário como Ginzburg o definiu e o procedimento biomédico é significativo dessa abordagem. Do seu lado, a revelação tem em comum o campo do visível, no entanto ela não depende do indicial, porém do icônico, e seu comentário é indefinido, pois "há um antes e um depois da revelação, que podemos qualificar de *aparição* ou de *manifestação*".[5] Quanto ao escândalo, ele aparece como perturbante,

---

2 Perec, Approches de quoi?, *Cause commune*, n.5, fev. 1973, p.3-4.
3 Roumette, L'Évement invivable, op. cit., p.251.
4 Laplantine, La Preuve, la révélation, le scandale. In: Olazabal; Lévy (orgs.), L'Événement en anthropologie, op. cit., p.23.
5 Ibid., p.31.

Renascimento do acontecimento

diferentemente dos dois outros casos, não por um excesso de sentido, mas por insuficiência de significação. Ele faz eclodir a ideia de uma possível repetição pela explicação ou pela interpretação:

> A temporalidade do escândalo é esse momento preciso do hiato ou do acaso no qual um acontecimento só pode ser explicado no âmbito de um código conhecido e previsto porque ele escapa à lógica das ligações e das progressões habituais.[6]

Um filme impressionante, que desfrutou de uma passagem rápida pelas telas francesas no início do ano 2007, o filme de Corneliu Porumboiu, *12h08 à leste de Bucareste*, nos dá uma versão ao mesmo tempo irônica, iconoclasta e muito reveladora do que é um acontecimento, com suas múltiplas construções indissociáveis de sua projeção midiática. No filme, o apresentador de um canal de televisão local tenta em vão restaurar o que realmente aconteceu dezesseis anos atrás no decurso do dia 22 de dezembro de 1989 quando o déspota Nicolae Ceaucescu foi derrubado por seu povo e fugiu. Dessa reconstituição burlesca – e ao mesmo tempo edificante –, resulta que encontramo-nos muito distantes da grande noite heroica de um povo reconquistando seus direitos. O apresentador do programa está rodeado por duas testemunhas. A primeira, professor de história, se orgulha de ter sido um dos primeiros a manifestar contra o poder totalitário, mas imediatamente vários telespectadores desmentem categoricamente sua versão dos fatos. Quanto à outra testemunha, um idoso aposentado ranzinza, reconhece que foi para o meio da rua, mas para impressionar sua mulher! Durante a Revolução, no singular e com letra maiúscula, a intenção mais séria do filme é mostrar a diversidade das motivações de cada um que acabam provocando um acontecimento coletivo durante o qual cada um faz a sua pequena revolução à sua medida. O resto é questão de construção coletiva imanente ao acontecimento que está sendo produzido.

O acontecimento moderno não é decididamente nada sem seus suportes de comunicação, exemplificando a ideia segundo a qual ser, é ser percebido. Pensemos no movimento de contestação dos estudantes no outono de 2007 contra a lei Pécresse. Independentemente do que pensemos das motivações e dos objetivos que se deram os estudantes contestatórios, eles bloquearam a instituição universitária durante o movimento de

---

6 Ibid., p.33.

mobilização que durou vários meses e arrastou grande parte do campus. No entanto, o silêncio midiático que ignorou totalmente esse movimento teve como efeito paradoxal fazer com que esse acontecimento real, efetivo – no caso presente, essa mobilização estudantil – fosse reduzido ao estado de não acontecimento, pois ele passara em silêncio pelas mídias, e portanto, simplesmente não percebido como tal pela opinião pública. O resultado foi o inverso do obtido pelo movimento precedente contra o Contrato Primeiro Emprego (CPE) que, apesar do autismo do poder, graças aos ecos midiáticos revelando sua crescente expansão, acabou por conquistar o *status* de acontecimento capaz de conseguir fazer recuar o poder que teve que renunciar a seu projeto e comprometer o destino político do seu autor. Esse exemplo, muito surpreendente em democracia, nos informa sobre o fato que um acontecimento não é um já-lá, simplesmente para ser adotado pela mídia. Ele é plenamente a construção dessa última e depende da hierarquização de importância que decidirá levá-lo ou não à praça pública.

O sociólogo Eliseo Veron faz a mesma constatação a respeito da tragédia de Three Mile Island, em que ocorreu um acidente nuclear no segundo reator da central em 28 de março de 1979. Esse acidente, embora real, não teria acontecido se o dispositivo instalado para impedir o vazamento de qualquer informação tivesse funcionado: "As mídias informativas são o lugar onde as sociedades industriais produzem nosso real".[7]

Essa abordagem decididamente construtivista parte do princípio que o acontecimento não é redutível a uma mera ocorrência espaçotemporal à qual seria preciso dar um sentido. Por essa razão é preciso "atribuir a figura sob a qual um acontecimento é apresentado pelas mídias a um processo de formação, preparação e significação dos quais elas são as operadoras".[8] O obstáculo a ser evitado dentro dessa perspectiva seria considerar que a mídia apenas falsificaria, deformaria uma realidade que encarnaria a verdade perdida, ocultada.

Da mesma maneira que Michel de Certeau alegara o termo de "Fazer história", podemos considerar que o acontecimento resulta de um fazer, de uma fábrica. A construção social do acontecimento, a fabricação de sua grandeza social, logo histórica, passa pela tentativa de redução da indeterminação do que ocorreu e ao qual tenta-se conferir uma determinada importância em função de um sistema de valores. Essa busca endossa a vantagem de depender de um lugar, de uma instituição, de uma fixação

---

7 Veron, *Construire l'événement. Les médias et l'accidentde Three Mile Island*, p.8.
8 Neveu; Quéré, Présentation, *Réseaux*, n.75, jan.-fev., 1996, p.10.

Renascimento do acontecimento

societária, mas deixa escapar uma parte importante que é a constituição simbólica do acontecimento: "Trata-se essencialmente do que está subtendido na organização dos processos de individualização social dos acontecimentos em uma determinada sociedade".[9]

Para evitar uma relação de fascínio diante do acontecimento equivalente ao fetichismo que o historiador possa sentir diante do arquivo como acesso direto ao real, o analista dispõe de uma determinada quantidade de ferramentas. Ele tem à sua disposição toda uma reflexão de ordem semiológica como a realizada por Roland Barthes, todo um trabalho de desmitologização que objetiva revelar a face oculta do mito. É possível, sobre esse plano, encontrar a força inventiva do programa de Barthes de mitoclastia que poderia resultar em "um inventário crítico dos significados ideológicos que se envolvem no tecido dos personagens tidos como arautos pela época".[10] Essa abordagem não é nada antinômica com a visão sociológica que permite restaurar os discursos no interior dos lugares, das estruturas sociais.

Fazer acontecimento pressupõe dois fenômenos muito diferentes. Em primeiro lugar, sobretudo na sociedade moderna midiatizada, isso implica um choque, um trauma, um abalo que suscita primeiramente um estado de afasia. Esse primeiro aspecto, o mais espetacular do acontecimento, presume uma grande difusão que assegure e assuma sua repercussão. O choque experimentado pelo mundo todo no dia 11 de setembro de 2001 é, a esse respeito, o precipitado mais exemplar desse tipo de fenômeno de estupefação. Ao mesmo tempo, os grandes acontecimentos históricos ocorrem com mais frequência, como diz Nietzsche, "como uma doença mortal que se infiltra silenciosamente no corpo, ou ainda o desembarque dos Pilgrims do *Mayflower* no litoral de Massachusetts ou a tomada da Bastilha ("Nada", estava escrito na agenda do rei no dia 14 de julho de 1789)".[11] O essencial do acontecimento está, na realidade, no seu vestígio, naquilo que ele se torna, de maneira não linear no interior dos múltiplos ecos de seu só-depois [*après-coup*].

No final desse percurso, parece que as respostas dos historiadores profissionais às questões de ordem metodológica ou epistemológica referentes ao acesso do acontecimento foram bem diversificadas em função dos

---

9 Ibid., p.14.
10 Ibid., p.16.
11 Bougnoux, Entre l'œuvre et le flot, quel traitement de l'information? In: Alexandre; Frédéric; Parent; Touret (orgs.), *Que se passe-t-il?*, p.94.

momentos, das escolas. Eles concederam uma intensidade relativa de determinação para explicar o acontecimento, a natureza dessa intensidade variou assim como o grau de objetivação e de implicação subjetiva, o embate do tempo presente com o passado. Mas todas essas variantes estão integradas, como envolvidas, em uma ontologia da condição histórica que no entanto não funciona como embasamento, como solo fundador, mas sempre como horizonte do trabalho de retrospecção histórica. Esse horizonte se revela toda vez que a noção de acontecimento é colocada em relação às diferentes maneiras de conceber a temporalidade. O que está então em jogo, de maneira abrangente, é toda a reflexão sobre a existência desde que ela se abra para o surgimento do acontecimento. Nesse plano, não se acaba nunca de testar o impacto e de questionar a pluralidade dos significados.

Entre a dimensão epistemológica do explicá-lo-compreendê-lo, e a dimensão ontológica da condição do homem como ser histórico, há uma mediação imperfeita assegurada pela noção de vestígio, e é através dela que o historiador pode pretender saber mais ao seguir o acontecimento através de seu vestígio, nos seus vestígios, ficando implícito, como vimos, que o próprio acontecimento permanece irredutível, escapa incessantemente às retomadas dos conceitos e dos discursos. No entanto, uma tensão subsiste – mas ela é superável? – entre o acontecimento identificado com os vestígios que ele deixa atrás de si e o acontecimento concebido na sua efetuação real.

Atualmente, o historiador deve levar em consideração esses dois polos e pensá-los conjuntamente, embora ele deva, para isso, mobilizar dois posicionamentos filosóficos que parecem antinômicos, mas que esse percurso teria tentado pensar conjuntamente. De um lado, o acontecimento é essencialmente concebido como surgimento do novo dentro de uma metafísica do acontecimento. Gilles Deleuze o concebe dessa maneira e isso poderia corresponder a um primeiro movimento, uma dinâmica de princípios, um processo inicial que Paul Ricoeur qualificou de energético no seu ensaio sobre Freud. Por outro lado, haveria a retomada hermenêutica como Paul Ricoeur a pratica, que, sem negar o começo, se orienta mais sobre o vestígio do acontecimento por uma "inteligência narrativa" que seria a mediação necessária para restaurar a própria singularidade e as potencialidades vivas do acontecimento. A constatação do caráter ao mesmo tempo enigmático e indefinido do acontecimento infere uma outra leitura histórica e novas tarefas ao historiador profissional. A primeira entre elas é preservar a própria abertura do acontecimento, sua capacidade em suscitar a liberdade daqueles que pensam e agem na sua esteira exercendo ao mesmo tempo seu senso crítico.

Referências bibliográficas

AFFERGAN, F. *La Pluralité des mondes*: vers une autre anthropologie. Paris: Albin Michel, 1997.

ALEXANDRE, D. Exégèse de l'événement chez Paul Claudel. In: LÉCROART, P. (Org.). *Claudel politique*: actes du colloque international de l'Université de Franche-Comté. Bensaçon: UFC, 2003.

ALEXANDRE, D. et al. (Orgs.). *Que se passe-t-il?* Événements, sciences humaines et littérature. Rennes: Presses de l'Université Rennes, 2004.

AMALVI, C. Le 14-juillet. Du *Dies Irae* à *Jour de fête*. In: NORA, P. *Les Lieux de mémoire*: t.1, La République [1984]. Paris: Gallimard, 1997. p.383-423.

AMIEL A. *Hannah Arendt, politique et événement*. Paris: Presses Universitaires de France, 1996.

ANNALES ESC. Paris: Armand Colin, n. 3-4, mai-ago. 1971.

ARENDT, H. Compréhension et politique. *Esprit*, n.6, p.66-79, 1953.

_____. *La Crise de la culture*: huit exercises de pensée politique. [1954]. Trad. Patrick Lévy. Paris: Gallimard, 1989. (Folio. Essais, 113).

ARISTÓTELES. *Éthique à Nicomaque*. Paris: Pocket, Agora, 2007. [Ed. bras.: *Ética a Nicômaco*. 3.ed. São Paulo: Edipro, 2009.]

ARON, R. *Introduction à la philosophie de l'histoire*: essai sur les limites de l'objectivité historique [1938]. Paris: Gallimard, 1986.

_____. *Leçons sur l'histoire*: cours du Collège de France [1972-74]. Paris: Hachette, Livre de poche, 1991.

ARQUEMBOURG-MOREAU, J. *Le Temps des événements médiatiques*. Paris: INA; Bruxelles: De Boeck, 2003.

AUDOIN-ROUZEAU, S.; BECKER, A. Violence et consentement: la culture de guerre du premier conflit mondial. In: RIOUX, J.-P.; SIRINELLI, J.-F. (Orgs.) *Pour une histoire culturelle*. Paris: Seuil, 1997.

AUGÉ, M. Ordre biologique et ordre social: la maladie, forme élémentaire de l'événement. In: AUGÉ, M.; HERZLICH, C. (Orgs.). *Le Sens du mal*: anthropologie, histoire, sociologie de la maladie. Paris: Éditions des Archives Contemporaines, 1984. p.35-92.

AULARD, A. *Histoire politique de la Révolution Française*. Paris: Armand Colin, 1926.

AUSTIN, J. L. *Le Langage de la perception* [1962]. Trad. Paul Gochet. Paris: Armand Colin, 1971.

BACON, F. *Novum Organum* [1620]. Trad. Michel Malherbe, Jean-Marie Pousseur. Paris: Presses Universitaires de France, 1986. (Épiméthée, 77). [Ed. bras.: *Novum organum, ou, verdadeiras indicações acerca da interpretação da natureza; Nova Atlântida*. São Paulo: Nova Cultural, 2005.]

BACKES-CLEMENT, C. L'événement: porté disparu. *Communications*, n.18, p.145-55, 1972.

BACZKO, B. *Lumières de l'utopie*. Paris: Payot, 1978.

BADIOU, A. *Être et Événement*. Paris: Seuil, 1988. [Ed. bras.: *O ser e o evento*. Rio de Janeiro: Jorge Zahar ; Editora UFRJ, 1996.]

BARTHELEMY, M. Événement et espace public. L'affaire de Carpentras. *Quaderni*, n.18, p.125-39, 1992.

BARTHELEMY, M.; QUERE L. *La Mesure des événements publics, rapport CNRS*. Paris: CEMS, 1991.

BARTHES, R. L'écriture de l'événement. *Communications*, n.12, p.108-12, maio 1968. [Reimpressão de: *Le Bruissement de la langue*. Paris: Seuil, 1993.]

BASTIDE, R. La connaissance de l'événement. In: BALANDIER, G. et al. (Orgs.). *Perspectives de la sociologie contemporaine*: hommage à G. Gurvitch. Paris: Presses universitaires de France, 1968, p.159-68.

_____. Événement. In: *Encyclopedia Universalis*. Paris: 1968-1975. v.6, p.822-4.

BAUBION-BROYE, A. (Org.). *Événements de vie et construction de la personne*. Toulouse: Érès, 1998.

BEDARIDA, F. Histoire et mémoire chez Péguy. *Vingtième Siècle*, n.73, p.101-10, jan.-mar. 2002.

BELHAJ KACEM, M. *Événement et Répétition*: digest du séminaire La cellule, 2001-2002. Paris: Tristram, 2004.

BENJAMIN, W. *Origine du drame baroque allemand* [1928]. Trad. Sibylle Muller. Paris: Flammarion, 2000.

_____. Sur le concept d'histoire. In: _____. *Oeuvres III*. Trad. M. de Gandillac, R. Rochlitz, P. Rusch. Paris: Gallimard, 2000. p.427-43. (Folio. Essais, 372-4). [Ed. bras.: Sobre o conceito de história. In: *Obras escolhidas I*: magia e técnica, arte e política. São Paulo: Brasiliense, 2010, p.222-34.]

BENOIST, J. Qu'est-ce qui est donné? La pensée et l'événement. *Archives de philosophie*, n.59, p.629-57, 1996.

_____. La fin de l'histoire comme forme ultime du paradigme historiciste. In: BENOIST, J.; MERLINI, F. (Orgs.). *Après la fin de l'histoire*: temps, monde, historicité. Paris: J. Vrin, 1998. p.17-59.

BENNETT, J. F. *Events and their Names*. Oxford: Clarendon Press, 1989.

BENSA, A. *La Fin de l'exotisme*: essais d'anthropologie critique. Toulouse: Anacharsis, 2006.

BENVENISTE, É. *Problèmes de linguistique générale*. Paris: Gallimard, 1974, 1966. 2t. (Collection Tel). [Ed. bras.: *Problemas de linguística geral*. Campinas: Pontes, 2006.]

BERGERE, M.; CAPDEVILA, L. (Orgs.). *Genre et Événement*: Du masculin au féminin en histoire des crises et des conflits. Rennes: Presses Universitaires de Rennes, 2006.

BERGSON, H. *Matière et Mémoire* [1896]. Paris: Presses Universitaires de France, 2008. [Ed. bras.: *Matéria e memória*: o ensaio sobre a relação do corpo com o espírito. São Paulo: WMF Martins Fontes, 2010.]

_____. *Durée et Simultanéité*. Paris: Puf, 1922.

_____. *L'énergie spirituelle*. Paris: Puf, 1919.

_____. *L'Évolution créatrice*. Paris: Puf, 1907. [Ed. bras.: *A evolução criadora*. São Paulo: Unesp, 2010.]

_____. *La Pensée et le Mouvant* [1938]. Paris: Presses Universitaires de France, 2005. [Ed. bras.: *O pensamento e o movente*: ensaios e conferências. São Paulo: Martins Fontes, 2006.]

BESSIN, M.; BIDART, C.; GROSSETTI, M. *Bifurcations*: Les sciences sociales face aux ruptures et à l'événement. Paris: La Découverte, 2010.

BINOCHE, B. Après l'histoire, l'événement? *Actuel Marx*, n.32, p.139-55, 2002.

_____. *La Raison sans l'histoire*. Paris: Presses universitaires de France, 2007.

BLOCH, M. *L'Étrange défaite*: témoignage écrit en 1940. Paris: Gallimard, 1990.

_____. *Apologie pour l'histoire, ou, Métier d'historien*. Paris: Armand Colin, 1974.

BOISSET, E.; CORNO, P. (Orgs.). *Que m'arrive-t-il?* Littérature et événement. Rennes: Presses universitaires Rennes, 2006.

BOLTANSKI, L.; THEVENOT, L. *De la justification*: les économies de la grandeur. Paris: Gallimard, 1991.

BONTE, P.; IZARD, M. (Orgs.). *Dictionnaire de l'ethnologie et de l'anthropologie*. Paris: Presses Universitaires de France, 2000.

BORGES, J. L. *Oeuvres*. 2t. Paris: Gallimard, 1999, 1993. (Bibliothèque de la Pléiade, 40).

BOURDEAU, L. *L'Histoire et les Historiens: Essai critique sur l'histoire considérée comme une science positive*. Paris : Alcan, 1888.

BOURETZ, P. *Témoins du futur*: philosophie et messianisme. Paris: Gallimard, 2003. [Ed. bras.: *Testemunhas do futuro*: filosofia e messianismo. São Paulo: Perspectiva, 2011.]

BOYER, A. *L'Explication en histoire*. Lille: Presses Universitaires de Lille, 1992.

BRAGUE, R. *Du temps chez Platon et Aristote*: quatre études. Paris: Presses Universitaires de France, 1982. [Ed. bras.: *O tempo em Platão e Aristóteles*. São Paulo: Loyola, c2006.]

BRANCHE, R. *La Guerre d'Algérie*: une historie apaisée? Paris: Seuil, 2005.

BRAUDEL, F. *La Méditerranée et le monde méditerranéen à l'époque de Philippe II*. Paris: Armand Colin, 1966.

_____. Histoire et sciences sociales: la longue durée (1958). In: _____. *Écrits sur l'histoire*. Paris: Flammarion, 1969. p.41-83.

BRIOIST, P.; DRÉVILLON, H.; SERNA, P. *Croiser le fer*: violence et culture de l'épée dans la France moderne. Paris: Champ Vallon, 2007.

BRUSINI, H.; JAMES, F. *Voir la vérité*. Paris: Presses Universitaires de France, 1982.

CAHIERS INTERNATIONAUX DE SOCIOLOGIE. Trajectoires sociales et bifurcations. Paris: Press Universitaire France, v.120, jan.-jun. 2006.

CALLON, M. *La Science et ses réseaux*. Paris: La Découverte: Unesco; Strasbourg: Conseil de l'Europe, 1989.

CAROZZI, C.; TAVIANI-CAROZZI, H. (Orgs.). *Faire l'événement au Moyen Âge*. Aix--en-Provence: Publications de l'Université de Provence, 2007.

CARR, E. H. *Qu'est-ce que l'histoire?* Paris: La Découverte, 1988.

CASATI, R.; VARZI, A. C. (Orgs.). *Events*. Aldershot: Dartmouth Publishing, 1996.

CASSIN, B. *L'Effet sophistique*. Paris: Gallimard, 1995.

CAUSSAT, P. *L'Événement*. Paris: Desclée de Brouwer, 1992.

CEFAÏ, D. *Phénoménologie et Sciences sociales*. Genève-Paris: Droz, 1998.

CERTEAU, M. *La Possession de Loudun*. Paris: Julliard, 1970. [Gallimard ; Folio, 2005.]

———. *L'Écriture de l'histoire*. Paris: Gallimard, 1975. [Folio, 2002.]

———. *La Faiblesse de croire*. Paris: Seuil, 1987.

———. *Histoire et psychanalyse entre science et fiction*. Paris: Gallimard, 1987. [2002.]

———. *L'Invention du quotidien*, t.1. Paris: Gallimard: Folio, 1990.

———. Prendre la parole. In: ———. *La Prise de parole*: et autres écrits politiques. Paris: Seuil, 1994. p.40-57. (Points: essais, 281).

CHAMPAGNE, P. L'événement comme production collective. *Dossiers de l'audiovisuel*, n.91, maio-jun., 2000.

CHANTRE, B. Péguy, révolution et histoire. *Bulletin d'informations et de recherches*, n.71, p.144-71, 1995.

CHARAUDEAU, P. *Le Discours d'information médiatique*: la construction du miroir social. Paris: Nathan; Bry-sur-Marne: Institut National de l'Audiovisuel, 1997.

CHARTIER, J.-P. Événement. In: MIJOLLA, A. (Orgs.). *Dictionnaire international de la psychanalyse*. Paris: Calmann-Lévy, 2002. p.558-9. [Ed. bras.: *Dicionário internacional da psicanálise*. Rio de Janeiro: Imago, 2005.]

CHARTIER, R. *Au bord de la falaise*: l'histoire entre certitudes et inquiétude. Paris: Albin Michel, 1998. [Ed. bras.: *À beira da falésia*: a história entre certezas e inquietude. Porto Alegre: Editora da UFRGS, 2002.]

CHAUNU, P.; DOSSE, F. *L'Instant éclaté*: entretiens. Paris: Aubier, 1994.

CINGOLANI, P. *La République, les sociologues et la question politique*. Paris: La Dispute, 2003.

CORBIN, A. (Orgs.). *1515 et les grandes dates de l'histoire de France*. Paris: Seuil, 2005.

COULANGES, F. *La Monarchie franque*. Paris: Hachette, 1888.

CROCQ, L. Événement et personnalité dans les névroses traumatiques de guerre. In: GUYOTAT, J.; FEDIDA, P. (Orgs.). *Événement et Psychopathologie*. Villeurbanne: Simep, 1985. p.111-9.

DANTO, A. *Analytical Philosophy of History*. Londres: Cambridge University Press, 1965.

DASTUR, F. *Dire le temps*: esquisse d'une chronologie phénoménologique. Fougères: Encre marine, 1994.

DAVIDSON, D. *Actions et Événements* [1980]. Trad. Pascal Engel. Paris: Presses Universitaires de France, 1993. (Épiméthée).

DAVIET-TAYLOR, F. (Orgs.). *L'Événement*: formes et figures. Angers: Presses de l'Université d'Angers, 2006.

DAVOINE, F. R.; GAUDILLIERE, J.-M. *Histoire et trauma*: la folie des guerres. Paris: Stock, 2006.

DELACROIX, C. Événement. In: MESURE, S.; SAVIDAN, P. (Orgs.). *Le Dictionnaire des sciences humaines*. Paris: Presses Universitaires de France, 2006. p.431-4.

DELACROIX, C.; DOSSE, F.; GARCIA, P. *Les Courants historiques en France*. Paris: Gallimard, 2007. (Folio. Histoire, 158).

DELACROIX, C.; DOSSE, F.; GARCIA, P. (Orgs.). *Historicités*. Paris: La Découverte, 2009.

DELACROIX, C. et al. *Historiographies*: concepts et débats. Paris: Gallimard, 2010. 2v. (Folio).

DELEUZE, G. *Cinéma 1. L'image-mouvement*. Paris: Minuit, 1983.

_____. *Deux régimes de fous*. Paris: Minuit, 2003.

_____. *Dialogues*. Paris: Flammarion, 1977. [Ed. bras.: *Diálogos*. Lisboa: Relógio d'Água, 2004.]

_____. *Le Bergsonisme*. Paris: Puf, 1966.

_____. *Le Pli*. Paris: Minuit, 1988. [Ed. bras.: *A dobra*: Leibniz e o barroco. Campinas, SP: Papirus, 2007.]

_____. *Logique du sens*. Paris: Minuit, 1969. [Ed. bras.: *Lógica do sentido*. São Paulo: Perspectiva, 2006.]

_____. *Un nouvel archiviste*. Paris: Fata Morgana, 1972.

DELEUZE, G.; GUATTARI, F. Mai 68 n'a pas eu lieu, *Les Nouvelles Littéraires*, 3-9 maio 1984, p.75-6.

_____.; _____. *Mille Plateaux*. Paris: Minuit, 1980. [Ed. bras.: *Mil platôs*: capitalismo e esquizofrenia. São Paulo: Editora 34, 2011.]

DELPORTE, C.; DUPRAT, A. *L'Événement*: Images, représentations, mémoire de la Révolution Française à nos jours. Paris: Créaphis, 2004.

DERRIDA, J. *Mal d'archive*: Une impression freudienne. Paris: Galilée, 1995.

_____. *Échographies de la télévision*. Paris: Galilée-INA, 1996.

DERRIDA, J.; HABERMAS, J. *Le concept du 11 septembre*. Paris: Galilée, 2004.

DERRIDA, J.; NOUSS, A.; SOUSSANA, G. *Dire l'événement, est-ce possible?* Paris: L'Harmattan, 2001.

DESANTI, J.-T. *Réflexions sur le temps*. Paris: Grasset, 1992.

DESPOIX, P.; SCHÖTTLER, P. (Orgs.). *Siegfried Kracauer, penseur de l'histoire*. Paris: MSH, 2006.

DEWERPE, A. *Charonne, 8 février 1962*: anthropologie historique d'un massacre d'État. Paris: Gallimard: Folio-histoire, 2006.

DIANO, C. *Forme et Événement*. Combas: L'Éclat, 1994.

DIDI-HUBERMAN, G. *Devant l'image*. Paris: Minuit, 1990.

_____. *Images malgré tout*. Paris: Minuit, 2003.

DOLAN, C. (Org.). *Événement, identité et histoire*. Québec: Septentrion, 1991.

DOSSE, F. *L'Empire du sens*. Paris: La Découverte, 1995.

_____. *L'Histoire*. Paris: Armand Colin, 2000. Reeditado em: 2010. [Ed. bras.: A História. São Paulo. Unesp, 2012.]

DOSSIERS DE L'AUDIOVISUEL. La télévision et l'événement. Paris: Institut national de l'audiovisuel, n.91, maio-jun. 2000.

DOUZOU, L. *La Résistance française*: une histoire périlleuse. Paris: Seuil, 2005.

DREVILLON, H. *Batailles*: scènes de guerre de la Table Ronde aux Tranchées. Paris: Seuil, 2007.

DUBY, G. *Le Dimanche de Bouvines*: 27 juillet 1214. Paris: Gallimard, 1973. [Ed. bras.: *O domingo de Bouvines*: 27 de julho de 1214. Rio de Janeiro: Paz e Terra, 1993.]

_____. *L'An Mil* [1974]. Paris: Gallimard, 1980.

DULONG, R. *Le Témoin oculaire*. Paris: EHESS, 1998.

DUMOULIN, O.; VALERY, R. (Orgs.). *Périodes*: la construction du temps historique. Paris: EHESS, 1991.

ELIADE, M. *Le Mythe de l'éternel retour*. Paris: Gallimard, 1999.

ELSTER, J. *Le Laboureur et ses enfants*. Trad. A. Gerschenfeld. Paris: Minuit, 1987.

ENGEL, P. *Davidson et la philosophie du langage*. Paris: Presses Universitaires de France, 1994.

EPOKHE. L'irréductible. Grenoble: Editions Jérôme Millon, n.3, 1993.

FARGE, A. *Des lieux pour l'histoire*. Paris: Seuil, 1997.

FEBVRE, L. *Combats pour l'histoire*. Paris: Armand Colin, 1953.

FECTEAU, J.-M. L'écume des choses. In: SOUSSANA, G.; LEVY, J.-J.; RAFFIE, M. (Orgs.). *Actualités de l'événement*. Montréal: Liber, 2000.

FEDIDA, P. Passé anachronique et présent réminiscent. *L'Écrit du Temps*, n.10, p.23-45, 1985.

FITZGERALD, F. S. *La Fêlure*. Paris: Gallimard, 1990.

FORBES, G. Time, Event and Modality. In: LE POIDEVIN, R.; MACBEACH, M. (Orgs.). *The Philosophy of Time*. Oxford: Oxford University Press, 1993. p.80-95.

FORNEL, M.; QUERE, L. (Orgs.). *La logique des situations*: nouveaux regards sur l'ecologie des activites sociales. Paris: Editions de l'Ecole des Hautes Etudes en Science Sociales, 1999. p.49-68. (Raisons pratiques, 10).

FOUCAULT, M. *Les Mots et les Choses*. Paris: Gallimard, 1966. [Ed. bras.: *As palavras e as coisas*: uma arqueologia das ciências humanas. São Paulo: Martins Fontes, 2007.]

_____. *L'Archéologie du savoir*. Paris: Gallimard, 1969.

_____. *L'Ordre du discours*. Paris: Gallimard, 1971. [Ed. bras.: *A ordem do discurso*: aula inaugural no Collège de France, pronunciada em 2 de dezembro de 1970.]

_____. Nietzsche, la généalogie, l'histoire. In: BACHELARD, S. et al. *Hommage à Hyppolite*. Paris: Presses universitaires de France, 1971. [Reimpresso em: FOUCAULT, M. *Dits et Écrits*, t.2. Paris: Gallimard, 1994. p.136-56.]

_____. Revenir à l'histoire. *Padeia*, n.11, fev. 1972. [Reimpresso em: _____. *Dits et Écrits*, t.2. Paris: Gallimard, 1994. p.268-81.]

_____. Débat avec Michel Foucault: Table ronde du 20 mai 1978. In: _____. *Dits et Écrits*, t.2. Paris: Gallimard, 2001. p.839-53.

FREUD, S. Remémoration, répétition, perlaboration [1914]. In: _____. *De la technique psychanalytique*. Trad. A. Berman. Paris: Presses universitaires de France, 1953. cap. X.

_____. *Ma vie et la psychanalyse*. Trad. M. Bonaparte. 12.ed. Paris: Gallimard, 1930.

_____. *La Naissance de la psychanalyse*: lettres à Wilhelm Fliess, notes et Plans, 1887-1902. Trad. A. Berman. Paris: Presses Universitaires de France, 1979.

_____. *Essais de psychanalyse*. Trad. J. Lapalanche. Paris: Payot, 1981.

FURET, F. *Penser la Révolution Française*. Paris: Gallimard, 1978. [Ed. bras.: *Pensando a revolução francesa*. Rio de Janeiro: Paz e Terra, 1989.]

_____. *La Révolution 1770-1880*. Paris: Hachette, 1988.

FURET, F.; RICHET, D. *La Révolution Française*. Paris: Fayard, 1973.

GADAMER, H. G. *Vérité et Méthode*: les grandes lignes d'une herméneutique philosophique. Paris: Seuil, 1976.

GANTET, C. *La Paix de Westphalie*. Paris: Belin, 2001.

GARFINKEL, H.; SACHS, H. On formal structures of Practical Action. In: MCKINNEY, J. C.; TIRYAKIAN, E. A. (Orgs.). *Theoretical Sociology*. New York: Appleton Century Crofts, 1970. p.337-66.

GAUCHET, M. *Philosophie des sciences historiques*. Paris: Seuil, 2002.

GAXOTTE, P. *La Révolution Française* [1928]. Paris: Fayard, 1962. [Ed. port.: *A revolução francesa*. Porto: Tavares Martins, 1962.]

GENETTE, G. *Figures III*. Paris: Seuil, 1972. [Ed. bras.: *Figuras*. São Paulo: Perspectiva, 1972, c1966.]

GERARD, A. *La Révolution Française*: mythes et interprétations, 1789-1970. Paris: Flammarion, 1970.

GINZBURG, C. Traces, racines d'un paradigme indiciaire. In: _____. *Mythes, emblèmes, traces*: morphologie et histoire. Paris: Flammarion, 1989. p.139-80.

GLUCK, C. 11 septembre: guerre et télévision au XXIe siècle. *Annales*, n.1, p.135-62, 2003.

GODARD, M.-O. *Rêves et traumatismes ou la longue nuit des rescapés*. Toulouse: Érès, 2003.

_____. L'événement en psychanalyse. In: DELACROIX, C.; DOSSE, F.; GARCIA, P. (Orgs.). *Historicités*. Paris: La Découverte, 2009.

GOUBERT, P. *Beauvais et le Beauvaisis de 1630 à 1730*. Paris: EHESS, 1983.

GRADOWSKI, Z. *Au coeur de l'enfer. Document écrit d'un Sonderkommando d'Auschwitz – 1944*. Paris: Kimé, 2001.

GRANGER, G.-G. *Le probable, le possible et le virtuel*. Paris: Odile Jacob, 1995.

GREEN, A. *La Diachronie en psychanalyse*. Paris: Minuit, 2000.

_____. *Le Temps éclaté*. Paris: Minuit, 2000.

GREISCH, J. L'herméneutique événementiale. *Critique*, n.648, p.401-25, maio 2001.

_____. L'événement et ses traces. *Transversalités*, n.96, p.39-52, 2005.

GROSSETTI, M. *Sociologie de l'imprévisible*. Paris: Presses universitaires de France, 2005.

GUENEE, B. *Histoire et culture historique dans l'Occident médiéval*. Paris: Aubier, 1980.

GUENIFFEY, P. *Le Dix-huit Brumaire*: l'épilogue de la Révolution Française, 9-10 novembre 1799. Paris: Gallimard, 2008.

GUILHAUMOU, J. *Discours et Événement*: L'histoire langagière des concepts. Besançon: Presses Universitaires de France-Comté, 2006.

GUYOTAT, J.; FEDIDA, P. *Événement et Psychopathologie*. Villeurbanne: Simep, 1985.

HARTOG, F. *Régimes d'historicité*: Présentisme et expériences du temps. Paris: Seuil, 2003.

_____. *Anciens, Modernes, Sauvages*. Paris: Galaade, 2005.

_____. *Évidences de l'histoire*. Paris: Galaade, 2005.

HEGEL, G. W. F. *La Raison dans l'histoire*: introduction à la philosophie de l'histoire, 1822-1830. Trad. K. Papaïoannou. Paris: Plon, 1965.

HEIDEGGER, M. *Être et Temps* [1927]. Trad. F. Vezin. Paris: Gallimard, 1986.

HEMELIN, C. Grammaire de l'événement: médias actifs, médias actionnés. *Presse actualité*, p.58-63, jul.-ago. 1984.

HÖLSCHER, L. The New Annalistic: A sketch of the Theory of History. *History and Theory*, n.36, p.317, 1997.

HUCHET, B.; PAYEN, E. (Orgs.). *Figures de l'événement*: médias et représentations du monde. Paris: Centre Pompidou, 2000.

HUSSERL, E. *Recherches logiques*: t. 2, recherches pour la phénoménologie et la théorie de la connaissance. [1901]. Trad. H. Élie, A. L. Kelkel, R. Schérer. Paris: Presses Universitaires de France, 1961.

_____. *Leçons pour une phénoménologie de la conscience intime du temps* [1964]. Trad. H. Dussort. Paris: Presses Universitaires de France, 1983.

IHL, O. Socialisation et événements politiques. *Revue française de science politique*, v.52, n.2-3, p.125-43, 2002.

IMBEAULT, J. *L'Événement et l'Inconscient* [1989]. Montréal: Tryptique, 2005.

ISRAËL, L.; VOLDMAN, D. (Orgs.). *Michaël Pollak*: Identitée blessée et sociologie des possibles. Bruxelles: Complexe, 2008.

JANKELEVITCH, V. *L'Irréversible et la Nostalgie*. Paris: Flammarion, 1974.

JARRY, C.; DARLEY, D. *L'événement, les images comme acteurs de l'histoire*. Paris: Hazan, 2007.

JAURES, J. *Histoire socialiste de la Révolution Française* [1900-1904]. Paris: Éditions Sociales, 1969.

JOAS, H. *George Herbert Mead*. Paris: Economica, 2007.

JULLIEN, F. *Du Temps*: éléments d'une philosophie du vivre. Paris: Grasset, 2001. [Ed. bras.: *Do tempo*: elementos para uma filosofia do viver. São Paulo: Discurso, 2004.]

JURANVILLE, A. *L'Événement*. Paris: Presses Universitaires de France, 2007.

KAIROS. *L'histoire*. Toulouse: PUM, n.3, 1992.

KALIFA, D. L'écriture du fait divers au XIXe siècle: de la négation à la production de l'événement. In: LUSEBRINK, H.-J.; MOLLIER, J-.Y. (Orgs.). *Presse et événement*. journaux, gazettes, almanachs XVIII-XIXe siècle. Berne: Peter Lang, 2000.

KANT, E. *La Philosophie de l'histoire* [1765]. Trad. S. Piobetta. Paris: Gonthier, 1947.

KAPLAN, S. L. *Le Pain maudit*. Paris: Fayard, 2008.

KECK, F. Individu et événement dans. *La Pensée sauvage, Les Temps modernes*, n.628, p.37-57, 2004.

KEEGAN, J. *Anatomie de la bataille*: Azincourt 1415, Waterloo 1815, la Somme 1916. Paris: Robert Laffont, 1976. Reeditado em: 1993.

KERTESZ, I. *Être sans destin*. Arles: Actes Sud, 1999.

KHABBAZ, L. Claude Romano philosophe de l'événement. *Iris*, n.28, p.39-40, 2007.

KLEIN, É. *Les Tactiques de Chronos*. Paris: Flammarion, 2003.

KOSELLECK, R. *L'Expérience de l'histoire*. Trad. A. E Scudier et al. Paris: EHESS, 1997.

_____. *Le Futur passé*: contribution à la sémantique des temps historiques [1979]. Trad. J. Hoock, M.-C. Hoock. Paris: EHESS, 2000.

KRACAUER, S. *L'Histoire*: des avant-dernières choses. Trad. C. Orsoni. Paris: Stock, 2006.

KRISTEVA, J. *Le Temps sensible*: Proust et l'expérience littéraire. Paris: Gallimard, 1994.

LABROUSSE, E. Comment naissent les révolutions. In: CONGRES HISTORIQUE DU CENTENAIRE DE LA REVOLUTION DE 1848, 1948, Paris. *Actes...* Paris: Presses Universitaires de France, 1948.

LACAN, J. *Écrits*. Paris: Seuil, 1966. [Ed. bras.: *Escritos*. São Paulo: Perspectiva, 2008.]

LADRIERE, J. *L'Articulation du sens*. Paris: Cerf, 1984.

LAMIZET, B. *Sémiotique de l'événement*. Paris: Hermès, 2006.

LAPLANCHE, J.; PONTALIS, J.-B. *Vocabulaire de la psychanalyse*. Paris: Presses Universitaires de France, 1967. [Ed. bras.: *Vocabulário da psicanálise*. São Paulo: Martins Fontes, 1988.]

LAVISSE, E. *Cours élémentaire*. Paris: Armand Colin, 1913.

LE COUR GRANDMAISON, O. (Org.). *Le 17 octobre 1961*: un crime d'État à Paris. Paris: La Dispute, 2001.

LE ROUX, N. *Un régicide au nom de Dieu*: L'assassinat d'Henri III. Paris: Gallimard, 2006.

LE ROY LADURIE, E. *Les Paysans de Languedoc*. Paris: Mouton, 1966.

_____. Événement et longue durée: l'exemple chouans. In: _____. *Territoire de l'historien*. Paris: Gallimard: 1973. p.169-86.

_____. L'histoire immobile, leçon inaugurale au Collège de France, 30 nov. 1973. In: _____. *Territoire de l'historien*. Paris: Gallimard: 1978. t.2, p.7-34.

LECLERC-OLIVE, M. *Le Dire de l'événement*. Paris: Septentrion, 1997.

LEDUC, J. *Les Historiens et le Temps*. Paris: Points: Seuil, 1999.

LEFORT, C. *Les Formes de l'histoire*: essais d'anthropologie politique. Paris: Gallimard, 1978. Reeditado por: Folio, 2000.

_____. *Essais sur le politique, XIXe-XXe siècles*. Paris: Seuil, 1986. [Ed. bras.: *Pensando o político*: ensaios sobre democracia, revolução e liberdade. Rio de Janeiro: Paz e Terra, 1991.]

LEPETIT, B. (Org.). *Les Formes de l'expérience*. Paris: Albin Michel, 1995.

LESTIENNE, R. *Le Hasard créateur*. Paris: La Découverte, 1993. [Ed. bras.: *O acaso criador*. São Paulo: EDUSP, 2008.]

LEVI, P. *Si c'est un homme* [1947]. Paris: Pocket, 1990.

LÉVI-STRAUSS, C. *Anthropologie structurale*. Paris: Plon, 1958. Reeditado por: Pocket, 2003. [Ed. bras.: *Antropologia estrutural*. São Paulo: Cosac Naify, 2008.]

_____. *La Pensée sauvage*. Paris: Plon, 1962. [Ed. bras.: *O pensamento selvagem*. Campinas: Papirus, 2011.]

LOCHARD, G. *L'Information télévisée*: mutations professionnelles et enjeux citoyens. Paris: Vuibert, 2005.

LOMBARD, L. B. *Events*: A Metaphysical Study. Londres: RKP, 1986.

LUSEBRINK, J. La Bastille dans l'imaginaire de la France à la fin du XIXe siècle (1774-1799). *Revue d'histoire moderne et contemporaine*, n.30, p.196-234, 1983.

LYNN, J. A. *Battle. A History of Combat and Culture*. Oxford: Westview Press, 2003.

MABILLE, B. *Hegel, l'épreuve de la contingence*. Paris: Aubier, 1999.

MABILLON, J. *Brèves réflexions sur quelques règles de l'histoire*. Paris: POL, 1990.

MAIRET, G. *Le Discours et l'Historique*: essai sur la représentation historienne du temps. Paris: Mame, 1974.

MALACAMP, J. *La Prise de la Bastille*. Paris-Bruxelles: Chez tous les libraires, 1874.

MALET, A.; ISAAC, J. *Révolution, Empire, Première moitié du XIXe siècle*: cours complet d'histoire classe de première. Paris: Hachette, 1929.

MALEVAL, J.-C. Du déclenchement des psychoses. *L'Information psychiatrique*, v.59, n.7, set. 1983.

MALINOWSKI, B. *Les Argonautes du Pacifique occidental*. Paris: Gallimard, 1993.

MANA. Niklas Luhmann et la pensée dynamique. Caen: Presses Universitaires de Caen, n.12-13, 2003.

MARION, J.-L. *Étant donné*. Paris: Presses Universitaires de France, 1997.

MARX, K. *Le 18 Brumaire de Louis Bonaparte* [1852]. Paris: Éditions sociales, 1969. [Ed. bras.: *O 18 brumário; e Cartas a Kugelmann*. Rio de Janeiro: Paz e Terra, 2002.]

MARX, K.; ENGELS, F. *L'Idéologie allemande* [1846]. Trad. R. Cartelle et al. Paris: Éditions Sociales, 1971. [Ed. bras.: *A ideologia alemã*. São Paulo: Expressão Popular, 2010.]

MATHIEZ, A. *La Révolution Française* [1922]. Paris: La Manufacture, 1989.

MEAD, G. H. *The Philosophy of the Present*. Chicago: University of Chicago Press, 1932.

_____. The Nature of the Past. In: _____. *Selected Writings*. Chicago: University of Chicago Press, 1964. p.344-54.

MERLEAU-PONTY, M. *Phénoménologie de la perception*. Paris: Gallimard, 1945. [Ed. bras.: *Fenomelogia da percepção*. São Paulo: Martins Fontes, 2006.]

MESNARD, P. *Témoignage en résistance*. Paris: Stock, 2007.

MICHELET, J. *Histoire de la Révolution Française*, 1847-1853, t.1. Paris: Robert Laffont: Bouquins, 1979.

MIGNET, F. *Histoire de la Révolution Française depuis 1789 jusqu'à 1814*. Paris: Firmin Didot, 1824.

MOMIGLIANO, A. *Problèmes d'historiographie*. Paris: Gallimard, 1983.

MONOD, G. Du progrès des études historiques en France depuis le XVIe siècle. *Revue Historique*, n.1, 1876. Rééd. numéro du centenaire, abr.-jun. 1976.

MONTESQUIEU. *De l'esprit des Lois* [1748]. Paris: Les Belles Lettres, 1950-1961. [Ed. bras.: *O espírito das leis*. 9.ed. São Paulo : Saraiva, 2008.]

MORIN, E. Le retour de l'événement. *Communications*, n.18, p.3-19, 1972.

_____. L'événement-sphinx. *Communications*, n.18, p.173-93, 1972.

MOSCOVICI, M. *Il est arrivé quelque chose*: approches de l'événement psychique. Paris: Ramsay, 1989.

MOSES, S. *L'Ange de l'histoire*. Paris: Seuil, 1992.

MOSSE, G. L. *De la Grande Guerre au totalitarisme*: la brutalisation des sociétés européennes. Paris: Hachette, 1990. Reeditado em: 1999.

MUNIER, R. Le flux, le figé, l'apparaître, appendice. In: HÉRACLITE D'ÉPHÈSE. *Les Fragments d'Héraclite*. Toulouse: Fata Morgana, 1991.

NIETZSCHE, F. *Considérations inactuelles* (1873-1874). Trad. P. Rusch. Paris: Gallimard, 1990. 2t.

NORA, P. Le retour de l'événement. In: LE GOFF, J.; NORA, P. (Orgs.). *Faire de l'histoire*. t.1. Paris: Gallimard, 1974. p.210-28.

NORA, P. (Org.). *Les Lieux de mémoire*. Paris: Gallimard, 1984-1993. 7t.

OFFENSTADT, N. (Org.). *Le Chemin des Dames*: de l'événement à la mémoire. Paris: Stock, 2004.

OLAZABAL, I.; LEVY, J. J. (Orgs.). *L'Événement en anthropologie*: concepts et Terrains. Québec: Presses de l'Université Laval, 2006.

OZOUF, J. *Nous les maîtres d'école*. Paris: Julliard, 1967. (Archives, 27). Reeditado por: Gallimard-Julliard, 1973.

OZOUF, M. *Varennes*: La mort de la royauté, 21 juin 1791. Paris: Gallimard, 2005. [Ed. bras.: *Varennes*: a morte da realeza, 21 de junho de 1791. São Paulo: Companhia das Letras, 2009.]

PASSERON, J.-C. *Le Raisonnement sociologique*: L'espace non-poppérien du raisonnement naturel. Paris: Nathan, 1991. [Ed. bras.: *O raciocínio sociológico*: o espaço não popperiano do raciocínio natural. Petrópolis: Vozes, 1995.]

PASSERON, J.-C.; REVEL, J. (Orgs.). *Penser par cas*. Paris: EHESS, 2005. (Enquête, École des Hautes Études en Sciences Sociales, 4).

PAYEN, P. Comment les Grecs peuvent-ils participer à la conquête romaine? Polybe et la construction du fait historique. *Raison présente*, n.157-8, p.51-64, 2006.

PEDECH, P. *La Méthode historique de Polybe*. Paris: Les Belles Lettres, 1964.

PÉGUY, C. *Clio*. Paris: Gallimard, 1932.

_____. *OEuvres en prose complètes*. Paris: Gallimard, 1987-1992.

PENSEE PLURIELLE. La notion d'événement: une nouvelle perspective en sciences humaines et sociales? n.13, mars 2006.

PERNOUD, R. *La Libération d'Orléans, 8 mai 1429*. Paris: Gallimard, 2006.

PETIT, J.-L. (Org.). *L'événement en perspective*. Paris: Editions de l'École des Hautes Etudes en Science Sociales, 1991. (Raisons pratiques, 2).

PEIRCE, C. S. *Écrits sur le signe*. Trad. G. Deledalle. Paris: Seuil, 1978.

POIVERT, M. (Org.). *L'Événement*: les images comme acteurs de l'histoire. Paris: Hazan: Jeu de Paume, 2007.

POLÍBIO. *Histoires*. Paris: Les Belles Lettres, 1969.

POMIAN, K. *L'Ordre du temps*. Paris: Gallimard, 1984.

PONCINS, L. *La Prise de la Bastille*. Paris: Librairie de la Société bibliographique, 1873.

POPPER, K. *Conjectures et réfutations*. Trad. M.-I. Launay, M.-B. de Launay. Paris: Payot, 1985. [Ed. bras.: *Conjecturas e refutações*. Brasília: Editora da UnB, 1983.]

PREVERT, J. Événements. In: _____. *OEuvres complètes*. t.1. Paris: Gallimard: Pléiade, 1992.

PRIGOGINE, I.; STENGERS, I. *Entre le temps et l'éternité*. Paris: Fayard, 1988.

PROST, A. *Douze leçons sur l'histoire*. Paris: Points: Seuil, 1996.

_____. C'est un fait. *Raison présente*, n.157-8, p.21-9, 2006.

PROST, A.; WINTER, J. *Penser la Grande Guerre*. Paris: Seuil, 2004.

PROUST, F. *L'Histoire à contre-temps*: le temps historique chez Walter Benjamin. Paris: Cerf, 1994. Reeditado por: Livre de poche, 1999.

QUERE, L. L'événement sous la description. *Protée*, v.22, n.2, p.14-28, Printemps 1994.

_____. L'espace public comme forme et comme événement. In: JOSEPH, I. (Org.). *Prendre place*: espace public et culture dramatique. Paris: Recherches, 1995. p.93-110.

_____. Entre fait et sens, la dualité de l'événement. *Réseaux*, n.139, p.185-218, 2006.

QUINET, E. *La Révolution*. Paris: Lacroix, 1865.

RAMBAUD, P. *La Bataille*. Paris: Grasset, 1997. [Ed. bras.: *A batalha*: romance. Rio de Janeiro: Bertrand Brasil, 1998.]

RAYMONDE, M. L'Événement: actes du colloque organisé d'Aix-en-Provence par le Centre méridional d'histoire sociale, les 16, 17 et 18 septembre 1983. *Annales historiques de la Révolution Française*, v.264, n.1, p.231-2, 1986. Disponível em: <http://www.persee.fr/web/revues/home/prescript/article/ahrf_0003-4436_1986_num_264_1_1171_t1_0231_0000_2>.

RECHTMAN, R.; FASSIN, D. *L'Empire du traumatisme*. Paris: Flammarion, 2007.

RENOUVIN, P. *L'Armistice de Rethondes*: 11 novembre 1918. Paris: Gallimard, 2006.

RÉSEAUX. Le temps de l'événement 1. n.75, jan.-fev. 1996.

_____. Le temps de l'événement 2. n.76, mar.-abr. 1996.

REVEL, J. Événement. In: LE GOFF, J.; CHARTIER, R.; REVEL, J. (Orgs.). *La Nouvelle Histoire*. Paris: Retz, 1978. p.166-7. (Les encyclopédies du savoir moderne).

_____. *Jeux d'échelles*. Paris: EHESS, 1996.

REVEL, J. Retour sur l'événement, un itinéraire historiographique. In: FABIANI, J.-L. (Org.). *Le Goût de l'enquête*: Pour Jean-Claude Passeron. Paris: L'Harmattan, 2002.

REY, A. (Org.). *Dictionnaire historique de la langue française*. Paris: Le Robert, 1992.

RICOEUR, P. La structure, le mot, l'événement. *Esprit*, n.5, p.801-21, 1967.

———. *Temps et Récit*. Paris: Seuil, 1983-1985. 3t. [Ed. bras.: *Tempo e narrativa*. São Paulo: WMF Martins Fontes, 2010.]

———. Événement et sens. *Raisons pratiques*, n.2, p.41-56, 1991.

———. *Soi-même comme un autre*. Paris: Seuil, 1991. [Ed. bras.: *O si-mesmo como um outro*. Campinas: Papirus, 1991.]

———. *La mémoire, l'histoire, l'oubli*. Paris: Seuil, 2000.

RIVET, P. Formaliser l'argumentation en restant sensible au contexte. In: FORNEL, M.; PASSERON, J. C. (Orgs.). *L'Argumentation, preuve et persuasion*. Paris: EHESS, 2002. (Enquête, École des Hautes Études en Sciences Sociales, 2).

ROMANO, C. *L'Événement et le Monde*. 2.ed. Paris: Presses universitaires de France, 1999.

———. *L'Événement et le Temps*. Paris: Presses Universitaires de France, 1999.

———. *Il y a*. Paris: Presses Universitaires de France, 2003.

ROULLEAUX, E. *La Prise de la Bastille et la fête du 14 juillet*. Fontenay-le-Comte: Imprimerie vendéenne, 1882.

ROUSSEAU, F. *Le Procès des témoins de la Grande Guerre*. Paris: Seuil, 2003.

ROUSSO, H. *Le Syndrome de Vichy*. Paris: Seuil, 1987.

———. *Vichy*: L'événement, la mémoire, l'histoire. Paris: Gallimard, 1992.

SABATO, E. *L'Écrivain et la Catastrophe*. Paris: Seuil, 1986.

SAGNAC, P. La Révolution (1789-1792). In: LAVISSE, E. *Histoire de France contemporaine*. Paris: Hachette, 1920.

SAHLINS, M. *Des îles dans l'histoire*. Paris: Gallimard: Seuil, 1989. (Hautes études).

SARTRE, J.-P. *Critique de la raison dialectique*. Paris: Gallimard, 1985. [Ed. bras.: *Crítica da razão dialética*: precedido por questões de método. Rio de Janeiro: DP&A, 2002.]

SCHMIDT, J.-C. De l'histoire des faits à faire de l'histoire. *Raison présente*, n.157-8, p.65-87, 2006.

SIMON, C. *L'Herbe*. Paris: Minuit, 1958.

SIRINELLI, J.-F. L'événement-monde. *Vingtième Siècle*, p.35-38, out.-dez. 2002.

———. *Mai 68*: L'événement Janus. Paris: Fayard, 2008.

SOBOUL, A. *La Révolution Française* [1962]. Paris: Gallimard, 1984. (Collection Tel). [Ed. bras.: *A revolução francesa*. São Paulo: Difel, 1982.]

STEIN, C. *L'Enfant imaginaire*. Paris: Denoël, 1971.

STENGERS, I. *L'Invention des sciences modernes*. Paris: La Découverte, 1993.

———. *Penser avec Whitehead*. Paris: Seuil, 2002.

STENGERS, J. *Vertige de l'historien*: Les histoires au risque du hasard. Paris: Synthélabo: Les empêcheurs de penser en rond, 1998.

SWAIN, G. De la marque de l'événement à la rencontre intérieure. Images populaires et conceptions savantes en psychopathologie. In: GUYOTAT, J.; FEDIDA, P. (Orgs.). *Événement et Psychopathologie*. Villeurbanne: Simep, 1985. p.55-65.

TACKETT, T. *Le Roi s'enfuit*: Varennes et l'origine de la Terreur. Paris: La Découverte, 2004.

TAINE, H. *Les Origines de la France contemporaine* [1875]. Paris: Robert Laffont: Bouquins, 1986.

TERRAIN. Les sciences sociales face à l'événement? n.38, 2002.

TERRAIN. Vivre le temps. n.29, 1997.

THIERS, A. *Histoire de la Révolution Française* [1823]. Paris: Furne et Cie, 1865.

THIERS, É. Charles Péguy: la révélation du 6 juin 1905. *Revue 1900*, n.19, p.43-52, jan. 2001.

URBANAS, A. *La Notion d'accident chez Aristote*. Paris: Les Belles Lettres, 1998.

VAN PARIJS, P. *Le Modèle économique et ses rivaux*. Genèvre-Paris: Droz, 1990.

VAYSSE, J.-M. *Hegel*: Temps et histoire. Paris: Presses Universitaires de France, 1998.

VENDLER, Z. Facts and Events. In: _____. (Org.). *Linguistics and Philosophy*. Ithaca; New York: Cornell University Press, 1967. p.122-146.

VERON, E. *Construire l'événement*: les médias et l'accident de Three Mile Island. Paris: Minuit, 1981.

VEYNE, P. *Comment on écrit l'histoire*. Paris: Seuil, 1971.

VICO, G. *Principes d'une science nouvelle relative à la nature commune des nations* [1744]. Trad. A. Doubine. Paris: Nagel, 1953.

VIRILIO, P. *Un paysage d'événements*. Paris: Galilée, 1996.

_____. *Ce qui arrive*. Paris: Galilée, 2002.

VOLTAIRE. *Essai sur les moeurs* [1756]. Paris: Garnier, 1963. [Ed. bras.: *A filosofia da história*. São Paulo: Martins Fontes, 2007.]

WACHTEL, N. *La Vision des vaincus*: les indiens du perou devant la conquete espagnole 1530-1570. Paris: Gallimard, 1971.

WEINRICH, H. *Le Temps*: le récit et le commentaire. Trad. Michèle Lacoste. Paris: Seuil, 1973.

WHITEHEAD, A. N. *Concept de nature* [1920]. Trad. J. Douchement. Paris: Vrin, 2006. [Ed. bras.: *O conceito de natureza*. São Paulo: Martins Fontes, 1994.]

_____. *Procès et Réalité* [1929]. Trad. D. Charles et al. Paris: Gallimard, 1995.

WINOCK, M. Qu'est-ce qu'un événement? *L'Histoire*, n.268, p.32-7, set. 2002.

_____. *L'Agonie de la ive République, 13 mai 1958*. Paris: Gallimard, 2006.

WITTGENSTEIN, L. *Investigations philosophiques* [1961]. Trad. P. Klossowski. Paris: Gallimard, 1986.

WRIGHT, G. H. VON. *Explanation and Understanding*. Londres: Routledge et Kegan, 1971.

ZANCARINI-FOURNEL, M. *Mai 68*: une histoire contestée. Paris: Seuil, 2008.

ZARADER, M. *L'Être et le neutre*. Paris: Verdier, 2001.

_____. L'événement entre phénoménologie et histoire. *Tijdschrift voor Filosofie*, n.2, p.287-321, jun. 2004.

ZARIFIAN, P. *Le Travail et l'Événement*. Paris: L'Harmattan, 1995.

ZORN, F. *Mars*. Trad. G. Lambrichs. Paris: Gallimard, 1979. [Ed. bras.: *Marte*. Rio de Janeiro: Nova Fronteira, 1986.]

ZOURABICHVILI, F. *Deleuze*: une philosophie de l'événement. Paris: Presses Universitaires de France, 1994.

Índice onomástico

Abraão, 19
Affergan, Francis, 319-20, 321n.17
Afonso de Aragão, 39
Afonso XII, 52
Agar, Michaël, 321n.20
Alexandre, Didier, 8, 9n.28, 335n.1
Allais, Maurice, 294
Amalvi, Christian, 252-3, 254n.42
Anscombe, Elizabeth, 202
Antelme, Robert, 309
Ardant du Picq, Charles, 227
Ardener, Edwin, 321
Arendt, Hannah, 127-30, 325n.35
Aristóteles, 103, 199
Aron, Raymond, 280, 291
Arquembourg-Moreau, Jocelyne, 297, 298n.22-3
Artières, Philippe, 289
Aubrac, Raymond, 216
Audier, Serge, 288
Audoin-Rouzeau, Stéphane, 216, 311-2, 313n.27, 313n.29
Augé, Marc, 331
Aulard, Alphonse, 245-6
Austin, John, 272

Bach, Emmon, 303
Bachelard, Gaston, 158
Bacon, Francis, 62-3
Baczko, Bronislaw, 59n.9

Badiou, Alain, 333-4
Balzac, Honoré de, 111, 230
Barthas, Louis, 312
Barthélémy, Michel, 268
Barthes, Roland, 30, 205, 339
Baruch, Marc-Olivier, 219n.31
Barwise, Jon, 271n.41
Bastide, Roger, 4, 5, 331n.52
Baudrillard, Jean, 302
Bazin, André, 163
Becker, Annette, 216, 311-2, 313n.27
Becquemont, Daniel, 13
Bédarida, François, 48n.2, 50n.11
Benjamin, Walter, 121, 130-1, 134-8, 194
Bennett, Jonathan, 303n.51
Benoist, Jean-Marie, 283
Benoist, Jocelyn, 101-4
Bensa, Alban, 144n.3, 150n.24, 151
Benveniste, Émile, 209, 315, 317-8
Bergson, Henri, 48-9, 53, 88-92, 153, 177, 197, 199
Bernard, Claude, 60
Berthelot, Marcellin, 60
Blanchot, Maurice, 105, 309
Blanqui, Adolphe, 247
Bloch, Marc, 41, 64, 67-72, 74, 76, 200, 228
Blum, Léon, 254
Bohr, Niels, 152

Bois, Paul, 146
Boisset, Emmanuel, 2n.5, 4,
Boltanski, Luc, 295
Bonaparte, Luís-Napoleão, 27, 213, 238
Bonaparte, Napoleão, 31, 211-3, 230
Borges, Jorge Luis, 9-10, 80
Borowski, Tadeusz, 309
Bossuet, 21-2
Boudon, Raymond, 280
Bouglé, Célestin, 63
Bougnoux, Daniel, 339n.11
Bourdeau, Louis, 60-1
Bourdieu, Pierre, 280
Boureau, Alain, 221
Bousquet, Joë, 172
Boyer, Alain, 291-3
Branche, Raphaëlle, 214-5n.14, 216-7
Braudel, Fernand, 5, 61, 74-8, 151, 183, 249, 253
Breton, André, 282
Brioist, Pascal, 225n.1, 226
Brusini, Hervé, 298n.24
Burguière, André, 75-6

Cabanis, José, 211
Callon, Michel, 296
Canguilhem, Georges, 158, 287
Capdevila, Luc, 186n.20
Carlos IV, 229
Carlos Magno, 21, 58, 223
Carlos V, 229
Carozzi, Claude, 21n.5
Carr, Edward H., 6
Casati, Roberto, 302n.47
Cassin, Barbara, 3
Castelot, André, 232
Castoriadis, Cornélius, 280, 286, 288
Castro, Fidel, 279
Caussat, Pierre, 321
Cazals, Rémy, 216, 311-2
Ceaucescu, Nicolae, 337
Cervantes, Miguel de, 80
Chantre, Benoît, 51n.16, 52
Charcot, Jean-Martin, 111-2
Chartier, Jean-Pierre, 106
Chartier, Roger, 204, 225
Chateaubriand, 325
Chaunu, Pierre, 79, 154n.35, 231-2
Che Guevara, 279, 282

Cheynet, Jean-Claude, 223
Choderlot de Laclos, Pierre, 4n.11
Cícero, 2, 320
Cingolani, Patrick, 13, 32
Clément, Catherine, 107n.80, 109
Cochin, Augustin, 214
Coignet, Jean-Roch, 228
Collomp, Denis, 223n.42
Comte, Auguste, 31-2, 60
Condorcet, 46, 59
Constantino, 39-40
Cook, James, 149-50
Corbin, Alain, 2
Corday, Charlotte, 276
Cosandey, Fanny, 214-5n.14
Coudray, Jean-Marc, 280n.1
Cournot, Antoine Augustin, 81, 264, 293
Courrière, Yves, 192
Cousin, Victor, 28-9
Crocq, Louis, 118
Crouzet, Denis, 211
Czermak, Marcel, 112, 113n.95

d'Artagnan, 229
d'Espagnat, Bernard, 153
Daladier, Édouard, 212
Damamme, Dominique, 287n.21, 287n.23
Danto, Arthur, 203, 205
Danton, 31, 246, 229
Dastur, Françoise, 93n.34, 95n.43, 140
David, Jacques-Louis, 276
Davidson, Donald, 270
Dayan, Daniel, 298n.21
de Beauvoir, Simone, 284
de Certeau, Michel, 1, 13, 59, 105, 108, 110, 122, 170, 179-80, 195, 218, 253, 273, 287, 338
de Fornel, Michel, 269-71, 272n.42, 272n.46
de Gaulle, Charles, 191, 212, 220, 261, 280, 282
de Launay, Bernard-René Jordan, 235, 237-8, 240-5, 247-51
de Quincey, Thomas, 10
Debray, Régis, 284, 288
Delacroix, Christian, 13, 114n.103, 119n.119, 189n.30, 214, 239n.18, 317n.7, 324n.31
Delbo, Charlotte, 310

Delcassé, Théophile, 52
Deleuze, Gilles, 6n.21, 12n.39, 36,
    88n.16, 89n.19, 92, 160, 163-74, 178,
    195, 274, 283, 288, 301-2, 340
Demangeon, Albert, 64
Denis, Benoît, 327
Derrida, Jacques, 100, 177, 265-6, 301-2
Desanti, Jean-Toussaint, 84, 86n.7
Descimon, Robert, 214-5n.14
Despoix, Philippe, 195n.47
Detienne, Marcel, 323
Dewerpe, Alain, 219-21
Dewerpe, Fanny, 219
Di Mascio, Patrick, 189
Dilthey, Wilhelm, 67, 93, 198, 273, 321
Dodier, Nicolas, 295n.14
Dolto, Françoise, 333
Dosse, François, 7n.23, 114n.103,
    119n.119, 154n.35, 163n.1, 189n.30,
    231n.1, 232n.3, 239n.18, 317n.7,
    324n.31
Douzou, Laurent, 214-5n.14, 216
Dray, William, 202
Drévillon, Hervé, 225-6, 228-30
Dreyfus, Alfred, 47, 49, 146, 245, 260
Duby, Georges, 180-2, 209-10, 222,
    225-6, 323
Ducrot, Oswald, 272
Dulong, Renaud, 310n.16, 311
Dumas, Alexandre, 212
Duns, Scott Jean, 169
Dupuy, Jean-Pierre, 294
Durkheim, Émile, 64n.18, 73, 76, 318

Eginhard, 223
Eichmann, Adolf, 307-8
Einstein, Albert, 152
Elias, Norbert, 198
Élie, 237, 240-2, 247, 251
Elisabeth II da Inglaterra, 297
Elster, Jon, 293
Engels, Friedrich, 27
Eusébio de Cesareia, 18-9

Fagniez, Gabriel, 43n.7
Farge, Arlette, 143, 144n.2-3, 145n.6
Fassin, Didier, 121
Fassin, Éric, 150n.24
Febvre, Lucien, 64-9, 71-2, 74
Fédier, François, 96n.46

Felipe Augusto, 181
Ferro, Marc, 75, 213
Fine, Gary A., 300n.33
Fitzgerald, Francis Scott, 166-7
Flaubert, Gustave, 3
Fliess, Wilhelm, 107
Focillon, Henri, 196
Forbes, Graem, 303n.52
Foucault, Michel, 10, 34n.3, 157-63,
    165-6, 169, 218, 283, 288
Francisco I, 116, 229
Freissinier, Gilles, 297n.19
Freud, Sigmund, 106-8, 110-8, 122, 189,
    193, 280, 340
Froissart, Jean, 20
Furet, François, 11, 214, 249-52, 290
Fustel de Coulanges, Numa Denys, 43-4

Gadamer, Hans Georg, 114, 295, 321
Galbraith, John Kenneth, 168
Gallimard, Robert, 180
Gantet, Claire, 12
Garcia, Patrick, 114n.103, 189n.30, 214,
    317n.7, 324n.31
Gardiner, Patrick, 200n.8
Garfinkel, Harold, 300
Gauchet, Marcel, 214-5n.14
Gauthier, Alain, 301
Gaxotte, Pierre, 244-5
Genette, Gérard, 317n.10
Gérard, Alice, 31n34, 213-4
Ginzburg, Carlo, 200, 204, 221,
    336
Glaber, Raoul, 20
Gluck, Carol, 261
Glucksmann, André, 284
Gobille, Boris, 287n.21, 287n.23
Gochet, Paul, 11n.31
Godard, Marie-Odile, 118-20
Goffman, Erving, 7, 267
Goldschmidt, Victor, 173n.39
Goubert, Pierre, 76
Gradowski, Zalmen, 309n.11
Granger, Gilles-Gaston, 45, 80-1
Green, André, 113-4, 115n.104
Gregório de Tours, 19
Greisch, Jean, 98n.53
Grey, Sir George, 148
Gros, Antoine-Jean, 230
Grossman, Vassili, 309

Guattari, Félix, 6n.21, 163-8, 170, 172-3, 195, 274, 283
Guenée, Bernard, 40n.1, 306n.2
Gueniffey, Patrice, 212n.8, 213
Guilhaumou, Jacques, 275-6
Guilherme, o Bretão, 180
Guizot, François, 29, 181
Gurvitch, Georges, 63

Haar, Michel, 96n.49
Habermas, Jürgen, 265n.17
Halbwachs, Maurice, 63-4
Hartog, François, 43, 114n.102-3, 149n.18, 149n.20, 306n.1, 323-5, 326n.38-9
Hauser, Henri, 65
Hausner, Gidéon, 308
Haussmann, Georges Eugène, 116
Havel, Vaclav, 232
Havet, Ernest, 239
Hegel, Georg Wilhelm Friedrich, 25-6, 28-9, 36, 132
Heidegger, Martin, 92-7, 141, 178, 321
Hempel, Carl G., 200-1
Henrique III, 210
Henrique IV, 210
Heráclito, 10, 140
Heródoto, 190, 205, 305
Ho Chi Minh, 279
Hocking, William Ernest, 176
Hugo, Victor, 212, 253
Hulin, 237, 241-2, 247, 251
Husserl, Edmund, 52, 85-8, 92-3, 128, 140, 154, 178, 290, 319, 321

Ihl, Olivier, 300
Israël, Liora, 277

Jacoby, Russel, 204
Jambet, Christian, 283n.10
James, Francis, 298n.24
Jankelevitch, Vladimir, 140
Jaurès, Jean, 76, 247-8
Jensen, Wilhelm, 107
Jesus Cristo, 19-22, 210, 221, 306, 316, 334
Joana d'Arc, 234
Joas, Hans, 274n.53
Jonas, Hans, 129, 326

Joseph, Isaac, 266n.23
Jouanna, Arlette, 211
Joutard, Philippe, 10, 182, 233
Jullien, François, 330n.50
Juranville, Alain, 334

Kahn, Pierre, 189
Kant, Emmanuel, 23-5, 89, 103, 130, 137, 185
Kaplan, Steven, 217-8
Katz, Elihu, 298n.21
Keegan, John, 226-7
Kertesz, Imre, 120, 309-10
Khabbaz, Lyne, 185n.18
Kitson, Clark George, 6
Kojève, Alexandre, 26
Koselleck, Reinhardt, 105, 184, 189
Kracauer, Siegfried, 194-6

La Cour Grandmaison, Olivier, 220n.32
La Fayette, 239
Labrousse, Ernest, 78-9
Lacan, Jacques, 109, 112-3, 115, 283, 334
Lacombe, Paul, 61
Lacouture, Jean, 263
Ladrière, Jean, 139
Langlois, Charles-Victor, 41-3, 47, 50, 88, 185, 307n.3
Lanzmann, Claude, 309
Laplanche, Jean, 117
Laplantine, François, 336
Lardreau, Guy, 283n.10
Latour, Bruno, 296
Lavisse, Ernest, 47, 51-3, 63, 88, 181, 183, 241-2
Le Bon, Gustave, 220
Le Dantec, Jean-Pierre, 284
Le Goff, Jacques, 75, 108, 259n.1, 263
Le Roux, Nicolas, 210-1
Le Roy Ladurie, Emmanuel, 75-7
Leclerc-Olive, Michèle, 7
Lefebvre, monsenhor, 283
Lefort, Claude, 28, 280n.1, 288, 328
Leibniz, Gottfried Wilhelm, 176
Lenclud, Gérard, 114n.102, 323, 324n.32-3
Lénine, 282
Lester, Marilyn, 300
Levi, Giovanni, 145
Levi, Primo, 118, 164, 309

Levinas, Emmanuel, 95, 141, 200
Lévi-Strauss, Claude, 5, 72-7, 148, 328
Lévy, Joseph L., 331n.53, 332n.55
Licurgo, 326
Lipovetsky, Gilles, 285, 288
Lochard, Guy, 299n.26
Lombard, Lawrence B., 302n.48
Louis de Flue, 242
Luís XIII, 58
Luís XIV, 13, 21, 58, 212, 229, 213
Luís XVI, 11, 211-2, 214, 287
Lumière, Louis, 336
Lüsebrinck, Hans-Jürgen, 233

Mabille, Bernard, 26n.21
Mabillon, Jean, 40-1
Maldiney, Henri, 87n.12, 141
Maleval, Jean-Claude, 112
Marion, Jean-Luc, 101-4
Marrou, Henri-Irénée, 85
Martin, Jean-Clément, 147
Martin, Laurent, 13
Martinho de Tours, 19
Marwick, Arthur, 204
Marx, Karl, 27-8, 78, 213, 283-4
Mascolo, Dionys, 164
Mathiez, Albert, 246, 247n.29
Matonti, Frédérique, 287n.21, 287n.23
Mauss, Marcel, 63
Mead, George Herbert, 267, 273-4, 298
Mead, Margaret, 300
Médicis, Catarina de, 211
Merleau-Ponty, Maurice, 140n.42, 267, 270
Merton, Robert King, 293
Mesnard, Philippe, 309
Michéa, Jean-Claude, 288
Michelet, Jules, 29-31, 48, 52, 183, 214, 233-5, 253, 319
Michon, Pascal, 317n.7
Mignet, François, 236
Minc, Alain, 285
Mirabeau, 31
Mitterrand, François, 192
Molet, Louis, 318n.13
Molino, Jean, 10-1
Molotch, Harvey, 300
Momigliano, Arnaldo, 23n.13, 41, 204
Monod, Gabriel, 31-2, 42-3, 47

Montesquieu, 57-8
Morin, Edgar, 153, 264, 280, 281n.5, 288
Mortet, Charles, 61
Mosès, Stéphane, 131, 132n.13, 133, 135n.20, 138n.33
Mosse, George, 227, 313n.28
Moulin, Jean, 191, 216

Naepels, Michel, 219n.31
Necker, Jacques, 243, 248, 250
Neveu, Erik, 338n.8
Nietzsche, Friedrich, 33-7, 158-9, 165-6, 169, 339
Nivelle, Robert, 217
Nora, Pierre, 105, 180, 182-4, 207n.28, 209, 252, 259-60, 262-3, 266
Nordmann, Léon-Maurice, 277
Norton, Cru Jean, 311-2
Nouss, Alexis, 266n.21

Offenstadt, Nicolas, 217
Ollion, Étienne, 219n.31
Ophuls, Marcel, 192
Ozouf, Jacques, 254, 255n.43
Ozouf, Mona, 211-2

Passeron, Jean-Claude, 292
Passeron, René, 319n.15
Pasternak, Boris, 100n.61
Paxton, Robert, 192
Payen, Pascal, 190
Pécresse, Valérie, 337
Pédech, Paul, 56n.2
Péguy, Charles, 47-53, 83, 168-9, 170n.26, 233
Perec, Georges, 335-6
Perrot, Michelle, 222
Petit, Jean-Luc, 186n.22
Pflimlin, Pierre, 212
Platão, 32, 171
Poirier, Jean, 318n.13
Poirrier, Philippe, 214-5n.14
Políbio, 17-8, 55-7, 190
Pollak, Michaël, 193, 277n.61
Pomian, Krzysztof, 21n.6, 22n.11, 26n.24, 32n.37, 114n.101
Pontalis, J.-B., 117
Popper, Karl, 291-3
Porée, Jérôme, 13
Porumboiu, Corneliu, 337

Pourcher, Yves, 298, 299n.25
Prestini, Mireille, 121n.130
Prigogine, Ilya, 152
Prost, Antoine, 44-5, 214n.14, 215, 272n.46, 312n.25, 313n.29-30
Proust, Françoise, 134n.17, 134n.19, 137n.31
Proust, Marcel, 100, 102
Pudal, Bernard, 287n.21, 287n.23
Putnam, Hilary, 267n.27

Quattrone, G.A., 295n.12
Quéré, Louis, 13, 266, 267n.25, 268-9, 272-4, 338
Quincy-Lefebvre, Pascale, 332
Quine, Willard Van Orman, 270
Quinet, Edgar, 29-31, 238-9

Rambaud, Patrick, 230
Ranke, Leopold von, 68, 88, 135-6, 198
Ravaillac, François, 210
Rawicz, Slawomir, 310
Rechtman, Richard, 120-1
Reichardt, Rolf, 233
Renouvin, Pierre, 215
Retat, Pierre, 144, 214
Revel, Jacques, 75, 145n.5
Rey, Abel, 68
Rey, Alain, 2
Rey, Jean-Michel, 51n.3
Richet, Denis, 250-1
Ricoeur, Paul, 7, 26, 44, 86n.8, 93n.35, 94n.37, 94n.41, 123, 130, 132n.12, 178, 184-8, 194, 197-201, 203-4, 206, 267-8, 273, 275, 277, 310, 316n.6, 317n.9, 323, 340
Riesman, David, 281n.6
Rimbaud, Arthur, 282
Rioux, Jean-Pierre, 289
Rist, Charles, 64
Rivière, Pierre, 218
Robespierre, 31, 246, 251
Romano, Claude, 92n.30, 92n.32, 93n.36, 94n.40, 96n.45, 96n.47, 97-101, 103-4, 206, 276
Römer, Olaüs, 232
Rosenzweig, Franz, 131-8
Roulleaux, Eugène, 243
Roumette, Julien, 335n.1, 336n.3

Rousseau, Frédéric, 216, 311, 312n.23
Rousset, David, 309
Rousso, Henry, 190-1, 194n.44

Sagnac, Philippe, 241-3
Sagnol, Marc, 137n.30
Sahlins, Marshall, 148-50, 323
Saint-Simon, 311
Saletti, Carlo, 309n.11
Sanger, George, 6
Santo Agostinho, 9, 83-5, 131, 154
São Francisco de Assis, 221
Sarkozy, Nicolas, 288
Sartre, Jean-Paul, 327-8
Schleiermacher, Friedrich, 198
Scholem, Gershom, 131, 138
Schöttler, Peter, 195n.47
Schwartz-Bart, André, 309
Scott, Walter, 29
Seignobos, Charles, 41-2, 43n.6, 47, 50, 64, 66, 70, 88, 185, 200, 307n.3
Semprun, Jorge, 310
Serna, Pierre, 225n.1, 226
Sibertin-Blanc, Guillaume, 13, 167n.15
Siegfried, André, 64
Sieyès, 3, 213
Silvestre I, 39
Simiand, François, 61-2, 65, 70, 72, 78
Simmel, Georg, 328-30
Simon, Claude, 8-9
Sirinelli, Jean-François, 13, 286, 287n.20, 289, 300, 311n.21
Soboul, Albert, 248-9
Sommerfeld, Arnold, 152
Soussana, Gad, 266n.21
Spielberg, Steven, 308
Spinoza, Baruch, 166, 172
Spitzer, Robert, 121
Stalin, Josef, 233
Stein, Conrad, 110n.86
Stengers, Isabelle, 152, 154n.36, 175n.47, 176n.49
Stora, Benjamin, 192-3, 217
Suàrez, Isidoro, 10
Suger, 116
Swain, Gladys, 111

Tackett, Timothy, 11-2, 287
Taine, Hyppolite, 28-9, 47, 60, 239-40

Taviani-Carozzi, Huguette, 21n.5
Taylor, Barry, 303n.50
Thébaud, Françoise, 222
Thévenot, Laurent, 295
Thierry, Augustin, 29-30
Thiers, Adolphe, 236-7
Thiers, Éric, 53n.23
Thomas, Nicolas, 150
Thuriot, de la Rozière Jacques, 235
Tito Lívio, 18
Tocqueville, Alexis de, 214, 288
Touraine, Alain, 281, 286, 288
Trotsky, Léon, 282
Tucídides, 190, 261, 305
Tuffrau, Paul, 312
Tversky, Amos, 295n.12

Valéry, Paul, 319
Valla, Lorenzo, 39-40
Van Parijs, Philippe, 293
Varzi, Achille C., 302n.47, 303n.53
Vauban, marquês de, 229
Vernant, Jean-Pierre, 189
Veron, Eliseo, 338
Veyne, Paul, 232, 333n.58
Veyrat-Masson, Isabelle, 297n.18
Viansson-Ponté, Pierre, 284
Vico, Giambattista, 22, 23n.12,
    319-20
Vidal de la Blache, Paul, 64
Vidal, Laurent, 331
Vidal-Naquet Lucien, 277

Viderman, Serge, 118
Virilio, Paul, 301n.36
Voldman, Danièle, 277n.61
Voltaire, 58, 59n.6
Von Wright, Georg Henrik, 202
Vovelle, Michel, 214

Wachtel, Nathan, 147
Walter, Gérard, 180
Wanegffelen, Thierry, 211
Weber, Max, 67, 198, 291, 321
Webern, Anton, 160
White, Hayden, 203-5
Whitehead, Alfred North, 174-7
Wiesel, Elie, 310
Wieviorka, Annette, 307-8
Wilson, N.L., 303n.49
Winock, Michel, 146
Winter, Jay, 214n.14, 215, 312n.25,
    313n.29
Wittgenstein, Ludwig, 267, 268n.28

Yonnet, Paul, 285
Young-Bruehl, Elisabeth, 129n.5,
    130n.6

Zancarini-Fournel, Michelle, 222, 287,
    288n.24-5
Zarader, Marlène, 104-5
Zénon, 90
Zola, Émile, 230
Zourabichvili, François, 168

SOBRE O LIVRO

Formato: 16 x 23 cm
Mancha: 28 x 44 paicas
Tipografia: Gatineau 10,5/14
Papel: Off-white 80 g/m² (miolo)
Cartão Supremo 250 g/m² (capa)
1ª edição: 2013

EQUIPE DE REALIZAÇÃO

Capa
Estúdio Bogari

Edição de Texto
Lineimar Pereira Martins (Preparação de Original)
Elisa Andrade Buzzo e Thaisa Burani (Revisão)

Editoração Eletrônica
Sergio Gzeschnik (Diagramação)

Assistência Editorial
Alberto Bononi

Impressão e acabamento